文水年鉴

WENSHUI NIANJIAN

2022

中共文水县委党史研究室
（文水县地方志研究室） 编

方志出版社
Publishing House of Local Records

图书在版编目（CIP）数据

文水年鉴．2022 / 中共文水县委党史研究室（文水县地方志研究室）编．-- 北京：方志出版社，2022.12
ISBN 978-7-5144-5410-9

Ⅰ．①文… Ⅱ．①中… Ⅲ．①文水县－2022－年鉴 Ⅳ．①Z522.54

中国版本图书馆 CIP 数据核字（2022）第 252631 号

责任编辑：顾　洁
责任校对：刘玉霞
责任印制：梅中英
出 版 者：方志出版社
地　　址：北京市朝阳区潘家园东里 9 号（国家方志馆 4 层）
邮　　编：100021
网　　址：http://www.zgfzcb.cn
发　　行：方志出版社图书营销中心（010-67110500）
印　　刷：山西省史志印业有限公司
开　　本：889 毫米 ×1194 毫米　1/16
印　　张：21.5
字　　数：476 千字
版　　次：2022 年 12 月第 1 版
印　　次：2022 年 12 月第 1 次印刷
定　　价：268.00 元

文水县党史县志编纂委员会

《文水年鉴（2022）》编纂人员

文水县地图

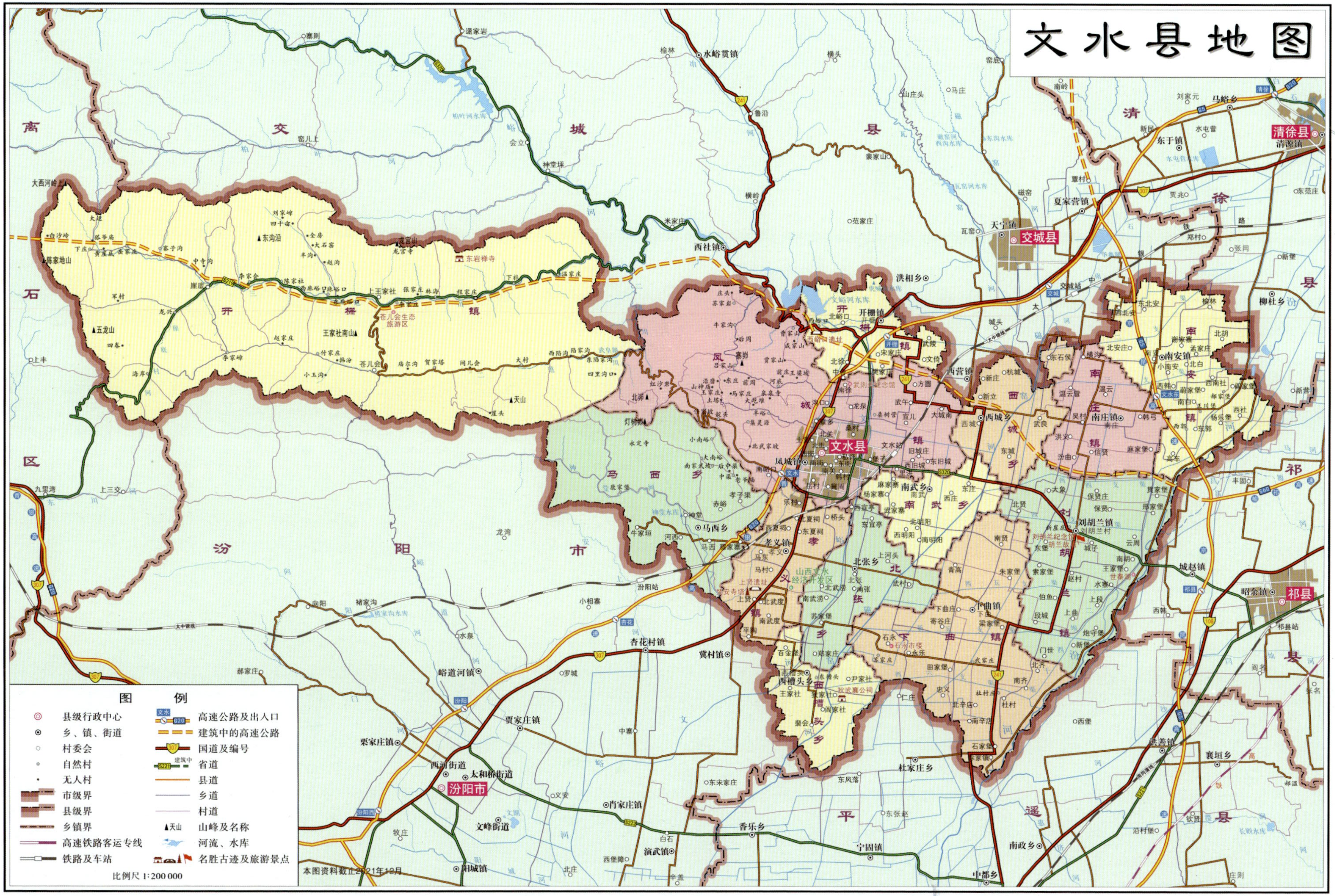

审图号：吕KS（2022）001号

文水县党史研究室监制

2021 数字文水

综　合

地区生产总值	100.11亿元
第一产业增加值	21.25亿元
第二产业增加值	35.86亿元
第三产业增加值	43亿元

人　口

常住人口	364058人
城镇人口	152571人
乡村人口	211487人
出生率	7.14‰
死亡率	10.99‰
自然增长率	−3.85‰

人民生活

城镇居民人均可支配收入	26246元
农村居民人均可支配收入	13213元

农 业

农作物播种面积	50.19万亩
粮食作物种植面积	46.98万亩
粮食作物产量	21.07万吨
其中小麦种植面积	0.45万亩
小麦产量	0.17万吨
玉米种植面积	43.50万亩
玉米产量	19.64万吨
高粱种植面积	0.24万亩
高粱产量	0.10万吨
经济作物种植面积	3.20万亩
其中中草药材种植面积	0.12万亩
中草药材产量	127.10吨
蔬菜及食用菌种植面积	2.27万亩
蔬菜及食用菌产量	5.05万吨

财政 金融

财政总收入	12.68亿元
税收收入	10.86亿元
非税收入	1.82亿元
一般公共预算收入	5.72亿元
一般公共预算支出	24.88亿元
各项存款余额	219.46亿元
各项贷款余额	101.51亿元

固定资产投资

固定资产投资	29.02亿元
第一产业投资	1.35亿元
第二产业投资	22.91亿元
第三产业投资	4.76亿元

国内外贸易

社会消费品零售总额	23.98亿元

文水县县城（庞起建供图）

2021年3月16日，文水县在文兴会堂多功能厅举办文水县党史学习教育专题讲座（闫小强摄）

2021年5月20日上午10时，第十二届中国中部投资贸易博览会文水县招商引资推介会在太原市迎泽宾馆晋泽轩举行（韩建武摄）

2021年7月4日晚，由中共文水县委、文水县人民政府主办，中共文水县委宣传部承办，《光辉历程　永恒信仰》文水县庆祝中国共产党成立100周年专场晚会在文水县滨河文化生态园举行（韩建武摄）

2021年10月18日晚，庆祝中国共产党成立100周年舞剧《刘胡兰》，在文水县文兴会堂演出（韩建武摄）

2021年6月15日，文水县南武乡南明阳村，文水县三森农牧专业合作社种植小麦330亩（马永壮摄）

2021年9月28日，文水县南武乡南明阳村种植的高粱（成新安摄）

2021年5月23日，文水田园薯业专业合作社无人机给马铃薯喷药（闫小强摄）

2021年10月2日，文水县马西乡孝子渠村村民在晒场晒玉米（韩建武摄）

2021年8月23日，文水县下曲镇南贤村现代农业产业园西梅采摘园（成新安摄）

2021年9月22日，文水县南庄镇吴村葫芦种植基地（成新安摄）

文水县一区四园（山西文水经济开发区管理委员会供图）

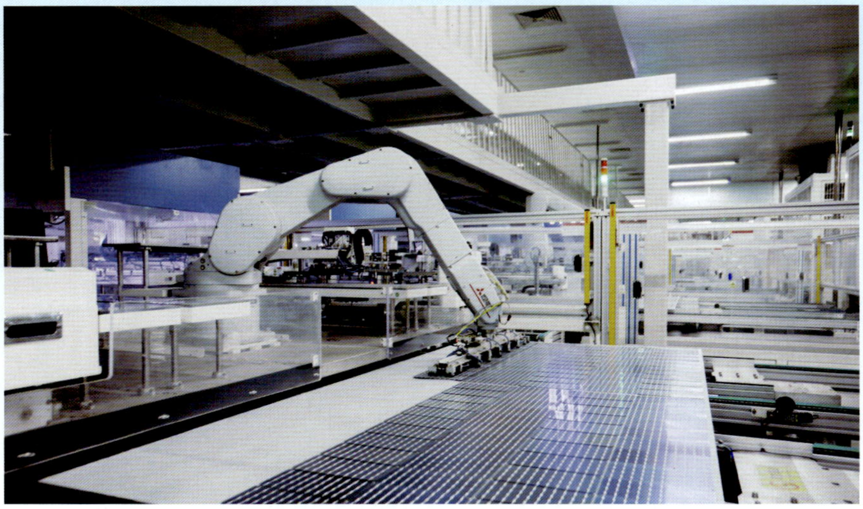

2021年，晋能清洁能源科技股份公司生产的555瓦高功率太阳能组件（晋能清洁能源科技股份公司供图）

2021年，山西酒都杏花乡酒业有限责任公司（成新安摄）

2021年，吕梁野山坡食品有限责任公司生产的沙棘阿胶糕、玫瑰沙棘、沙棘原浆、沙棘籽油、沙棘多肽固态饮料（吕梁野山坡食品有限责任公司供图）

2021年，文水县石安葫芦种植加工协会加工的烙画技艺（成新安摄）

2021年5月，中华人民共和国国务院公布，中华人民共和国文化和旅游部颁发，国家级非物质文化遗产代表性项目葫芦制作技艺（成新安摄）

文水县南庄镇吴村葫芦生产基地（成新安摄）

2021年，文水县下曲镇北辛店村党群服务中心（下曲镇北辛店村供图）

2021年，文水钲子表演（庞起建摄）

2021年，文水县县城金亿天街投入使用（成新安摄）

2021年，文水县县城一角（闫小强摄）

编辑说明

一、《文水年鉴（2022）》以马克思列宁主义、毛泽东思想、邓小平理论、“三个代表”重要思想、科学发展观、习近平新时代中国特色社会主义思想为指导，坚持辩证唯物主义和历史唯物主义的立场、观点、方法，存真求实，秉笔直书，客观地记述2021年文水县自然、政治、经济、文化、社会等各个领域的基本情况。

二、《文水年鉴（2022）》是由中共文水县委、文水县人民政府组织，中共文水县委党史研究室（文水县地方志研究室）编纂出版的资料性文献。

三、《文水年鉴（2022）》上限2021年1月1日，下限2021年12月31日。部分内容超限记载，有些内容有断限现象。

四、《文水年鉴（2022）》采用条目体，即类目、分目、次分目、条目。全书设特载、大事记、县情概览、中国共产党文水县委员会、文水县人民代表大会、文水县人民政府、中国人民政治协商会议文水县委员会、中国共产党文水县纪律检查委员会 文水县监察委员会、群众团体、法治、经济管理与监督、转型综改试验区 开发区、农林牧业、水利环境 公共设施管理业、制造业、电力 供应业、商贸流通、交通运输 邮政通信、金融业、商务服务业、科学研究和技术服务业、教育、卫生 体育、文化 文物 旅游 融媒体 艺术、乡镇、附录，共26个类目。全书设有中文目录和索引。

五、《文水年鉴（2022）》数据以文水县统计局发布的数据为准，未列入国家统计范围的数据由各部门提供。计量采用法定单位，部分数据遵从习俗。

六、《文水年鉴（2022）》数字用法、标点符号用法分别采用国家标准《出版物上数字用法》（GB/T 15835—2011）、《标点符号用法》（GB/T 15834—2011），计量单位采用国家技术监督局1993年12月发布的《量和单位》系列国家标准。

七、机构领导人名录任职时间一栏中，“—”表示2021年全年在职，“2021.01—”表示2021年1月任职，“—2021.09”表示2021年9月离任或免职。

八、《文水年鉴（2022）》资料来源广泛，使用资料均不注明出处。

目　录

特　载

大事记

县情概览

中国共产党文水县委员会

文水县人民代表大会

文水县人民政府

中国人民政治协商会议 文水县委员会

中国共产党文水县纪律检查委员会
文水县监察委员会

群众团体

法 治

经济管理与监督

转型综改试验区　开发区

农林牧业

水利环境　公共设施管理业

制造业

电力 供应业

商贸流通

交通运输　邮政通信

金融业

商务服务业

科学研究和技术服务业

教　育

卫生　体育

文化　文物　旅游　融媒体　艺术

乡　镇

附　录

索　引

特　载

在县委十四届五次全会暨县委经济工作会议第一次全体会议上的讲话

（2022年1月29日）

杨　洋

同志们：

这次会议的主要任务是，以习近平新时代中国特色社会主义思想为指导，认真贯彻落实中央经济工作会议和省市党代会精神，按照省委十二届二次全会暨省委经济工作会议和市委五届二次全会暨市委经济工作会议部署，总结去年工作，安排今年任务。刚才，王峰同志传达了省委、市委经济工作会议精神，大家要结合这次会议精神，一并抓好贯彻落实。下面，我讲4点意见。

一、关于2021年经济工作

2021年，全县上下认真贯彻落实中央、省委、市委各项决策部署，着力构建以“六大基地”为支撑的现代产业体系，全方位推动高质量发展，实现了“文水县国民经济和社会发展第十四个五年规划和二〇三五年远景目标纲要”良好开局。

——经济运行稳中向好。主要经济指标全市靠前，规上工业增加值、限上社消总额和一般公共预算收入增速分别高于全市1.6、15.4和1.7个百分点，GDP突破100亿元大关，一般公共预算收入突破5.7亿元。转型发展迈出新步伐，工业技改投资增速高出全市47.5个百分点，战略性新兴产业工业增加值比重达到15.8%，规上工业企业研发投入增长335%，在全省56户县管工业类开发区综合考核中排名第14位，县域经济的支撑基础得到夯实、韧劲潜力逐步显现、发展态势日益强劲。

——乡村振兴扎实推进。坚持把“三农”事业作为重中之重，人力、物力、财力向乡村振兴倾斜。面对40年不遇的强降雨天气，众志成城防汛救灾，在不利条件下，市级及以上农业产业化龙头企业销售收入和农产品精深加工产业集群产值均占到全市的40%，体现了农业大县的担当和作为。壮大农村集体经济，助推乡村振兴，在吕梁率先开展农村集体经济合同清理，集体经济村均增长31.6万元，收入5万元以下的村清零，10万元以上的村达到70%，为促进共同富裕奠定了坚实基础。

——生态环保持续发力。牢记“良好生态环境是最公平的公共产品，是最普惠的民生福祉”，坚定践行习近平生态文明思想，坚持对症下药、长短结合，打好蓝天、碧水、净土保卫战，虽然空气质量综合指数全省排名靠后，但改善幅度全省靠前，空气质量优良天数达到205天，取得历史性突破；

文峪河、磁窑河出境断面水质达四类标准，汾河达到五类标准；加快推进砂坑修复治理，毁地挖砂乱象得到全面控制。

——民生福祉不断增进。秉持人民至上的理念，谋民所利、解民所忧，保持了民生投入只增不减、惠民力度只强不弱、为民办事只多不少。民生支出占到财政支出的81％，农村居民人均可支配收入增速高于城镇居民3.1个百分点，脱贫户人均收入同比增长12.7％，交通道路、集中供热、农田水利等民生工程惠及群众，教育、文化、就业、社保等社会事业发展进步，老百姓的认同感和满意度不断提高。

在县第十四次党代会上，县委提出实现高质量高速度转型发展的“六个必须”，一年来的实践证明，“六个必须”契合上级政策，符合文水实际，要长期坚持下去。一是必须坚持党的全面领导。高举习近平新时代中国特色社会主义思想伟大旗帜，始终同以习近平同志为核心的党中央保持高度一致，这是我们从胜利走向胜利的根本保证。二是必须坚持以人民为中心。把不断满足人民群众对美好生活的向往作为奋斗目标，一切为了人民、一切依靠人民。群众高兴不高兴、满意不满意、答应不答应是检验我们工作的标准。三是必须坚持新发展理念。只有完整准确全面贯彻新发展理念，加快转变发展方式，才能推动县域经济更高质量、更有效率、更加公平、更可持续发展。四是必须坚持改革开放。把改革开放作为关键一招，以更深层次的改革破解历史难题，以更高水平的开放促进转型发展，县域经济社会发展才能拥有不竭的动力和活力。五是必须坚持系统观念。运用系统思维和系统方法观大势、看问题、作决策，前瞻性思考、全局性谋划、整体性推进，用发展的方式逐步解决历史遗留问题，在不断解决历史遗留问题中创造更好的发展条件，实现发展质量、结构、规模、速度、效益、安全相统一。六是必须坚持凝心聚力。全县上下团结一致向前看，党员干部群众心往一处想、劲往一处使，上下同心、目标同向、工作同步，充分调动一切积极因素，就能凝聚起攻坚克难的强大合力。

一年来，全县各项事业发展进步，但也存在不少问题和短板，在今后的工作中还会面临新的困难和挑战。县委坚信，审度时宜，虑定而动，天下无不可为之事，只要我们坚持“六个必须”，一切从实际出发，努力办好文水的事情，就一定能交出全方位推动高质量发展的优异答卷。

二、关于2022年经济形势和总体要求

今年是党的二十大召开之年，是深入贯彻省市县党代会精神、全方位推动高质量发展的关键一年，做好今年工作意义重大。从宏观形势看，疫情仍是最大的不确定因素，国内经济面临着多年未见的需求收缩、供给冲击、预期转弱“三重压力”，能耗“双控”紧约束、“两高”项目停建、企业限产等影响逐步显现，我县传统产业增量有限，新兴产业不足以补上缺口，这些因素相互交织，增加了经济工作的艰巨性复杂性。从政策利好看，国家实施黄河流域生态保护和高质量发展、中部地区高质量发展、新增可再生能源和原料用能不纳入能源消费总量控制等重大战略，山西中部城市群发展进入国家规划，全省打造农产品精深加工十大产业集群，吕梁打造交汾文孝城镇组群等，一系列政策红利不断释放，战略窗口期仍在延续。从内部态势看，全县政治生态呈现持续向好、整体向好的局面，社会秩序进一步步入正轨、稳中向好，基层党组织的战斗堡垒作用不断增强，党员干部的精气神提振焕发。

这些都将为全方位推动高质量发展拓展外部空间、提升内生动力。

今年经济工作的总体要求是，坚持以习近平新时代中国特色社会主义思想为指导，全面贯彻党的十九大和十九届历次全会精神，弘扬伟大建党精神，深入贯彻落实习近平总书记视察山西重要讲话重要指示精神，认真贯彻中央和省市经济工作会议精神，坚持稳中求进工作总基调，立足新发展阶段、贯彻新发展理念、构建新发展格局，以供给侧结构性改革为主线，统筹疫情防控和经济社会发展，统筹发展和安全，做好“六稳”“六保”工作，加快建设以“六大基地”为支撑的现代产业体系，全力保障健康经济秩序，全力改善民生，保持社会大局稳定，全方位推动文水高质量发展，以优异成绩迎接党的二十大胜利召开。

县委考虑，今年经济社会主要预期性指标是：地区生产总值增长8%以上，一般公共预算收入增长15%，固定资产投资增长10%，限上消费品零售总额增长10%，服务业增加值增长8%，规上工业增加值增长7%，规上工业企业研发投入增长15%，外贸进出口总额增长10%以上，城镇居民人均可支配收入增长8%，农村居民人均可支配收入增长8%以上，城镇新增就业2700人，城镇调查失业率控制在5.5%以内，约束性指标完成上级要求。要结合实际，科学把握，坚持“稳”字当头，筑牢“稳”的基础，激活“进”的因素，做到稳中求快、稳中求高质量。

三、关于2022年若干重点工作

实现预定的目标任务，要重点抓好以下四方面工作。

第一，推进“六大基地”建设，构建现代产业体系

推动高质量发展，首要任务是经济高质量发展，重中之重是产业转型。一方面要以增强生存力发展力为方向，改造提升传统产业，推动钢铁、化工、煤炭等重点行业节能改造，坚决遏制高耗能、高排放、低水平项目盲目发展；另一方面要以加快集群化规模化为方向，发展壮大新兴产业，实施“屋顶分布式光伏开发试点县”建设，发展煤气发电、特种蜡材料、高档耐火材料、高分子材料等产业，培育转型动能，蹚出产业优、质量高、效益好、可持续的发展新路。

坚定不移推进“六大基地”建设，完善现代产业体系。发展特钢新材料产业。支持吕梁建龙实施优特钢基地工程，年内完成投资20亿元，推动优质棒线材工程、1号转炉连铸工程、钢渣处理工程等项目建成投产，提升钢铁工艺水平。发展清香型白酒产业。充分发挥白酒协会的规范引导作用，落实白酒产业高质量发展“10条措施”，推动牛栏山二锅头吕梁生产基地实现年产原酒2万吨，加快山西吕农年产1万吨基酒酿造项目建设，支持汾池春、兰花青等入规白酒企业做大做强，加大小型酿酒企业技改力度，鼓励发展1000吨以上原酒生产，促进白酒产业规范发展。发展先进制造业。推动晋能科技3GW太阳能高效组件项目投产达效，实现年产值30亿元；稳妥推进光华铸管破产重整，年内启动45万吨铸钢生产基地一期项目；推进山西德通泰年产5万吨钢箱梁及隧道智能装备项目建设。发展碳基新材料产业。抓住“原料用能不纳入能源消费总量控制”的政策机遇，引导金源煤化、盛达威、鑫明泰等煤化工企业开发高附加值产品，走高端多元低碳发展的路子。启动山西路桥交通低碳科技园项目，年内建成基质沥青、乳化沥青等加工生产线。发展农产品精深加工产业。放大农产品精深加工产业领军吕梁的

固有优势，发挥大象农牧、吕梁野山坡、和冠亨食品等农业产业化龙头企业的辐射带动功能，支持山西小牛蛙开发药茶、曲奇、果油等沙棘精深加工产品，雪莱食品改扩建2万吨饮料生产线，推动肉制品、干果饮品、功能食品、休闲食品等产业提质增效。发展现代服务业。扭住“提质增效”目标，推动服务业高质量发展，不断满足产业转型升级需求和人民美好生活需要。推动实施金地智能仓储和智慧物流一体化平台、康欣药业大健康蕈菌产业集群一期工程、鸿锐达医疗防疫防护手套、子夏山旅游综合体等项目，加快开发城市商贸综合体，支持农产品产地新增4万立方米冷藏保鲜库容，争创3个市级乡村旅游示范村。

第二，持续优化发展环境，培育壮大市场主体

项目是第一支撑，开发区是第一阵地，营商环境是第一保障。要坚定不移加快项目建设，全面创优营商环境，大力实施市场主体倍增工程，练好内功、借助外力，进一步激发县域经济社会高质量发展的动力活力。

要扎实推进项目建设。今天的项目就是明天的财富，今天的投资力度就是明天的发展速度。今年全县谋划实施81个省市县重点项目，总投资212亿元，年内计划完成投资32亿元。县级领导干部包联重点项目，发改局做好统筹协调，乡镇和职能部门主动配合，积极争取上级资金政策，开展好“政银企”对接活动，解决好项目融资问题，推动各类项目早开工、早建设、早投产、早达效，加快形成更多的实物量。

要推动开发区整体发力。扭住开发区规上工业增加值增长15%的硬指标，促进开发区发挥主战场作用。深化“承诺制＋标准地＋全代办”改革，滚动实施“三个一批”活动，今年签约项目不低于12个，签约投资额要突破40亿元。基础设施再完善，发挥开发建设公司平台作用，年内收储2000亩土地，加快百金堡先进装备制造标准化厂房和东庄产业园污水处理厂建设，推动百金堡产业园污水处理厂投入运营。招商引资再加力，开展长板招商、产业链招商等活动，组织企业参加展销会、推介会，力争省域外签约项目完成30亿元，引进一批技术含量高、产业带动强、发展前景好的大项目。

要全面优化营商环境。聚焦“无差别、无障碍、无后顾之忧”“可预期、可信赖、可发展”，打造“三无三可”营商环境。优化政务服务，完成数字政府建设一期工程，启动二期项目，提高政务效能。全力保障健康规范的经济运行秩序，依法打击阻挠项目建设、破坏市场环境等行为，深入整治私屠滥宰、制假售假等突破食品安全底线和损害行业正当利益的违法行为；畅通群众和企业举报渠道，坚决整治“吃拿卡要”等问题；规范行政执法行为，依法保护市场主体合法权益。弘扬契约精神，推进政务诚信、商务诚信、社会诚信、司法公信建设，提高全社会信用水平。坚持“两个毫不动摇”，保障民营经济健康发展和民营经济人士健康成长，积极申报全省中小企业高质量发展示范县。弘扬企业家精神，引导企业家听党话、跟党走，讲正气、走正道，聚精会神办企业、遵纪守法搞经营。

要加快培育市场主体。目前，我县市场主体30191户，占全市10.5%，每千人拥有市场主体67户，低于全市18户。要扎实开展“市场主体建设年”活动，推动市场主体上规模、增活力、提效益。引导企业梯度升级，年内净增小升规企业10户、国家省级专精特新和专精特新“小巨人”企业10户

以上，新增高新技术企业2户、科技型中小企业2户，创建1—2个省级创新平台。加强与中科院、中国农业大学等科研院校合作，推进12大基地建设。抓住研发费用加计扣除比例由75%提升至100%的机遇，持续推进规上企业研发活动全覆盖，引导企业创新发展。

第三，做好新时代“三农”工作，全面推进乡村振兴

全面实施乡村振兴战略，是做好新时代“三农”工作的总抓手。要坚持和加强党对“三农”工作的全面领导，牢牢守住保障粮食安全和不发生规模性返贫两条底线，推动乡村振兴取得新进展、农业农村现代化迈出新步伐。

要全力保障粮食生产安全。把稳粮保供摆在突出位置，落实最严格的耕地保护制度，用好中国铁塔公司建立的自然资源动态监测执法一体化平台，“零容忍”打击违法占地行为，坚决遏制耕地“非农化”、防止“非粮化”。推进高标准农田建设，完成上年度6万亩任务扫尾工作，启动今年新的6.2万亩建设项目。实施种业振兴行动，启动诚信种业300万公斤储备库建设项目。加强粮食生产功能区管理，确保粮食种植面积稳定在45万亩左右，粮食产量稳定在2亿公斤以上。

要守住不发生规模性返贫底线。严格落实“四个不摘”要求，毫不放松加强“两不愁三保障”及饮水安全，做好脱贫户动态监测帮扶，抓好城乡居民医疗保险参保，实现脱贫户、脱贫不稳定户、边缘易致贫户、突发严重困难户“四类户”参保缴费全覆盖，推动巩固拓展脱贫攻坚成果同乡村振兴有效衔接，让脱贫群众生活更上一层楼。

要推动农业“特”“优”健康发展。推进马铃薯、西兰花、中药材、设施蔬菜等特色种植扩面提标，支持诚信种业打造高粱全产业链，推进恒远食品肉羊改扩建、聚业农牧商品猪养殖等项目建设。发展农业经营主体，年内培育省市县级示范主体10户以上。加强农业服务保障，开展专家团队、项目工队、营销战队“三队”包联服务，培训高素质农民5000人次，完成1.98万亩农业生产托管服务项目。

这里，重点强调一下肉牛产业的事情。肉牛产业是文水的农业支柱产业、东半县老百姓的民生产业，但违法占地、私屠滥宰、粪便污染等问题长期存在，已经到了不可不治、非治不可的地步，没有任何退路。我们必须痛下决心、坚决整治，推动肉牛产业规范绿色高质量发展，确保文水买健康牛、养健康牛、售健康牛、产安全肉。要严格落实“四个最严”要求，坚决保障牛肉食品安全；健全落地报检制度，守好入境防线；推进电子耳标加施工作，规范化养殖改造未完成之前，做好常态化网格监管；落实“凡出必检”机制，强化肉牛出栏检疫管理；常态化开展联合执法检查，健全“购、养、销、加”全方位监管体系。建立健全购销、繁育、改良、培训、防疫等社会化服务体系，严格执行炭疽疫苗强制免疫制度，加快保险政策落地；推进喜洋洋有机复合肥、吕农生物有机肥、育禾有机育秧盘、誉铧生物质燃料等畜禽粪污处理利用项目，逐步取缔人畜混居养殖场，引导养殖户到规模化养殖场集中养殖。

要扎实稳妥推进乡村建设。深化农业农村综合改革，推动农村集体经济合同清理全面清零，发展壮大农村集体经济，助推乡村振兴。持续改善人居环境，巩固拓展城乡环卫一体化成果，加快城乡生活垃圾中转站和

分拣中心建设，推行垃圾分类试点，集中收集处置餐厨垃圾，改造1000座农村厕所。加强乡村道路建设，高质量完成“四好农村路”和村庄道路整治年度任务。深入推进移风易俗，健全落实“一约四会”制度，广泛开展讲文明树新风活动，新建殡仪馆年内竣工，农村公益性公墓覆盖率达到70%。统筹抓好乡村振兴示范村、乡村旅游示范村、数字乡村建设示范村、特色产业示范基地创建，完成8个美丽宜居示范村建设，以点带面、示范引领，全面推进乡村振兴。

第四，全力保障和改善民生，提升社会治理水平

民之所盼，政之所向。高质量发展是为了让老百姓过上更好的日子。要坚定践行以人民为中心的发展思想，用心用情用力解决群众的急难愁盼，让文水人民在一件件具体民生实事中看到变化、得到实惠、获得幸福。

要发展社会民生事业。落实就业优先政策，开展“全民技能提升”和“吕梁山护工”培训，抓好高校毕业生、农民工等重点群体就业。办好人民满意的教育，启动建设学府路小学、兴华九年一贯制学校，推进刘胡兰实训基地建设，与北师大联合实施“教育发展创新试验区”项目，与省教科院联合实施“义务教育质量提升三年行动计划”。深化医疗卫生体制改革，推动优质医疗资源下沉，抓好常态化疫情防控，严格落实“四方责任”和防控措施，守好文水阵地，推动异地新建中医院年内主体竣工。实施文化惠农工程和“文明守望”工程，打造3个非遗传承教育基地，做好文物保护。加强社会保障，推动残疾人康复中心和社会福利中心年内运行，农村日间照料中心及幸福小院实现建制村全覆盖，启动社区养老幸福工程，抓好医疗、养老、保险、救助等工作，坚决兜牢民生底线。

要加快推进城镇化建设。统筹推进文明城市、园林城市、森林城市、卫生城市创建，巩固提升双拥模范县成果。加快县城控制性详细规划编制，优化城市“15分钟生活圈”布局，完成胡兰大街一期工程和凤凰路、则天大街道路环境综合整治提升工程，启动梧桐路改造和北环路东延改造工程；完成体育公园、则天大街信合公园和文化公园建设，启动大陵湖休闲公园和狄青大街街角公园建设；新建3处公共停车场；启动10个左右老旧小区改造。实施城乡供水一体化扩面提升工程，增强水源地保障能力，满足县城自来水供应需求，推动自备井能关尽关，保障县城居民全部吃上安全水。

要加强生态文明建设。把良好生态作为最普惠的民生福祉，守好生态环境底线。加强大气污染防治，完成国金电力、吉港水泥等企业超低排放改造，继续扩大城乡清洁取暖覆盖面，做好冬奥会和冬残奥会期间空气质量应急保障。加强水域环境治理，落实《黄河流域生态保护和高质量发展规划纲要》，推动汾河百公里中游示范区文水段工程年内基本完工，加快汾河流域农村水环境治理项目，6月底前完成文峪河综合整治续建工程和西宜亭至北张段治理工程，杭城污水处理厂上半年正常投运，加快汾河西岸综合污水处理厂建设，推进南安、下曲、南庄、孝义镇污水处理工程。加强生态修复治理，实施段马线两侧通道绿化提升工程、西山公园周边山体裸露处生态修复工程、文峪河水库生态建设示范区绿化二期工程，推进剩余2100余亩砂坑修复治理和综合开发利用。

要维护社会安全稳定。北京冬奥会、冬

残奥会临近，党的二十大将于下半年召开，守好安全稳定底线是最大的政治。要深入开展安全生产隐患大排查大整治，加强煤矿、非煤矿山、食品药品、危险化学品、燃气管道、道路交通、建筑施工、消防等重点领域安全生产监管，提升本质安全水平。加强防灾减灾工作，完善监测预警联动机制，实施龙泉沟防洪治理工程，扩大农业保险覆盖面，提升防灾减灾救灾能力。加强金融风险防范，推进农信社改制、国资国企改革，防范电信诈骗、非法集资等金融风险，守住不发生区域性系统性金融风险的底线。加强信访工作，坚持“三到位一处理”原则，做好“控新治旧”，抓好初访问题办理，开展赴省进京非访越级访专项治理，依法解决信访问题，维护群众合法权益。加强和创新社会治理，推进“全科网格”建设，深化平安文水和法治文水建设，严厉打击违法犯罪活动，确保人民群众生命财产安全和社会平安稳定。

四、关于加强和改善党对经济工作的领导

发展形势越是严峻复杂，越要坚持党的全面领导。全县各级党委（党组）要发挥总揽全局、协调各方的领导核心作用，各级领导干部要发挥“关键少数”的关键作用，坚持以高质量党建引领和保障高质量发展。

一要主动担当作为。在文水发展最关键的时期，党员干部要有担当精神，展现家乡情怀，挑最重的担子、啃最硬的骨头，坚决反对不担当、不作为、装样子、搞花架子等作风，坚决摒弃不解上情、不接地气、求稳不求进、畏难不求成等倾向。县委旗帜鲜明奖励和重用担当作为的干部，坚决为担当的干部担当、为负责的干部负责、为英雄的干部论英雄。

二要拧紧责任链条。全县各部门要有强烈的责任意识和交账意识，把县委的决策部署具体化、工程化、项目化，确保责任到人、落实到岗。各乡镇要做到守土有责、守土负责、守土尽责，守好种好管好“责任田”。建立“明责、履责、督责、追责”闭环落实机制，加大督查问责力度，确保工作有人抓、问题有人管、责任有人担。

三要夯实基层基础。加强基层服务型党组织建设，提高基层党组织在经济社会发展中的引领和保障能力。加强基层干部能力培训，促进乡村干部不断提高推动产业发展、整治村容村貌、调处矛盾纠纷、推进移风易俗、守护土地资源、管控乡村治安等各方面的能力。加大人才工作力度，着力引进一批经济社会发展需要的专业人才。

四要提升专业能力。党员干部要干一行爱一行，广泛学习现代金融、市场经济、行政管理等各方面知识，补齐能力短板，增强工作的预见性和敏锐性，成为各领域的行家里手。加强政策研究，跟踪上级信息，做到心中有数、手中有策。县委针对性举办培训班、读书班，继续分批组织外出考察学习，借“他山之石”为文水所用。

五要提高服务效能。全县各级各部门要深化“放管服效”改革，增强服务意识，树牢“店小二”思维，当好“服务员”角色，不断提高服务群众水平。党员干部要自觉践行亲清政商关系，做到亲而有度、清而有为，用心用情用力服务企业，落实落细惠企纾困政策，助力企业健康发展。

六要凝聚工作合力。全县上下要牢固树立大局意识和全局观念，增强团结协作意识，思想认识上形成“一条心”，实际行动中下好“一盘棋”，困难共同克服、问题共同解决、工作共同推进。特别是解决一些焦点问题或复杂难题，各级各部门都有责任和任务，要相互补台，才能精彩连台，要相互帮衬，才能相得益彰。要广泛调动社会各方力量，动员社会各界人士建言献策出力，投身到建设文水的生动实践中来。

同志们，上下同心者胜，同舟共济者赢。让我们更加紧密地团结在以习近平同志为核心的党中央周围，在省委、市委的坚强领导下，大力弘扬伟大建党精神，坚定传承刘胡兰精神，解放思想、实事求是，真抓实干、久久为功，扎实做好今年经济工作，全方位推动高质量发展，以优异成绩迎接党的二十大胜利召开！

在县委十四届五次全会暨县委经济工作会议第二次全体会议上的讲话

（2022 年 1 月 29 日）

杨　洋

同志们：

中共文水县委十四届五次全会暨县委经济工作会议，圆满完成各项议程，即将胜利闭幕。会议总结了去年经济工作，部署了今年经济任务。大家认真讨论了县委常委会工作报告、县委对今年经济工作所作部署和全会决议（草案），提出了很好的意见建议，我们将认真梳理研究。任务已经明确，关键在于落实。

抓好落实，要有过硬的干部队伍。干好事业，关键要有一支担当作为、奋发有为的干部队伍。全县各级各部门主要负责同志既要“眼睛向下”，关心群众疾苦，全心全意解决基层、群众和企业的实际问题；又要“眼睛向上”，多向上级领导机关和有关部门汇报工作、争取支持。上级项目资金盘子就那么大，一个地方分配得多与少、“蛋糕”切得大与小，与你跑不跑、跑得多与少是有关系的。我们鼓励大家往市里省里甚至北京跑。当然，鼓励“向上跑”，是专指为了发展的工作行为，而不是没事找事套近乎，不是三天两头办私事，更不是跑官要官。主要负责同志还要“眼睛向内”，把队伍建设好、管理好、带领好，坚决向一些机关部门“中梗阻”“事难办”问题宣战，坚决向干部队伍中的推诿扯皮、不担当、不作为、乱作为问题宣战。

抓好落实，要有正确的工作理念。各乡镇、各单位的工作都各有各的难题，有难题是常态，没难题永远不可能。党把我们放在这个位置，就是让我们解决一方、一域的实际问题。强化问题意识，积极面对和化解经济社会发展中存在的各种问题，这既是我们的根本职责，同时坚持问题导向也是基本的工作方法。特别是要找准人民群众普遍关心的热点、难点问题，通过深入细致地调查研究，找出解决问题的办法。发现问题才有工作目标，解决问题才能彰显我们存在的价值。我再次强调一下：解决一些焦点问题或复杂难题，各级各部门都有责任和任务，要相互补台，才能精彩连台，要相互帮衬，才能相得益彰。各级各部门和党员干部要切实增强发现问题的敏锐、拿出直面问题的勇气、提高解决问题的能力，更好地担负起党和人民赋予的重任。

抓好落实，要有科学的工作方法。我

们一些部门、一些干部一事当前总是说这也不行、那也不行，什么都不行还要你干什么？对于群众和企业的合理诉求，对于顺应群众期盼的改革举措，可能有一些条条框框的障碍、互为前置的程序，就要研究怎么能让它行，拿出解决问题的办法，这个时候才能彰显担当。干部要多为改革增动力，而不是给改革添阻力；要多在服务大局中找差距，而不是死抠教条找依据。做好工作，要有一系列具体举措、一个个具体项目、一个个具体抓手，而不能从理念到理念、从原则到原则、从倡导到倡导，更不能工作方案上下一般粗、左右一个样。各级各部门要完善规章制度，细化工作流程，健全机制体制。要严明责任体系，层层传导压力，确保每一项工作都有人抓、有人管、有人负责。

抓好落实，要有鲜明的工作导向。考察干部的政治素质，就是要“以事察人”，主要看干了哪些事、干得怎么样，而不是看口号喊得有多响、表态表得有多坚决、文件讲话的“穿靴戴帽”有多长。过去，我县一些领导干部在管党治党中碍于情面，不敢动真碰硬、批评纠正，因履职不到位而受到处分。大家要引以为戒，对干部必须从严管理监督，你想当老好人，那些不想当好人的人就会要了你的命。要把整治不担当、不作为、乱作为问题作为纪检监察工作和巡察工作的重点，更鼓励群众举报特别是鼓励企业举报。

年末岁尾，事情繁杂，各级各部门要有条不紊做好当前工作。要毫不放松抓好疫情防控，坚决守好文水阵地；要扎实开展“打击私屠滥宰、制假售假违法行为”专项行动，守牢食品安全底线；要全力维护社会平安，抓好矛盾纠纷化解、信访问题处置和安全生产监管；要加强煤、电、油、气、运等供需监测，保障粮、油、肉、蛋、奶、果、蔬等重要商品市场供应；要抓好城乡人居环境整治，完善长效保洁制度体系；要加强值班应急工作，严格落实领导带班、24 小时值班值守制度；要文明节俭过节，持续正风肃纪，严防节日腐败。

同志们，幸福源于奋斗，幸福就要奋斗。每一名文水人既是文水的建设者，也是文水发展成果的分享者。我们要更加紧密地团结在以习近平同志为核心的党中央周围，在省委、市委的坚强领导下，团结起来、共同奋斗，全方位推动文水高质量发展，以优异成绩迎接党的二十大胜利召开！

文水县人民代表大会常务委员会工作报告

——2022 年 4 月 16 日在文水县第十七届人民代表大会第一次会议上

范发宾

各位代表：

我受县十七届人大常委会委托，向大会报告工作，请予审议，并请列席会议的同志提出意见。

过去一年的主要工作

2021 年是党和国家历史上具有里程碑意义的一年。党中央召开党的历史上、人民代表大会制度历史上第一次人大工作会议，为新时代新征程人大工作指明了前进方向。一年来，在县委坚强领导下，县人大常委会坚持以习近平新时代中国特色社会主义思想为指导，全面贯彻党的十九大和十九届历次全会、中央人大工作会议精神，全面贯彻落实习近平总书记视察山西重要讲话重要指示，深入学习贯彻省、市、县党代会精神，恪尽职守、扎实工作，为全方位推动高质量发展作出了人大贡献、注入了强劲人大力量。

一年来，常委会紧紧围绕县委中心大局，召开5次常委会会议、11次主任会议，迎接上级检查、调研20余次，开展调研和视察活动17次，听取和审议“一府一委两院”专项工作报告12次，作出决议决定11项，形成调研报告30余篇，审查规范性文件3件，督办议案和代表建议215件，圆满完成县十七届人大一次会议确定的目标任务，推动县委重要战略、重要任务、重要工作的贯彻落实。

——一年来，我们强化政治引领，各项工作实现新突破。

以史为鉴强信念。常委会聚焦学史明理、学史增信、学史崇德、学史力行，扎实开展党史学习教育，务实开展“我为群众办实事”实践活动。全年组织开展专题学习18次，研讨会议9次，宣讲专题党课5次，达到了学党史、悟思想、办实事、开新局目的。认真学习领会党的十九届六中全会精神，从党的百年奋斗历程特别是党的十八大以来的原创性思想、变革性实践、突破性进展、标志性成果中汲取智慧和力量，从贯通历史、现实与未来中深刻认识“两个确立”的决定性意义，进一步增强沿着习近平总书记指引方向奋勇前进的政治自觉。

以学为基提素养。把深入学习贯彻习近平新时代中国特色社会主义思想作为首要政治任务，着力在学深悟透、忠实践行上下功夫。建立健全人大常委会党组全面系统及时学、常委会组成人员结合议题会前学、人大代表围绕履职能力提升培训学、机关党员干部融入日常工作经常学的联动学习机制，不断增强“四个意识”、坚定“四个自信”、捍卫“两个确立”，做到“两个维护”。全年共组织常委会党组理论学习22次，机关集中学习40余次，对重要会议、重要文件精神做到第一时间传达、第一时间领会贯彻、第一时间组织落实。

以干为要开新局。紧扣县委决策部署谋划和推进人大工作，认真执行请示报告制度，及时调整年度工作计划，保证人大工作与县委目标同向、行动同步。紧扣全方位推动经济高质量发展，聚焦乡村振兴、生态环保、深化改革开放、重点项目建设、优化营商环境等，开展调研、视察，听取有关报告，出台决定、决议，积极助力经济发展速度和质量稳步提升。坚持党管干部与人大依法任免有机统一，严格任前法律知识考试、宪法宣誓等制度，依法选举新一届人大常委会组成人员、政府组成人员，监委主任、法院院长、检察院检察长，任免国家机关工作人员65人次，确保县委人事安排意图圆满实现。

——一年来，我们紧扣发展要务，监督质效显现新成效。

助力经济稳健发展。准确把握稳中求进工作总基调，听取审议计划、财政预决算、财政审计、第十四个五年规划和2035年远景目标纲要等报告，审查批准县本级预算调整方案，支持财政资金在城镇发展、产业转型、民生领域更好发挥作用。听取审议国有资产管理情况的报告，督促政府看好“家底”，向全县人民交出了一份“明白账”。坚持“强监管”和“促发展”并重，听取金融部门服务地方经济情况的报告，进一步创新金融服务方式、提高金融服务质量。实地调研白酒产业发展及规范管理情况，加快白酒产业高质量发展。围绕肉牛产业发展、梨果种植、土地流转、沙棘推广等工作开展调研，推动乡村振兴取得新进展、农业农村现代化迈出新步伐。听取刘胡兰纪念馆旅游公路建设情况的报告，助力打通县域东西交通主动脉，满足人民群众出行需求。开展康家堡红色旅游景点规划和建设情况调研，深入挖掘文化内涵，依托红色文化资源讲好文水故事，打造红色旅游新名片。

呵护一方绿水青山。听取审议2021年度环境状况和环保目标完成情况的报告，统筹推进环境综合整治和产业调整转型。视察文峪河整治工程和汾河百公里中游示范区整治工程，为实现水清岸绿、河畅景美目标建言献策。发挥执法检查“法律巡视”利剑作用，配合省人大常委会开展《山西省汾河保护条例（草案）》立法调研、吕梁山区生态保护和修复调研，推动绿色低碳发展加速度。

保障百姓安居乐业。围绕全县教育布局优化、学前教育普惠性发展、教育事业健康优质发展、徐特立职业中学PPP项目、师德师风建设等开展专题调研，助推办好人民满意的教育。关心群众冷暖，视察农村集中供热二期工程，围绕“暖气热不热、收费高不高”等关键性问题开展“考问”，问出民心和民意，答出责任和承诺，推动集中供热管理和服务水平进一步提升。围绕守护人民群众健康，配合市人大常委会开展传染病防治工作调研，听取审议公共卫生专项工作报告，重点督办异地新建中医院项目，组织代表开展常态化疫情防控、疫苗接种调研，推动县域公共卫生领域瞄准关键、重拳出击，破解“卡脖子”难题，构筑文水医疗新高地。

维护社会安定有序。突出法治固根本、稳预期、利长远作用，加强执法、司法工作监督，对县人民法院民事审判、民事执行工作和县人民检察院未成年人权益保护工作进行调研，让公平正义可触可感。开展推进打击治理电信网络诈骗犯罪工作调研，并作出相关决议，全力遏制案件高发态势，形成全民反诈、全社会反诈的强大声势。听取审议“七五”普法工作报告，助力全社会尊法学法守法用法，建设更高水平的法治文水、平安文水。配合市人大调研公检法队伍建设，听取审议政法队伍教育整顿工作报告，推动政治生态进一步优化、纪律作风进一步好转、素质能力进一步增强、执法司法公信力进一步提升。紧盯应急救援工作，开展消防“一法一条例”执法检查。听取审议2021年度规范性文件备案审查工作报告，因时制宜出台操作规程，强化备案审查，做到制度化、规范化、常态化。持续关注人民群众诉求，全年受理来信来访23件次，推动涉法涉诉信访案件纳入法治轨道解决。

——一年来，我们创新服务机制，代表履职展现新作为。

抓严谋实规范代表选举。坚持把政治标准放在首位，严把代表“入口关”，做到推荐有依据、提名有标准、比选有标杆。贯彻落实新修订的选举法，圆满完成县乡两级人大换届选举工作，选举产生新一届县人大代表230名，乡镇人大代表837名，代表结构进一步得到优化，代表素质明显提高。选出出席市四届人大代表38名，其中市下派代表7名，实现党的主张和人民意志的统一，确保全过程人民民主基础牢固、行稳致远。

抓点谋面强化代表履职。坚持尊重代表、依靠代表、服务代表，贯彻常委会组成人员联系代表、代表联系群众“双联系”制度。坚持重大事项向代表通报，一年来，共邀请80余人次列席人大常委会会议、主任会议，安排120余人次参加调研、视察、走访、座谈等活动，促进我国根本政治制度持续焕发更大的生机与活力、转化为更大的治理效能。开展多形式、分层次、全覆盖的代表学习培训，为代表征订《人民代表报》等学习资料；组织常委会组成人员、乡镇人大主席、部分人大代表，赴苏州参加综合能力提升培训班，围绕新时代人大依法行使职权、代表发挥作用和党史国史等内容专题学习；邀请省人大人事委张国富副主任为全县代表讲授《如何依法履职，做一名称职的人大代表》，拓宽代表视野、提升代表履职能力。

抓质谋效提升建议办理。积极回应社会关切，办好会议期间和闭会期间建议办理。健全完善人大常委会领导重点督办、政府领导领办、有关部门承办、政府办催办、人大相关工委促办的“五办联动”机制，选择好角度、把握好尺度、掌握好力度，精准发力、动真碰硬、讲求实效，把解决问题作为着力点。代表在一次会议期间提出的215件建议，县人民政府、县人民法院、县人民检察院作为加强和改进工作的重要依据，认真研究办理，兑现答复承诺，解决了一大批民生实事、“关键小事”。其中，完善山西文水经济开发区（一区四园）基础设施发展、推进自来水直供保护地下水资源、胡兰大街建设、城乡环卫一体化等10件重点意见建议，作为常委会重点督办内容，坚持全年度、全流程跟踪督办。经过各方面努力，代表多年关注、常委会长期督办的重要建议得到短时限、有力度的真解决。对代表闭会期间提出的建议，主任会议认真研究和梳理，形成综合材料，交由政府进行答复办理，解决了及时开放西山公园等一批群众关注的问题。建议办结率和代表满意率持续提升。

抓新谋创丰富代表活动。贯彻市委“要切实把我市代表联络站点建好、用好”精神，建成代表联络站点61个，实现乡镇全覆盖、代表进站全覆盖。把握关键环节，强化措施办法，引导代表走出闭门造车式的冥思苦想、办公室里的文来文往、“权威”之间的坐而论道，回到广大人民群众中间，倾听民意与呼声，推动代表由“荣誉代表”向“职务代表”转变，由“要我履职”向“我要履职”转变。党史学习教育开展以来，以“我为群众办实事”“六乱整治”等工作为抓手，强化领导干部带头、代表跟进，共有700余名代表深入联络站点，接待群众4000余人次，收集问题423件，办结289件，确保活动不虚、不偏、不空、不走过场。

各位代表，过去一年来，大家立足本职岗位，忠诚为党分忧、忠实为民履职，认真担负重要的政治角色、庄严的法律角色、关键的社会角色。特别是面对脱贫攻坚、疫情防控、防汛救灾等风险挑战，各级人大代表闻令而动、冲锋在前、各展所长、无私奉献，以实际行动彰显了“人民选我当代表、我当代表为人民”的使命担当！在此，我代表县人大常委会向各位人大代表致以崇高的敬意！

——一年来，我们坚持与时俱进，自身建设呈现新气象。

突出政治建设统领，深入学习贯彻习近平新时代中国特色社会主义思想，自觉把人大各项工作置于县委领导之下。一手抓结构优化、一手抓能力提升加强队伍建设，选优配强人大专门委员会、常委会工作机构负责人，成立人大监察和司法、财政经济、社会建设、法制四个专门委员会。持续优化组成人员年龄、专业、知识结构，提高专门委员会具有专业领域工作经验的委员比例。拓宽人大机关干部流通渠道，交流选调优秀干部7名，干部队伍活力得到激发，积极性和创造性明显增强。宣传舆论工作全面提档升级，精心组织中国共产党成立100周年系列活动；承办“翰墨丹青润吕梁”——建党百年华诞书画作品展暨孙谦纪念馆开馆仪式活动；积极参加市人大常委会征文比赛，促进互学互鉴。先后获得《人民代表报》宣传一等奖，征文比赛一等奖一名、二等奖一名、三等奖两名的好名次，进一步讲好文水故事、讲好人民当家作主的故事，展现新时代文水人大代表新风采。严肃党内政治生活，认真开展“两日活动”、民主生活会，持续正风肃纪反腐，努力建设让党放心、人民满意的政治机关、权力机关、工作机关、代表机关。

忆往昔，艰难征程砥砺同心；看今朝，千秋伟业催人奋进。各位代表！回顾过去一年，我们在应对挑战中主动作为，在爬坡过坎中披荆斩棘，成绩来之不易，历程令人难忘。这根本在于习近平新时代中国特色社会主义思想的科学指引，关键在于县委的坚强领导，是全体人大代表依法履职、主动作为的结果，是“一府一委两院”积极配合、共同努力的结果，是县政协、社会各界和全县人民充分信任、大力支持的结果。在此，我代表县人大常委会向大家表示衷心的感谢！

在看到成绩的同时，我们也清醒地认识到，常委会工作还存在一些不足之处和薄弱环节。监督实效还有待进一步提升，监督方式有待进一步创新；代表作用发挥还不够充分，代表履职服务保障还需进一步加强；自身建设还需久久为功。我们将虚心听取代表和各方面意见建议，以强烈的责任感紧迫感认真解决。

成就鼓舞人心，经验弥足珍贵。我们深切体会到，只有坚定对党忠诚的决心，毫不动摇把党的领导贯穿依法履职全过程，才能奋进在正确航向，抵达光辉彼岸；我们深切体会到，只有秉持为民担当的初心，随时随地倾听人民呼声、回应人民期待，才能奏响民主华彩乐章，激荡时代强音；我们深切体会到，只有保持尊重代表依靠代表服务代表的真心，积极创造履职条件、自觉接受监督，才能夯实民主基石，汇聚澎湃力量；我们深切体会到，只有树立文水再崛起的雄心，勇当主力主人，尽展人大风采，才能融入发展大战略，成就文水精彩！

今年的主要任务

发展永无止境，奋斗未有穷期。在这个崭新的春天，我们将再度致敬历史、面向未来。2022年是党的二十大召开之年，是深入贯彻省市县党代会精神、全方位推动高质量发展的关键一年，常委会必须以习近平新时代中国特色社会主义思想为指导，深入贯彻中央人大工作会议精神和习近平总书记视察山西重要讲话精神，坚持党的领导、人民当家作主、依法治国有机统一，聚焦省市县党代会部署、县委“六大基地”思路，立足新发展阶段、贯彻新发展理念、构建新发展格局，积极回应人民美好生活需要、高质量发展、全面深化改革新要求，创造性开展监督、代表等工作，不断发展全过程人民民主，坚定扛起以法治方式服务文水全方位高质量发展的历史使命，以优异成绩迎接党的二十大胜利召开。

新的一年，我们要坚定信念，更高站位展示人大担当。万山磅礴，必有主峰。常委会将继续深入学习习近平新时代中国特色社会主义思想和中央人大工作会议精神，更加坚决捍卫“两个确立”、做到“两个维护”，深刻领会全过程人民民主的重大理念，更加深入地把人民当家作主体现到人大工作各方面。按照县委“加快建设以六大基地为支撑的现代产业体系”总方略，围绕市场主体倍增、乡村振兴、城镇化建设、生态文明建设等工作，发挥人大独特职能优势，适时作出决议决定，全面推进各项重点工作、发展措施的落实，以“法定”方式护航幸福美丽文水建设，以“我将无我，不负人民”的奋斗姿态，推动文水全方位高质量发展。

新的一年，我们要找准定位，更大力度增强监督实效。民之所盼，政之所向。常委会将继续坚持发展导向、问题导向、绩效导向、结果导向，锚定“十四五”重大课题和县党代会、县委经济工作会决策部署，紧盯人民群众普遍关心关注的热点难点，综合运用监督方式，寓支持于监督之中，更好融入和服务新发展格局。围绕产业更高端，突出提升传统产业、壮大新兴产业，聚焦特钢新材料、清香型白酒、先进制造业、碳基新材料、农产品精深加工、现代服务业等开展监督，全力助推构建现代化产业体系。围绕发展更充分，加强对刘胡兰旅游公路提质改造、汾河百公里中游示范区建设、打击私屠滥宰和制假售假、减税降费、沙坑治理、开发区基础设施建设、农业保险等具体工作的监督推进，带动项目建设、市场主体培育、营商环境优化、开发区整体发力、乡村振兴、生态环境治理实现发展新高度。围绕城市更美好，紧扣城市道路工程、公园建设、公共停车场新建、老旧小区改造、城乡供水一体化扩面提升等重点工作跟踪问效，推动“15分钟生活圈”城市赋能提速，“交文汾孝城镇组群”一体化建设取得阶段性成效。围绕人民更幸福，对办好人民满意教育、医疗卫生体制改革、异地中医院新建、社区养老幸福工程、农村黑臭水体治理等工作持续监督，让老百姓底气更足、笑脸更多、生活品质更高。围绕治理更科学，持续推进依法行政、备案审查、安全生产主体责任落实、“八五”普法、全科网格、网络电信诈骗打防等重点工作深入开展，推动法治政府、法治社会建设。

新的一年，我们要强化服务，更宽领域汇集奋进力量。万众一心、铁杵成针。常委会将继续畅通“双联系”渠道，拓展闭会期间代表活动方式和内涵，保障代表知情知政。管好用好代表联络站点，坚持县级领导每月深入基层人大代表联络站点联系群众制度，有序推进站点功能升级，不断完善发展全过程人民民主的机制和平台，更好察民情、听民声、集民智。支持和保障代表依法履职，引导代表聚焦县委工作重点、政府工作难点、群众关注热点、制度创新亮点，集思广益提出高质量的建议意见，不断汇集推进文水经济社会发展的创新动力、活力源泉。加强代表培训工作的系统化、规范化、专业化，积极宣传代表中的先进典型，完善代表履职考核激励机制，引导代表强化责任担当，努力在服务中心大局、推动高质量发展上勇当先锋。按照“内容高质量、办理高质量”要求，健全建议督办工作机制，通过重点督办、满意度测评及“回头看”、专题询问等，强化建议办理跟踪问效。

新的一年，我们要奋发有为，更严要求提升履职能力。日积跬步，可至千里。常委会将继续牢牢把握“四个机关”定位，突出政治建设，强化政治机关第一属性，巩固拓展党史学习教育成果。认真履行全面从严治党主体责任，深入贯彻落实中央八项规定精神，持续保持风清气正的政治生态。坚持新时代好干部标准，选育用管相结合，精准强化思想淬炼、政治历练、实践锻炼、专业训练，打造政治坚定、服务人民、尊崇法治、发扬民主、勤勉尽责的人大工作队伍。推动工作制度创新完善，形成充满活力、务实高效的运行机制。加强县乡人大工作协同，凝聚整体工作合力。更加注重调查研究和人大新闻宣传，创新模式讲好新时代人大故事，推动国家根本政治制度在实践中深入人心。

各位代表！春潮澎湃处，扬帆奋进时。让我们更加紧密地团结在以习近平同志为核心的党中央周围，在县委的坚强领导下，大力弘扬伟大建党精神，坚定传承刘胡兰精神，以“功成不必在我、功成必定有我”的赤子之心，以时不我待的责任意识，以掷地有声的工作作风，迎难而上、奋力登攀，为全方位推动文水经济社会高质量发展作出新的更大的贡献！以优异成绩迎接党的二十大胜利召开！

政府工作报告

——2022 年 3 月 30 日在文水县第十七届人民代表大会第三次会议上

王　峰

各位代表：

现在，我代表县人民政府向大会报告工作，请予审议，并请县政协委员和其他列席人员提出意见。

一、2021 年工作回顾

过去一年，全县上下坚持以习近平新时代中国特色社会主义思想为指导，深入学习贯彻习近平总书记视察山西重要讲话重要指示精神，全面落实省第十二次党代会、市第五次党代会精神，在县委的坚强领导下，在县人大、县政协的监督支持下，锐意进取、奋勇争先，全方位推动高质量发展，顺利实现“十四五”良好开局。主要做了以下工作：

（一）经济实力跃上新台阶

统筹疫情防控和经济社会发展，全县经济恢复性增长，全年实现地区生产总值 100.11 亿元，增长 9.2%，历史性突破百亿大关；一般公共预算收入完成 5.72 亿元，增长 25.5%，连续两年实现在全市排名进位；固定资产投资完成 29 亿元，增长 8.6%，全市第 1；规上工业增加值增长 13.9%，全市第 5；限上社会消费品零售总额完成 4.09 亿元，增长 31.6%，全市第 2，多项指标位列全市第一方阵。

（二）转型发展积蓄新动能

农业优势更加突出，全县新建高标准农田 6 万亩，粮食播种面积保持在 45 万亩以上，产量突破 2.3 亿公斤，连续 28 年保持在 2 亿公斤以上。农产品精深加工十大产业集群产值 116.76 亿元，占全市 40.4%，增量 48.36 亿元，全市第 1。工业转型步伐稳健，新培育规上工业企业 30 户、总数达到 99 户，总量全市第 2。新增省级专精特新企业 5 户、“小巨人”企业 2 户，国家级专精特新“小巨人”企业 1 户，2 户企业在“晋兴板”挂牌，民营经济活力增强。服务业实现提质增效，积极提振消费市场，大力发展电子商务，整体销售额突破2亿元，全年收发快递1000余万件，服务业增加值达到42.99亿元，产业结构不断优化。

（三）城乡建设呈现新面貌

胡兰大街开工建设，滨河西路连接线竣工，实施街巷道路改造，打通城区交通微循环。新改建供水管网4.5公里，惠及城乡居民1.4万户，实现生活用水安全清洁。实施农村改厕1000座，新修和整治“四好农村路”等村庄道路22公里、改造危桥10座，农村基础设施不断夯实。投资4300余万元实施城乡环卫一体化，聘请第三方公司开展市场化运营，形成村收集、乡转运、县处理的农村垃圾运转模式，城乡人居环境持续向好。

（四）改革创新激发新活力

大力推进“一枚印章管审批”改革，全面推行“一窗受理”“一网通办”，审批时限较法定时限压缩88.9%，新增市场主体3771户。发挥开发区主平台作用，深化“三化三制”改革，组建开发区开发建设有限公司，全面推行“承诺制＋标准地＋全代办”改革，251项授权事项基本实现“一网通办”，在全省开发区综合考核中位列优秀档次。扎实推进农村集体产权制度改革，全面开展“清化收”工作，清理不规范合同1.5万份，化解村集体债务1200余万元，增加农村承包租赁土地6万亩、集体资产收入5400余万元，村均集体资产收入达到清理前的5.4倍。大力培育一流创新生态，新增高新技术企业4户，市级立项13个科技项目，争取科技引导资金285万元。鼓励和扶持企业引进博士团队3个，博士及正高级职称高层次科技人才3名，创新要素不断聚集。

（五）生态环保取得新成效

城区集中供热及农村集中供热一期、二期工程投运，供热面积达1200余万平方米，覆盖城乡居民7.3万余户。PM2.5浓度连续四年下降，优良天数达到205天。文峪河综合整治工程基本完工，汾河百公里中游示范区文水段生态治理、文峪河西宜亭至北张段河道治理工程开工建设。文峪河、磁窑河出境断面水质达到Ⅳ类标准，汾河达到Ⅴ类标准，河流水质指数7.66，同比下降23.1%，下降幅度全市第3。实施2000亩文峪河周边可视山体绿化工程，生态环境明显改善。

（六）社会事业实现新进步

不断加大民生投入，民生支出较上年增长1.46亿元，占财政支出的81.3%。城镇新增就业2759人，农村劳动力转移就业3073人，技能培训7000余人次。改扩建普惠性幼儿园3所、九年一贯制学校2所，优化整合小学15所、初中2所，职业中学新校区投运，各项教育均衡发展。持续推进县乡医疗机构一体化改革，中医院项目开工建设。大力发展社会文化事业，残疾人康复服务中心主体完工，完成“送戏下乡”50场。常态化抓好疫情防控，守好文水阵地。全力维护社会安全稳定，严厉打击电信网络诈骗，妥善化解信访突出问题，为全县发展创造良好治安环境。扎实开展安全生产专项整治三年行动，安全生产事故起数和死亡人数实现双下降。面对洪涝灾害，干群一心抗洪抢险，齐力抓好灾后重建，发放救灾物资资金6700余万元，529户因灾受损房屋全部重建修缮，受灾群众生产生活迅速恢复。

一年来，县政府扎实开展党史学习教育，严格落实全面从严治党主体责任，深入推进政府系统党风廉政建设和反腐败工作。自觉接受人大、政协监督，全年办理县人大代表建议213件、县政协委员提案200件。全力推进法治政府建设，深入开展“八五”普法，弘扬法治精神。加大“13710”跟踪力度，办结市政府督办事项40件，政府行政效率明显提升。此外，人民武装、妇女儿童、文物保护、档案史志、民族宗教、防震减灾、科普气象等各项工作都取得新成效。

这些成绩的取得，得益于县委的坚强领导，得益于县人大、县政协的有效监督和鼎力支持，得益于全县广大党员干部的担当作为和苦干实干，得益于全县人民和社会各界的团结一心和共同努力。在此，我谨代表县人民政府，向全县人民，向各位人大代表、政协委员，向驻地部队、武警战士、公安民警、消防救援和驻文单位，向所有关心支持文水经济社会发展的各界朋友，表示衷心的感谢和崇高的敬意！

在肯定成绩的同时，我们更要清醒地认识到，当前，全县经济社会发展还存在不少短板和弱项：经济总量不够大，发展质量不够高，发展不充分仍是最大的问题；传统产业转型不快，企业创新能力欠缺，新旧动能转换还需持续发力；基本公共服务供给不足，惠民生、防风险任务依然艰巨；违法占地、制假售假、私屠滥宰等违法乱象还需大力整治；少数干部不作为、慢作为、乱作为等问题仍然存在，政府行政效能和执行力有待进一步提升。我们一定直面问题和挑战，竭尽全力做好工作，决不辜负全县人民的期望！

二、2022年工作计划

2022年是党的二十大召开之年，是文水“十四五”发展承上启下的关键一年。我们要看到，全省构建中部城市群发展新布局，全市一体化推进交汾文孝城镇组群发展等战略部署，为文水拓展发展空间，积极承接产业转移提供了重大契机。我们要准确识变、科学应变、主动求变，在格局重塑中抢占先机、争取主动，在区域竞争中抢先一步、走在前列，全方位推动高质量发展。

今年政府工作的总体要求是：坚持以习近平新时代中国特色社会主义思想为指导，全面贯彻党的十九大和十九届历次全会精神，弘扬伟大建党精神，深入贯彻落实习近平总书记视察山西重要讲话重要指示精神，坚持稳中求进工作总基调，立足新发展阶段、贯彻新发展理念、构建新发展格局战略机遇，统筹疫情防控和经济社会发展，统筹发展和安全，做好“六稳”“六保”工作，加快建设以“六大基地”为支撑的现代产业体系，全力保障健康经济秩序，全力改善民生，保持社会大局稳定，全方位推动文水高质量发展，以优异成绩迎接党的二十大胜利召开。

今年全县经济社会发展主要预期目标是：地区生产总值增长8%，一般公共预算收入增长15%以上，固定资产投资增长10%，社会消费品零售总额增长10%，城乡居民人均可支配收入增长8%，城镇新增就业2700人，城镇调查失业率控制在5.5%以内。

确立上述目标，主要基于两点考虑：一是补考进位需要。我县经济体量较小，如果各项指标的增长幅度参照全省、全市水平，那么与周边县市的差距就会越拉越大。只有高于全省、全市增长速度，才能逐步缩小差距。适当调高发展目标，有利于凝聚人心、激发斗志，是努力争先进位的体现，也是全方位推动高质量发展的内在要求。二是现实基础支撑。在考虑争先进位的同时，我们综合分析全县的发展现状和潜力，统筹评估近年来经济发展的主要增长点、支撑点，充分考虑实现上述目标的可行性，我们有条件、有能力，也有信心、有底气实现预期目标。

实现上述目标，要坚持“稳”字当头，筑牢“稳”的基础，激活“进”的因素，做到稳中求高质量、稳中求高速度。在统筹做好各项工作的基础上，重点抓好以下工作：

（一）构建现代产业体系，做大县域经济基本盘

推动高质量发展，首要任务是经济高质量发展，重中之重是产业转型。要坚定不移推进“六大基地”建设，完善现代产业体系。

聚焦标准化、集约化发展，巩固提升农业优势。确保粮食种植面积稳定在45万亩以上、产量保持在2.2亿公斤以上。实施南武乡、北张乡3万亩农业生产托管服务，提升农业生产能力。加快农田水利设施配套，完成6.2万亩高标准农田建设任务。全年农业固投完成2亿元。实施种业振兴战略，扶持诚信种业实现“品种审定、优种繁育、市场覆盖、销售收入”四个突破，进入全国种业30强行列。坚持农业特优高效发展，不断优化种植品种和结构，建设一批特色产业基地。持续扩大农业保险覆盖面，将西兰花纳入农业保险范畴，实现愿保尽保。大力培育龙头企业，发展新型农业经营主体，年内培育农业产业化龙头企业5个、示范主体10个以上。制定肉牛产业发展规划，5年内将肉牛存栏量控制在20万头以内，与神农集团合作，年内启动3—5个高标准肉牛养殖小区建设，不断推进肉牛标准化、规范化发展。发展农产品精深加工，支持吕梁野山坡加大研发投入，开发药茶、曲奇、果油等特色产品，不断延伸沙棘产业链条。继续实施“品牌强农”行动，推进“三品一标”认证，年内认证绿色产品5个。

聚焦集群化、规模化发展，加速补齐工业短板。传统工业基础薄弱、新兴产业发展滞后、产业链条延伸不足，是文水实现高质量转型发展的主要矛盾。要发挥我县工业产业门类齐全的优势，围绕钢铁、铸造、白酒、焦化、模板等产业，统筹推进传统产业转型升级和战略性新兴产业培育壮大。打造特钢新材料产业基地。支持吕梁建龙优特钢基地建设，年内完成投资20亿元，推动一期1号转炉连铸、钢渣处理和余热发电等项目建成投产，推进1780立方米高炉及150吨转炉建设，打造全省资源型经济转型发展示范项目。打造清香型白酒生产基地。加大技改力度，发展千吨以上地缸发酵原酒生产。推动牛栏山二锅头吕梁生产基地达产达效，加快吕农酒业年产1万吨基酒酿造项目建设，支持白玉酒厂技改扩能项目顺利实施，鼓励汾池春、兰花青等入规白酒企业做大做强。打造先进制造基地。推动晋能科技3GW太阳能高效组件项目投产达效，稳妥推进光华铸管破产重整，推进德通泰机械年产5万吨钢箱梁及隧道智能装备和康欣药业大健康产业集群一期工程项目建设。打造碳基新材料产业基地。抓住政策机遇，引导金源、盛达威、鑫明泰等煤化工企业开发高附加值产品，走高端多元低碳发展的路子；启动山西路桥交通低碳科技园项目，年内建成基质沥青、乳化沥青等加工生产线；推动装配式建筑材料产业园项目落地建设。

聚焦多元化、数字化发展，全力推动服务业升级。深入实施服务业提质增效行动，加快建设现代服务业聚集区。促进传统商业优化升级，打造一批夜间经济载体、街区和便民服务商圈，增添城市“烟火气”。培育一批电商服务和跨境电商企业，积极推动乡村e镇建设，年内实现农村寄递物流全覆

盖。积极谋划区域性商贸物流中心，推进智能仓储和智慧物流一体化平台建设。加快文旅产业发展，推进全域旅游示范县创建，完善全县旅游产业发展规划，推动苍儿会生态旅游景区提质升级、子夏山旅游综合体项目落地建设，争创3个市级乡村旅游示范村，打造文水旅游名片。大力发展新零售、新制造等数字经济，推进工业数字化升级，加快金地煤焦安全生产综合信息化管控平台、建龙智能制造项目建设，实现数字经济新突破。

（二）注重城乡统筹发展，推进基础建设均等化

坚持城乡协调一体化发展，不断提升城乡基础设施建设水平，展现美丽文水新形象。

实施规划引领行动。推动国土空间总体规划编制，统筹优化生态保护红线、永久基本农田和城镇开发边界三条控制线，按照“一主五次三轴带”城镇空间布局，做大做强中心城区，推动开栅镇、刘胡兰镇、孝义镇、南安镇、下曲镇五个中心城镇功能建设，形成中部城镇、生态城镇、农业生态保育三条发展轴带。加快县城控制性详细规划编制，使城市建设管理有法可依、有据可循。全面铺开实用性村庄规划编制，今年完成54个村的规划编制任务，到2024年实现建制村规划全覆盖。

实施基建提升行动。构建城乡水网，投资5200余万元，实施城乡供水一体化项目，新建地下水处理厂1座、输配水管网12公里，实现城乡双回路供水。投资7000余万元，实施城区供水管网提升改造工程，新建输配水管网53公里，改造城区老旧管网40公里，提升城区供水能力。完善农村电网，积极推动投资3200万的农村低压线路及配变台区新建工程，保障农村居民生活用电。优化城乡路网，全面推动祁离高速复工，加快投资4.69亿元的刘胡兰纪念馆旅游公路项目建设，完成投资4900万元的“四好农村路”建设项目，实施段马线等三条道路水毁路段重建项目。307国道清徐至汾阳改建项目，已列入全省“十四五”现代综合交通运输体系发展规划，要继续加大推进力度，争取上级支持，年内办结前期手续。积极谋划苍儿会生态旅游公路、汾河廊带生态旅游通道及农村人居环境道路整治等工程项目。畅通移动网络，新建5G基站251座，持续拓展网络覆盖面。

实施城市更新行动。完成胡兰大街一期工程和凤凰路、则天大街道路环境综合整治提升工程，启动梧桐路改造和北环路东延改造工程。统筹实施城区雨污分流改造、小街巷改造等工程，完成体育公园、则天大街信合公园和文化公园建设，启动大陵湖休闲公园和狄青大街街角公园建设。年内启动10个老旧小区改造工程。持续推动房屋产权登记确权颁证清零行动，确保4月中旬首次登记率达到100%，6月底实现全部清零。

实施乡村建设行动。继续实施农村人居环境整治提升行动，巩固拓展城乡环卫一体化成果，完善农村卫生保洁和垃圾转运体系建设，推广农村垃圾分类试点。推进厕所革命，完成改厕任务1000座。加快推动农村生活污水治理，年内建成南安、下曲、孝义、南庄四个建制镇生活污水处理厂。全面实施投资6800余万元的农村环境综合整治项目，彻底治理南张、大象等村21个黑臭水体。扎实开展西城村省级乡村振兴示范村创建工作，新建8个美丽宜居示范村建设，以点带面、示范引领，全面推进乡村振兴。

（三）全面深化改革开放，培育经济发展动力源

充分释放改革动能，优化县域营商环境，不断提升开放发展新水平。

更高标准建设开发区平台。紧盯全省开发区考核指标，保持省级优秀行列，年内完成工业总产值200亿元，工业增加值31.6亿元，工业投资22亿元，产出强度达到296万元/亩。持续深化“三化三制”改革，推进“运管分离”改革，全面推行“承诺制＋标准地＋全代办”改革，凡具备条件的项目全部实行承诺制审批。继续完善开发区水、电、路、热、气、网等基础设施建设，加快百金堡先进装备制造标准化厂房和东庄产业园污水处理厂项目建设，推动百金堡产业园污水处理厂投入运营。滚动实施“三个一批”，实施总投资116亿的项目29个，全力推动吕梁建龙、山西路桥等一批项目建成投产。强化内外招商，引导企业入园，今年签约项目不低于12个，签约投资额突破40亿元。

更广领域优化营商环境。聚焦“三无三可”营商环境重点领域和关键环节，深化“放管服”改革，进一步疏解政务服务堵点。坚持政务服务线上线下双线并行，不断完善县级一体化政务服务平台功能。引申数字政府建设，加快数据汇聚和共享，继续提升“12345”政务服务便民热线接办效率，让办事像“网购”一样方便。全面落实双随机、一公开制度，持续强化市场监管。扎实开展“市场主体建设年”活动，全面实施市场主体倍增计划，聚焦提升企业开办便利度，推进市场主体简易注销登记改革，深化拓展“全代办”服务和涉企经营许可告知承诺制改革，不断拓展延伸涉企服务链条，年内新增市场主体6400户，到2025年底突破6万户。强化政银企对接服务，着力构建“亲清”政商关系，大力支持民营企业健康发展，全力培厚干事创业沃土，激发市场活力和社会创造力。

更深层次培育科创能力。把科技创新作为高质量发展的核心动力，不断强化企业自主创新主体地位。加大高层次人才引进与高技能人才培育力度，提升企业科研能力，年内新增国家省级专精特新和专精特新“小巨人”企业10户以上，新增高新技术企业2户、科技型中小企业2户，创建1－2个省级创新平台。加强与中科院、中国农业大学等科研院校合作，大力促进科技成果转化。抓住研发费用加计扣除比例由75％提升至100％的机遇，持续推进规上企业研发活动全覆盖，引导企业创新发展。

（四）加快生态文明建设，打好减污降碳攻坚战

牢固树立“绿水青山就是金山银山”的理念，促进经济社会绿色可持续发展，建设人与自然和谐共生的绿色文水。

持续推进节能降耗。实施碳达峰、碳中和文水行动，加快推进能源、工业、交通运输、城乡建设等重点行业、重点领域节能降耗。全面实施能耗预算化管理，年综合能源消费量超过1000吨标准煤、年用电量超过300万度的工业企业，以及在建、拟建年综合能源消费量1000吨标准煤及以上固定资产投资项目，全部纳入预算化管理范畴。坚决遏制“两高”项目盲目发展，提升重点行业能效水平，推动金鹏焦化110万吨干熄焦建设。加快晋能55MW分布式屋顶光伏发电项目建设，积极争取吕梁建龙200MW光伏发电项目落地实施。深入推进低碳交通运输体系建设，探索清洁运输、新能源车辆使用，全面提升交通运输能效水平。

持续加强生态治理。实施黄河流域生态保护和高质量发展行动，抓好中央生态环境督察及黄河流域警示片反馈问题整改工作。加快畜禽养殖发展布局规划编制，科学合理划定禁养区、限养区，汾河干流沿线120米范围内养殖场全部拆除。推动好氧发酵罐、喜洋洋有机肥、粤丰蚯蚓养殖、育禾有机育秧盘等项目稳定运行，支持誉铧公司实施牛粪加工生物质燃料项目，不断提升畜禽粪污资源化利用水平。全方位践行“四水四定”，投资3000万元实施地下水超采区综合治理项目，继续推进自备井专项整治行动，加强地下水开发利用管控。深入推行节水灌溉，实行用水总量控制与定额管理，推进节水型社会建设。

持续抓好污染防治。深入实施污染防治攻坚行动。全力推进大气污染防治。完成金鹏能源、吉港水泥等企业超低排放改造。强化县城建成区裸露地面、建筑工地及重要交通路段扬尘管控。开展煤化工、加油站等重点行业挥发性有机物及柴油货车尾气治理。扎实推进刘胡兰镇、下曲镇、西城乡集中供热和南安镇、南庄镇“煤改气”建设，积极推进山西中部城市群清洁取暖散煤清零项目，实现全县域散煤清零。扎实推进水污染防治。全面实施水生态保护修复，文峪河西宜亭至北张段治理工程6月底前完工，汾河百公里中游示范区文水段工程年内基本完工，加快推进汾河流域农村水环境治理项目。加强入河排污口监督管理，坚持“一口一策”分类推进入河排污口规范化整治。确保汾河杨乐堡、文峪河冀村和磁窑河裴会3个地表水省考出境断面，水质稳定达到地表水Ⅲ类以上。稳步推进土壤污染防治，继续实施土壤和固废协同整治，常态化开展建设用地土壤污染状况调查，有效管控土壤环境污染风险。积极探索煤矸石资源化综合利用模式，督促赤峪煤矿完成章多矸石场二期规范化整治。

（五）创优普惠公共服务，提升人民群众满意度

持续加大民生领域投入，下功夫解决好群众最关心、最上心、最贴心的问题，打造更具含金量、更有认同感的幸福文水。

办好人民满意教育。深入推进“县管校聘”管理体制改革，完善教师绩效工资考核，进一步优化中小学教师队伍结构比例。加强乡镇中心幼儿园标准化建设改造，开展小区配建幼儿园治理工作，进一步提升学前教育普及普惠水平。启动学府路小学、兴华九年一贯制学校建设，推进中小学布局优化调整。全面改善高中办学条件，推动普通高中高质量发展。深化职业教育改革，提升职业教育办学水平，推进刘胡兰实训基地建设项目和职教中心二期深化工程项目，加快构建现代职业教育体系。严格落实“双减”政策，大力开展中小学生校内课后服务，坚决整治校外培训机构。实施优质学校提升计划，接续推进与北师大、省教科院联合实施的教育质量提升行动，推动县域教育全面振兴和创新发展，构建优质均衡的教育新生态。

建设活力健康文水。持续完善公共卫生服务体系，新建中医院项目年内主体竣工，加快县医院急救中心建设。推进县乡医疗机构一体化改革提质增效，增强基层医疗卫生机构活力。深化医疗、医保、医药联动改革，落实医保总额预算管理、统一打包拨付，提高控费主动性，年内县医院启动DRG付费。扩大国家药品集中带量采购范围，加强集中带量采购药品监管。实施公立医院高质量管理提升行动，提升医院科学化、规范化、精细化运营管理水平。完善全民健身公共服务体系，年内建成健身步道15公里，精心组织10场体育赛事，不断提升群众健康水平。

弘扬文明社会风尚。开展文明城市创建，统筹推进卫生、园林、森林城市创建，巩固提升省级“双拥模范县”。推进移风易俗，深化殡葬制度改革，新建殡仪馆年内主体完工，农村公益性公墓覆盖率达到70%以上。实施文化惠民工程，完成72场送戏下乡演出活动。推进乡村文化记忆工程建设，高标准打造1—2处乡镇综合文化站和3—5处村级文化活动中心。深入挖掘非物质文化遗产，打造3个非遗传承教育基地。加强文物保护，加快裴会关帝庙、孟家庄关帝庙和石永慈云寺等文物的抢险修缮，积极推进文明守望工程，引导社会力量参与文物保护利用。

提升社会保障水平。统筹做好就业创业、大病救助、医疗保险、困难群体救助和残疾人工作，城镇登记失业率控制在4.5%以内。广泛开展公共服务就业专项行动，组织好“送岗位、进校园”、离校未就业高校毕业生就业援助等活动，继续加强“吕梁山护工”就业培训，大力推进“人人持证、技能社会”全民技能提升工程，年内完成职业技能培训4800人以上。实施全民参保计划，持续巩固社保扩面成果，强化社保扩面征缴力度，努力实现“全民社保”。

各位代表，今年我们要在完成省政府十二件、市政府五件民生实事的基础上，全力落实五件民生实事：

一是城区新建公共停车位680个，缓解城区停车难问题；

二是为全县3万户燃气居民用户免费改造灶具连接管和闭气阀门，确保居民用气安全；

三是为全县4.2万名中小学生无偿开展课后托管服务，减轻家长负担；

四是上半年兽医实验室建成投运，为全县畜禽提供免费检测服务，促进养殖业健康发展；

五是城区自来水管网覆盖新增1万户，农村饮水安全巩固提升5000户，满足城乡居民安全用水需求。

我们将聚焦改善民生质量，不断回应群众所需所盼，彰显民生情怀，让高质量发展成果更多更公平地惠及全县人民。

（六）持续开展专项行动，提升依法监管执行力

深入推进依法行政，严厉打击违法占地、制假售假、私屠滥宰等各类违法犯罪行为，为全面扫清社会乱象提供有力支撑。

打击违法占地零容忍。落实最严格的耕地保护制度，以“长牙齿”的硬措施和“零容忍”的硬态度，坚决遏制耕地“非农化”、防止“非粮化”，牢牢守住耕地红线。严厉打击违法占用耕地行为，持续深化农村乱占耕地建房问题整治，坚决遏制乱占耕地建房增量，分类整治、逐步消化历史存量。扎实开展土地卫片执法整治，坚持拆除、整改、监管三管齐下，确保整改任务见底清零。强力推进城区违法占地和违法建设整治行动，维护中心城区正常建管秩序。

打击制假售假零死角。严厉打击白酒制假造假等违法行为，强化公安、市场、商务等部门联动，建立重大线索举报奖励机制，扩大线索获取渠道。对重点地区、重点人员实施定向侦查，一经发现，一律从严从快从重处罚，涉嫌违法犯罪的，依法追究刑事责任，查处案件及时向全社会进行公布。突出食品领域专项整治，加强肉制品等生产企业和小作坊的监管整治，严厉打击以假充真、

以次充好的违法行为，保障群众舌尖上的安全。紧盯电子商务领域，加强网络市场监管，规范电子商务主体资格，落实电子商务经营责任，严控物流关口，严厉打击在线销售假冒伪劣商品违法行为，让网络违法经营无处遁形。

打击私屠滥宰零遗漏。推进肉牛产业整治，加大私屠滥宰案件查办力度，保持严打高压态势，形成持续强大震慑。探索建立常态化联合执法机制，严厉打击私屠滥宰、违规屠宰、逃避检疫等违法违规行为，不断净化肉牛产业发展环境。加强智慧化监管，借助“雪亮工程”“天眼工程”和自然资源监测执法平台，强化重点镇村、重要路段、关键部位和关键环节的远程在线实时监控。推进动物防疫社会化服务，设立畜牧兽医专岗，配齐村级动物防疫员，不断提高检疫能力。

我们必须坚定信心，主动作为，向所有影响文水正常社会经济秩序的行为宣战，在全社会、全行业开展一次彻彻底底的“大扫除”，为文水实现高质量发展助力护航！

（七）加强平安文水建设，筑牢社会稳定防火墙

立足长远、着眼当前，兜住安全发展的底线，努力实现更高质量、更为安全的发展。

坚守疫情防控战线。常态化开展疫情防控工作，坚持“外防输入、内防反弹”总策略、“动态清零”总方针不动摇、不放松，全面压实四方责任，健全平急一体化突发疫情应急指挥体系，完善多点触发监测预警机制，强化应急处置实战演练，稳步推进“一老一小”等重点人群疫苗接种。全面加强核酸检测、流调溯源、集中隔离、医疗救治、院感防控、物资保障等方面能力建设，快速、科学、精准应对疫情风险。

坚守安全生产底线。严格落实“三管三必须”安全生产制度，深入开展安全生产专项整治三年行动。紧盯煤矿、非煤矿山、危化品、燃气等重点行业领域，开展隐患排查，严厉打击私挖滥采、非法生产等行为。建立多渠道保障机制，扎实做好救援装备配备和救灾物资储备。加强消防队伍和村级应急队伍建设，开展应急演练，强化业务培训，全力做好森林防火、防汛抗灾等各项工作。

坚守社会稳定防线。加快推动农信社改制，全力压降不良贷款。严厉打击电信诈骗、非法集资等违法行为，守住不发生区域性系统性金融风险的底线。加大国资国企改革力度，有效盘活国有资产。完善社会矛盾纠纷多元化解机制，推动信访问题依法及时就地解决，保障群众合法权益。改善公安机关办公条件，力争新建办公和业务技术用房年内主体达成。常态化开展扫黑除恶，推进“全科网格”建设，深化平安文水和法治文水建设，严厉打击违法犯罪活动，确保人民群众生命财产安全和社会平安稳定。

三、加强政府自身建设

全面强化政治引领。始终把政治建设摆在首位，把学习贯彻习近平新时代中国特色社会主义思想作为第一议题，坚决捍卫“两个确立”，切实增强“四个意识”、坚定“四个自信”、做到“两个维护”，自觉从全局和政治高度审视问题、推动工作，不断提高政治判断力、政治领悟力、政治执行力，不折不扣落实中央、省、市决策部署和县委工作要求，确保政府各项事业沿着正确的政治方向坚定前行。

全面推进依法行政。坚持党的全面领导，自觉运用法治思维和法治方式履行政府

职能，严格执行“三重一大”决策程序，提高决策科学化、民主化水平。依法接受人大法律监督和工作监督，自觉接受政协民主监督，主动接受社会和舆论监督，认真办理人大代表建议意见、政协委员提案。持续完善政务公开、信息发布、政策解读等制度，依法全面公开权力清单、责任清单，保障群众的知情权、参与权和监督权，让权力在阳光下运行。

全面提升政府效能。深入贯彻落实蓝佛安省长狠抓落实“十个方面”要求及省、市相关会议精神，不断创新抓落实的制度机制，运用“13710”信息化督办等手段，实行“红黄牌”管理。强化重点工作考评，抓好提醒、立项、承办、督办、办结五个环节，所有事项跟踪到底、销号清零，形成完整闭环。加强综合评价结果运用，建立健全激励机制和容错纠错机制，落实“三个区分开来”要求，全面提高政府行政效能和执行力，切实抓好工作落实，确保政令畅通、政策落地。

全面改进工作作风。大力弘扬新时代胡兰精神，始终保持赶考心态，做到事不避难、责不推诿，把重点工作、重大项目盯紧盯实。紧扣民心这个最大政治，把群众的“急难愁盼”视为政府的课题考题，把群众的烦忧处作为政府的用心处，主动作为、奋发有为、担当善为，在转型发展、项目建设、财政收入、生态环境、基础设施等各个领域奋起直追，不断创造新业绩，努力提升全县群众的幸福指数。

全面建设清廉队伍。坚决扛起全面从严治党主体责任和“一岗双责”，严格执行中央八项规定精神，坚决杜绝形式主义和官僚主义。严控“三公”经费和一般性支出，精打细算过紧日子。加大重点领域、关键环节监督力度，坚决整治群众身边的不正之风和腐败问题，加强项目审批、工程建设、财务支出、公共资源交易等重点领域监管，营造风清气正的良好政治生态。

各位代表！征程万里风正劲，重任千钧唯担当。让我们更加紧密地团结在以习近平同志为核心的党中央周围，在县委的坚强领导下，与时代同步，与人民同心，埋头苦干、攻坚克难，在新发展格局中展现新作为、谱写新篇章，走出文水高质量转型发展之路，以优异成绩迎接党的二十大胜利召开！

《政府工作报告》名词解释

1. 地区生产总值（GDP）：指本地区所有常住单位在一定时期内生产活动的最终成果。地区生产总值等于各产业增加值之和，是国民经济核算的核心指标。

2. 一般公共预算收入：指地方财政上划完中央、省级、市级财政收入之后地方留成部分收入。主要包括税收收入、行政事业性收费收入、国有资源（资产）有偿使用收入、转移性收入和其他收入。

3. 固定资产投资：指以货币形式表现的、企业在一定时期内建造和购置固定资产的工作量以及与此有关的费用变化情况。包括房产、建筑物、机器、机械、运输工具，以及企业用于基本建设、更新改造、大修理和其他固定资产投资等。

4. 农产品精深加工十大产业集群：指山西省政府提出的酿品产业集群、饮品产业集群、乳品产业集群、主食糕品产业集群、肉制品产业集群、果品产业集群、功能食品产业集群、保健食品产业集群、化妆品产业集群和中医药品产业集群。

5. 规上工业企业：规模以上工业企业的

简称，指年主营业收入在 2000 万元以上的工业企业。

6. 专精特新企业：指满足“专业化、精细化、特色化、新颖化”发展要求的中小企业。

7. “小巨人”企业：指专精特新中小企业中专注于细分市场、创新能力强、市场占有率高、掌握关键核心技术、质量效益优的排头兵，且上年度营业收入在 1 亿元至 4 亿元之间，近三年未发生过安全、质量、环境污染事故的企业。

8. 晋兴板：2015 年底，山西股权交易中心推出分板机制，按照企业不同发展阶段和规范化程度，由低到高划分出“展示板”“培育板”“晋兴板”。作为门槛最高的板块，“晋兴板”要求挂牌企业必须完成股份制改造，成为股份有限公司。

9. 四好农村路：指建好、管好、护好、运营好农村公路。

10. 一枚印章管审批：通过推进相对集中行政许可权改革，实现一个机构管审批、一枚印章发证照、一个大厅办成事，有利于提升政府部门办事效率，为企业和群众办事提供快捷服务。

11. 一窗受理：是“按部门设窗”的优化升级，整合办事窗口，提供综合服务，聚焦解决企业和群众反映强烈的办事难、办事慢、多头跑、来回跑等突出问题。

12. 一网通办：指依托一体化在线政务服务平台，通过规范网上办事标准、优化网上办事流程、搭建统一的互联网政务服务总门户、整合政府服务数据资源、完善配套制度等措施，推行政务服务事项网上办理，推动企业群众办事线上只登录一次即可全网通办。

13. “三化三制”改革：指为深化开发区人事和薪酬制度改革，实行开发区领导班子任期制、全员岗位聘任制和绩效工资制；加快建设专业化、市场化、国际化的管理团队。

14. Ⅲ、Ⅳ、Ⅴ类水：地表水环境质量标准基本项目标准值分为Ⅰ、Ⅱ、Ⅲ、Ⅳ、Ⅴ五类，Ⅰ类主要适用于源头水、国家自然保护区；Ⅱ类主要适用于集中式生活饮用水地表水源地一级保护区、珍稀水生生物栖息地、鱼虾类产卵场、仔稚幼鱼的索饵场等；Ⅲ类主要适用于集中式生活饮用水地表水源地二级保护区、鱼虾类越冬场、洄游通道、水产养殖区等渔业水域及游泳区；Ⅳ类主要适用于一般工业用水区及人体非直接接触的娱乐用水区；Ⅴ类主要适用于农业用水区及一般景观要求水域。

15. 县乡医疗卫生机构一体化改革：即整合县域医疗卫生资源，组建独立法人实体的医疗集团，实行行政、人员、财务、业务、绩效、药械“六统一”管理，建立不同级别、不同类别医疗卫生机构职责清晰、分工协作、有序竞争的一体化管理新格局和分级诊疗新秩序，树立大卫生、大健康理念，为群众提供全方位、全生命周期健康服务，全面提高人民健康水平。

16. 交汾文孝城镇组群：是市政府在 2022 年《政府工作报告》中提到的“一城两核”战略中的两核之一。定位是建设太原城市核产业互补地、生态后花园、服务保障区，打造引领全市高质量发展引擎。

17. 六大基地：指文水县第十四次党代会上提出的战略举措，分别指特钢新材料产业基地、清香型白酒生产基地、先进制造业基地、碳基新材料产业基地、农产品精深加工产业基地、现代服务业基地。

18. 居民人均可支配收入：指居民平均

可用于最终消费支出和储蓄的总和，即居民平均可用于自由支配的收入。

19. 调查失业率：指通过劳动力调查或相关抽样调查推算得到的失业人口占全部劳动力的百分比。

20. 新型农业经营主体：指具有相对较大的经营规模、较好的物质装备条件和经营管理能力，劳动生产、资源利用和土地产出率较高，以商品化生产为主要目标的农业经营组织。

21. 三品一标：指无公害农产品、绿色食品、有机农产品和农产品地理标志。

22. 数字经济：是继农业经济、工业经济之后的主要经济形态，是以数据资源为关键要素，以现代信息网络为主要载体，以信息通信技术融合应用、全要素数字化转型为重要推动力，促进公平与效率更加统一的新经济形态。

23. 乡村 e 镇：指在一定区域内以产业为基础、以电子商务深度融合为核心、以配套服务为支撑，具有明确的产业定位、互联网应用基础的发展空间平台。

24. 国土空间总体规划：指对全县国土空间开发保护在空间和时间上作出的安排，是将主体功能区规划、土地利用规划、城乡规划等空间规划融合统一后形成的全新规划，在规划体系中居于基础地位。

25. 县城控制性详细规划：是国土空间规划体系中城区的详细规划，是城区开展国土空间开发保护活动，实施国土空间用途管制、核发城区建设项目规划许可，进行各项建设的法定依据。

26. 村庄规划：是国土空间规划体系中乡村地区的详细规划，是乡村地区开展国土空间开发保护活动、实施国土空间用途管制、核发乡村建设项目规划许可、进行各项建设的法定依据。

27. 城乡环卫一体化：指将城市与农村的环卫工作放在同等重要的位置，通过统一规划，统一安排，科学有序地开展城乡环境卫生一体化工作，彻底解决农村环卫事业发展滞后、“垃圾围村”、环境脏乱差的问题。

28. 运管分离：指开发区管理与运营相分离改革，力促开发区治理体系和治理能力现代化。

29. 承诺制＋标准地＋全代办：是山西省为加快项目落地，在全省开发区推行的改革措施。分别指企业投资项目承诺制，项目供地标准化，投资项目建设领办代办。

30. 三个一批：是山西省委、省政府建强开发区主战场主引擎的重大部署，滚动实施一批基础性、战略性、牵引性的重大项目。分别指开发区项目签约一批、开工一批、投产一批。

31. 三无三可：指蓝佛安省长 2021 年 6 月 16 日在省政府全体会议上提出的无差别、无障碍、无后顾之忧，可预期、可信赖、可发展的营商环境建设理念。

32. “放管服”改革：是简政放权、放管结合、优化服务的简称。“放”即简政放权，降低准入门槛；“管”即创新监管，促进公平竞争；“服”即高效服务，营造便利环境。

33. 双随机、一公开：指在监管过程中随机抽取检查对象，随机选派执法检查人员，抽查情况及查处结果及时向社会公开。

34. 碳达峰、碳中和：碳达峰是指我国承诺 2030 年前，二氧化碳的排放不再增长，达到峰值之后逐步降低。碳中和是指国家、企业、产品、活动或个人在一定时间内直接或间接产生的二氧化碳或温室气体排放总量，通过植树造林、节能减排等形式，以抵消自身产生的二氧化碳或温室气体排放量，实现正负抵消，达到相对“零排放”。

35.“两高”项目：指高耗能和高污染项目，主要包括煤电、石化、化工、钢铁、有色金属冶炼、建材等行业。

36.黄河流域生态保护和高质量发展：指2019年9月18日，习近平总书记在郑州主持召开黄河流域生态保护和高质量发展座谈会时提出的重大国家战略。

37.四水四定：以水定城、以水定地、以水定人、以水定产。

38.县管校聘：指全体公办义务教育学校教师和校长全部都实行县级政府统一管理，特别是统一定期强制流动到县域内的义务教育学校，从而将教师和校长从过去某学校的“学校人”改变为县义务教育系统的“系统人”。

39.“双减”政策：指有效减轻义务教育阶段学生过重作业负担和校外培训负担。

40. DRG付费：全称为Diagnosis Related Groups，译为疾病诊断相关分组，是以病例组合为基本依据，通过大数据的研究方法，综合考虑病例的个体特征，如年龄、性别、住院天数、临床诊断、病症、手术、疾病严重程度、合并症与并发症及转归等因素，将临床过程相近、费用消耗相似的病例分到同一个组中进行管理的体系，并以组为单位制定医药费用标准进行付费。

41.带量采购：指进行集中采购，以量换价，最终目的是让群众以比较低廉的价格用上质量好的药品。

42.文化惠民工程：是弘扬社会主义核心价值观，牢牢掌握意识形态主导权，促进乡风文明，提升全民文化素质，增强人民群众文化获得感、幸福感的重要举措。指塑造一批群众文化惠民服务品牌，培育一批乡村群众文艺队伍，挖掘一批乡土文化能人艺人，培养一批乡村文化带头人，送一批专业文艺演出。

43.文明守望工程：旨在进一步动员和鼓励社会团体、企业、企业家、社会热心人士、当地居民等社会各方面力量，通过文物修缮、捐赠、看护巡查、展示利用、文化创意、志愿服务等多种形式参与文物保护工作，努力形成“政府主导、社会参与、成果共享”的文物保护新机制。

44.吕梁山护工：是山西省委、省政府贯彻落实中央精准扶贫要求，为吕梁市量身定制的一项切实可行的脱贫举措。近年来，已经成为吕梁市集中打造的一张劳务金字招牌。

45.省政府十二件民生实事：是省政府在2022年《政府工作报告》所提，分别指实施职业技能提升培训工程，全年开展各类补贴性职业技能培训50万人以上；为怀孕妇女提供免费产前筛查与诊断服务；实施5万名疑似残疾人诊断评定和残疾儿童抢救性康复救助服务项目；开展免费法律咨询和特殊群体法律援助；实施“五个一批”群众文化惠民工程；实施城镇养老幸福工程；继续对既有住宅自愿加装电梯实施奖补；开展免费婚前医学检查；在人流密集公共场所配置800台自动体外除颤器；建设300个户外劳动者爱心驿站；实现农村寄递物流服务全覆盖；实施城区小学生“放心午餐”食品安全保障工程。

46.市政府五件民生实事：是市政府在2022年《政府工作报告》所提，分别指市域内国有A级景区头道门票免费；城市低保户免费收看有线电视；市区公交车全民免费乘坐；全市教职工每年免费体检一次；全市乡村卫生部门实现“智慧助医”全覆盖。

47. 雪亮工程：是以县、乡、村三级综治中心为指挥平台、以综治信息化为支撑、以网格化管理为基础、以公共安全视频监控联网应用为重点的“群众性治安防控工程”。

48. 天眼工程：是运用科技手段预防犯罪、保护人民群众生命财产安全的一项系统工程，使社会在电子警察的监控之下，为人民群众的生产生活正常运行提供良好的保障。

49. 三管三必须：指管业务必须管安全、管行业必须管安全、管生产经营必须管安全。

50. 三到位一处理：指群众诉求合理的解决问题到位，诉求无理的思想教育到位，生活困难的帮扶救助到位，行为违法的依法处理。

51. 全科网格：指在城市综合治理网格工作基础上，把所有的工作进行整合细化，按照网格化的管理模式来进行统筹管理。

52. 三重一大：指重大事项决策、重要干部任免、重大项目投资决策、大额资金使用。

53. 狠抓落实“十个方面”要求：指2022年2月7日，蓝佛安省长在全省政府系统抓落实提高执行力推进会议上的讲话中提到的十个方面要求，分别是：提高站位狠抓落实、解放思想狠抓落实、系统思维狠抓落实、把握关键狠抓落实、创新机制狠抓落实、提升能力狠抓落实、压实责任狠抓落实、依靠群众狠抓落实、改进作风狠抓落实、严格奖惩狠抓落实。

54. 13710：是山西省委、省政府践行习近平总书记“以钉钉子精神做实做细做好各项工作”重要论述重要指示精神，发挥信息化技术优势，有效提升抓落实质量和效率的制度创新。对纳入“13710”系统的工作任务，1天内要研究部署，3天内反馈办理情况，一般性问题原则上7天内落实，重大问题复杂问题1个月内落实解决，所有事项都要追踪到底、销号清零。

55. 三个区分开来：指把干部在推进改革中因缺乏经验、先行先试出现的失误和错误，同明知故犯的违纪违法行为区分开来；把上级尚无明确限制的探索性试验中的失误和错误，同上级明令禁止后依然我行我素的违纪违法行为区分开来；把为推动发展的无意过失，同为谋取私利的违纪违法行为区分开来。

中国人民政治协商会议
第十届文水县委员会常务委员会工作报告

——2022年3月29日在政协第十届文水县委员会第二次会议上

文成宝

各位委员、同志们：

我代表中国人民政治协商会议第十届文水县委员会常务委员会向大会报告工作，请予审议。

2021年工作回顾

2021年是党和国家历史上具有里程碑意义的一年。中国共产党迎来“百年华诞”，

“两个一百年”奋斗目标历史交汇，“十四五”全面启程，中华民族伟大复兴迈向新征程。在县委的坚强领导下，新一届政协坚持以习近平新时代中国特色社会主义思想为指导，认真学习贯彻党的十九大和十九届历次全会精神及习近平总书记系列重要讲话精神，深入贯彻习近平总书记视察山西重要讲话重要指示，全面落实省市县党代会精神，坚持发扬民主和增进团结相互贯通、建言资政和凝聚共识双向发力，胸怀“两个大局”、心系“国之大者”，围绕县委县政府中心工作大局，积极开展政治协商、民主监督、参政议政，团结带领全体政协委员，凝心聚力、砥砺奋进，为实现“十四五”良好开局发挥了政协职能，体现了委员担当，贡献了政协力量。

这一年，我们认真贯彻县委部署，扎实开展党史学习教育，在学史明理、学史增信、学史崇德、学史力行上下功夫求实效，有针对性加强思想政治引领，结合政协特点推进“我为群众办实事”实践活动，达到了学党史、悟思想、办实事、开新局的目的。把学习宣传贯彻十九届六中全会精神和习近平总书记“七一”重要讲话精神作为重大政治任务，向委员发出学习贯彻通知，通过学习研讨以及委员培训等，领悟宣传党的百年奋斗重大成就和历史经验，领悟宣传“两个确立”的决定性意义，领悟宣传以史为鉴、开创未来的重要要求，团结引导各党派团体和各族各界人士更加自觉地听党话、跟党走。

这一年，我们深入学习贯彻省第十二次党代会精神、市第五次党代会精神、县第十四次党代会精神，紧扣党代会确定的目标任务深入协商议政，积极凝聚人心，在总体思路上有新提升，在目标定位上有新突破，在党的建设和其他各项事业上有新部署，在使命担当上有新境界，努力把县委决策转化为县政协的广泛共识和自觉行动。

这一年，我们深切感受到县委对人民政协工作的高度重视和大力支持。县委认真落实习近平总书记关于加强和改进人民政协工作的重要思想，全面贯彻中央、省委及市委政协工作会议精神，县委常委会听取县政协党组工作汇报，全面加强对人民政协工作的领导，支持县政协党组开展工作，专题研究政协年度协商计划、重要人事安排、重大工作事项，全程组织领导政协换届工作，把各界精英吸收到政协组织，12个乡镇党委副书记兼任政协联络组长，为政协履职提供了坚强政治组织保障。

一年来，县政协常委会传承优良传统，围绕中心，服务大局，各项工作开局良好。

一、坚持政治引领，不断夯实共同思想政治基础

县政协常委会始终把深入学习宣传贯彻习近平新时代中国特色社会主义思想作为首要政治任务，切实提高政治引领能力，把牢正确履职方向。

全面强化政治意识。坚持党对政协工作的全面领导，严守政治纪律和政治规矩，严格执行请示报告制度，做到重要工作、重要会议、重要活动及时向县委请示报告；全面落实意识形态工作责任制，加强政协委员“书香政协”读书群等舆论阵地管理；紧扣县委、县政府决策部署，谋划推进履职活动，把党的领导贯彻落实到政协工作全过程，始终与县委、县政府思想上同心同德，目标上同心同向，行动上同心同行。

持续深化理论武装。完善党组理论学习中心组学习制度，扎实推进县政协党组会议、主席会议、政协常委会会议等集体学习，认真学习习近平总书记关于加强和改进人民政协工作的重要思想，扎实开展党史学习教育和“四史”宣传教育，联系实际深入学习习近平总书记视察山西重要讲话重要指示，进一步夯实了增强“四个意识”，坚定“四个自信”，做到“两个维护”的思想根基。累计开展各类学习活动50次，增进了对中国共产党和中国特色社会主义的政治认同、思想认同、理论认同、情感认同。

二、高效履职参政，持续助推高质量转型发展

县政协常委会深入贯彻新发展理念，着眼实现“十四五”良好开局，聚焦民生保障、转型发展，广泛活跃参政议政，发出更多“政协声音”，释放更多“政协能量”，留下更多“政协印记”。

围绕中心广泛协商议政。邀请各民主党派、工商联等各界人士参与讨论县委工作报告、政府工作报告、法检两院工作报告及我县“十四五”规划和二〇三五年远景目标规划。县政协十届一次会议期间，全体委员聚焦全县经济社会发展和群众关心的热点难点问题，聚焦改革创新、优化营商环境和改善民生，提出意见建议206条，为县委、县政府决策提供帮助。

聚焦发展提升协商质效。一年来，常委会聚焦县委、县政府中心任务履行职能，认真落实年度协商计划。开展常委会重点协商2项，专题调研视察11项，举办协商议政活动20次。不断创新协商方式，拓展协商深度，提高履职质量。政协常委会重点协商“助力招商引资”“实施农业特优战略”；界别委员重点就“健全基层医疗卫生服务”“解决经济开发区区域化物流瓶颈”“构建社区养老保障体系”“武则天历史文化”“树立文化高地发展理念建设”“加强文物保护”“英烈纪念建筑修复”“法制平安文水建设”“宗教工作”“重点项目工程建设”“实施县城更新行动提升城市品质”等11个议题开展专题议政、对口协商，形成专题调研报告11篇，提出切合我县发展实际的意见建议，提交县委、县政府决策参考，集中展示了政协责任与担当。

发挥优势助力招商引资。县政协常委会把助力招商引资作为重点工作和重点协商议题，在发挥在外委员人脉资源优势的基础上，政协领导班子成员成立专项调研组，参加天津“糖酒会”招商引资活动，对接山西省环渤海招商局，召集北京、天津文水籍人士会商座谈，为家乡建设献计出力。先后有三批文水籍人士回文考察，邀请清控文创品牌公司实地调研，提出县域品牌打造、武则天纪念馆和刘胡兰纪念馆旅游开发、世泰湖汾河治理、能源循环产业园等有价值的项目服务建议。以“中博会”为契机，精心组织县政协企业家委员开展招商引资“三个一”活动，上报招商引资项目4个、有投资意向企业3个，圆满完成省市中博会参会企业家委员吕梁行活动——文水县白酒产业调研接待任务。关爱走访看望经企界委员，开展座谈交流，鼓励企业家积极为优化营商环境、推动经济发展建言献策。

弘扬文史深化资政育人。“书香政协”建设扎实推进，建立委员读书群，形成政协委员联动、线上线下协同、读书履职结合新格局。完成市政协文史资料《吕梁书目提要》作品征集报送工作，上报稿件33篇。汇编出版文史丛书《英雄故土》。在庆祝建党100周年期间，组织本县16名书画界人士参加市政协“百年华诞　翰墨传情”书画展，8幅作品被收录入作品集。积极推动争取上级资金139万元启动马村烈士陵园建筑修复工程。组织文联、书协和美协联合举办书画进校园活动，发挥文史资政育人功能，促进政协事业新发展。

注重时效抓好提案办理。提案办理的水平，直接关系到政协委员建言献策、参政议政的成果转化。县政协十届一次全会期间，共收到提案215件，经审查立案214件，转为建议案1件。主席会议确定重点提案，从重点提案办理入手，深入主要承办单位，对提案进行督查督办，确保了提案办理的实效性。年底前，委员提案已全部按时办结，做到事事有回音，件件有着落。针对县城供水不足问题，多位委员提出意见建议，县政府及住建部门高度重视，对旧城区供水管网进行全面排查修复，新改建供水管网4.5公里；购买金源供水公司地表水补充县城水源，为县城每日新增供水5000吨，彻底解决山水文园、嘉和苑1—7区等1.4万户居民饮用水问题。

关注民生反映社情民意。发挥社情民意"直通车"作用，组织全体委员和政协工作者根植一线、贴近基层，关注民生、倾听呼声。全年共编发报送社情民意信息116篇，其中省政协采用5篇、3篇转送全国，市政协采用12篇，山西省政协报刊载2篇。邀请市政协开展专题培训，提升信息撰写的质量和水平。县直重点部门聘请各界别优秀委员担任人民监督员、听证员等职务，促进社情民意精准发声，民主监督实效得到提升。

服务大局勇于担当作为。政协班子成员包联重点项目及乡村振兴、信访维稳、创城督导、合同清理等重点工作。面对去年秋季洪涝灾害，班子成员深入包联乡镇指导抢险救助、生产恢复，组织政协委员以多种方式慰问参与抗洪救灾，捐款捐物25万元。倡导政协委员、机关干部积极主动参与农村人居环境"六乱"整治活动，展现政协委员担当作为新风貌。向4名困难家庭学生捐款2万元，帮助解决实际困难，"我为群众办实事"实践活动成效明显。

三、完善协商方式，切实提升协商议政实效

县政协常委会准确把握新时代人民政协新方位新使命，立足政协协商特点，创新完善协商机制，不断提高政治协商制度化、规范化、程序化水平。

提升协商实效。坚持"党委想什么政协议什么、政府干什么政协帮什么、群众盼什么政协做什么"的原则，紧扣县委、县政府中心工作，紧扣民生现实需求，紧扣改革热点难点问题，实行党政领导"点题"、向委员和部门"征题"、政协"报题"的方式，与党政共商全县发展大计，做到与大局合拍、与发展同频、与民心相符。

完善协商格局。建立完善以全体会议为龙头，以专题议政性常委会议和专题协商会等为重点，以协商座谈会、对口协商会、"有事来商量"委员会客厅协商会、提案办理协商会为常态的全方位、多层次协商格局。坚持"真协商、有事好商量"协商标准，强化协商互动交流，努力商出特色、商出办法、商出共识，商出感情，更好地把政协制度优势转化为治理效能，为文水高质量转型发展汇聚正能量。

打造协商平台。着力打造基层政协"有事来商量"平台，不断丰富基层协商议政形式。创建委员会客厅7个、委员工作室1个、乡镇政协联络组协商议事室12个，为委员搭建了履职尽责新平台，畅通了联系服务群众新通道，拓展了政协活动新空间。依托各类协商平台开展协商活动45次，围绕人民群众关心的问题，及时解决群众困难，努力增进民生福祉，有效推动委员履职。

四、着力凝聚共识，巩固和发展广泛的爱国统一战线

县政协常委会坚持大团结大联合，巩固和发展最广泛的爱国统一战线，拓展团结面，画大同心圆，为文水高质量发展凝聚共识、汇聚智慧、积聚力量。

加强团结联谊。充分发挥政协联谊的独特优势，进一步畅通党外知识分子、非公经济代表人士、新的社会阶层人士有序政治参与和意见表达的渠道，把凝聚共识工作做在平常、落在实处。将联谊与履职相结合，不断强化委员政治责任和使命担当，引导委员努力做担当者而非旁观者，践行者而非清谈者，始终与党同心、同向、同行。

广泛凝心聚力。加强同各民主党派、无党派人士、党外知识分子、非公经济代表人士、新的社会阶层人士的沟通联络，及时反映他们的意见、建议和诉求。办理党派、工商联等集体提案 17 件。加强民族宗教界委员学习，促进民族团结、宗教和谐，将凝聚共识与政协履职一并推进、一道落实，把加强思想政治引领贯彻到政协履职的全过程各方面。

五、加强自身建设，全面提高履职能力和水平

县政协围绕新时代加强和改进人民政协工作的总体要求和着力重点，以重视强基固本、加强自身建设为抓手，健全制度体系，加强服务管理，优化履职平台，推动政协工作提质增效。

加强委员队伍建设。坚持走出去、引进来原则，组织部分政协委员赴浙江大学参加履职能力培训，邀请浙江省社会主义学院教授来文指导交流，激励引导委员在政协工作中做出成绩，在界别群众中引领示范。建立健全委员考评机制，出台考核办法和考核细则，建立一人一档考核制度，引导委员知责于心、担责于身、履责于行，筑牢主动参与协商议政意识。赴太原、北京走访慰问外地委员，了解询问委员工作、生活情况，帮助解决履职中遇到的困难和问题，引导他们强化责任担当，掌握履职本领，彰显委员风采。

加强专委会建设。提高专委会工作成效，调动积极性，发挥能动性，体现专业性。坚持调研与协商相衔接，加强专委会密切联系本界别委员的力度，结合界别特点，充分发挥界别委员作用，围绕县政协协商计划，组织开展多种形式的参政议政活动，展现政协新形象。

加强政协机关建设。以党的建设为引领，做好参谋助手、综合协调、服务保障、督办落实等工作。从严落实党风廉政制度，全面加强机关干部教育管理，严格机关日常工作考核，着力打造素质高、能力强、作风好的政协机关干部队伍，为政协履职工作提供坚强保证。

各位委员、同志们，县政协工作成绩的取得，是我们坚持习近平新时代中国特色社会主义思想科学指引的结果，是县委坚强领导的结果，是县人大、县政府及社会各界大力支持的结果，是政协各参加单位和全体政协委员团结奋斗的结果。在此，我代表县政协常委会对大家的支持和关心表示崇高的敬意和衷心的感谢！

虽然我们在工作中取得了一些成绩，但我们清醒认识到，工作中还有短板和弱项。主要是落实中央、省委及市委政协工作会议精神的工作需进一步细化；协商议政、建言资政的重点需进一步聚焦；凝聚共识的思路、方法需进一步创新；深入界别、联系群众的力度需进一步加强；政协委员整体参政能力水平需进一步提升等。对此，我们将认真加以改进。

2022 年工作部署

2022 年是党的二十大召开之年，是贯彻省第十二次党代会、市第五次党代会、县第十四次党代会及县委十四届五次全会暨经济工作会议精神，全方位推动高质量发展的关键之年，也是我县政协事业承上启下、继往开来的重要之年。县政协工作的总体要求是：始终坚持以习近平新时代中国特色社会主义思想为指导，深入贯彻落实习近平总书记视察山西重要讲话重要指示，全面贯彻落实省第十二次党代会、市第五次党代会、县第十四次党代会及县委十四届五次全会暨经济工作会议精神，坚持团结民主两大主题，坚持把加强思想政治引领、广泛凝聚共识作为中心环节，坚持建言资政和凝聚共识双向发力，团结动员全体政协委员和社会各界人士，为全方位推动高质量发展贡献力量。

一、贯彻新思想，在强化政治引领上取得新成效

深入学习贯彻党的十九届六中全会精神，认真学习贯彻习近平总书记视察山西重要讲话重要指示，全面贯彻中央、省委及市委政协工作会议精神，持续深化党史学习教育，深刻认识“两个确立”的决定性意义，增强“四个意识”、坚定“四个自信”、做到“两个维护”，引导政协委员多谋统一思想、凝聚共识的良策，多建转型创新、应对挑战的真言，多鼓提振信心、团结奋进的干劲，以忠诚践初心、以奋斗开新局、以实干显担当。自觉把党的领导贯穿政协职能履行、自身建设的全过程各方面，深入贯彻全面从严治党部署，按照新时代人民政协党的建设工作要求，完善政协党的领导体制，修订完善政协党组、机关党组工作规则，制定党组成员联系党员委员、党员委员联系党外委员等制度，突出党建引领，坚定以党建强政治、带队伍、促履职。

二、聚焦新目标，在推动全县高质量发展上作出新贡献

聚焦推进“六大基地”建设献智出力。科学安排部署 2022 年度协商计划，引领机关干部和政协委员把思想和行动统一到县委决策部署上来，深入调研、真诚协商、务实监督、积极议政。聚焦推进“六大基地”建设、完善现代产业体系、发展清香型白酒产业、推动白酒产业高质量发展等重点课题开展系列专题调研，为推动文水全方位高质量发展，蹚出产业优、质量高、效益好、可持续的发展新路作出新的更大贡献。

聚焦实施乡村振兴建言资政。围绕巩固拓展脱贫攻坚成果同乡村振兴有效衔接，将全力保障粮食生产安全、加快乡村产业发展、拓展农民增收渠道、推进城乡融合发展、加强和改进乡村治理等作为协商议政的着力点和聚焦点，深入调查研究，多建务实之言，积极助推乡村振兴的重点任务落实见效，为推进乡村振兴添助力、增合力、强动力。

聚焦优化营商环境集思广益。充分发挥政协人才荟萃、联系广泛、智力密集独特优势，动员委员为项目引进牵线搭桥，推进项目落地。召开经企界委员座谈会，挖掘企业家委员资源优势，把参与招商引资和项目建设作为履职的重要内容，打好产业链招商、以商招商、协会招商、专题招商、人才招商等“组合拳”，鼓励政协委员在推进项目建设、优化营商环境、培育市场主体中发挥政协优势，凝聚政协力量，彰显政协作为。

聚焦完善民生保障群策群力。围绕“黄河流域生态保护和高质量发展”，持续加强汾河流域生态综合修复治理重点协商，让汾河“水量丰起来、水质好起来、风光美起来”。就“办好人民满意教育”“推动县域医疗机构标准化、规范化建设”开展对口协商和专题调研，为加快教育转型升级、推动公共卫生服务体系建设献计献策。围绕“推进全域旅游示范县创建”开展专题调研，为打造旅游名片贡献力量。

聚焦提升品牌形象主动作为。围绕“打击私屠滥宰、制假售假违法行为”，向全县发出倡议，号召广大群众和社会各界踊跃投身“双打”行动，争做“双打”行动的参与者、践行者、宣传者、支持者，以主人翁精神，树立品牌意识，打造品牌价值，维护品牌形象。紧扣“双打”行动，通过监督性视察、外出考察调研、举办推介会等形式，推广我县名特优品牌，以实际行动推动我县畜禽养殖、白酒产业和食品行业高质量发展。

三、关注新需求，在增进民生福祉上展现新作为

畅通渠道听民声。始终践行以人民为中心的发展思想，把委员会客厅、工作室打造成为政协委员联系群众的新纽带、倾听民声的新渠道。继续深化委员会客厅的功能发挥，实化委员会客厅的履职融合，强化委员会客厅的团队建设，细化委员会客厅的管理服务，更好地了解群众诉求，回应群众需求，解答群众疑难。

议政建言解民愁。坚持协商于民、协商为民，围绕群众关心的热点、难点积极展开协商，自觉扛起助推发展、服务民生的社会责任，心怀“国之大者”、心系“民之所向”，把政协制度优势转化为治理效能，切实做到为民履职，为民尽责。

排忧解难暖民心。坚持群众利益无小事、民生无小事，保持与群众的联系，不断增强深入群众调查研究的主动性，把群众利益放在首位，切实为群众解决急难愁盼的问题。充分发挥基层政协联络组作用，贴近基层，服务群众，助推民生实事落地见效，推动基层治理不断完善，让群众更有幸福感和获得感。

四、把握新要求，在推动政协事业建设上开拓新局面

构建政协工作矩阵。按照新时代政协工作要求，做深做实做细构建 3x4 工作矩阵。在构建目标和标准体系上，构建协商议政质量评价、提案考核评议、社情民意考核、“两支队伍”管理四项标准体系；在构建任务和举措体系上，推动学习座谈小组、书香政协建设、数字网络平台、有事来商量四大重点建设；在构建政策和制度体系上，完善政协党建、履职工作、指导基层联络组、政协机关工作四方面制度，形成推动政协事业高质量发展的工作矩阵。

加强政协自身建设。加强专委会建设，发挥好专委会基础性作用，自觉围绕中心，深入调查研究，积极建言献策，将界别优势和专委会专业优势紧密结合，努力展现履职代表性，推动专委会工作再上新台阶。加强机关建设，持续强化制度执行，完善工作机制，提高工作效率，转变工作作风，不断提升政协机关服务保障水平。

强化委员责任担当。加强委员履职能力培训和外出学习，坚持政治建设与履职能力建设两手抓，不断提升委员政治把握能力、调查研究能力、联系群众能力、建言资政能力。进一步优化委员履职服务管理，落实履职服务管理考核制度，创建公众号履职活动新载体，全方位多角度宣传委员的履职实践。一届政协委员，一生政协情缘，全体委员要继续发挥本职工作中的骨干作用和政协工作中的主体作用，自觉成为党的政策宣传员、思想政治引领者、界别群众贴心人。

各位委员、同志们，昂首阔步新征程，同心奋进新时代。让我们更加紧密地团结在以习近平同志为核心的党中央周围，在中共文水县委的坚强领导下，聚焦新目标、落实新部署、汇聚正能量，坚定信心、乘势而上、踔厉奋发、勇毅前行，在文水高质量转型发展的征途上贡献政协力量，在新时代的赶考路上谱写华美政协篇章，以昂扬姿态和优异成绩迎接党的二十大胜利召开！

弘扬伟大建党精神　忠诚履行职责使命
全面深入推进新时代清廉文水建设

——2022年2月21日在中国共产党文水县第十四届纪律检查委员会第二次全体会议上的工作报告

薛海燕

同志们：

我代表中国共产党文水县第十四届纪律检查委员会常务委员会，向第二次全体会议作工作报告，请予审议。

这次全会的主要任务是：高举习近平新时代中国特色社会主义思想伟大旗帜，全面贯彻党的十九届六中全会和十九届中央纪委六次全会精神，深入贯彻省委十二届二次全会、省纪委十二届二次全会和市委五届二次全会、市纪委五届二次全会以及县委十四届五次全会部署要求，回顾2021年全县纪检监察工作，部署2022年任务。刚才，县委杨洋同志围绕学习贯彻中央、省、市纪委全会精神，对坚定不移推进全面从严治党，全面建设清廉文水、引领保障全方位推动高质量发展作出部署。我们要认真学习领会，抓好贯彻落实。

一、2021年工作回顾

2021年是中国共产党成立100周年，是“十四五”开局之年，在党和国家历史上具有里程碑意义。一年来，县委牢记领袖嘱托、扛起时代使命，大力弘扬伟大建党精神，坚定传承刘胡兰精神，以上率下立规明矩，以身作则实干笃行，胜利召开县第十四次党代会，带领全县各级党组织坚定不移落实全面从严治党主体责任，全面从严治党政治引领和政治保障作用充分发挥，反腐败斗争压倒性胜利全面巩固，政治生态呈现持续向好、整体向好的局面，社会秩序进一步步入正轨、稳中向好。在市纪委监委和县委坚强领导下，全县纪检监察机关忠诚履行职责使命，充分发挥监督保障执行、促进完善发展作用，砥砺奋进、真抓实干，推动纪检监察工作高质量发展，用实实在在的工作业绩书写了坚决践行“两个维护”的新篇章。

（一）始终强化政治监督，在“十四五”开局起步中彰显担当作为

县纪委常委会坚持“第一议题”制度，召开理论学习中心组集中学习14次，持续深入学习习近平新时代中国特色社会主义思想、党的十九届六中全会精神、习近平总书记关于党的自我革命的战略思想，全面从严

治党的自觉性、坚定性明显提升。坚持党中央决策部署到哪里、政治监督就跟进到哪里。聚焦习近平总书记重要指示批示以及党中央重大决策部署开展政治监督专项检查，发现并督促整改问题311条，切实纠正贯彻落实中的政治偏差。紧盯省委巡视整改任务，召开7次巡视整改工作推进会、培训会，开展监督检查200余次，现场督导工程项目33个，督导约谈21人，巡视移交问题线索5件全部办结，巡视移交涉纪信访件130件办结121件，42项问题完成40项。协同开展政法系统教育整顿，扎实开展新冠疫情防控和“8.13”卫生事件监督检查，集中开展“大棚房”问题“回头看”和违法占地专项整治，部署开展供销系统、粮食购销、开发区建设、公共停车管理和涉案遗留工程等专项治理，严查腐败行为，促进行业治理。严明党的政治纪律和政治规矩，全年查处违反政治纪律案件5件、处分5人。

（二）坚持一体推进“三不”，反腐败斗争压倒性胜利全面巩固

坚持反腐败斗争首先从政治上看，保持力度不减、节奏不变、尺度不松。全县各级纪检监察机关立案287件、处分266人，组织处理174人，移送审查起诉3人（留置2人）。加大案件督办力度，严格落实《实名检举控告核实告知及答复反馈暂行办法》，督促各办案部门按时限要求办结案件，并及时反馈办理结果。持续深化以案促改、以案促治。加强跟踪监督，对2020年以来县纪委下发的60份纪检监察建议书及整改落实情况进行监督检查，推动健全完善制度15个。深化巡视整改成效，督促各单位建立完善制度248项。对各乡镇和单位贯彻执行党风廉政建设责任制、民主集中制、“三重一大”决策机制等情况开展监督检查，督促其严格执行制度。坚持警示教育与理想信念教育、党纪国法教育一体推进，将宣布处分决定和警示教育同步进行，通过观看警示教育片、讲廉政党课、通报典型案例等，1600余名党员干部接受教育；组织全县160余名乡镇、村（社区）干部旁听庭审，把“不敢”的典型案例转化为“不想”的教育资源，教育引导党员干部自觉远离腐败。

（三）坚持不懈纠治“四风”，党员干部作风明显好转

锲而不舍落实中央八项规定精神，坚守重要环节、重要节点，开展监督检查7次，查办问题线索12条，通报违反中央八项规定精神典型案例3案7人。坚决整治贯彻落实打折扣、做选择、搞变通和“一刀切”“层层加码”等问题，查处形式主义官僚主义问题13件，处理21人。紧盯年节送礼、违规收送礼金、变相发放津补贴、分批分次大操大办、公车私用、私车公养等问题，查处享乐主义奢靡之风问题13件，处理18人。开展“不作为慢作为乱作为工作纪律涣散”问题专项整治，督促整改问题350个，处理64人，通报典型案例8案8人，推动干部作风持续好转。坚持纠树并举、标本兼治，强化纪法引领，督促党员干部和公职人员办理子女生日、升学等事宜做到“四严禁五倡导”。督促落实市、县推进移风易俗工作意见，推动新风正气形成习惯、化风成俗。

（四）坚守政治巡察定位，巡察综合监督作用不断彰显

全面贯彻上级巡视巡察工作要求，着力发现和纠正政治偏差，做到以巡促改、以巡促建、以巡促治，将意识形态工作纳入巡察范畴，实现十三届县委巡察全覆盖。按照中央、省委、市委、县委统一部署，高质量完

成了供销系统、粮食系统机动式巡察。为了深入推进全县作风纪律整顿，对工作效率低、问题反映集中的6个县直单位开展机动式巡察，重点剖析政治生态，发现问题55个，移交问题线索6个。坚持把制度建设作为规范巡察程序、提高巡察质量的重要抓手，制定《巡察整改日常监督实施办法》，从巡察反馈、制定方案、集中整改到审核整改情况，形成巡察整改工作完整闭环，推进巡察监督工作科学化制度化规范化。建立巡察整改后评估机制，向县委专题汇报巡察整改情况，根据整改效果，划分好、中、差等次，对整改不到位的单位进行通报。加强监督检查室、派驻纪检监察组、乡镇纪委、巡察办之间的信息共享、贯通协作，全程监督被巡察党组织真改实改，发挥政治巡察标本兼治作用，扩大巡察成果。

（五）坚守监督第一职责，监督执纪执法质效不断增强

加强对“一把手”和领导班子监督，县纪委对换届后乡镇、县直单位领导班子成员进行廉政谈话8批210余人次。盯住“关键少数”，建立健全七项监督制度，提醒县级领导对分管部门及联系乡镇班子成员存在的苗头性、倾向性问题，开展谈话532人次、检查153次。对全县科级以上党员领导干部、全体纪检监察干部进行政治画像，开展全县政治生态分析研判并形成专题报告。创新监督机制，制定《文水县纪检监察协作区实施办法》，聘请11名特约监察员，全面盘活监督力量，切实提升监督质效。加强换届监督，开展“十个严禁”换届纪律宣传教育，受理办结问题线索44条，处理20人。协助县委严把选人用人政治关、廉洁关，精准回复党风廉政意见6725人次，提出暂缓或否定性意见82人次。聚焦换届“后半篇”工作，协同推动农村不规范合同清理，对全县169个村（社区）交接问题开展“全覆盖”监督检查，针对发现的问题制发7份纪律检查建议书，并跟踪督促整改。全县纪检监察机关共受理信访举报1057件，准确把握“四种形态”处理656人次，其中第一、第二种形态分别占比59.1%、29.6%。积极开展受处分干部回访教育，保护激励干部担当作为。

（六）深入整治群众身边腐败和不正之风，推动解决群众急难愁盼问题

围绕巩固拓展脱贫攻坚成果同乡村振兴有效衔接开展专项监督检查。深化民生领域治理，持续开展漠视侵害群众利益专项整治，查处“微腐败”案件53件、处理78人。围绕“我为群众办实事”，扎实推动解决救灾资金发放、学校食堂安全整治、农村饮水安全保障、老旧小区停车难等33件群众的操心事、烦心事。深入开展党政领导干部违规入股企业专项清理“回头看”，通过下发提醒卡、印发《案例汇编》、签订承诺书等方式，督促实缴违规入股企业金额583.4万元，上缴违规获益20.5万元。协调监督“房屋产权登记确权颁证清零行动”，为群众办理不动产登记9064套。加大涉纪重复信访举报办结化解力度，实行“一案一专班”“一案一策”，市纪委推送的26件重复信访举报全部办结化解。持续深化“伞网清除”行动，全面起底、回溯核查2018年以来纪委监委收到的涉砂、涉石料的问题线索，保持了惩治高压。

（七）深化纪检监察体制改革，规范化法治化正规化水平明显提升

加强党对反腐败工作集中统一领导，协助召开县委反腐败领导小组会议，分析研判反腐败斗争形势。严格执行请示报告制度，

全年向市纪委监委请示报告23次，向县委请示报告99次。加强规范化法治化正规化建设，全面规范县纪委监委、派驻纪检监察组、乡镇纪委监督执纪执法工作程序。建立完善综合管理、业务工作、机关党建、队伍建设等方面20余项制度机制，形成了覆盖各方面、贯通各环节的系统性工作规范。扎实开展依规依纪依法安全文明办案专题教育，制定《乡镇纪委案件审理办法》，乡镇纪委案件实行交叉审理。组织评查案件84件，自查自纠整改问题37个。

（八）从严从实锻造过硬队伍，不断淬炼忠诚干净担当的政治本色

县纪委常委会坚持把党史学习教育作为贯穿全年的重大政治任务，带头先学一步、学深一层，召开专题研讨会8次，各支部组织集体学习32次，传承党的优良传统和作风，自觉用伟大建党精神、刘胡兰精神滋养党性修养，培育许党许国情怀。注重发挥机关党建引领作用，抓党建带业务、抓支部带部门，开展主题党日活动60次，党员进社区服务235人次，党内政治生活和党员教育管理更加规范。县纪委监委领导班子成员带头践行“四边工作法”，深入一线就基层监督、规范化建设等工作开展调查研究，形成专题调研报告，利用成果指导实践、推动工作。认真落实省纪委监委选人用人“五用五不用”要求，全年对外交流提拔重用13名干部，招录调入公务员19人，实现系统内外“优进优出”良性循环，领导班子、干部队伍结构得到进一步优化。持续深化全员培训，组织参加省市纪委监委学习600余人次，开展2次业务考试，举办“干部素质能力提升培训班”，委领导带头讲、室主任轮流讲，以讲促学、以学促干。加强干部监督管理，督促严格落实“纪检监察干部履职用权‘七个严禁’”，明确37项干部监督任务清单，重要节点发出廉洁提醒函，签订廉洁自律承诺书139份。强化“八小时之外”监督，规范管理借调人员，全县处置纪检监察干部问题线索19个，处理4人。

在总结成绩的同时，我们也清醒地看到，当前我县党风廉政建设和反腐败斗争形势依然严峻复杂，消除李增虎案影响、深入开展以案促改还任重道远。高压之下，一些党组织履行全面从严治党主体责任不到位，落实党中央决策部署存在温差、落差、偏差的问题需要警惕，乡村振兴、土地管理、行政执法以及政法、卫生等重点领域违纪违法多发易发、群众反映强烈的问题需要警惕；一些党员干部不作为、慢作为、乱作为，遇事等待观望，“四风”问题隐形变异、花样翻新，违规吃请请吃、收送礼金礼品等禁而不绝的问题需要警惕。从自身来讲，在新形势新任务新要求面前，有的纪检监察干部政治站位不高，服务大局不自觉、不主动，跟不上形势发展和工作要求，政治素质仍需提升；有的不敢监督、不愿监督，政治监督不聚焦，日常监督不细致，斗争精神仍需提升；有的纪法意识、程序意识、证据意识不强，纪法贯通、法法衔接和谈话突破能力不高，能力素质仍需提升。对于这些问题，我们必须高度重视，认真加以解决。

二、2022年主要工作

2022年将召开党的二十大，这是党和国家政治生活中的一件大事，在这个关键时期，做好纪检监察工作意义重大、责任重大、使命重大。今年工作的总体要求是：坚持以习近平新时代中国特色社会主义思想为指导，全面贯彻党的十九大和十九届历次全会精神，增强“四个意识”、坚定“四个自信”、做到“两个维护”，弘扬伟大建党精

神，永葆自我革命精神，坚持全面从严治党战略方针，坚持稳中求进工作总基调，紧扣全方位推动高质量发展鲜明主题，持续深化政治监督，持续深化不敢腐、不能腐、不想腐一体推进，全面建设清廉文水，以“三个巩固”为牵引，加强纪检监察机关规范化、法治化、正规化建设，更好发挥监督保障执行、促进完善发展作用，以优异成绩迎接党的二十大胜利召开。

——全面建设“清廉文水”。党的十八大以来，习近平总书记多次强调要“坚决反对腐败、建设廉洁政治”“做到干部清正、政治清廉、政府清明”。对于文水来讲，李增虎黑社会性质组织对文水政治生态破坏之大、影响之深，必须拿出更多精力持续修复净化，全面推进清廉文水建设。这是认真贯彻落实党中央和省委、市委、县委全面从严治党决策部署的具体行动，是全方位推动文水高质量发展的内涵要求，是实现文水政治生态持久风清气正的重要任务。建设清廉文水要坚持政治统领。一以贯之督促推动全县自觉增强“四个意识”、坚定“四个自信”、做到“两个维护”，要牢记习近平总书记“政治生态破坏容易修复难”的教诲，坚持全面从严、一严到底。建设清廉文水要坚持系统推进。要以思想教育为引领，构建清廉文化培育体系，赓续清朗文化血脉；以制度建设为支撑，构建权力运行监督制约体系，彰显清廉政府行为；以“关键少数”为重点，构建干部管理监督制度体系，打造清正干部队伍；通过思想、制度、队伍、文化等各种清廉，实现政治清明、政府清廉、干部清正、文化清和、社会清朗，引领保障全方位推动高质量发展行稳致远。建设清廉文水要突出工作重点。广泛开展清廉机关、清廉企业、清廉学校、清廉医院、清廉村居、清廉家庭创建行动，以重点带全局，抓局部带整体，形成重点推进、全面共进的工作格局。建设清廉文水要强化责任担当。各级党委负主体责任，党委书记要担负起第一责任人职责，其他班子成员要履行“一岗双责”，形成党政齐抓共管、纪委监委统筹协调、部门各负其责、依靠群众支持参与的工作机制。建设清廉文水要坚持久久为功。全面建设清廉文水不是一朝一夕的事，要一锤接着一锤敲，一年接着一年干，十年磨一剑，持续发力、善作善成。纪检监察机关要协助党委研究制定具体实施方案、年度工作计划，明确工作目标和具体措施，分步骤、分阶段推进，加强舆论引导，形成全社会各方面共同参与的良好氛围，为全面建设清廉文水贡献重要力量、提供坚强保障。

——着力抓好“三个巩固”。2022 年，要在深化“三个年”“三个再”的基础上，思想上再聚焦、制度上再提高、措施上再加强、落实上再加力。巩固规范化法治化正规化建设成效。严格依据党章党规党纪和宪法法律法规赋权、限权、行权，以法治思维和法治方式推进监督、防治腐败，进一步规范职能、权限、程序、责任，完善监督执纪执法工作流程，健全监督制约机制，确保全县纪检监察机关运用的每一项制度、措施，都在依规依纪依法的前提下进行。巩固深化以案促改成效。把查办案件“后半篇文章”做得更加深入、更加到位，不断探索、总结、深化、提升以案促改实效。不仅要能打胜仗，更要善于“打扫战场”，举一反三搞好“战后重建”，督促案发单位以问题推动查补漏洞、以典型的人和事开展警示教育、以案件促进整改整治，不断放大“三不”一体推进的综合效应。巩固提升素质能力成效。坚持把培训培养作为新时代纪检监察机关夯实基础建设、推进自身战略性重塑的重要举措，注重培养纪法贯通、法法衔接、擅长谈话突破、善于做思想政治工作的办案人才和综合素质高、文字功底扎实、甘于吃苦、乐于奉献的“笔杆子”。重视后备干部培养，保持干部梯次，增强队伍活力，把队伍建强、让干部过硬。

2022年，全县纪检监察机关要以全面推进清廉文水建设和着力抓好“三个巩固”为牵引，重点做好八方面工作：

（一）坚决拥护和捍卫“两个确立”，精准有力推动政治监督具体化常态化

强化思想理论武装。始终把学习贯彻习近平新时代中国特色社会主义思想作为首要政治任务，贯通领会、一体落实党的十九届六中全会精神，不断提高政治判断力、政治领悟力、政治执行力。聚焦习近平总书记考察调研山西重要指示精神和党中央重大决策部署，盯责任、保落实，盯问题、纠偏差，盯隐患、防风险，盯短板、促整改，督促党员干部真正悟透党中央大政方针，时时处处向党中央看齐。

精准开展政治监督。聚焦“三新一高”“十四五”规划等重大战略，加强监督检查，督促各级各部门无条件执行党中央战略决策，确保不偏向、不变通、不走样。聚焦统筹疫情防控和经济社会发展，持续推动“六稳”“六保”工作，切实维护人民群众生命安全和经济社会发展良好秩序。聚焦党的二十大胜利召开和北京冬残奥会成功举办，从讲政治高度做好涉纪信访工作，坚决维护政治团结、社会安定大局。

服务县委工作大局。围绕县第十四次党代会和县委十四届五次全会决策部署的落地见效，特别要聚焦“法治文水建设、营商环境优化、土地资源管理、人居环境改善、安全生产监管、私屠滥宰和制假售假整治”等重点工作，健全完善推动贯彻落实和督查问责机制，督促各级各部门细化举措、压实责任、逐项落实。

（二）坚定不移惩治腐败，在“三不”一体推进上取得更多制度性成果和更大治理成效

始终保持“惩”的力度不减弱。坚持受贿行贿一起查，紧盯政策支持力度大、投资密集、资源集中的重点领域和关键环节，紧盯举报线索较多、问题反映集中、涉腐可能性大的“关键少数”，一个专项推进，一个领域整治。紧盯生态环保、公共卫生、教育改革、应急管理、基建领域等重要资金投入，紧盯金融、国企、政法、资源等重点领域，紧盯干部选任、行政审批、资金拨付、项目招投标、便民利民惠民等重点环节，紧盯政商勾结、设租寻租、利益输送等重要问题，深入推进领导干部岗位调动带上家乡工程队专项整治，深挖存量、严查增量、防止变量，做到查处一个专案、净化一方生态。加大打击行贿力度，探索实施行贿人“黑名单”制度，严查多次行贿、巨额行贿的行为。

始终强化“治”的措施不放松。坚持边办案、边剖析、边整改、边治理，深入剖析体制性、隐蔽性、普遍性问题，深化以案促改、以案促治、以案促建，把办案成效体现在止损挽损、促进改革、优化治理上。加强对纪检监察建议执行情况的监督，以监督促整改、以整改促治理。深入推进政法、自然资源、市场监督、便民服务、安全生产、行政审批、教育卫生等领域不能腐机制建设和监督机制。严格落实制度执行监督工作规定，压紧压实制度执行主体责任、监督责任，强化制度对权力的刚性约束。

始终构建“防”的体系不懈怠。加强廉洁文化建设，督促各级理论学习中心组将习近平总书记关于廉洁文化建设的重要论述纳入学习计划。深入挖掘提炼我县革命先辈的廉洁事迹和崇高品格，依托刘胡兰纪念馆、康家堡等红色资源，举办红色廉洁文化展，积极鼓励清廉文水文艺作品创作。强化廉政教育，督促各级党组织主要负责同志带头讲廉政党课。建立警示教育制度，定期召开警示教育会，督促发案单位按规定召开处分决定宣布会，组织党员干部旁听职务犯罪案件庭审，用身边事教育身边人。大力选树勤廉兼优先进典型，通过示范引领，激励党员干部廉洁从政。

（三）持续深化作风建设，大力整治影响发展环境的顽瘴痼疾

持之以恒纠治“四风”。坚决纠治形式主义、官僚主义，聚焦审批时限、拨款效率、行政执法等“小切口”，精准开展“不作为慢作为乱作为工作纪律涣散”专项整治，坚决查处推诿扯皮、玩忽职守、不思进取的不作为问题，坚决查处不尊重规律、不尊重客观实际和群众需求的乱作为问题，同时也要严肃追究领导干部不管不问的责任。坚决纠治享乐主义、奢靡之风，严肃查处公务接待“吃公函”、冲抵掩盖超标准接待费用、变相收送红包礼金、巧立名目发放津贴补贴、借培训名义搞公款旅游、项目审批落地中的吃拿卡要等行为，推动领导干部带头严格执行公务接待规定。要密切关注“四风”苗头性、倾向性、隐蔽性问题，对隐形变异问题不断加压，对顶风违纪行为严肃惩治。

大力弘扬时代新风。持续推动《关于推进移风易俗的意见》落实落细，把广大干部群众从过重的人情消费、人情负担中解放出来。用好党风政风监督信息综合平台，督促党员领导干部重视家教家风，以身作则管好配偶、子女。要坚持纠树并举，引导党员干部从内心深处消除错误思想，逐步把陈规陋习摒弃掉，把好的风气树起来，以优良党风带动政风、引领社风民风。

激励干部担当作为。紧扣打造一流营商环境，列出“正负面清单”，督促领导干部把握好公私界限、处理好“亲清”关系，努力形成亲不逾矩、清不远疏、公正无私、有为有畏的新型政商关系。严格落实“三个区分开来”要求，精准运用“四种形态”，大胆容错、精准纠错，不仅让干部干净干事，更让干部放手干事；严惩诬告陷害行为，为干事者撑腰、向诬告者亮剑，绝不让别有用心、投机钻营者有机可乘，绝不让恣意妄为、触犯纪法者逃脱惩处，做到对文水事业负责、为文水干部担当。

（四）主动顺应人民期待，持续整治群众身边腐败和不正之风

助力乡村全面振兴。盯住巩固拓展成果、保障有效衔接、推动乡村振兴的关键环节，把“一把手”抓乡村振兴落实情况纳入监督检查重要内容，紧盯乡村“五大振兴”“四个不摘”“三项机制”等落实情况加强监督检查，对借乡村振兴之机贪污侵吞、吃拿卡要、暗箱操作、权钱交易等腐败和作风问题坚决查处。

严查群众身边腐败。巩固扩大“我为群众办实事”成果，深入整治民生领域“微腐败”和妨碍惠民政策落实的“绊脚石”。聚焦群众痛点难点焦点，坚持分行业分领域深入排查，围绕教育、医疗、住房、社保、粮补等惠民政策落实情况及各类补助补贴资金发放情况加强监督检查，严肃查处虚报冒领、截留挪用、优亲厚友等行为，对侵害群

众利益问题绝不放过，对失职失责的党组织和纪检监察机关“双问责”，真正让群众从一个个具体问题的解决中切实感受到公平正义。加大涉纪重复访化解力度，组织开展基层信访举报和问题线索排查、化解、整治专项行动，对反映基层腐败和作风问题的信访举报接诉即办，对民怨集中、影响恶劣的问题线索重点督办。

加强基层监督治理。进一步巩固村级党组织纪检委员、村务监督委员会主任、村级纪检监察监督员“三员合一”成果，促进村级纪律监督、监察监督、民主监督融会贯通，提升监督质效，推进自治、法治、德治“三治融合”。扎实推动基层监督规范化，细化“三员”职责、明确监督重点、规范监督程序、健全协调机制，切实做到“管理有组织、工作有制度、办公有场所、对外有牌子、监审有章子、活动有记录、监督有实效”。继续深化谢家寨、北街、西街3个重点村的“党建引领一批、督办化解一批”工作。强化村级集体“三资”管理提级监督，巩固农村不规范合同清理成效。加强对换届后村“两委”班子的监督，督促落实“推动产业发展、整治村容村貌、调处矛盾纠纷、推进移风易俗、守护国土资源”等重点工作；选树一批基层监督示范乡（镇）、村，让典型辐射一片，引领一片，提升乡村治理能力和水平。

（五）做精做实监督首要职责，不断提升监督执纪执法水平

全面加强改进日常监督。有针对性地开展专项监督、分类监督、跟踪监督、对账监督、下沉监督，实现监督常在、形成常态。要深化检举举报平台应用，支持、引导群众有序参与监督。突出抓好对“一把手”和领导班子的监督，督促严格落实县委反腐败领导小组出台的“七项监督制度”，强化对捍卫“两个确立”、践行“两个维护”、落实全面从严治党主体责任、执行民主集中制、依规依纪依法履职用权等情况的监督检查。深化政治生态分析研判和政治画像，加强对各级“一把手”和领导班子成员的线索排查、纪律审查，不断增强全面从严治党的力度和深度。

全面加强年轻干部监督。坚持严管厚爱结合、激励约束并重，从有利于年轻干部长远发展的角度加强监督，管思想、管工作、管作风、管纪律，防止成长“黄金期”变成贪腐“危险期”。要建立健全内控制度，强化对年轻干部承办工作的审核把关，压缩自由裁量空间，特别要对财务管理、一线执法等重点岗位的关键人员，要严格落实制约监督机制，使年轻干部照章办事、秉公用权。创新教育方式方法，贴合年轻干部心理特征，建立健全与年轻干部谈心谈话、传帮带等制度机制，经常性开展教育提醒，深入了解其思想、家庭、社交等方面情况，加强监督引导。坚持精准稳慎查处年轻干部违纪违法问题，尽最大可能挽救犯错的年轻干部。要有针对性地开展警示教育，教育引导年轻干部扣好学廉守廉的“第一粒扣子”，走好人生道路。

贯通联动形成监督合力。要围绕监督检查、审查调查、以案促改、巡察整改等重点任务，强化纪检监察机关、派驻机构与巡察机构的协作配合，推动财政、审计、统计部门的专业力量深度参与巡察和监督检查、审查调查工作，构建紧密衔接的监督之网。要用好特约监察员，认真执行会议通报、意见建议反馈制度，从严考核管理，充分发挥其参谋咨询、桥梁纽带、舆论引导作用。要加大对执法机关、司法机关与县纪委监委双向

移送问题线索工作监督力度，确保应移尽移，真正凝聚监督合力。

（六）强化巡察协作联动，推动巡察工作高质量发展

高质量谋划新一届县委巡察。坚持从政治上准确把握和推进巡察工作，聚焦基层贯彻落实党的路线方针政策和党中央决策部署，聚焦群众身边腐败问题和不正之风，聚焦基层党组织领导班子和干部队伍建设，高质量完成十四届县委第一轮巡察，组织开展第二轮、第三轮巡察，稳步推进对村（社区）延伸巡察全覆盖，努力做到精准发现问题、精准反映问题，督促各级党组织防范风险隐患、提升发展质量。

持续深化巡察上下联动监督。认真贯彻中央《关于加强巡视巡察上下联动的意见》，继续采用市县对口式巡察联动方式，在对象同巡的基础上，互通监督信息，相互印证问题，做到巡察目标同向、步调一致。对群众反映强烈、明显阻碍发展的部门和单位，有针对性开展专项巡察、机动式巡察和“回头看”，全面剖析、持续净化政治生态。要加快推进巡察信息化规范化建设，切实提高巡察工作质效。

做好巡察整改“后半篇文章”。加强巡察机构自身建设，压紧压实党委（党组）巡察整改主体责任，推动系统性、普遍性、深层次问题施治，把巡察成果转化为推动改革、促进发展成效。全面执行巡察整改评估，看组织领导、看整改措施、看整改成效、看组织及群众满意度情况，3 个月集中整改期结束后，要开展实地评估，打分确定评估结果等级，结果为优秀的全县推广经验、通报表扬，结果为较差的，特别是存在拒不整改，“新官不理旧账”、敷衍塞责，甚至弄虚作假的，严肃追责问责。要建立巡察整改工作机制，年底向县委汇报全年巡察整改情况。坚决扛起省委巡视整改落实监督责任，确保《省委巡视办关于巡视整改专项检查情况反馈意见》整改到位。对省委巡视、市委巡察、十三届县委历次巡察反馈问题进行全面梳理，推动整改落实，确保清仓见底。

（七）深化纪检监察体制改革，不断提升规范化法治化正规化水平

推进“两个责任”贯通联动、一体落实。督导各级党组织建立完善全面从严治党主体责任清单，明确职责内容、履职程序，定期开展监督检查，通过明责知责促进履责尽责。纪检监察部门要为同级党委履行主体责任当好助手，在履行全面从严治党监督责任的同时，及时分析研判形势、提出意见建议、监督推动党委（党组）决策落实。要持续加大问责力度，对履行主体责任、监督责任和监管不力的单位及部门，既追究当事人责任又倒查追究相关领导主体责任和监督责任，以问责常态化倒逼履责常态化。

推进双重领导体制具体化、程序化。坚持和加强党对反腐败工作的集中统一领导，严格执行请示报告制度，把党的领导贯穿反腐败全过程。加强县纪委监委对乡镇纪委、派驻纪检监察组的领导，细化请示报告工作清单，召开述职评议会，听取履职情况汇报，从严年度考核评价，推进纪检监察双重领导体制具体化、程序化、制度化。深化派驻机构改革，提高派驻监督全覆盖质量。特别要强化派驻机构干部的监督意识，主动监督、靠前监督、跟踪监督，善于发现身边的“小问题”，增强“存在感”，绝不能缺位错位，对履职能力不强、不能胜任岗位的坚决调整。

推进纪检监察工作规范化、法治化、正规化。深入学习贯彻《中国共产党纪律检查

委员会工作条例》《监察官法》和《监察法实施条例》等法规制度，全面对标对表中央纪委国家监委、省市纪委监委，健全完善全县纪检监察工作制度体系。按照上级统一部署，稳慎推进监察官等级确定工作。推进纪检监察机构、职能、权限、程序、责任法定化。依法依规、稳妥有序向县人大常委会报告专项工作。巩固拓展依规依纪依法安全文明办案专题教育成果，严格落实办案安全制度，坚决守住安全底线。

（八）从严从实加强自身建设，锻造刚正不阿、秉公执纪、谨慎用权的纪检监察铁军

提升政治能力。切实加强县纪委常委会自身建设，把对党绝对忠诚作为第一位的政治要求，发扬斗争精神、增强斗争本领、敢于善于斗争，在践行“两个维护”中走前列、作表率。开展“再学习、再调研、再落实”活动，引领全县纪检监察干部强化理论学习，提高把握新发展阶段、贯彻新发展理念、构建新发展格局的政治能力，知责于心、担责于身、履责于行，不断提升政治力、公信力。

提升素质能力。持续加强纪检监察干部思想淬炼、实践锻炼、专业训练，深化全员培训，充实师资力量，选派更多干部到反腐败斗争一线经风雨、见世面、长才干。建立干部常态交流机制，有计划推荐干部赴省、市纪委监委跟班学习锻炼，安排新进系统干部定岗前轮岗实训，推进干部队伍专业化建设。注重激发队伍活力，积极开展党内评选表彰，关心关爱纪检监察干部身心健康，落实常态化谈心谈话、作息休假制度，全面提振纪检监察干部精气神。

提升自我净化能力。牢牢守住干部廉洁红线，健全纪检监察权力运行内控机制，坚持组织授权、坚守组织原则，深入查找全链条各岗位风险点，严格权力、责任、手段、措施的界限规定。严格落实纪检监察系统主体责任和监督责任，严格落实“七个严禁”要求，加强对纪检监察干部“八小时外”监督，定期排查反映纪检监察干部问题线索，坚决防止家人、亲属利用纪检监察干部影响力谋私贪腐，持续整治“灯下黑”，决不让党和人民赋予的权力腐蚀生锈。

全面建设清廉文水，纪检监察机关重任在肩、使命如磐。我们要更加紧密地团结在以习近平同志为核心的党中央周围，大力弘扬伟大建党精神，坚定传承刘胡兰精神，忠诚履行纪检监察职责使命，永葆初心、担当实干，以更加昂扬的精神状态把全面从严治党、党风廉政建设和反腐败斗争向纵深推进，以全面推进清廉文水建设的实际行动迎接党的二十大胜利召开！

大 事 记

1月

1日，山西省政协副主席、吕梁市委书记李正印到文水县北张乡北张村，就村（社区）“两委”换届选举试点工作进行调研。中共吕梁市委常委、组织部部长张欣宁，中共文水县委书记梁宝明一同调研。

4日，文水县召开村（社区）“两委”换届选举工作领导小组（扩大）会议，学习贯彻中共吕梁市委书记李正印在文水调研村（社区）“两委”换届选举试点工作讲话精神。县、村（社区）“两委”换届选举工作领导小组成员、县级下沉各乡镇第一书记、各乡镇党委书记参加会议。

5日，文水县召开疫情防控工作领导小组会议。梁宝明、王峰、赵志昌、石新杰、成坚、白剑翀等县领导出席会议。各乡镇乡镇长、县疫情防控领导组成员单位主要负责人等参加会议。

本日，由中共岚县县委书记高奇英带队的党政考察团一行10余人到文水县座谈考察。两县互致牌匾和工艺品，共同签署两县经济技术开发区战略协作共建协议。考察团先后深入下曲镇北辛店村、吕梁建龙实业有限公司、农村集中供热工程现场、吕梁野山坡食品有限责任公司就美丽乡村建设、农村党建、重点工程、产业发展及民生工程等参观考察。

7日，方山县人大常委会主任贺新众、县政府副县长张改玲、县政协副主席李海林等组成的教育考察团到文水县考察交流学习教育改革发展情况。范发宾、张建良及教育科技局负责人参加活动。

8日，文水县召开治超专项专题座谈会。文水县人大常委会主任范发宾及吕梁市治超工作领导组第二督导检查组杨忠智、张鹏飞、高鹏等以及相关成员单位（乡镇）负责人参加会议。

10日，中共文水县委副书记、县长王峰主持召开专题会议，就疫情防控工作进行安排部署。成坚、苏德寰，段效东等及各乡镇乡镇长，疫情防控领导组成员单位负责人等参加会议。

11日至12日，山西徐特立高级职业中学举办“寻访红色记忆，争做红色传人”主题刘胡兰连环画展。缅怀英雄为共产主义事业英勇献身的光辉事迹，弘扬新时期“刘胡兰精神”。

12日，文水县纪念刘胡兰烈士英勇就义74周年大会在刘胡兰纪念馆举行，文水县人大常委会主任范发宾、中国人民政治协商会议文水县委员会主席闫启明等县领导出席活动，各乡镇、县直各单位主要负责人，刘胡兰烈士亲属代表，刘胡兰民兵班，刘胡兰镇村干部、群众和学生代表共300余人参加纪念活动。

本日，县司法局在各乡镇开展《中华人

民共和国村民委员会组织法》宣传活动。

13日，中共文水县委召开第二十一次专题会议暨县疫情防控工作领导小组（扩大）会议，对疫情防控工作进行安排部署。中共文水县委书记梁宝明、县长王峰等四大班子领导，各乡镇书记，县疫情防控工作领导小组成员单位负责人参加会议。

21日，文水县召开全县干部大会。会议传达学习中共吕梁市委四届十次全会精神暨经济工作会议精神和《中共吕梁市委关于制定国民经济和社会发展第十四个五年规划和二〇三五年远景目标的建议》并就贯彻落实会议精神和全县重点工作进行安排部署。梁宝明、王峰等四大班子领导出席会议，各乡镇、县直各单位主要负责人参加会议。

本日，文水县召开2020年度目标责任制考核大会。县委书记梁宝明、县长王峰等四大班子领导出席会议，县直党政部门、人民团体和各乡镇等单位负责人参加会议。

28日，文水县道路交通事故调处中心揭牌成立，县政法委书记文成宝、县人民法院院长李进昱参加活动。

1月，由宋建英任总主编，县文学艺术工作者联合会《文水地域文化丛书》编写委员会成员编写的《文水地域文化丛书》，由北岳文艺出版社出版发行，共4册，有宋建英撰著的文学评论集《大陵文踪寻踏录》、韩维义主编的《文水人的对联》、刘耀昌主编的《文水婚丧礼俗》、赵忠主编的《我们少儿时的玩具和游戏》。

2月

3日，中共文水县委十三届十六次全体会议暨县委经济工作会议在文兴会堂召开。第一次全体会议上，梁宝明代表县委常委会作工作报告，并就《中共文水县委关于制定国民经济和社会发展第十四个五年规划和二〇三五年远景目标的建议（讨论稿）》向全会作说明。下午召开的第二次全体会议分两阶段进行，第一阶段王峰对全年重点经济工作作了具体部署，赵林泉组织对2020年工作中涌现出来的先进集体和个人颁奖；第二阶段由王峰主持，审议通过《中共文水县委关于制定国民经济和社会发展第十四个五年规划和二〇三五年远景目标的建议》。

4日，文水县在文兴会堂多功能厅召开2020年度党（工）委书记抓基层党建、乡镇党委书记抓脱贫攻坚、党管武装工作述职评议会。梁宝明、王峰、赵林泉、范发宾等领导，山西文水经济开发区管委会党工委副书记、常务副主任，县委党建工作领导小组成员单位负责人，县直相关部门党组（党委）书记，县脱贫攻坚领导组成员单位负责人，各乡镇党委书记以及部分基层“两代表一委员”和群众代表参加会议。中共吕梁市委组织部组织二科科长王宇峰应邀出席会议。会上，15位党（工）委书记分别就抓基层党建、脱贫攻坚和党管武装工作依次进行现场述职。

7日，文水县第十六届人大常委会第四十一次会议在文兴会堂203会议室召开。范发宾、王治国、任守云、郭志刚、郭竹朋等出席会议；李进昱、王宝和、桑志民以及县人大各工作机构负责人等列席会议。会议听取和审议《文水县人大常委会党组关于县乡人大换届选举工作的安排意见》；审议通过关于县选举委员会组成人员、乡镇选举委员会组成人员名单草案，县直、苍儿会办事处换届选举指导组组成人员名单草案；审议通过关于重新确定的乡镇代表名额草案；听取和审议山西文水经济开发区总体规划的修编情况的报告及有关人事任免。

11日，文水县在文兴会堂多功能厅召开全县干部大会。中共吕梁市委常委、组织部部长张欣宁出席会议，宣布中共山西省委决定，杨洋任中共文水县委书记，免去梁宝明中共文水县委书记职务；中共吕梁市委常委会会议研究决定，杨洋任中共文水县委委员、常委，免去梁宝明中共文水县委常委、委员职务。

本日，农历除夕，中共文水县委书记杨洋看望超市、企业等春节期间坚守一线岗位的员工，慰问公安民警和高速出口防控点值守工作人员。县委副书记赵林泉、副县长赵志昌等一同参加慰问活动。

12日，中共文水县委书记杨洋到相关部门和企业，就疫情防控和供热、供水、供气等民生保障工作进行检查，并向一线工作人员送上节日的问候和祝福。刘建树、成坚、武英喆等一同检查。

本日，县长王峰深入部分企业，开展春节慰问调研活动。副县长赵志昌，相关部门负责人参加活动。

18日，文水县第十六届人大常委会第四十二次会议在文兴会堂203会议室召开。参加会议的有十六届人大常委会全体组成人员和县人大各工作机构负责人参加会议。会议投票补选杨洋为吕梁市第三届人民代表大会代表，选举结果报吕梁市人大常委会代表资格审查委员会确认。

20日，中共文水县第十三届纪律检查委员会第六次全体会议在文兴会堂文兴厅召开。杨洋、王峰、范发宾，闫启明出席会议，吕梁市纪委监委第二监督检查室高国荣应邀出席会议，法检两长，山西文水经济开发区管委会、刘胡兰纪念馆、苍儿会旅游开发管理中心等主要负责人出席会议，县纪委监委班子成员、纪委委员；各乡镇党委书记、乡镇长、纪委书记；县直单位、双管单位一把手、党组织负责人、纪检组长；县纪委监委副科级以上干部以及县委巡察办副科级以上干部230余人参加会议。张建良作了《持续推动纪检监察工作高质量发展，全力保障文水“十四五”转型出雏型高速发展》的工作报告。

22日，文水县召开党史学习教育部署会。杨洋出席会议并就党史学习教育进行安排部署。王峰主持会议。赵林泉、范发宾、闫启明等领导参加会议。

本日，县委书记杨洋到沟口村吕家山口、西山凤凰公园口防火检查点就森林防火工作进行调研。赵志昌、赵一学，赵振军、县应急局、凤城镇等相关部门负责人一同参加检查。

25日，由中共文水县委宣传部、县文化和旅游局主办，县美术馆承办，县书法协会、美术协会、农民书画研究会协办的第五届“文脉传薪”书画临摹作品展在县美术馆开展。展出优秀作品212幅，经县书法协会、美术协会、农民书画研究会艺术家集体评选，向10名老年作者颁发荣誉奖，30名中青年作者颁发优秀奖，10名少年作者颁发新人奖。

27日，县委书记杨洋就汾河百公里中游示范区文水县段生态治理工程进展情况进行调研。县委办主任赵振军及县水利局、南安镇、刘胡兰镇、下曲镇和山西省水利水电勘测设计研究院有限公司生态分院等单位负责人参加调研。

2月，中共山西省委组织部下发《关于确定2020年度全省标杆乡镇党委和村党组织的通知》，经县委组织部推荐、吕梁市委组织部考察、山西省委组织部审核、县级公示，文水县下曲镇北辛店村党支部被山西省委组织部选树为2020年度全省50个标杆村党组织之一。

本月，由农业农村部主管、农业农村部管理干部学院主办的《中国农民合作社》，在2021年第2期专题刊载《国家农民合作社示范社发展指数研究报告》（以下简称《报告》）。《报告》公布年度国家农民合作社示范社发展指数300强名单，其中文水田园薯业专业合作社位列榜单第125名。

本月，文水县公益顺风车开展“寒假助学基金”发放活动。公益顺风车爱心人士把从山东聊城公益顺风车申请来的4600元爱心助学基金和学习用具等发放到符合条件的4名学生手中。

3月

1日，吕梁市人大常委会副主任张振明到文水县就森林防火等工作进行调研。

4日，文水县疾病预防控制中心在山西大象农牧集团有限公司，对高致病性禽流感职业暴露人群进行血清标本采集和血清流行病学调查问卷，将血清标本送往山西省疾病预防控制中心检测。

5日，县人民法院举行人民陪审员任职宣誓暨上岗培训活动，71名人民陪审员参加培训活动。

7日，县妇女联合会主办，县群众舞蹈协会、广场舞联合会承办的2021年庆祝“三八”国际妇女节文艺演出在滨河文化生态公园举行。

本日，为纪念第111个“三八”国际妇女节，由中共文水县委宣传部、县文化和旅游局主办，县美术馆、县书法协会、美术协会承办的2021年文水县“巾帼心向党、百年更辉煌”女子书画作品4人展在县美术馆开展。展出本县梁洁昕、胡向宇、赵玥、韩鹏飞4名中青年女性书画工作者的120幅作品。

10日，文水县召开政法队伍教育整顿动员部署会。县委书记杨洋、县纪委书记张建良等县领导出席会议。县政法队伍教育整顿领导小组成员单位主要负责人及联络员参加会议。

11日，中共山西省委党校第十三期省管领导干部读书班学员到刘胡兰纪念馆开展党史学习教育活动。学员们先后参观了毛泽东题词纪念碑、刘胡兰史迹陈列馆、七烈士纪念厅。

12日，中国第43个植树节，文水县春季义务植树暨春季植树造林启动大会在文峪河水库管理站举行。县委书记杨洋，山西省林业和草原局处长张贵明，山西省关帝山国有林管理局局长梁小明，吕梁市文峪河水利服务中心主任尹元智，县领导成坚、郭志刚、赵一学、张维元及县直各单位、各乡镇主要负责人参加活动。

15日，文水县县乡两级人大代表换届选举日，依据《中华人民共和国全国人民代表大会和地方各级人民代表大会选举法》规定，县乡两级人大代表进行换届选举，全县36.7967万选民参加投票选举。县人大代表选举划分为132个选区，乡镇人大代表选举划分为330个选区，全县各选区严格按照法律规定，规范有序地组织选民参加县、乡人大代表投票选举。

16日，文水县在文兴会堂多功能厅举办

党史学习教育专题讲座，中共山西省委党校教授郑文靖作《中国共产党为什么能赢——深刻理解与把握共产党人的初心和使命》为题党史专题辅导。闫启明、刘大鹏，县委理论学习中心组成员及县直各单位主要负责人，各乡镇党委副书记和全县理论骨干代表、全县思政课教师代表等出席。

本日，吕梁市委组织部在文水县组织召开吕梁市组织部门举报与核查工作学习观摩会。吕梁市纪委监委第八审查调查室主任王建斌讲授开展核查工作的技巧和注意事项，吕梁市信访局局长成永生现场答疑解惑，倾囊相授“五心”法宝——做好群众工作，要有“热心、耐心、细心、决心、责任心”等。与会人员现场观摩文水县委组织部举报与核查中心办公场所、机构设置、举报业务流程、案件台账、案卷等。

17 日，根据地方组织法有关规定，县政府第八十七次常务会议研究决定，任命闫志斌为文水县公安局督察长。

19 日，县委常委会举行党史学习教育第二次专题学习会暨县委理论学习中心组集中学习会。县委书记杨洋主持并讲话，县长王峰、县委副书记赵林泉等中心组成员以及有关部门负责人参加会议。

本日，经文水县第十六届人大常委会第四十三次会议通过，决定任命闫志斌为文水县政府副县长、县公安局局长；王金钟为文水县政府副县长。任命薛海燕为县监察委员会副主任、代理主任；曹宪强为县人民法院副院长、代理院长；吴志锋为县人民检察院副检察长、代理检察长。

本日，文水县召开“三零”单位创建工作推进会暨信访工作会。县委书记杨洋、县长王峰等及县平安建设领导小组成员单位、县委政法委、公安局、应急管理局、信访局以及各乡镇负责人参加会议。

20 日，县长王峰实地调研汾河沿线退水治理、推进违法占地治理，协调苍儿会生态旅游区生态红线划定有关事宜。

22 日，县长王峰赴兴县经济技术开发区参加山省开发区 2021 年第二期“三个一批”活动吕梁分会场活动。

24 日，第 26 个世界防治结核病日，县疾病预防控制中心联合县医疗集团在县体委开展宣传活动，通过悬挂横幅、摆放展板、发放宣传手册、宣传品、现场答疑等方式向群众介绍国家免费政策以及相关结核病防治知识。

24 日至 25 日，文水县 12 个乡镇人民代表大会召开，审议并表决通过乡镇人民政府工作报告、乡镇人大主席团工作报告，选举产生新一届乡镇人大主席、乡镇长和副乡镇长。

27 日至 28 日，由县人民政府、县教育科技局主办，新师者（北京）教育科技研究院、北京新师者教育科技集团有限公司承办的文水县教育创新发展实验区项目 2021 年首届“传递书香、悦读阅美”主题读书沙龙活动在文水县第二实验小学举行。列入实验区项目的文水县实验中学、文水县城镇中学、文水县东南街第一小学、文水县东南街第二小学、文水县第二实验小学、文水县第六实验小学 6 所种子基地学校的管理团队、班主任、种子教师等 240 余名学员参加活动。

28 日，县文明办和县公益顺风车为凤城镇南峪口村、宜儿村，开栅镇文倚村，南庄镇南庄村，马西乡牛家垣、神堂村等地 7 户家境贫寒的单亲孩子发放助学金。

29 日至 31 日，中国共产党文水县第十四次代表大会在文兴会堂举行。大会应到代

表376名，实到代表364名。30日上午，大会第一次全体会议（开幕会）上，县委书记杨洋受中国共产党文水县第十三届委员会委托，向大会做题为《凝心聚力、抢抓机遇、攻坚克难，在新征程上开创新时代文水高质量高速度转型发展新局面》的工作报告。

30日，吕梁市委党史学习教育巡回指导一组组长刘保平、副组长李兆基一行到文水县督促指导党史学习教育。

4月

3日，吕梁市政协副主席闫广聪到文水县督查指导森林防火工作。通过实地查看、听取汇报的方式，了解文水县森林防火工作举措及各项工作取得的成效与进展，并检查重点区域管控、一线管护人员值守情况。

4日，县长王峰到吕梁野山坡食品有限责任公司、吕梁建龙实业有限公司、文水县集中供热服务中心调研，推进文峪河综合整治、砂坑治理等工程。

6日，山西省政协副主席谢红一行在刘胡兰纪念馆开展党史学习教育主题党日活动，接受革命传统教育，重温入党誓词，推动党史学习教育走深走实。吕梁市政协主席张稳科，中共文水县委书记杨洋、政法委书记文成宝等领导参加活动。

本日，县委理论学习中心组举行党史学习教育第三次专题学习。县委书记杨洋、县长王峰等中心组成员以及有关部门负责人参加会议。

7日，吕梁市人大常委会主任刘振国、副主任张振明一行到文水县南安镇人大代表联络站开展联系群众活动。县委书记杨洋一同参加。

8日，县长王峰开展汾河巡河活动，检查刘胡兰镇污水处理厂运行情况。

9日，党史学习教育吕梁市委宣讲团宣讲报告会在文水县举行。县委书记杨洋、县长王峰等领导出席会议，各乡镇党委书记、全县理论骨干代表及学校思政课教师代表参加会议，杨洋主持报告会。

本日，文水县召开配合中央环保督察组暨污染防治专项行动动员会。安排部署配合中央生态环境保护督察保障工作。会上，杨洋连发四问，“污染害了谁”“环保为了谁”“污染企业为什么来文水”“不管不问谁获利”，追问“病根”，强调要全面检点全县生态环境保护领域存在的薄弱环节，配合好中央环保督察组督察工作，有力推动问题整改；要持续开展污染防治攻坚行动，严厉打击生态环境违法行为，全面提升文水生态文明建设和生态环境保护水平。县长王峰、县委副书记赵林泉等县领导出席会议。各乡镇党委书记、乡镇长，县生态环境保护委员会成员单位主要负责人，县配合中央生态环境保护督察协调联络组全体人员，7个环保重点整治村村主干以及23户环保重点企业负责人参加会议。

10日，中央环保督察组到刘胡兰纪念馆开展党史学习教育活动。县长王峰陪同参加。

12日至15日，中国人民政治协商会议第十届文水县委员会第一次会议在文兴会堂举行。大会应到委员206名，实到199名。13日上午，大会第一次全体会议（开幕大会）上，闫启明代表政协第九届文水县委员会常务委员会向大会作工作报告；县政协副主席王永昌向大会作提案工作报告。

13日至16日，文水县第十七届人民代

表大会第一次会议在文兴会堂举行。14日上午，召开第一次全体会议（开幕会），吕梁市人大常委会副主任张振明到会指导，大会应出席代表230名，实出席代表216人。会议听取和审议《文水县人民政府工作报告》《文水县人民代表大会常务委员会工作报告》《文水县人民法院工作报告》《文水县人民检察院工作报告》《文水县国民经济和社会发展第十四个五年规划及2035年远景目标纲要（草案）》《文水县2020年国民经济和社会发展计划执行情况与2021年国民经济和社会发展计划（草案）的报告》《关于文水县2020年财政预算执行情况与2021年财政预算（草案）的报告》。

13日，共青团文水县委、县妇女联合会讲师团到山西徐特立高级职业中学开展“送党史知识进校园”活动，庆祝中国共产党成立100周年。

14日，全国政法队伍教育整顿中央第三督导组一行到刘胡兰纪念馆，开展党史学习教育活动，并实地调研督导。县长王峰陪同参加有关活动。

15日，山西省开发区常态化第三督导组一行到山西文水经济开发区百金堡产业园、东庄产业园、桑村产业园和山西国金电力有限公司、山西衡和材料处理科技有限公司开展督导工作。县长王峰陪同参加有关活动。

16日，县委书记杨洋到马西乡牛家垣村、中渠村村民小组等护林防火卡点，调研护林防火情况。县林业局、马西乡相关负责人一同调研。

本日，县长王峰主持召开县政府第一次常务会议。会议听取新冠病毒疫苗接种、文物保护工作、中央第一生态环境保护督察组交办群众反映问题整改情况汇报；传达学习《国务院办公厅关于贯彻实施〈政府督查工作条例〉进一步加强和规范政府督查工作的通知》《政府督查工作条例》；会议通过《文水县人民政府领导班子“三重一大”集体决策制度实施办法》，强调要以规范和强化权力运行制约监督为重点，不断提高县政府集体决策的质量和水平。县政府班子成员参加。

17日，中共吕梁市委副书记、市长张广勇到汾河百公里中游示范区文水县段生态治理工程建设现场、文水县振兴化肥有限公司、文水智亮生物科技有限公司开展实地调研检查活动。

18日至19日，中央音乐学院出版社社长张伯瑜一行到文水县，就非物质文化遗产发展情况进行考察。吕梁市政协主席张稳科、市政协副主席李真、市政协秘书长杨成元和县委副书记赵林泉、政法书记文成宝等参加活动。

19日，山西省高级人民法院司法警察总队政委陶辉学、吕梁市中级人民法院司法警察支队支队长严瑞军一行到文水县人民法院，就“六专四室”规范化建设、安全防范管理及实战化训练等工作深入督导检查。

本日，县委理论学习中心组举行党史学习教育第四次专题学习。县委书记杨洋、县委副书记赵林泉等中心组成员参加会议。

20日，县委书记杨洋到文水中学调研高考备考工作，看望慰问高三教师，检查指导学校党史学习教育开展情况。王金钟及县委宣传部分管负责人参加活动。

本日，县委书记杨洋到南庄派出所，检查督导基层政法队伍教育整顿第二阶段工作情况。公安局局长闫志斌及南庄镇负责人一同参加调研。

21日，吕梁市政协副主席郝金光一行到文水县，就推进农民技能培训就业和提升吕梁山护工品牌工作进行专题调研。文成宝、段效东、蔚成贵及相关单位负责人陪同调研。

22日，吕梁市委教育工委党史学习教育进校园宣讲报告会文水专场在文水中学多功能厅举行。副县长王金钟，县教育科技局副科级以上领导、机关各股室长、各中心校校长，县直中小学幼儿园校（园）长及文水中学教师、学生代表等300余人到会听讲。

本日，县疾病预防控制中心组织全县新冠疫苗接种单位的骨干人员，参加由山西省疾病预防控制中心开展的“全省新冠疫苗接种工作免疫规划信息系统业务骨干线上培训会”。

23日，浙江省政协党组副书记、副主席孙景淼一行到刘胡兰纪念馆参观学习。吕梁市政协主席张稳科，吕梁市政协秘书长杨成元，吕梁市委讲师团团长吴新元，中共文水县委书记杨洋等陪同参观。

24日，文水县人民法院邀请山西财经大学法学院诉讼法教研室主任、法学博士白国华，给全院干警专题讲授法官职业道德与司法礼仪。

26日，县委书记杨洋到山西文水经济开发区文水县鑫明泰化工有限公司，就中央环保督察组交办的“废气排放问题”整改情况进行现场督办。山西文水经济开发区主任刘大鹏，吕梁市生态环境局文水分局、西槽头乡负责人参加活动。

本日，文水县召开农村宅基地管理工作安排会。县长王峰，副县长王金钟、宋国刚，各乡镇书记、分管副职和规划办主任，县纪检委副书记，县农业农村局、农经局、住建局班子成员，自然资源局班子成员及各股所长，供电公司、公安局分管副职，市场监管局、城管中心主要负责人，凤城镇所属26个村村主干及其他乡镇所在地村及公路沿线村村主干参加会议。

本日，文水县召开吕梁市农村自建房管理立法调研座谈会，吕梁市人大常委会副主任郭卫民，县领导范发宾、赵志昌、宋国刚，市县相关部门及乡镇负责人参加会议。

本日，县长王峰在文兴会堂视频会议室，收听收看国务院第四次廉政工作电视电话会议。

27日，文水县召开深化事业单位改革动员会议。县委书记杨洋、县长王峰、县委组织部部长刘建树及县直各党政机关、各事业单位、各群团组织主要负责人参加会议。

本日，沁水县人大常委会主任窦书瑾，县政协党组书记、主席张瑞忠带领沁水县人大、政协机关干部40余人到文水县，开展党史学习教育主题党日活动。县委书记杨洋等领导陪同参加。

28日，山西省扶贫办全体党员一行到刘胡兰纪念馆，开展“学党史担当新使命　悟思想奋进新征程”主题活动。山西省扶贫开发办公室党组书记、主任张玉宏，二级巡视员张伟勤，中共文水县委书记杨洋，副县长宋国刚参加活动。

本日，县长王峰赴离石参加吕梁市2021年第一次政银企项目对接签约会议。

本日，学党史、颂党恩、跟党走“翰墨丹青、艺心向党”边晋贵美术作品展在丽彬文化园开幕。山西省美术家协会主席、工笔画协会会长王爱忠，吕梁市文联党组成员、副主席郝弶颖，吕梁市文联调研员梁大智，吕梁市美术家协会主席张惜，县委宣传部、县文联、县文化和旅游局、县党史研究室、县融媒体中心等相关单位负责人和文水县部分书画艺术工作者100余人出席开幕会。

30日，“大力弘扬吕梁精神　建设美丽幸福吕梁”媒体联动采访活动走进文水县。《人民日报》、新华社、《光明日报》、中新社、《经济日报》《中国青年报》《山西日报》《吕梁日报》等20余家中央、省、市、县四级媒体40余名媒体记者到刘胡兰纪念馆进行集中采访活动。主题主要集中于红色路线，围绕党的百年奋斗历程、吕梁精神传承和当地县域经济转型发展举措、成效等进行采访。

4月，由县文化和旅游局主办、县图书馆承办的主题为奋斗百年路 启航新征程红色经典进景区活动在世泰湖湿地公园举行。

本月，清明节前夕，孝义镇马村两委成员联合共青团文水县委、县退役军人事务局、马村驻村工作队、马村学校等单位党员，赴马村革命烈士陵园，开展“学党史缅怀先烈，温誓词不忘初心”主题党日活动。

5月

1日，县委书记杨洋到县公安局交警大队看望一线值班民警。

本日，县委书记杨洋到山西庆华物流有限公司、文峪河综合整治工程和汾河百公里中游示范区文水县段生态治理工程建设现场等地，检查安全生产、护林防火和重点工程建设情况，并向坚守一线的工作人员致以节日的问候。

2日，山西省文化和旅游厅党组成员、副厅长戎劲光带队的督导组一行，到文水县世泰湖旅游景区，就“五一”假期文化和旅游市场疫情防控和安全生产进行专项督导，重点检查疫情防控部署和安全生产责任落实等方面的情况。

6日，吕梁市副市长油晓峰一行到文水田园薯业专业合作社、文水县孝义镇根全农机专业合作社、山西大象农牧集团有限公司等地，就农业企业发展等相关工作进行调研。

本日，县委理论学习中心组举行党史学习教育第五次专题学习。县委书记杨洋等中心组成员参加会议。

8日，县长王峰到凤城镇私评村、南街村、冀周村就推进社区服务建设工作进行调研。

10日，县长王峰到南安镇、刘胡兰镇，督导畜禽养殖污染防治情况，实地推进汾河百公里中游示范区文水县段生态治理工程建设。

12日，山西省副省长贺天才到文水县，就做好“两山七河一流域”生态系统保护修复重大课题进行调研，开展入企服务。山西省政府副秘书长高建军、省生态环境厅厅长王延峰、省水利厅厅长常建忠、省农业农村厅副厅长茹栋梅，吕梁市政府一级巡视员尉文龙陪同调研。

本日，是第13个全国防灾减灾日，县防灾减灾委员会组织各成员单位在县市政广场，开展主题为“防范化解灾害风险，筑牢安全发展基础”的防灾减灾宣传活动。县人大常委会副主任赵志昌以及县应急管理局负责人参加活动。

14日，2021年山西省群众文化惠民工程“新农村　新气象”山西省农民画优秀作品展在文水县美术馆启动，拉开全省百场巡展的帷幕。山西省文化馆、忻州市文化和旅游局、忻州市文化馆及文水县委宣传部、文水县文化和旅游局、县文联、文化馆等部门相关负责人参加启动仪式。山西省农民画优秀作品展全省共征集作品200余件，入展作品118幅。

20日，文水县在太原迎泽宾馆举行以“携手文水、共创未来”为主题的招商引资推介会。推介会上，共签约8个项目，总金额67亿元。吕梁市政协副主席闫广聪，山西省发改委总工程师张绪郡，山西省文旅厅二级巡视员王艳芳及山西省政府驻天津市、上海市、广州市等地办事处领导，河南省、安徽省、湖南省等中部省份商会，各金融机构、高校科研经济开发区院所、部分优秀企业、签约企业和新闻媒体代表受邀出席活动。杨洋、王峰、文成宝、刘大鹏等县领导参加活动。

本日，吕梁市举行“奉献吕梁　服务‘六新’”优秀人才（团队）表彰大会。文水县有3名企业代表获得表彰，其中获得优秀人才奖2名有晋能清洁能源科技股份公司总经理杨立友和山西益鑫泰生物科技有限公司董事长、高级工程师王德昌，获得优秀人才提名奖有文水县是大高分子材料有限公司董事长任天瑞。

本日，山西省委党史学习教育第四巡回指导组组长王水成一行到刘胡兰纪念馆调研指导工作。县委书记杨洋，县委宣传部部长石新杰参加活动。

24日，县委理论学习中心组举行党史学习教育第六次专题集中学习。县委书记杨洋、县长王峰等中心组成员参加会议。

本日，由中共文水县委宣传部、县教育科技局主办，县文化和旅游局、县文联协办的文水县庆祝中国共产党成立100周年校园文化艺术节在文水县第二实验小学举行，活动旨在弘扬社会主义核心价值观，培养青少年健康审美兴趣和良好艺术修养，促进学生德智体美劳全面发展，以优异成绩庆祝中国共产党成立100周年。县委书记杨洋，县委宣传部部长石新杰，副县长王金钟等及县文联、团县委、县文旅局负责人出席活动。全县140所中小学校的2000余名学生和部分家长代表参加活动。

26日，县长王峰一行到开栅镇北峪口村、文倚村、武陵村就违法占地建筑物拆除、河道治理、农村集中供热项目建设等工作进行调研。

27日，县委书记杨洋到北张乡上河头村党群服务中心、文水县汇晶新型材料制造有限公司、东宜亭村农业合作社和南张村农村环境综合整治点，调研基层党建、集体经济和农村环境综合整治等。县委组织部部长刘建树，副县长宋国刚一同调研。

29日，县长王峰到南安镇，就畜禽养殖产业发展规划进行实地调研。

31日，县长王峰到太中银铁路沿线乡镇凤城镇、孝义镇、南武乡、马西乡检查环境卫生整治。

5月，文水县农业农村局行政执法队，被中华人民共和国农业农村部授予全国农业综合行政执法示范窗口。

6月

1日，县委书记杨洋到东南街幼儿园看望慰问小朋友们，与大家共庆“六一”，代表县委、县政府向全县广大少年儿童致以节日的祝贺，向辛勤工作的广大教师和少儿工作者致以诚挚问候。县教育科技局和幼儿园负责人一同参加。

2日，县长王峰在视频会议室，收听收看全国深化“放管服”改革着力培育和激发市场主体活力电视电话会议；会后研究文水县营商环境创优事宜。

5日，是第50个世界环境日，文水县在县市政广场开展“人与自然 和谐共生”宣传活动。县长王峰、副县长宋国刚到场参加宣传活动。

7日，县长王峰前往文水县各个高考点，巡视高考考务工作。山西省派高考巡视检查团团长吕林建，吕梁市派高考巡视检查团团长王爱琴，副县长王金钟，副县长、县公安局局长闫志斌一同检查。

9日，中国预防性病艾滋病基金会牵头，联合全国结核病攻坚项目联合工作组、北京小白世纪网络科技有限公司负责人及专家一行9人莅临文水县医疗集团西城乡中心卫生院，就“健康中国·乡村智慧卫生室”公益项目落地实施情况进行深度调研。副县长张雪娟，卫生系统和县医疗集团相关负责人陪同调研。

11日，县委书记杨洋到山西金地煤焦有限公司检查指导安全生产工作。副县长成坚及有关部门负责人陪同检查。

14日，中共山西省委副书记、代省长蓝佛安到山西金地煤焦有限公司文水石灰岩料场、赤峪煤矿，实地检查煤矿、非煤矿山安全生产工作。中共吕梁市委副书记、市长张广勇，中共文水县委副书记、县长王峰陪同调研。

本日，县委书记杨洋到凤城镇人大代表联络站，同部分人大代表、镇村干部交流座谈，听取关于农村（社区）基层组织建设、网格化管理、妇女就业等工作的意见建议。县政法委书记惠慧等一同座谈。

18日，县委书记杨洋到中国石化销售股份有限公司山西吕梁文水石油分公司、山西金源煤化科技有限公司等企业，就安全生产工作进行督导检查。县委办、应急管理局等单位负责人一同参加。

20日，吕梁市人大常委会主任刘振国一行到文峪河综合整治工程现场、下曲镇北辛店村、山西徐特立高级职业中学新校区建设工地现场，就安全生产和生态环境整治工作进行调研督导。县委书记杨洋、县人大常委会主任范发宾、副县长宋国刚参加调研。

24日，县长王峰到县中医院、人民医院、凤城镇卫生院、文兴社区、文安社区走访慰问新冠疫苗接种一线工作人员、基层党员和社区工作者，为他们送去牛奶、矿泉水等慰问品和慰问金。副县长张雪娟及县卫体局、医疗集团负责人参加慰问。

本日，县长王峰到文水县华府大酒店、山西省文水县旺家燃气有限公司、文水县北张中益液化气贸易有限公司、山西燃气产业集团有限公司管道分公司清徐管站文水段，就燃气、危化品运输、地质灾害等领域安全生产工作进行检查。

25日，县委书记杨洋到消防救援大队，督导检查消防工作。副县长成坚参加活动。

26日，县委书记杨洋到凤城镇岳村、章多村、方圆村，实地督导检查农村人居环境整治提升工作。副县长王金钟，县委办主任赵振军及住建局、凤城镇负责人一同检查。

27日，县委书记杨洋带领县四大班子领导以及新党员代表到刘胡兰纪念馆举行入党宣誓仪式。

29日，由吕梁市人大常委会办公室、中共文水县委、文水县人民政府联合主办的“翰墨丹青润吕梁”建党百年华诞书画作品展暨孙谦纪念馆开馆仪式在南安镇南安村举行。山西省文联副主席、书协副主席、秘书长韩清波，吕梁市人大常委会主任刘振国，吕梁市委常委、宣传部部长、副市长田安平，吕梁市人大常委会副主任张振明，山西中华文化促进会常务副主席兼秘书长、山西大众书画院常务副院长兼秘书长李顺通，山西大众书画院常务副院长郭新民，中共文水县委书记杨洋，中共文水县委副书记、县长王峰等出席活动。吕梁市各县市区人大常委会主任、书协主席、市县相关部门主要负责人以及书画爱好者参加活动。

30 日，县委书记杨洋，县委副书记、县长王峰等四大班子领导，走访慰问农村、社区、机关企事业单位中的老党员、生活困难党员、伤残军人，为光荣在党 50 年的老党员发放纪念章。

7 月

1 日，县委书记杨洋到下曲镇田家堡村、武家庄村民小组，督导检查农村人居环境“六乱”整治工作，强调要“精细化”搞好百日攻坚专项行动。下曲镇负责人一同检查。

3 日，县长王峰到刘胡兰镇文祁公路沿线、刘胡兰纪念馆周边、胡兰中学等地就违法占地清理、环境卫生整治、刘胡兰村发展项目推进等工作进行调研。赵志昌、王金钟、段效东及相关部门负责人参加调研。

4 日，由中共文水县委、文水县人民政府主办，县委宣传部承办的“光辉历程　永恒信仰”——文水县庆祝中国共产党成立 100 周年专场文艺晚会在文水县滨河文化生态园举行。杨洋、王峰、范发宾、文成宝四大班子领导和社会各界群众代表欢聚一堂，共同庆祝中国共产党成立 100 周年。

6 日，吕梁市人大常委会主任刘振国到文水县督导检查农村人居环境“六乱”整治工作。县委副书记赵林泉，县委办副主任康照峰及相关乡镇负责人等参加督寻。

本日，文水县庆祝中国共产党成立 100 周年座谈会在文兴会堂多功能厅举行。县委书记杨洋、县长王峰、县人大常委会主任范发宾、县政协主席文成宝四大班子领导、法检两长、县级离退休老领导代表出席会议，各民主党派、工商联、无党派人士代表，省、市、县“两优一先”代表，县直机关工委、县教育工委、县非公经济和社会组织工委系统的党员代表和县直有关部门主要负责人参加会议。

7 日，文水县召开“两优一先”、老党员老干部代表庆祝中国共产党成立 100 周年座谈会。5 名老党员老干部代表、3 名“两优一先”代表以及教育工委书记、县直工委书记结合各自亲身经历，结合党史学习教育，以及对习近平总书记“七一”重要讲话精神的体会，共同话体会、谈感受。

8 日，文水县召开各界人士庆祝中国共产党成立 100 周年座谈会，县委统战部部长王永平出席会议并讲话。全县各民主党派、工商联、无党派、知联会、新联会、民族宗教、港澳台侨等各界代表参加会议。

12 日，县委书记杨洋到凤城镇、马西乡，督导检查“六乱”整治工作。县领导赵林泉、张卫华、宋国刚，县纪委副书记、监委副主任马飞，县环卫中心、县“六乱”整治督导一组以及相关镇、村等单位负责人一同检查。

13 日，吕梁市人大常委会主任刘振国就农村人居环境“六乱”整治工作在文水县督导调研。

16 日，在文兴会堂召开太原理工大学派驻文水县企业科技特派员专项对接会。太原理工大学吕梁产业技术研究院院长、太原理工大学国内合作处负责人杜鲲，吕梁市工信局副局长刘祺虎，派驻文水县企业科技特派员组长、机械与运载工程学院系副主任、铝用碳材料职能制造研究中心副主任辛宇鹏，县委组织部部长刘建树，副县长武英喆参加会议。会后，企业科技特派员一行 19 人及市县相关单位负责人一行到文水县鑫源昌钢结构有限公司和吕梁建龙实业有限公司进行实地调研。

17 日至 18 日，吕梁市委书记孙大军到吕梁野山坡食品有限责任公司、吕梁建龙实业有限公司、下曲镇北辛店村、汾河百公里中游示范区文水县段生态治理工程建设现场、刘胡兰纪念馆、山西锦绣大象农牧股份有限公司、牛栏山酒厂吕梁生产基地项目现场、苍儿会生态文化旅游区调研。吕梁市委常委、秘书长乔晓峰一同调研。

20 日，文水县召开派驻临县农村第一书记出征座谈会。县委组织部部长刘建树参加会议。选派赴临县农村第一书记 34 名。

23 日，中国共产主义青年团文水县第十八次代表大会在文兴会堂举行。共青团吕梁市委副书记夏韩卿，县委副书记赵林泉、县委组织部部长刘建树、县委统战部部长王永平、县政法委书记惠慧出席会议，各群团组织负责人，172 名来自全县各行各业的优秀青年代表参加会议。大会投票选举产生新一届团县委常委 13 名、委员 27 名、候补委员 13 名。

26 日，由中共吕梁市委宣传部、全国弘扬践行革命精神红色宣传联盟主办，吕梁日报社承办，吕梁市兴县、临县、文水县、汾阳市的宣传部门协办，“寻访百年红色精神 重走红色革命地标”——全国弘扬革命精神红色宣传联盟建党百年大型融媒采访·吕梁站活动走进刘胡兰纪念馆。县委宣传部部长石新杰及文水融媒体中心负责人参加活动。新华网、人民网、中新社、凤凰网等中央媒体，以及来自遵义日报社、临沂日报报业集团、丽水日报报业传媒集团、祁连山报社等全国 11 个省市的 60 余名新闻工作者组成融媒采访团，重走吕梁红色地标，深入挖掘吕梁红色故事。

27 日，文水县文联主办，县书法协会、美术协会承办的“党在我心中”庆祝中国共产党成立 100 周年书法、美术、剪纸作品展在县美术馆开展。展出作品 138 幅，其中书法作品 80 幅，美术作品 31 幅，剪纸作品 27 幅。

30 日，省委书记林武走访慰问刘胡兰英雄民兵班，代表中共山西省委、省政府向驻晋解放军指战员、武警部队官兵、民兵预备役人员和广大退役军人致以诚挚问候和节日祝贺，对他们为山西经济社会发展作出的贡献表示感谢。

本日，省委书记林武到刘胡兰纪念馆、下曲镇北辛店村、吕梁野山坡食品有限责任公司，就产业转型、文旅发展、基层党建等进行调研。

31 日，县长王峰到刘胡兰镇南胡村，实地督导违法建筑拆除相关工作。

8 月

2 日，县委书记杨洋到文都酒店隔离点、大秦铁路股份有限公司太原车务段文水站、文水县人民医院等重点场所检查调研疫情防控工作，他强调，要毫不放松抓紧抓实抓细防控工作，坚决筑牢防护屏障，守护好人民群众生命安全和身体健康。副县长张雪娟及县卫生健康和体育局、县疾病预防控制中心负责人参加活动。

3日，县长王峰到凤城镇卫生院新冠疫苗接种点就规范化疫苗接种和疫情防控工作进行检查。

10日，县安委办、应急管理局、防震减灾中心、教科局相关负责人在文水县城镇中学，为经山西省地震局、山西省教育厅通过“山西省防震减灾示范学校”认定的学校，举行授牌仪式。

11日，县长王峰到山西省文水中学校风雨操场及教学综合楼项目现场、山西文水经济开发区百金堡产业园污水处理厂项目现场、山西徐特立高级职业中学新校区建设工地调研督查。

16日，在山西文水经济开发区召开吕梁市委专项巡察山西文水经济开发区情况反馈会。吕梁市委巡察工作领导小组成员、市委组织部主持日常工作的副部长刘晓春，吕梁市委开发区专项巡察一组组长李立武、副组长马顺平、联络员刘悦出席会议，刘大鹏主持会议。党工委副书记、管委会常务副主任苏德寰，党工委委员、管委会副主任桑志民，管委会机关各部室负责人和全体工作人员参会。县纪委监委第四派驻纪检监察组组长贾方生应邀出席会议。

18日，县人大常委会组织部分人大代表和相关部门负责人就新建文水县中医院项目和山西徐特立高级职业中学PPP项目建设情况进行调研。

25日，山西省人大监察和司法委员会主任委员白秀平一行在文水县人民法院调研，解决执行难工作。吕梁市人大常委会主任刘振国，文水县人大常委会主任范发宾，文水县法院党组书记、院长曹宪强等陪同调研。

26日，在文兴会堂文水县组织开展农村人居环境“六乱”整治百日攻坚行动观摩评比活动。

本日，在文兴会堂召开“爱心托举希望、建龙筑梦远航”——吕梁建龙“金秋助学”座谈会。副县长王金钟，吕梁建龙实业有限公司常务副总经理刘云生、人事行政处常务副处长李伟星，县教科局、县崇文教育发展基金会主要负责人出席座谈会。凤城镇、开栅镇及吕梁建龙集团周边村干部、受助大学生、企业员工及子女30余人参加。会上，吕梁建龙实业有限公司通过捐赠文水县崇文教育发展基金会，向全县7个村105名考取大学本科的家庭困难学子发放助学金共18.65万元。

9月

1日，县委书记杨洋、县长王峰、县人大常委会主任范发宾、县政协主席文成宝县四大班子领导赴新兴铸管武安本级就招商引资工作进行考察调研。

2日，吕梁市科技局、北京科技大学与文水县驻地企业举行北京科技大学钢铁冶金科研平台延伸基地、北京科技大学钢铁冶金新技术成果转化基地揭牌仪式。

10日，在文兴会堂多功能厅文水县召开2021年教师节庆祝表彰大会，总结回顾一年来的教育工作，对全县教育战线上涌现出来的先进集体和先进个人予以表彰奖励。县委书记杨洋、县长王峰等县领导出席大会，县委教育工作领导小组各成员单位主要负责人、各乡镇党委书记、县教育科技局班子成员、各乡镇中心校校长和县直学校校长以及受表彰的先进集体和个人代表共90余人参加大会。

14日，县委书记杨洋到文东新区学校，就疫情防控和“小手拉大手，共建美丽宜居家园”等工作进行调研。副县长张雪娟，县卫体局、教科局负责人参加调研。

18日，中国共产党文水县代表会议在文兴会堂举行。县领导杨洋、王峰、赵林泉、范发宾、文成宝、刘建树、石新杰、成坚、惠慧在主席台就座。杨洋主持会议。根据疫情防控工作需要，党代表会议设主会场1个，分会场6个。会议应到代表154名，实到代表144名，符合规定人数。会议以举手表决的方式通过《中国共产党文水县代表会议日程安排》；通过《中国共产党文水县代表会议选举办法》；通过总监票人、总计票人、监票人和分组预选监票人名单以及文水县出席中国共产党吕梁市第五次代表大会代表候选人预备人选名单。参会代表经过充分讨论，以无记名投票的方式，选举产生28名文水县出席中国共产党吕梁市第五次代表大会代表。

22日，在文兴会堂多功能厅文水县召开省委省政府乡村振兴第二督导组反馈问题整改部署会暨乡村振兴业务培训会。县委副书记赵林泉、县委组织部部长刘建树、县纪检委书记薛海燕及各乡镇党委书记、乡镇长、相关责任部门负责人、各督导组成员以及16个脱贫村村主干、第一书记、驻村工作队等参加会议。

23日，县长王峰就汾河百公里中游示范区文水县段生态治理工程进展情况及汾河沿线排污口水质情况进行调研，段效东及相关部门和乡镇负责人参加调研。

24日，第七届中国（山西）特色农产品交易博览会吕梁主题推介专场活动在晋中国家农高区举行。山西省农业农村厅副厅长赵文志，吕梁市委常委、组织部部长张欣宁，吕梁市副市长油晓峰，本县领导赵林泉、范发宾、石新杰、赵一学、宋国刚、张雪娟及13个县市区主要领导，市县相关部门负责人和全国农业产业化龙头企业，招商引资和贸易签约负责人与客商、各高校、金融机构、新闻媒体代表参加活动。

25日，县长王峰到刘胡兰镇保贤村、南胡村，南安镇杨乐堡村、西社村、南白村等地，督导检查违法占地整治情况。副县长王金钟及县自然资源局、农业农村局、生态环境局、公安局等相关部门负责人一同参加。

10月

1日，县委书记杨洋到县公安局城区派出所、凤城派出所、山西金地煤焦有限公司赤峪煤矿，对国庆期间坚守岗位的民警和企业员工进行慰问，并检查企业安全生产工作。副县长成坚，县委办主任梁文锋、县应急管理局负责人参加。

6日，县委书记杨洋到北张乡南张村、西槽头乡裴会村、刘胡兰镇贯家堡村等文峪河、磁窑河、汾河沿线村庄，督导检查防汛和地质灾害防治工作。副县长宋国刚，县委办主任梁文锋及有关部门负责人一同检查。

7日，县长王峰到开栅镇北峪口村，西槽头裴会村、王家社村，下曲镇北齐村，刘胡兰镇贯家堡村，南安镇西社村、东北安村等地，实地检查指导农村内涝和汾河、文峪河、磁窑河防汛工作。县委组织部部长刘建树、副县长宋国刚一同参加。

9日，县长王峰到马西乡神堂村、孝子

渠村就地质灾害防范工作进行检查。

13 日，文水县举办主题为“晚霞映初心 逐梦新时代”的老干部文艺展演。县委宣传部部长石新杰，县老干局负责人与 100 余名离退休老干部欢聚一堂，共庆重阳节。

本日，山西名沙食品有限公司为文水县捐赠价值 15 万元的防汛救灾物资。吕梁市慈善总会会长解金亭，副县长成坚，山西名沙食品有限公司总经理马仙荷参加捐赠仪式。

本日，县防灾减灾委员会组织各成员单位在县市政广场开展主题为“构建灾害风险适应性和抗灾力”的防灾减灾宣传活动。

14 日，县长王峰在文兴会堂视频会议室，收听收看全省灾后恢复重建工作专班第一次会议暨全省灾后恢复重建工作电视电话会议。会后，组织召开全县恢复重建工作安排部署会。

15 日，“山水梦·故园情”李本深书画艺术展在文水县丽彬文化园开幕。山西省文联党组书记李斌，吕梁市文联党组书记、主席郭银屏，县领导杨洋、文成宝、石新杰、李仰青、郭竹朋、宋建英出席开幕会，省市县书协、美协、画协相关负责人和书法美术界老艺术家以及书画爱好者等 150 余人参加活动。

16 日，县长王峰在文兴会堂视频会议室，收听收看全市灾后恢复重建工作专班第一次会议暨灾后恢复重建工作电视电话会议。

18 日，舞剧《刘胡兰》吕梁首场演出在文兴会堂文兴厅举行。中共山西省委宣传部、中共吕梁市委宣传部相关领导和县委书记杨洋等四大班子领导到场观看演出。

22 日，县委书记杨洋到北张乡东宜亭村和县集中供热综合服务中心，走村入户、实地调研城乡集中供热工作。

23 日，文水县学雷锋小贾爱心接力团协助发放中国扶贫基金会携手北京字节跳动公益基金会援助山西水灾救灾捐赠生活物资。向南安镇高车村，孝义镇马东村、乐村、西夏祠村 4 个村的 278 户村民，发放白面 160 袋，食用油 160 桶，棉被 236 条等捐赠生活物资，总价值约 4.2 万元。

25 日，由县委副书记赵林泉、县委组织部部长刘建树、副县长宋国刚带队的 56 人考察团一行，赴中阳县考察学习巩固脱贫攻坚成果后评估工作。

本日，吕梁市“党史学习教育基地”集体挂牌仪式在吕梁市 13 个县市举行。刘胡兰纪念馆被确定为“吕梁市党史学习教育基地”，县委宣传部部长石新杰在刘胡兰纪念馆参加挂牌仪式。

26 日，山西省第 25 个环卫工人节，文水金康医院为 300 余名环卫工人免费健康体检。

28 日，县长王峰在政府四楼会议室，组织召开吕梁建龙产城融合规划汇报会。县自然资源局、发改局、能源局等部门主要负责人，凤城镇镇长及吕梁建龙实业有限公司负责人参加会议。

29 日，在文兴会堂召开文水县生态环境保护工作会。县长王峰，副县长成坚、宋国刚出席会议，各乡镇乡镇长、县环委会各成员单位负责人以及涉及煤改气、集中供热、畜禽污染的重点村和重点企业负责人参加会议。

11 月

3 日，县政协举办“书香政协”委员读

书活动专题讲座，邀请首都师范大学文学院教授、博士生导师张志忠讲读路遥的长篇小说《平凡的世界》。

5 日，文水县就农村“合同兑现月”长效机制的建立召开安排部署会。刘建树、曹宪强及相关部门负责人参加主会场会议，各乡镇镇村两级相关干部参加分会场会议。文水县将每年 11 月定为农村“合同兑现月”。

7 日，文水县退役军人协会邀请文水县抗美援朝老兵和退役军人代表及家属 150 余人观看抗美援朝战争片《长津湖》。观影结束后，开栅小学少先队员为抗美援朝老兵段继丑夫妇敬献鲜花。

9 日，文水县在富康小区广场举行全员新冠核酸采样检测应急演练。县长王峰、县人大常委会主任范发宾等县领导出席活动。

16 日，华东师范大学中国传媒政策研究中心与吕梁市共建吕梁红色教育基地挂牌仪式在刘胡兰纪念馆举行。县委宣传部部长石新杰，刘胡兰纪念馆党支部副书记孟敏共同为“华东师范大学中国传媒政策研究中心省校合作吕梁红色教育基地”揭牌，揭牌仪式由县委组织部副部长燕晋强主持。

18 日，山西省人民政府驻天津办事处党组书记、主任魏成生组织区域企业家一行 8 人，到文水县刘胡兰纪念馆、开栅镇砂坑修复治理项目现场、文峪河水库休闲文化旅游区、武则天纪念馆、山西文水经济开发区等地考察调研文旅项目。县长王峰、县政协主席文成宝等领导及相关部门负责人参加调研。

19 日，县委理论学习中心组开展党的十九届六中全会精神、党史学习教育专题学习暨 2021 年第十九次集中学习。杨洋、王峰、范发宾、文成宝县四大班子领导，法检两长，经济开发区管委会主任、副主任、党工委委员，县委办主任、政府办主任参加集中学习。

23 日，县长王峰陪同吕梁市住建局局长曲晓东，赴刘胡兰镇保贤村、刘胡兰村，西城乡东石侯村，调研因灾受损农房重建修缮相关工作。

23 日至 24 日，文水县组织各乡镇、县直各单位 120 余名档案工作人员，集中参加由国家档案局干部教育中心与政策法规研究司、人事司共同在线举办的‘十四五’全国档案事业发展规划公益大讲堂培训。

25 日，山西省保密局将刘胡兰纪念馆确定为山西省红色保密教育示范基地并举行揭牌仪式。山西省委保密办主任、省国家保密局局长郝永明，吕梁市政协副主席、市委常务副秘书长王阳平，中共文水县委书记杨洋参加揭牌仪式。

26 日，吕梁市 2021 年森林草原灭火实战演练在文水县凤城镇泉泉寺村举行。山西省应急管理厅二级巡视员杨博郎，吕梁市副市长油晓峰，吕梁市政府一级巡视员尉文龙，文水县县长王峰以及吕梁市森防指挥部各成员单位主要负责人，各县（市、区）分管副县（市、区）长，应急管理局、林业局和森林防火专业队伍相关负责人等现场观摩。

11 月，吕梁建龙实业有限公司与北京科技大学在“钢铁冶金科研平台延伸基地”“钢铁冶金新技术成果转化基地”双基地签约挂牌后，双方共建“钢铁新材料吕梁市重点实验室”。重点实验室共有研究开发人员 75 人，其中高级工程师 14 人，博士研究生 8 人。北京科技大学有 11 人作为实验室学术委员会和实验室流动人员参与实验室建设。

12月

3日，文水县召开十四届县委第一轮巡察工作动员部署会。县纪委书记、县监委主任、县委巡察工作领导小组组长薛海燕，县委组织部部长、县委巡察工作领导小组副组长刘建树以及县委巡察工作领导小组其他成员出席会议，县委巡察办全体人员，各巡察组组长、副组长，县纪委监委和县委组织部有关科室负责人，被巡察单位党政负责人参加会议。

6日，文水县综合行政执法全面启动仪式在县市政广场举行。杨洋、王峰、范发宾、文成宝县四大班子领导及其他县级领导出席活动。10个县直综合行政执法单位负责人、12个乡镇党委书记及执法队人员共180余人参加活动。

7日，山西省副省长张复明一行来到文水县下曲镇北辛店村、凤城镇文永社区日间照料中心就村级组织建设、日料中心、养老、社区建设管理工作进行调研。山西省政府副秘书长丁纪岗，山西省民政厅厅长郑红，吕梁市常务副市长任忠陪同调研。

9日，文水县升东旺米业有限公司获“山西省省级粮油”产业化龙头企业的称号。吕梁市发改委副主任贺海昌为升东旺米业有限公司授牌。

11日，中国少年先锋队文水县第六次代表大会在文兴会堂举行。县委副书记赵林泉、吕梁市少工委主任刘军，县委组织部、团县委、县教育科技局负责人和全县少先队代表、少先队辅导员代表、少先队工作者代表等74人参加会议。

13日，上海师范大学“科研平台延伸基地”“科技成果转化基地”在文水县是大高分子材料有限公司揭牌。

18日，在文兴会堂，文水县组织收听收看全市严厉打击盗采矿产资源专项行动暨安全生产大会。会后，文水县召开严厉打击盗采矿产资源专项行动暨安全生产大会。杨洋主持会议并讲话，王峰、赵林泉、刘建树、张卫华、成坚、惠慧等县领导，各乡镇党委书记、乡镇长、县安委会成员单位负责人及重点村党支部书记参加会议。

20日，文水县人民法院获最高人民法院新闻传媒总社授予的“2021年度司法宣传与通联工作先进单位”称号。

23日至24日，文水县第十七届人民代表大会第二次会议在文兴会堂举行。会议应出席代表230人，请假26人，实到204人，符合法定人数。大会选举产生出席吕梁市第四届人民代表大会代表38名。

25日，县委书记杨洋到山西金地煤焦有限公司赤峪煤矿瓦斯发电地面钻井治理项目现场、县人民医院核酸检测点，调研安全生产和疫情防控工作。副县长张雪娟，县委办主任梁文锋参加调研。

26日，吕梁市人大常委会主任刘振国带队到文水县督导疫情防控措施落实情况。吕梁市人大常委会副主任张振明，吕梁市政协副主席闫广聪，吕梁市人大常委会秘书长张建国和县领导王峰、范发宾、文成宝、李仰青、闫志斌、张雪娟一同督导。

28日，文水县召开12月安全生产例会暨全县安全生产领域风险隐患大排查大整治“百日攻坚”集中行动动员部署会。王峰、成坚、闫志斌、王金钟、宋国刚、张雪娟等县领导出席会议，各乡镇乡镇长、县安委会成员单位主要负责人及30户重点企业负责人参加会议。

29 日，文水县在文兴会堂文兴厅举办廉政大讲堂，邀请中共山西省委党校（山西行政学院）教授崔建周作《深入学习贯彻习近平总书记关于全面从严治党重要论述》廉政教育讲座。王峰等县四大班子领导、山西文水经济开发区管委会班子成员、法检两长、各乡镇党委书记、乡镇长，县直各单位“一把手”参加讲座。

30 日，中共吕梁市委宣讲团走进文水县，为全县党员干部宣讲党的十九届六中全会精神和省市党代会精神，吕梁市委宣讲团成员、市委党校副校长高永明作宣讲报告。杨洋等县四大班子领导、县人民法院院长、县人民检察院检察长，山西文水经济开发区管委会主任、副主任、党委委员，县直各单位主要负责人，各乡镇党委书记、全县理论骨干和学校思政课教师代表聆听报告会。

31 日，文水县召开“云访校”。县委书记杨洋、县委组织部部长刘建树携吕梁建龙实业有限公司技术中心主任、山西诚信种业有限公司董事长及相关部门负责人一同“拜新年”。先后拜访：北京科技大学冶金与生态工程学院党委书记张建良，中国农业大学教授、玉米改良中心主任陈绍江，武汉大学政治与公共管理学院党委副书记、武汉大学山西招生宣传组组长邢涛。

本日，《文水年鉴（2020）》获第八届全国地方志优秀成果（年鉴类）评审三等年鉴，中国地方志指导小组、中国地方志学会发文通报表扬。

县情概览

自然地理

【位置】 文水县位于山西省中部，太原盆地西缘，西依吕梁山，东临汾河。地理坐标介于北纬37°15′至37°35′9″，东经111°29′46″至112°19′15″之间。东隔汾河与祁县、平遥县相望，南与汾阳市接壤，西与离石区交界，北与交城县、清徐县相邻。

【面积】 文水县东西长72千米，南北宽30千米，总面积1068.57平方千米。

【地质】 文水县位于华北陆台中部，属山西地台的一部分，太古代、新元古代时期，地壳运动强烈，是一个相对活动的地区。新元古代末，发生吕梁造山运动隆起之后，成为一个相对稳定的地区。中生代时期，地壳运动再度强烈，发生了以断裂活动为特点的燕山运动，奠定本县的构造骨架和地貌基础。新第三纪末发生了断裂升降以断层陷落为主的喜马拉雅山运动，东部陷落为盆地，西部上升为山脉。

【地貌】 文水县地貌形态为西高东低，以开栅村、神堂村为界，西北部为山地，东部为盆地。最高点在下庄村西北的大西沟岭上，海拔2169.4米，最低点在西槽头乡裴会村南，海拔739米。以开栅村、北徐村西至神堂村一线为界，西部为连绵起伏的山区，东部为平缓的倾斜平原、冲积平原。根据地貌成因及形态特征，全县地貌为基岩中山区、土石低山区、黄土丘陵区、山前倾斜平原区、冲积平原区。

【气候】 文水县地处中纬度地带的内陆，大陆性气候特征突出，受季风影响明显，冬夏盛行风向交替变换，夏季雨量集中。全县有山地、丘陵、平原，大陵山为境内气候的天然分界，西部山区属温凉高山性湿润气候区，东部平原和边山丘陵区属暖温带大陆性半干旱气候区。

2021年，文水县气候特征：降水显著偏多，气温异常偏高。冬季，降水异常偏多，气温异常偏高；春季，降水正常略偏多，气温偏高；夏季，降水正常略偏少，气温显著偏高；秋季，降水异常偏多，气温正常。年降水量为673.0毫米，年平均气温12.0℃，年总日照时数2449.2小时。

2021年度主要气象灾害有暴雨、洪涝、干旱、大风、雾、霾、道路结冰、寒潮、冻害等，其中以暴雨、洪涝、冻害、寒潮、干旱造成的灾害影响较重。

【降水量】 2021年冬季（1—2月），文水县季总降水量17.9毫米；春季（3—5月），季总降水量88.8毫米；夏季（6—8月），季总降水量184.4毫米；秋季（9—11月），季总降水量381.9毫米；12月，月降水量为0.0毫米。全年降雨日数为100天，降雪日数6天，雾12天，轻雾195天，冰雹5天，扬沙4天。总降水量673.0毫米，降水偏多。

【气温】 2021年1月7日，文水县出现全年极端最低气温-23.1℃。7月31日，出现全年极端最高气温38.5℃。冬季（1—2月），季平均气温-0.2℃；春季（3—5月），季平均气温13.7℃；夏季（6—8月），季平均气温24.0℃；秋季（9—11月），季平均气温10.9℃；12月，月平均气温-1.9℃。年平均气温12.0℃。

【日照】 2021年，文水县总日照时数2449.2小时。冬季（1—2月），季总日照时数444.5小时；春季（3—5月），季总日照时数969.0小时；夏季（6—8月），季总日照时数827.5小时；秋季（9—11月），季总日照时数543.3小时。12月，月日照时数188.2小时。全年总日照时数2449.2小时。

【土地资源】 2021年，文水县总面积1068.57平方公里，其中粮食作物面积469842.27亩。

【矿产资源】 文水县境内发现的矿产资源有煤、铁、铜、铅、银、钾长石、石墨、石膏、砂、石灰岩、砖瓦黏土等。

【水资源】 文水县全境属于汾河流域，汾河主干流经文水县29.5公里，流经南安镇、刘胡兰镇、下曲镇3个镇18个村。文峪河、磁窑河两条汾河一级支流自北而南纵贯全县。其中文峪河文水境内全长25.2公里，流经开栅镇、凤城镇、孝义镇、北张乡、西槽头乡5个乡（镇）22个村；磁窑河本县境内全长26.2公里，流经西城乡、南武乡、下曲镇、北张乡、西槽头乡5个乡（镇）18个村，汇入文峪河。1公里以上的边山涧河共有15条，分别是虎喊沟、寨儿沟、木鸽沟、桑吊沟、曹家沟、黄堆沟、石虎沟、龙泉沟、洪沙沟、章多沟、土堂沟、狗狼沟、靛头沟、孝子渠沟、神堂沟。神堂水库上游有头道川河，文峪河水库上游有二道川河、三道川河以及1972条、957公里的支毛沟道，纵横交错，分布全境，构成本县比较完整的水系。

建置沿革

【沿革】 文水境内文峪河流域是古代文明的发祥地之一。早在新石器时代就有先民在这里定居、生息、繁衍。春秋时期，文水境为晋国祁氏之田。周敬王六年（前514年），晋灭祁，分祁氏田为7县，置平陵县。战国时期为赵国大陵邑。秦汉时期文水境内北部属大陵县，治所在今武陵村以北一带；南部属平陶县，治所在今平陶村。三国及西晋前期，大陵、平陶二县属太原国，后属太原郡。北魏太平真君九年（448），三千户寿阳县民迁入大陵县境，置受阳县，属太原郡，大陵县遂废。

隋开皇十年（590），始置文水县，因境内有文峪河而得名，治所在今旧城庄一带。唐武德三年（620），隶汾州；武德六年，属并州；武德七年，又隶汾州。武则天称帝后，以文水县为其故里，于天授元年（690）改县名为武兴县。神龙元年（705），复名文水县，以后历代县名相沿至今。北宋元符间，避水患，迁城于章多里之南高阜处，即今县治。金属太原府，元先后属太原路、冀宁路、冀宁分省。明属太原府，编户七十九都。清康熙七年（1668），并户七十都。

民国元年（1912），废府制，由省直辖。

民国2年（1913）属中路道。民国3年（1914）属冀宁道。民国16年（1927）废道制，改省直辖。民国26年（1937）属山西省第四行政公署。民国28年（1939）12月晋西事变后属晋西区第八专员公署。民国33年（1944）10月，文水县与汾阳县对内合并为文汾联合县（对外两个县的名称仍存），属晋绥边区行政公署第八专员公署。民国34年（1945）8月，抗战胜利，撤销文汾联合县，文水县先后属晋绥边区行政公署第八专员公署、吕梁行政公署第八专员公署、晋中行政公署第二专员公署。

1949年5月后，文水县先后隶属太原市政府、汾阳专员公署、榆次专员公署。1958年11月，汾阳、文水、交城合并为汾阳县，文水县改称文水镇，设汾阳县文水镇办事处。1959年9月，恢复文水县建制，属晋中行政专员公署。1967年属晋中地区。1971年5月属吕梁地区。2004年3月属吕梁市至今。

【行政区划】 2021年，文水县辖12个乡镇，7镇（凤城镇、开栅镇、南安镇、刘胡兰镇、下曲镇、南庄镇、孝义镇）5乡（南武乡、北张乡、西城乡、马西乡、西槽头乡），158个建制村，11个社区。

人口 民族 宗教

【常住人口】 2021年，文水县常住人口364058人，其中城镇人口152571人，乡村人口211487人。出生率7.14‰，死亡率10.99‰，自然增长率-3.85‰。

【民族】 2021年，文水县有22个民族，少数民族有21个219人。其中：蒙古族15人、回族7人、藏族5人、苗族17人、彝族80人、壮族5人、布依族11人、满族29人、瑶族1人、白族4人、土家族5人、哈尼族2人、黎族4人、傈僳族9人、佤族6人、拉祜族3人、水族2人、土族5人、达斡尔族1人、仡佬族2人、羌族1人、其他5人。

【宗教】 2021年，文水县现有合法宗教场所25处，其中，佛教9处、道教2处、天主教5处、基督教9处。7处宗教场所被列为县级文物保护单位。有修女院1处。全县有信教群众1.1万余人。

经济发展

【概述】 2021年，文水县地区生产总值完成100.11亿元，其中第一产业增加值完成21.25亿元，第二产业增加值完成35.86亿元，第三产业增加值完成43亿元。三次产业的构成比例分别为21.2%、35.8%、43%。农林牧渔业增加值完成22.45亿元，社会消费品零售总额完成23.98亿元，固定资产投资完成29.04亿元，城镇居民人均可支配收入为26246元，农村居民人均可支配收入为13213元。财政总收入完成12.68亿元，其中税收收入累计完成10.86亿元，非税收收入累计完成1.82亿元。一般公共预算收入累计完成5.72亿元，一般公共预算支出24.88亿元。1月至12月，金融机构各项存款余额219.46亿元，各项贷款余额101.51亿元。社会消费品零售总额完成23.98亿元。限额以上社会消费品零售总额完成4.09亿元。

【农业】 2021年，文水县农作物播种面积 50.19 万亩，粮食作物种植面积 46.98 万亩，其中冬小麦种植面积 0.45 万亩，玉米种植面积 43.50 万亩，高粱种植面积 0.24 万亩，豆类种植面积 2999.95 亩。

【固定资产投资】 2021 年，文水县固定资产投资完成 29.04 亿元。第一产业投资完成 1.36 亿元，第二产业投资完成 22.92 亿元，第三产业投资完成 4.76 亿元。

中国共产党文水县委员会

综　　述

【概述】　2021年，中国共产党文水县委员会（以下简称中共文水县委）坚持以习近平新时代中国特色社会主义思想为指引，全面贯彻落实总书记习近平"七一"重要讲话精神和视察山西重要讲话重要指示精神，深入学习贯彻中国共产党第十九次全国代表大会和中国共产党第十九届中央委员会第二次全体会议、中国共产党第十九届中央委员会第三次全体会议、中国共产党第十九届中央委员会第四次全体会议、中国共产党第十九届中央委员会第五次全体会议、中国共产党第十九届中央委员会第六次全体会议精神，一体贯彻中国共产党山西省第十二次代表大会和中国共产党吕梁市第五次代表大会精神，带领全县上下开展学党史、悟思想、办实事、开新局，全方位推动高质量发展。推动党的创新理论走深走实，加强党的政治建设，开展党史学习教育，科学谋定总体发展战略；纵深推进全面从严治党，发挥县委领导核心作用，强化党内政治监督，加强正风肃纪反腐，加强组织干部人才工作，守好宣传思想阵地；加强党对经济工作的领导，保障经济运行稳中有进，推进项目建设，扶持实体经济发展，推动服务业提质增效，加强考核指标调度；扎实推进乡村振兴，巩固拓展脱贫成果，保障粮食安全，提高农业产业化水平，推动农业健康发展，扶持壮大农村集体经济；统筹推进城乡建设，加快推进城市建设，加快美丽乡村建设，推进城乡环卫一体化；加强生态环境保护，压实生态环保责任，加强大气污染防治，加强水域环境治理，加强生态修复治理；坚持以改革培育发展动能，统筹谋划推进改革事项，推动开发区建设，深化重点领域改革；着力保障和改善民生，用心用情为民办事，做好灾后恢复重建，办好人民满意的教育，大力发展社会事业，全力维护社会稳定；加强民主法治建设，保障和坚持人民当家作主，推进法治文水建设，巩固发展统一战线。

【政治建设】　2021年，中国共产党文水县委员会常委会带头落实"第一议题"制度，县委理论学习中心组集体学习19次，学习总书记习近平最新讲话和重要指示。举办"习近平新时代中国特色社会主义思想科级干部读书班"，教育各级党组织和党员干部增强"四个意识"、坚定"四个自信"、做到"两个维护"、不断提高政治判断力、政治领悟力、政治执行力。严格执行重大事项请示报告制度，严明党的政治纪律和政治规矩。召开全县干部大会两次，专题传达山西省、吕梁市党代会精神，确保全县党的建设和党领导的各项事业沿着正确的政治方向发展进步。

【党史学习教育】 2021年，中共文水县委坚持“五学”（领导带头学、单位集中学、干部自觉学、研讨专题学、联系实际学）同抓，举行党史专题学习11次，研讨交流10次。颁发“光荣在党50年”纪念勋章2548枚。发挥刘胡兰烈士纪念馆学习教育主阵地作用，组织开展重温入党誓词、学习英雄事迹等活动。全县633个基层党组织以支部为基本单位，利用“三会一课”、主题党日等线上线下形式，把党史学习教育融入日常、抓在经常。在各中、小学校开展“3个100”（中小学封闭化管理达到100%，一键式紧急报警、视频监控系统与属地公安机关联网率达到100%，城市中小学专职保安员配备率达到100%）行动，推动红色基因代代传承。在全县举办主题征文、红色经典诵读比赛、党史知识竞赛等系列活动，27个宣讲团深入基层宣讲1200余场，“六进”（进机关、进企业、进农村、进学校、进社区、进网络）活动受众群众10万余人次。

【总体发展战略】 2021年，中共文水县委召开中国共产党文水县第十四次代表大会，确立“加快建设以六大基地为支撑的现代产业体系，推动文水高质量转型发展”的奋斗目标；研究编制《文水县国民经济和社会发展第十四个五年规划和二〇三五年远景目标纲要》，敲定2021—2025年五年总体思路和目标任务；结合实际对山西省、吕梁市党代会进行任务分解并贯彻落实。

【全面从严治党】 2021年，中共文水县委调整县委47个议事机构和工作领导组，十四届县委召开常委会会议19次，研究讨论“三重一大”事项，定期听取人大、政府、政协、法院、检察院党组工作汇报及经济运行、生态环保、安全生产、党风廉政建设等情况汇报，研究解决突出问题，安排部署阶段性任务。县四大班子成员围绕转型综改、乡村振兴、灾后重建等中心工作和重点任务，深入包联乡镇部门开展调研督导。

【党内政治监督】 2021年，中共文水县委梳理山西省委巡视组反馈的4方面13条意见42个问题，完成整改40项。十三届县委第九轮巡察收官，启动十四届县委第一轮巡察，完成对8个县直单位为期2个月的机动式巡察，与山西省、吕梁市同步联动开展供销系统、粮食购销系统专项巡察。召开党政班子巡视整改专题民主生活会，加强对“一把手”和领导班子成员的监督，县委带头对常委班子成员开展集体廉政谈话，开展任前廉政谈话200余人次。

【正风肃纪】 2021年，文水县立案287件，党纪政务处分266人，组织处理174人，移送司法机关起诉3人，采取留置措施2人。把握运用“四种形态”，处置问题线索596件，批评教育帮助和处理656人次。开展不作为、慢作为、乱作为和工作纪律涣散问题专项整治，自查整改问题358条，建立修订完善制度75项，通报典型问题8案8人。查处“四风”问题24件37人，其中形式主义官僚主义问题12件17人。聚焦“六大顽瘴痼疾”核查问题449件，全部完成整改。

【干部人才队伍】 2021年，中共文水县委突出政治标准选人用人，完成县、乡领导班子换届，乡镇领导班子队伍实现学历年龄“一升一降”，一线干部占比达到69.4%；县财政拿出1000万元奖励优秀先进，激励干部担当作为。完成全省农村（社区）换届试点，30个建制村党组织书记由机关干部担任，128个建制村主干实现“一肩挑”，精准整顿转化10个农村软弱涣散党组织，换届经验做法在全省得到推广。11个城市社区成立党委，159个居民小区成立69个党支部或联合支部；落实党员到居住地社区报到制度，2501名党员报到，开展各项活动。建立高层次专业技术人才用编“周转池”，72套人才公寓投入使用，招聘教育、卫生等各类人才800名。

【宣传思想】 2021年，中共文水县委成立新时代文明实践中心，孙谦纪念馆建成开放。围绕庆祝建党100周年，组织开展26项群众文化活动，创作《刘胡兰英雄民兵班》纪实专题片、《胡兰故事》广播纪实文学、《刘胡兰》舞剧等，进一步激励全县党员干部牢记初心使命，弘扬胡兰精神，展现新担当新作为。推进移风易俗，健全覆盖全县农村、社区的“一约四会”，建立操办酒席申报（备案）制度，开展宣传教育，营造讲文明树新风良好社会氛围。

【经济运行】 2021年，文水县固定资产投资完成29亿元，增速8.6%；规上工业增加值完成35.4亿元，增速13.9%；限上消费品零售总额完成4.09亿元，增速31.6%；一般公共预算收入完成5.72亿元，增速25.49%。全年地区生产总值完成100.11亿元，增速12.1%。城镇、农村常住居民人均可支配收入分别完成26246元和13213元，增长7.2%和10.3%。

【项目建设】 2021年，文水县实施项目191个，总投资312亿元。滚动开展4期“三个一批”（签约一批、开工一批、投产一批）活动，签约项目15个，开工11个；开工项目16个，投产10个，9个投产项目全部达效。金地煤焦110万吨焦化、赤峪煤矿瓦斯发电、牛栏山酒厂山西吕梁生产基地、苍儿会生态文化旅游综合开发等项目有序推进；晋能科技太阳能高效组件技改，吕梁建龙实业煤气发电、优质棒线材和变电站，路桥集团交通装配式静脉产业园等新项目开工实施。依托第十二届中国中部投资贸易博览会文水县推介会，现场签约项目8个67亿元，争取到集中供热、刘胡兰实训基地等项目专项债券资金4.46亿元，汾河百公里中游示范区文水县段生态治理工程申请中央预算内资金2.59亿元。

【实体经济发展扶持】 2021年，中共文水县委引导企业梯度发展，培育小升规企业21户、高新技术企业9户、科技型中小企业10户。制定推动白酒产业高质量发展的“10条措施”，支持和引导白酒产业健康发展。引进央企新兴铸管，推动光华铸管破产重组，签订投资60亿元年产45万吨铸管生产基地合作协议。引进山西离柳焦煤集团有限公司，托管经营山西海华酿造有限公司，推动复工复产。引导企业与山西农业大学、北京科技大学等达成合作协议，在农业、钢铁等领域开展技术研发，建立“钢铁冶金科研平台”等10项合作基地。县财政拨款429万元奖励45户企业；落实税收优惠奖补政策，对4家高新技术企业奖补25万元。

【服务业提质增效推动】 2021年10月12日，中共文水县委召开全县重点工作部署会议，对6大领域19项指标提档进位作出具体部署。建立服务业部门统计联席和月调度制度，完善服务业统计调查方法和指标体系，加快吕梁建龙实业有限公司、山西锦绣大象农牧股份有限公司、山西金地煤焦有限公司等工业企业的生产性服务业剥离，组建服务业提质增效工作专班，开展专项整治及重点监测。全年6户规上企业营业收入完成1.77亿元，比上年同期增长124.76%。全县服务业增加值完成43亿元，增速8.2%。

【脱贫成果巩固拓展】 2021年，文水县聚焦“两不愁三保障”（两不愁：不愁吃、不愁穿；三保障：义务教育、基本医疗、住房安全有保障）及饮水安全，落实“四个不摘”（摘帽不摘责任、摘帽不摘政策、摘帽不摘帮扶和摘帽不摘监管）要求，建立健全防返贫动态监测和帮扶机制，做好脱贫后评估问题整改，加强易地扶贫搬迁后续扶持，培训乡村振兴致富带头人62人，投放小额信贷204万元，启动16个脱贫巩固项目，推进巩固拓展脱贫成果与乡村振兴有效衔接。

【粮食安全保障】 2021年，文水县落实耕地保护制度，拆除历史违章建筑35万平方米；加强粮食生产功能区建设管理35.87万亩，推进高标准农田项目建设6万亩，全县粮食播种面积45.95万亩，产量2.3亿公斤。

【农业产业化】 2021年，文水县实施农业特、优战略，发展高粱等特色种植3.5万亩，推进2个市级农业产业园和1个省级现代农业产业园建设；新建和改扩建仓储设施库容4.4万立方米。壮大农业经营主体，申报省级农业产业化龙头企业7户，培育省级农业产业化联合体2户，申报省级示范合作社2户、市级4户，创建市级示范家庭农场5户。全县国家级龙头企业5户，省级龙头企业27户，市级龙头企业15户。农产品精深加工产业集群总产值116.8亿元。扩大农业品牌效应，获批省级“酥梨出口食用农产品质量安全示范区”，山西大象农牧集团有限公司鸡肉制品入选2021年市级农产品区域公用品牌。

【农业发展】 2021年，文水县促进肉牛产业规范发展，组建县政府直属正科级事业单位“文水县肉牛产业发展中心”。全年发放注射炭疽疫苗31万毫升，实现肉牛免疫全覆盖，将炭疽疫苗纳入重大动物疫病防控计划；开展严厉打击肉牛私屠滥宰专项行动，加强对从业人员的日常监管；启动社会化精准服务大数据管理平台建设，财政补贴70余万元，完成2.6万头牛电子耳标佩戴，实现肉牛产业可追溯监管。推进畜禽污染治理，加快养殖场粪、尿分离设施建设，50个好氧发酵罐稳定运行，引进山西盖恰智能科技有限公司和北京誉铧生物科技有限公司，实施畜禽粪污无害化处理与资源化利用项目，吕梁市汇丰源食品有限公司与山西省农业（农垦）产业集团有限公司签订育秧盘生产项目订单，日处理2万头肉牛粪污。

【农村集体经济扶持】 2021年，文水县坚持县主抓、乡主导、村主体提级管理，开展农村集体经济合同清理，组织、纪检、法院等12部门联动，运用“三查两处”（三查：自查、普查、调查；两处：处理不规范合同，处理不规范合同背后的腐败问题）工作法，清查合同1.72万份，收回村集体土地10156亩，合同清理进账4835万元，年收入4088万元；依法依规明确农村机动地3年和建设用地20年最长承包期，以制度形式确定每年11月为农村“合同兑现月”。

【城市建设】 2021年，文水县启动省级文明城市创建，统筹推进省级园林城市、国家森林城市、国家卫生城市创建，巩固提升省级双拥模范县。基础设施建设，完成滨河西路连接线工程。

【美丽乡村建设】 2021年，文水县聚焦交通沿线、村庄街巷、农户庭院、田间地头、河流沿岸、山体边坡“六大重点区域”，开展农村人居环境“六乱整治”，投入5169万元，清理积存垃圾54万吨，整治乱象1.6

万处，美化、绿化交通沿线56.4万平方米，完成1000座农村改厕。申报5个美丽乡村，开工建设；8个美丽宜居示范村，完成规划编制和评审；国家级传统村落保护工程，下曲镇北辛店村被评为“山西省美丽休闲乡村”“全国乡村治理示范村”。

【城乡环卫一体化】 2021年，文水县县财政投入4800余万元，采取市场化运营模式，引入第三方保洁公司，对城区17个建制村及国道、省道、县道、乡道、河道实行一体化清扫保洁；对其余141个建制村生活垃圾统一收集清运，建立完善的“村收集、乡转运、县处理”长效机制，推动城乡人居环境由突击式清理向制度化治理转变。

【生态环保】 2021年，文水县以中央生态环境保护督察为契机，开展污染防治攻坚行动和打击生态环境违法犯罪“利剑斩污”行动，整改上级转办生态环境问题35件，一批环境突出问题得到解决。制定《文水县生态环境保护责任清单》，压紧压实各级各部门生态环保责任。

【大气污染防治】 2021年，文水县坚持“治污、控煤、管车、降尘、禁烧”多措并举，完成燃气锅炉低氮改造和吕梁建龙实业有限公司超低排放改造，取缔“小散乱污”企业12户，重点涉气企业83户实施秋冬季错峰生产。推进清洁取暖，投资10亿元，实施农村集中供热工程，总供热面积670万平方米，管网覆盖6个乡镇61个村4.6万户，110个换热站全部启运，3.22万户接网供暖。全年空气质量综合指数6.16，下降17.5%，“秋冬防”降幅24.3%，空气质量优良天数205天。

【水域环境治理】 2021年，文水县推进重点工程建设，汾河百公里中游示范区文水县段生态治理工程完成投资1.5亿元；文峪河综合治理工程基本完成；西宜亭至北张段河道治理工程开工建设，蓄水坝下游800米河段治理工程复工；磁窑河生态调水工程完工。聘请中国环境科学研究院专家编制完成汾河流域水环境综合治理方案初稿；争取省级水污染防治专项资金1701万元，实施汾河流域典型村庄污水治理工程，建成3个农村污水处理站，整治7个黑臭水体坑塘；建设汾河、磁窑河沿线4个重点排水口水质监测微站，申报黄河流域高质量发展中央预算4.7亿元，实施汾河流域农村黑臭水体治理项目。文峪河、磁窑河出境断面水质达到Ⅳ类标准，汾河达到Ⅴ类标准。

【生态修复治理】 2021年，文水县推进造林绿化，文峪河周边可视山体绿化133.33公顷；启动经济林提质增效工程533.33公顷；恢复玖九农林牧区域内的山体植被19.09公顷，陡坡生态恢复2万平方米。对历史形成的31个546.09公顷砂坑，开展生态修复治理和综合开发利用，完成治理402.67公顷。

【改革事项】 2021年，中共文水县委常委会研究重点改革事项7次，印发《中共文水县委全面深化改革委员会2021年标志性牵引性重大改革和重点改革任务》，统筹推进基础性改革和重点领域关键环节改革。及时总结经验做法，上报改革信息54期，形成高质量调研报告20余篇，《实施两步工作法　念好换届八字经》被《山西改革信息》刊发。

【开发区建设】 2021年，文水县加快“三化三制”（为深化开发区人事和薪酬制度改革，实行开发区领导班子任期制、全员岗位聘任制和绩效工资制；加快建设专业化、市场化、国际化的管理团队）改革，实行领导班子任期制、全员绩效工资制，组建山西文水开发区开发建设有限公司，推进市场化、专业化运作。加快基础设施建设，百金堡产业园污水处理厂主体工程完工，东庄产业园污水处理及管网工程启动。推行“承诺制＋标准地＋全代办”，251 项授权事项基本实现“一网通办”，4 个项目实行“承诺制”，8 个项目实现“全代办”服务，优化营商环境。

【重点领域改革】 2021 年，文水县完成事业单位重塑性改革，总数调整为 77 个；核定事业编制数 1399 个。推进乡镇管理体制改革，“五办一站两中心”［党建办公室、公共管理办公室、公共服务办公室、公共安全（平安建设）办公室、综合行政执法办公室，退役军人服务保障工作站，党群服务中心，综合便民服务中心］规范运行，人员基本配备到位。推动国资国企改革，完成改制企业党组织整合，实行公司董事长和党支部书记“一肩挑”；办理职工正常退休 54 名，垫缴、退还职工垫缴滞纳金 760 万元；完成国有企业（省属以上）退休人员社会化管理。深化农业农村综合改革，整合县农机、农经、产权交易中心等 11 个单位，组建文水县现代农业发展服务中心并运行；建立农村“三资”监管平台。深化农业综合行政执法改革，获批全国农业综合行政执法示范窗口。

【为民办实事】 2021 年，文水县持续加大民生投入，民生支出较上半年增长 2 亿元，占财政支出的 77％。落实县级领导定期深入基层人大代表联络站点联系群众制度，收集群众代表反映问题 195 个，解决 135 个。深入推进“我为群众办实事”实践活动，解决群众“急难愁盼”问题 1154 件。

【灾后恢复重建】 2021 年，文水县投入救援力量 5000 余人次，发放救灾物资资金 1700 余万元。梨果、玉米等主要农作物实现抢收 93％和 95％，加快受灾农业保险理赔，评估可获理赔 1930 万元；因灾损毁的道路桥梁全部修复；鉴定出的 529 户因灾受损住房改造对象全部开工，竣工 359 户；12 月 20 日，主体全部完工，春节前达到入住条件。

【教育】 2021 年，文水县加快普惠性幼儿园认定建设和中小学校优化整合、改造提升，山西徐特立高级职业中学新校区投入使用，刘胡兰实训基地启动建设。持续推进“县管校聘”改革，提升在职退休代课教师待遇。落实“双减”政策，开展无证校外培训机构及幼儿园专项整治，城区小学托管服务覆盖 1.7 万人，实施校园安全 4 个 100％（校园封闭化管理达到 100％；一键式紧急报警、视频监控与属地公安机关联网率达到 100％；学校护学岗设置覆盖率达到 100％；校园专职保安员配置率达到 100％）达标工程，推进师生疫苗接种，维护校园安全稳定。

【社会事业】 2021 年，文水县接种新型冠状病毒疫苗 57.5 万针次。中医院异地新建完成前期手续，社会福利服务中心、残疾人康复服务中心主体完工，新建殡仪馆完成“三通一平”，建成 10 个日间照料中心和 22 个幸福小院。养老、失业、工伤保险覆盖面持续扩大，开展“人人持证、技能社会”职业技能培训 6552 人。

【社会稳定】 2021 年，公安机关依法查处刑事治安案件 1140 起，处理违法犯罪人员 807 人；检察机关受理审查起诉 243 件 323 人，提起公诉 182 件 241 人；审判机关受理各类案件 4200 件，结案 3598 件。坚持和发展新时代“枫桥经验”，推行“全科网格”，受理处置各类有效事件1.3万件。化解上级交办重复信访事项143件，初次信访案件及矛盾纠纷261件，依法处理信访违法13人。开展防范非法集资和电信网络诈骗宣传，追回赃款180万元，集中清收文水县农村信用合作联社逾期不良贷款3.03亿元。

【民主建设】 2021年，中共文水县委支持文水县人民代表大会（以下简称人大）及其常委会依法履行职责，保障人大代表依法行使职权。县人大听取和审议“一府两院”工作报告，文水县政协委员会围绕转型发展、乡村振兴、生态环保、民生保障等领域，开展专项视察和组织协商议政，提出有价值的意见建议214条。

【法治建设】 2021年，中共文水县委落实党委中心组学法和党组织主要负责人年终述法等制度，压紧压实法治建设责任，一体推进法治文水、法治政府、法治社会建设。深化《中华人民共和国宪法》学习宣传，大力弘扬“宪法”精神，维护“宪法”权威。提升行政执法公信力，完成综合行政执法体制改革，成立10个县直综合行政执法队和12个乡镇综合行政执法队，在“宪法宣传周”期间举行综合行政执法全面启动仪式；强化行政执法监督，评查自然资源、生态环境、林业等部门执法案卷800件。实施“八五”普法，开展“五进”（社区、企业、学校、农村、家庭）活动，不断提升干部群众的法治意识和法治素养。

【统一战线】 2021年，中共文水县委支持民主党派和无党派人士开展工作，召开各界人士庆祝中国共产党成立100周年座谈会，发挥民主党派、工商联和无党派人士的独特优势，促进非公有制经济健康发展和非公有制经济人士健康成长。

重要会议

【中共文水县委十三届十六次全体会议暨县委经济工作会议】 2021年2月3日，中共文水县委十三届十六次全体会议暨县委经济工作会议在文兴会堂召开，参加会议的有县委委员，候补委员出席会议，不是县委委员、县委候补委员的其他县级领导；县委办、县人大办、县政府办、县政协主任（秘书长）、副主任；县纪委常委；县人大、县政协各工作委员会主要负责人；县直各单位党政主要负责人；各乡镇党委书记、乡镇长；双管单位主要负责人；省、市驻文单位负责人；2006年以来换届退下来的正县级以上领导干部；2011年以来换届退下来的副县级以上领导干部；驻文山西省第十一次党代会代表、吕梁市第四次党代会、文水县第十三次党代会部分基层代表；驻文商业银行主要负责人；部分企业代表；受表彰人员列席会议。会议总结2020年经济工作，对2021年经济工作作出安排部署；表彰2020年度先进单位和先进企业；审议通过《中共

2021年2月3日，中共文水县委十三届十六次全体会议暨县委经济工作会议在文兴会堂召开（成新安摄）

文水县委关于制定国民经济和社会发展第十四个五年规划和二〇三五年远景目标的建议》等。

【中国共产党文水县第十四次代表大会】 2021年3月29日至31日，中国共产党文水县第十四次代表大会在文兴会堂召开，大会应到代表376名，实到代表364名。杨洋、王峰、赵林泉、范发宾、刘大鹏、张卫华、成坚、郭竹朋、王金钟、王永昌、闫东晓、霍海亮、梁大广等在主席台前排就座，其他县领导在主席台就座；不是党代表的现任县级领导干部，不是党代表的县直各单位（双管单位）党政正职，不是党代表的人大、政协工委主任，担任过县四大班子正县级职务的老干部，省、市驻文单位主要负责人，山西省十一届、吕梁市四届党代表应邀列席大会，王峰主持会议。杨洋受中国共产党文水县第十三届委员会委托，向大会做题为《凝心聚力、抢抓机遇、攻坚克难，在新征程上开创新时代文水高质量高速度转型发展新局面》的工作报告。报告从七个方面对县十三次党代会以来的工作作简要回顾：党的建设得到加强；经济发展稳中向好；“三农”基础更加稳固；生态环境明显改善；改革开放不断深化；民生福祉持续增进；民主法治发展进步。报告指出，未来五年全县经济社会发展围绕七大战略举措，聚焦“六新”突破，培育现代产业体系；放大“三农”优势，全面推进乡村振兴；统筹城乡发展，共建宜居宜业家园；坚持改革创新，深度激活发展动力；彰显文化特色，加快建设文化强县；践行“两山理论”，推进生态文明建设；增进民生福祉，提高人民生活品质。大会选举产生代表376名，其中妇女代表101名；年龄最大的代表74岁，最小的代表23岁，年龄在45岁以下的中青年代表214名；大学专科以上文化程度的代表285名。在中国共产党文水县第十四届委员会第一次会议和纪委第一次会议上选举产生，杨洋、王峰、赵林泉、刘建树、石新杰、王永平、张卫华、成坚、薛海燕当选为中共文水县第十四届委员会常务委员；杨洋当选为中共文水县第十四届委员会书记，王峰、赵林泉当选为副书记；薛海燕当选为中共文水县第十四届纪律检查委员会书记，马飞、徐建岗当选为中共文水县第十四届纪律检查委员会副书记。会议表决通过《中国共产党文水县第十三届委员会工作报告的决议（草案）》和《中国共产党文水县第十三届纪律检查委员会工作报告的决议（草案）》。

2021年3月29日至31日，中国共产党文水县第十四次代表大会在文兴会堂召开（成新安摄）

中国共产党文水县委员会办公室

【概况】 2021年，中国共产党文水县委员会办公室（以下简称县委办）围绕县委重大决策和工作部署，聚焦办公室职能职责，不断完善服务理念，全面提升服务水平，发挥综合协调和参谋助手职能作用，使办公室与县委同频共振，做到参谋有道、协调有方、督查有效、保障有力，保证和促进县委及全县各项工作快速高效运转。

【机构改革】 2021年4月27日，根据《中共文水县委机构编制委员会关于印发〈文水县深化事业单位改革实施方案〉的通知》，县委办保留文水县改革发展研究中心，隶属于县委办，副科级建制。9月25日，根据《中共文水县委机构编制委员会关于文水县委机要保密网络信息服务中心机构设置、职能配置和人员编制事项的通知》，中国共产党文水县委信息中心更名为中国共产党文水县委机要保密网络信息服务中心，隶属于县委办，副科级建制。

【内务管理】 2021年，县委办承担筹备重要会议34场；发文226份，其中县委、县委办印发文件47份。

【机要保密】 2021年，县委办收到电报1553份，发出电报64份。

【调查研究】 2021年，县委办围绕文水县大局、县委决策的重大问题和关注点及社会经济生活方面的热点和难点问题，由被动型调研向主动预测型调研转变，由随机调研向规范化调研转变，在深入实际调查研究中，准确反映客观真实情况，敏锐地发现问题。全年开展调研活动18次，撰写调研报告13篇，被市级以上刊物引用发表文章3篇。

【信息报送】 2021年，县委办发挥党委信息下情上达、上情下达的总枢纽作用，以信息收集和反馈为重点，围绕县委中心工作，准确、全面地反映全县各乡镇、各部门的工作成绩、典型经验、困难问题和发展态势，向山西省、吕梁市反馈全县经济社会发展情况。全年编发《文水信息》31期，向省、市报送信息96条，其中被省级信息刊物采用3期，被市级信息刊物采用3期。

【公文办理】 2021年，县委办主持起草综合性材料文稿65篇。

【督查】 2021年，县委办针对“六乱”整治（交通沿线、村庄街巷、农户庭院、田间地头、河流沿岸、山体边坡的乱搭乱建、乱堆乱放、乱扔乱倒等影响村容面貌的现象）、重点项目进度等，开展督查，全年开展县委常委会等重要会议贯彻落实情况督查4次，下发督办函4次，向吕梁市委督查室报送《督查专报》4期。坚持“批则必查、查则必清、清则必办、办则必果”的原则，对领导批示和交办事项的落实开展专项督查，全年承办书记批示的督办件839件，并向领导及有关部门反馈结果，做到件件有回音、事事有结果。针对群众关注的难点、热点问题主动督查，采取明察暗访、督查调研和回访核实等方法，先后围绕环境卫生治理、“我为群众办实事”等社会问题主动进行查办，全年转发督办政协提案19件。

【深化改革推进】 2021年，县委办印发《中共文水县委全面深化改革委员会2021年标志性牵引性重大改革和重点改革任务》，提出13项标志性牵引性重大改革和39项重点改革任务。探索县转型综合配套改革，完成农技、农经、农机改革。深化省校合作战略部署，推动文水县党政机关和企事业单位与国内高校深度合作，有3所高校挂牌智库合作基地。

【档案管理】 2021年，县委办结合《吕梁市2021年县市区档案重点工作内容及考核标准》有关内容，开展业务指导，深入脱贫工作相关单位和乡镇，统筹规划、分类指导，保证精准脱贫工作中档案资料规范完整。结合疫情防控要求，对文水县卫生健康和体育局、文水县疾病预防控制中心等10

余个单位和12个乡镇进行疫情档案管理执法检查，保证档案完整和规范。

组织工作

【概况】 2021年，中国共产党文水县委员会组织部（以下简称组织部）以“四对四提升”（四对：对表领会党中央部署要求、对标看齐先进经验做法、对账盘点业务政策并完善工作机制、对接联系党员干部人才；四提升：提升政治能力、提升创新能力、提升业务能力、提升服务能力）为抓手，以新时代“胡兰精神”为引领，高标准谋划、高质量推进组织、干部、人才、自身建设等各项任务。其中“两代表一委员”（党代表、人大代表、政协委员）资格联审、“三查两处”（自查、普查、调查，处理不规范合同、处理不规范合同背后的腐败问题）提级清理农村三资合同等工作亮点突出。贯穿“思想建设”一条主线，在强化理论武装上做表率；严把选人用人“五个环节”（分析研判和动议、民主推荐、考察、讨论决定、任职管理），在加强干部工作上见成效；突出党建引领，在强化基层治理上下功夫；聚焦“党管人才”八大行动（思政提升行动，智识更新行动，人岗相适行动，盘活存量行动，引进紧缺行动，储备人才行动，激励保障行动，合力集结行动），在构建人才工作新格局上出实招；抓亮点，创新工作精细化；补短板，难点工作求突破。

【机构改革】 2021年4月27日，根据《中共文水县委机构编制委员会关于印发〈文水县深化事业单位改革实施方案〉的通知》，整合组织部所属事业单位文水县党员教育中心、文水县干部服务中心，组建文水县党建综合服务中心，隶属于组织部，正科级建制。9月，根据《中共文水县委机构编制委员会关于党建综合服务中心机构设置、职能配置和人员编制事项的通知》，文水县党建综合服务中心是组织部管理的正科级事业单位，为公益一类，核定财政拨款事业单位。根据《中共文水县委机构编制委员会关于文水县委组织部举报与核查中心机构设置、职能配置和人员编制事项的通知》，成立文水县委组织部举报与核查中心，属组织部管理的副科级事业单位，为公益一类。

【党课开讲啦活动】 2021年，组织部开展“党课开讲啦”活动，共开展“党课开讲啦”1500余堂，其中精品党课20堂，在“山西组工网”展播《刘胡兰的故事》《红色驿站康家堡》《红色基因时代相传》等微党课13部，并组织观看《焦点访谈》《党课开讲啦》相关栏目。常态化开展学习身边榜样活动，拍摄省级优秀党务工作者李根庆的事迹片，组织新老党员开展“一句誓言一生作答”入党宣誓和重温入党誓词活动，唤醒党员的先进意识，增强党性意识。

【选人用人】 2021年，组织部严把选人用人“五个环节”（分析研判和动议、民主推荐、考察、讨论决定、任职管理），在乡镇换届中，突出政治标准，突出“为担当者担当，让有为者有位”的用人导向，严格贯彻《党政领导干部选拔任用工作条例》，确保换届后班子稳定，加大选拔优秀年轻干部力度，优化领导班子结构。乡镇“两委”（乡镇党委和乡镇政府）班子换届前平均年龄42.7岁，换届后37.5岁，下降5.2岁。县第十七届人大代表会议选举产生人大代表229名，县第十四次党代会选举产生党代表376名、县第十届政协委员会选举产生政协委员206名。县乡换届、政法队伍整治、团委换届等，调整干部21批次494人次，其中提任正科级干部37人，提任副科级干部131人，平级调整196人，政策性兼挂职4人，免职123人，严格执行县委常委票决制，坚决抵制使用裙带关系干部、违规选人用人等行为，确保干部任免的公信度和严肃性，凸显政治导向。

【党建业务融合】 2021年，组织部根据文水县《关于进一步强化“党建＋业务”平时考核的通知》，推动“党建＋业务”再提升，为全面了解各单位领导班子的工作状态，组织开展县管领导班子中期考核，将考核结果通报。考核结果为一般等次的乡镇2个，县直单位6个，单位负责人予以谈话提醒；考核结果为优秀的单位22个，由县财政按照单位人数，每人1000元的标准划拨奖励资金，并将考核结果与年度考核挂钩。继续做好做实“党建＋业务”“五融合”（在认识上融合，在理念上融合，在谋划上融合，在实施上融合，在机制上融合）体系，把党建作为平时考核重要内容，继续推动党建与业务的深度融合。制定《进一步强化“党建＋业务”平时考核办法》，实行平时考核党支部＋党小组负责制，形成一级领导一级，一级对一级负责，上下贯通、扁平高效的运行体制，推动工作责任到人、落实到位。

【干部培训】 2021年，组织部举办“文水大讲坛”2期，“学习贯彻习近平新时代中国特色社会主义思想读书班”2期，全面提高党员干部理论学习水平。利用“主题党日”“民主议事日”等平台，组织党员干部持续学习《中国共产党简史》《论中国共产党历史》等，重温“三篇光辉文献”，学习党史、党规、党章等，不断推动学习往深里走、往心里走、往实里走，全面提升党政领导干部的政治站位和履职能力，增强“四个意识”、坚定“四个自信”、做到“两个维护”。

【基层治理】 2021年，组织部按照《中国共产党地方组织选举工作条例》，组织召开中国共产党文水县第十四次代表大会，确定选举单位17个，按照代表的条件和构成，选举产生代表376名。按照山西省、吕梁市党代会代表选举工作通知，采取自上而下、上下结合、反复酝酿的办法，确定出席代表候选人，召开中国共产党文水县代表会议，选举出席中国共产党吕梁市第五次代表大会代表28名，其中领导干部17名，专业技术人员7名，先进模范4名。

【党员发展】 2021年，组织部实行发展党员党（工）委统筹把关制度，严格把好政治关、结构关、程序关、审核关和积极分子上报备案制度。按照吕梁市委组织部发展党员工作指导下计划，制定下发《2021年全县发展党员工作指导性计划》，组织对发展对象进行部门联审和培训，组织审查发展对象474名，完成短期集中培训400余名，支部吸收预备党员335名。

【中国共产党成立100周年庆祝活动】 2021年7月1日，组织部对全县党龄达到50周年的党员进行统计，要求基层党委（工委）核实党员表现情况、公示5天、集体研究。按照中组部和省、市通知精神，安排各党委（工委）结合“七一”前各项活动或召开专门会议颁发“光荣在党50年”纪念章，全县共颁发2548枚。对在党的建设、疫情防控、脱贫攻坚等工作中涌现出的先进基层党组织和优秀共产党员表彰，共表彰基层党组织42个，优秀党务工作者40名，优秀共产党员75名。县级领导走访慰问，新中国成立前老党员、贫困党员和因公因战伤残党员17名。

【人才管理】 2021年，组织部召开人才工作会议两次，专门学习中央人才工作会议精神和贯彻落实中共山西省委、中共吕梁市委人才工作要求，对全县各牵头单位省校合作进展情况进行集中展示和检阅。为做好新时代人才工作的“引育留用优”，提出实施思政提升、智识更新、人岗相适、盘活存量、引进紧缺、储备人才、激励保障、合力集结的“八大行动”。根据《文水县专项引才行动实施方案》，对引进人才按规定落实生活补助、住房补贴等保障政策。对优秀人才工作津贴、人才培训、年终慰问等7个方面进行提升和政策的落实。对“三晋英才”25名和文水县第三届优秀人才87名，实施精细化管理与服务，投入使用人才公寓72套。建立30人的高层次专业技术人才用编“周转池”，用于解决急需紧缺人才、专业技术人才引进。开展招才引智活动，招聘各类人才780名。招收教育、卫生事业人员86名；引进高层次专业人才（研究生）30名，其中县直单位20名，乡镇10名；公安局人才回引干警17名。为就业困难大学生开发公益性岗位150个，就业见习岗位97个。山西文水经济开发区管委会梳理吕梁建龙实业有限公司、晋能清洁能源科技股份公司岗位400个，开展校园招聘。

【干部监督】 2021年，组织部举报与核查中心注重监督结果运用，将日常监督、举报与对干部的提醒函询诫勉、党员身份认定相结合，使政治纪律和政治规矩成为领导干部不能逾越的行为准则。在村（社区）“两委”换届和县、乡换届中，建立“两代表一委员”资格审查机制，发现问题第一时间核查，处理结果第一时间反馈，整改问责第一时间到位。村级换届，审查候选人1879名，否决195人。县、乡换届，审查县、乡人大代表1836名，否决22人；审查县、乡党代表1466名，否决40人；审查政协委员264名，否决57人。

【换届工作】 2021年2月8日，组织部完成全县158个村和11个社区“两委”换届试点工作（2020年10月，文水县被确定为全省17个村级换届试点县之一）。村党组织书记158名中，除政策性未实行“一肩挑”外，其余128个村，实现“一肩挑”。换届后，全县建制村党组织书记平均年龄47.84岁，较上届下降5.3岁；高中（中专）以上学历111人，占70.2%。党组织书记学历和年龄实现“一升一降”。“两委”班子年龄结构、性别结构、学历结构、经历结构全面优化。

【农村合同清理】 2021年，组织部为进一步加强农村“三资”（资金、资产、资源）管理，规范农村集体经济组织运行，深化农村集体产权制度改革成效，按照办案思维，以“三查两处”（三查：自查、普查、调查；两处：处理不规范合同、处理不规范合同背后的腐败问题）提级开展农村合同清理及农村集体经济管理“合同兑现月”。全年合计进账6038.8万元，村均38.2万。其中，清回拖欠承包费980.4万元；当年合同收入4473.5万元，管理费70万元；收回村集体土地12872亩，折价514.9万元；合同已清零村数87个。

【省校合作】 2021年，组织部“账单式”推动省校合作基地建设12项，“项目化”破解科技特派员工作难题。建专班、抓宣传，从强化认识上精准发力，破解信心不足的难题。跟进建立1＋12的工作专班模式，细化12个基地的工作路径，从胡兰党建、文水宣传等渠道宣传和推介人才工作信息。全面压实7个牵头单位的主体责任，建立定期汇报工作进展制度。深入摸排已有合作项目和合作需求，制订推进计划和需求清单，持续巩固原有合作，推动规范合作，服务深度合作，力促创新合作。硬投入、软服务，从压茬跟进上精准发力，破解磁力不强的难题。为服务好来文师生和企业科技特派员，专门高标准打造“人才驿站”，组织部人才室和12个工作专班全面跟进服务。已挂牌省校合作高校15项，科技特派员申报“吕梁市引进高层次科技人才重点研发项目”5项，全县合力做好人才工作的“引育留用优”。

【软弱涣散党组织整顿】 2021年，组织部出台《关于做好2021年度软弱涣散村党组织整顿工作的通知》，为软弱涣散党组织整顿工作进行安排部署。通过摸排、研究确定农村软弱涣散党组织10个，按照派驻“四个一”［一村一名县级领导班子成员联村(社区)、一名乡镇领导班子成员包村、一名第一书记驻村、一个机关单位结对］整顿工作组的要求，全部按照1名县级领导联村、1名乡镇领导班子成员包村、1名第一书记驻村、1个机关单位结对，制订整顿工作方案、细化整顿措施，推进整顿工作。

【互联网＋党建】 2021年，组织部聚焦“互联网＋党建”，提升基层党组织凝聚力。全县全面贯彻新时代党员教育新要求，开创党员教育“五环相扣”（环一：党员教育筑阵地；环二：教育轮训全覆盖；环三：“两日”活动常态化；环四：胡兰党建“智”引领；环五：党员形象“靓”起来）工作方法，结合文水实际，创新摸索出“五有五化”（五有：有阵地、有机构、有计划、有师资、有经费；五化：党员轮训常态化、干部培训系统化、人才实训专业化、党性锻炼全程化、运行机制高效化），推动乡镇党校规范化建设、“1＋12＋N”（1个县委党校、12个乡镇党校、N个党员活动室）的党员教育培训体系、“两日三平台三阵地”（两日：民主议事日、组织生活日；三平台：“胡兰党建”公众号、“胡兰党建网”“胡兰党建”官方抖音；三阵地：文水大讲坛、县委中心组、县乡党校）的党员教育信息化等模式，打造吕梁组织工作“线上生态链”的“胡兰党建”区域品牌。围绕建党100周年，拍摄《引贤记》《选贤记》《杜村的根》。配套制发“三本两档一台账”（三本：民主议事记录本、组织生活记录本、学思践悟笔记本；两档：党支部组织生活档案、党员组织生活档案；一台账：党政群事业单位党员“两围绕、四带头”台账、农村党员“双联四帮”台账），运用“三晋先锋”App开展“‘两日’活动网上见”，全县组织生活逐步形成从“制度化”到“规范化”再到“信息化”的转变，确保党员日常教育“常态化”。

【招才引智】 2021年，组织部根据《关于做好2021年全市事业单位公开招聘工作的通知》，开展招才引智活动，共组织开展招聘工作3次，招收教育、卫生事业人员86名；引进高层次专业人才39名，其中县直单位31名，乡镇8名；为其他部分事业单位招聘工作人员35名；引进到村任职大学生56名。补齐基层治理人才短板。成为新时期引进人才、储备人才、加强基层治理的有益探索。

【村级党组织阵地建设】 2021年，组织部规范提升村级党组织阵地建设，以“组织力”引领乡村振兴。文永社区主体建设完工，文凤社区、文昌社区、文盛社区合并新建的大陵湖社区完成选址。为规范提升村级党组织阵地建设，对全县村级组织活动场所“一徽一标三牌”（党徽，村党群服务中心，支部、村委、监委）建设，采取以奖代补方式，激励村级组织和村干部担当作为、干事创业，增强基层党组织战斗力、凝聚力。

宣传工作

【概况】 2021年，中国共产党文水县委员会宣传部（以下简称宣传部）以学习宣传贯彻习近平新时代中国特色社会主义思想为首要任务，以庆祝中国共产党成立100周年为工作主线，组织开展党史学习教育，全面推进宣传思想文化工作。强化理论武装，夯实“两个维护”的思想根基；强化制度落实，牢牢掌握意识形态工作主动权；强化主题宣传，构建良好主流舆论生态；强化红色教育，开展爱国主义教育活动；聚焦党史学习教育，开创事业发展新局面；强化思想道德引领，培育践行社会主义核心价值观。

【机构改革】 2021年4月27日，根据《中共文水县委机构编制委员会关于印发〈文水县深化事业单位改革实施方案〉的通知》，整合宣传部所属事业单位文水县新闻中心、文水县文化体制改革和文化产业发展中心、文水县未成年人思想道德建设教育中心、文水县网络舆情信息中心和团县委所属事业单位文水县团委团干培训中心，组建文水县宣传事业发展中心，隶属于宣传部，副科级建制。

【理论学习】 2021年，县委理论学习中心组深入学习习近平新时代中国特色社会主义思想、中国共产党第十九次全国代表大会和中国共产党第十九届中央委员会第六次全体会议精神、习近平总书记关于开展党史学习教育的系列重要讲话及全国“两会”精神等内容，着力在“融会贯通、学以致用、全面覆盖”上下功夫。印发《关于进一步加强各级党委（党组）理论学习中心组学习制度化规范化建设的意见》，从规范组织学习、落实学习任务、完善考核评价等方面进一步加强各级党委（党组）理论学习中心组学习制度化、规范化，落实各级党委（党组）理论学习中心组学习责任制。全年县委理论学习中心组集体学习19次，其中14次跟进学习习近平总书记重要论述，5次原原本本学习《习近平谈治国理政》第三卷，组织编印《2021年度中共文水县委理论学习中心组学习资料》107期。开展党史专题宣讲，制定《全县学习贯彻习近平总书记在庆祝中国共产党成立100周年大会上的重要讲话精神的专题宣讲方案》，党史专题宣讲团队宣讲150余场，受众4760余人。全县基层党组织523个，农村党支部135个开展“党课开讲啦”主题党课活动，1.9万人参与活动。

【意识形态工作】 2021年，宣传部召开意识形态工作研判会议3次，将落实意识形态工作责任制纳入巡察全覆盖工作整体部署，推动县、乡、村三级领导班子和领导干部意识形态工作责任制落实。召开文水县网络媒体从业人员集体约谈暨培训会，对全县网络媒体从业人员20余人，围绕网络媒体从业注意事项、网络法律法规等知识进行培训。

【舆论引导】 2021年，宣传部利用中央、山西省补助资金和县财政建设资金，增加和升级硬件设施，具备开展媒体融合发展等功能；完善规章制度，优化运行机制，初步形成一套有序高效的运营模式；不断完善先导手续，通过山西省委宣传部县级融媒体中心验收，通过山西省广播电视局关于网络传播视听许可的审批，通过网络安全等级保护备案审批，通过智荟文水App电信部ICP备案审批，对接融媒体中心省级技术平台，申报互联网新闻信息服务许可证；与央视网合作开发的智荟文水App功能完善、推广，下载量突破3万；先后与央视网和融媒体中心省级技术平台签订协议，就技术合作、信息交流、人员培训、资源共享、平台共建等达成战略合作意向。围绕县委中心工作，在党史学习教育活动、政法队伍整顿、产业转型、“六乱”整治、乡村振兴等方面重点宣传，主动融入对外宣传大局，讲好文水故事、传播好文水声音、展现好文水形象。全年采编发布相关重要新闻报道390余条；广播、电视传统媒体制作发布新闻2350余条，制作、播出专题节目49期；智慧文水手机App制作、发布图文、视频信息6400余条；今日头条发布信息210余条，点击量12万人次；智荟文水App制作发布图文、视频信息300余条，注册用户3万余户；文水宣传微信公众号发布信息1000余条，分享转载24000余次数，阅读量40万余次，累计关注人数12000余人；在中央电视台发稿2条，山西省台发稿25条，吕梁市台发稿249条。围绕建党100周年，突出政治性、思想性、群众性、时代性，制订全县群众文化活动方案，确定含“胡兰党建杯”乒乓球赛、红歌大家唱等26项群众文化活动。举办文水县“光辉历程　永恒信仰”庆祝建党100周年文艺晚会，中新网、新华社同步直播，在线观看27万人次。

【红色教育】　2021年，按照《中共吕梁市委关于大力弘扬“吕梁精神”开启全面建设社会主义现代化新征程的实施意见》要求，文水县将学习刘胡兰精神融入弘扬“吕梁精神”中，引导和激励广大党员干部把刘胡兰精神用在本职岗位上。突出刘胡兰纪念馆和刘胡兰英雄民兵班两个品牌，利用VR全景、数字模拟等多媒体展示平台，开展“学胡兰、强党性、铸信念”等形式多样的爱国主义教育，把刘胡兰纪念馆打造成胡兰精神宣教传播高地和党史学习教育基地。开设“刘胡兰精神”专栏，举办系列访谈节目。全年刘胡兰纪念馆接待社会瞻仰参观的团体、个人1830余批次，34万余人次。成立刘胡兰精神写作专班，编写5000余字的刘胡兰精神学习资料，作为各级党委（党组）理论学习中心组固定资料。明确专人撰写刘胡兰故事宣讲资料，推荐刘胡兰的侄子刘军祥参加全省英烈故事宣讲。刊发转发《胡兰故事》广播剧，让英雄事迹深入人心。开展“岗位学胡兰、争先当模范”活动，组建“小小讲解员”志愿服务队，引导广大青少年以“刘胡兰精神”为动力，用革命精神和红色文化滋养心田，树立正确的人生观、世界观、价值观。开展刘胡兰事迹宣讲，受众人数50000余人。

【党史学习教育】　2021年2月22日，文水县启动党史学习教育，县委常委会专题研究“实施方案”，确定5个方面13项重点工作，重点针对县处级及以上领导干部特点，对学习方式和学习时间作出具体安排，制定“流程图”“行事历”，实现各项专题实践、组织活动安排流程化、时序可视化。全年举行党史专题学习会10次，开展专题研讨9次。督促各乡镇和各系统党委征订4种指定学习书籍，加强青少年“四史”学习教育。不断创新学习形式，组织全县中、小学生通过实地参观、红歌传唱、经典诵读、主题征文、邀请老革命讲党史等方式，引领广大学生听党话，跟党走，让红色基因代代相传。邀请山西省委党校、吕梁市教育工委教授宣讲党史，开展100名校长讲党史故事，100名教师讲党史思政课，100名青少年学生讲红色故事“3个100行动”，把党史学习教育融入课堂教学。农村党支部利用“新时代文明实践讲堂”、党群服务中心（室）、“村村响”大喇叭等平台，结合民间传统节日活动，把学习课堂开设到党员群众身边。全县成立27个宣讲团，宣讲员400余人，深入一线开展“六进”（进机关、进企业、进农村、进学校、进社区、进网络）活动，宣讲570余场，受众2.3万余人。借助各种平台开设《学党史、悟思想、办实事、开新局》专栏，进行集中精准报道，编发简报103期，推送专题信息6100余期，点击量95万余人次。四大班子等县级主要领导带头，深入各包联乡镇，督促乡村振兴、护林防火和环境卫生整治。各乡镇、各单位的主要负责人结合部门实际，组织党员干部深入基层群众、深入生产一线、深入工作服务对象，听取意见、了解民生需求，建立“我为群众办实事”项目清单，共收集合理需求100余条，全部明确责任人与完成时限。

【精神文明建设】 2021年，宣传部开展典型模范评选活动，评选出各级文明户6万余户，吕梁市、文水县道德模范100余人。推进志愿服务工作，已登记的志愿者3万余人，开展文明引导、文明礼仪、公共服务、关爱空巢老人、留守儿童、困难职工、残疾人志愿服务活动，组织开展文化、医疗、卫生、法律、环保、消防等专业志愿服务活动。推进农村移风易俗，广大党员干部自觉带头，以上示下，带头执行有关规定，带头抵制大操大办，以党风带动政风民风，带领农民群众移风易俗，让文明乡风融入农村生产生活的各个方面。

统一战线工作

【概述】 2021年5月10日，中共文水县委统一战线工作部（以下简称统战部）以习近平新时代中国特色社会主义思想为指导，认真学习宣传贯彻新修订的《中国共产党统一战线工作条例》（以下简称《条例》），在广大统战成员中广泛开展党史学习教育活动，围绕中心，凝心聚力，推动民主政治建设，维护民族宗教领域和谐稳定，加强新时代民营经济统战工作，推进统战工作。

【机构改革】 2021年4月27日，根据《中共文水县委机构编制委员会关于印发〈文水县深化事业单位改革实施方案〉的通知》，整合统战部所属事业单位文水县统战信息中心、文水县宗教团体服务中心和文水县工商业联合会所属事业单位文水县非公有制经济信息服务中心，组建文水县统一战线综合服务中心，隶属于统战部管理，副科级建制。

【学习宣传《中国共产党统一战线工作条例》】 2021年3月4日，在县委理论学习中心组集中学习会议上，县委书记杨洋强调，要认真学习宣传贯彻《中国共产党统一战线工作条例》（以下简称《条例》），把学习《条例》同习近平新时代中国特色社会主义思想结合起来，同习近平总书记关于加强和改进统一战线工作的重要论述结合起来，结合工作实际，细化工作举措，确保《条例》执行到位、落实到位，推进新形势下文水县统战工作不断创新发展，以统战工作新作为向建党100周年献礼。县委常委、统战部部长王永平在会上对《条例》进行领学，详细解读《条例》的出台背景、重大意义、突出特点和新增内容，进一步增强县级领导干部对《条例》精神实质的把握。统战部向全县广大统战成员发放《条例》1000余本。7月，组织全县统一战线各界代表人士和县、乡统战干部40余人，赴山西省社会主义学院参加《条例》培训学习，提高了统战干部队伍的政治判断力、政治领悟力、政治执行力，切实增强解决问题的本领和水平。8月，在全县宗教活动场所中开展《条例》宣讲活动；在全县12个乡镇悬挂相关宣传条幅60余条，宣传版面10余套。多次在胡兰党建、文水宣传、文水统一战线等微信公众号就新修订《条例》的亮点、背景及意义进行宣传报道。

【党史学习教育】 2021年3月11日，统战部召开专题会议，传达学习习近平总书记在党史学习教育动员大会上的重要讲话精神，认真落实山西省委、吕梁市委、文水县委党史学习教育部署会精神，安排部署党史学习教育工作。5月，参加吕梁市委统战部组织的党史知识竞赛，获三等奖。6月17日，组织全县统一战线成员，参与吕梁市委统战部庆祝中国共产党成立100周年活动。7月8日，召开各界人士庆祝中国共产党成立100周年座谈会。本月23日，组织全县统一战线各界代表人士赴右玉县，开展“凝心聚力跟党走　同心同向共奋斗”主题教育活动。全年组织党史专题学习会23次，交流研讨会11次；组织民主党派人士和无党派人士撰写“学史悟思想，开局我来谈”主题征文4篇；组织编排红色经典作品《太行奶娘》；组织无党派人士创作主题书画作品14幅；组织新的社会阶层人士拍摄讲述文水高质量转型发展新作为、新气象短视频2个，摄影作品1组。

【民主政治建设】 2021年3月，统战部按照有关规定及市、县文件精神，经30个党委（党组）集体推荐，23个部门资格联审，23个考察组考察，确定政协委员206名，完成政协委员换届。换届中配备1名党外干部为副县长，1名党外干部为县人大常委会副主任。在人大代表换届中，安排民主党派人士2人，无党派人士3人。在政协委员换届中，安排民主党派人士8人，无党派人士18人。8月27日，指导民进文水支部完成换届。11月24日，文水县召开情况通报会，向党外人士通报全年经济运行情况及党风廉政建设情况。县委常委、统战部长王永平主持会议，县纪委监委、县政府职能部门负责人，各民主党派、新联会、知联会、党外干部代表人士20余人参加会议。12月3日，推动民盟文水小组成立支部。

【民族宗教工作】 2021年，统战部组织宗教教职人员开展《宗教事务条例》《宗教教职人员管理办法》专题学习3次。开展“全民国家安全教育日”“宗教政策法规学习月”活动，持续深化宗教活动场所“四进”活动。印发《开展宗教领域安全隐患排查整治专项工作方案》《关于进一步做好宗教领域疫情防控工作的通知》，联合县公安国保大队、县消防大队开展安全检查，针对存在的安全隐患及时排查治理。7月28日，承办吕梁市委统战部“永远跟党走”民族团结进步模范宣讲会和全市清真企业主题演讲比赛。9月14日，承办吕梁市清真企业主题演讲比赛。本月15日，与县市场监督管理局对本县6户清真企业，开展“两节”期间食品安全检查。本月17日，组织各清真企业负责人和清真从业人员，开展打击私屠滥宰集体约谈，下发《关于进一步加强全县清真食品生产经营管理工作的通知》。协调落实民族特需商品定点生产企业优惠政策，为民品企业申请贴息资金818.9万余元。12月1日，联合县消防救援大队，在小南安村天主教堂承办吕梁市宗教活动场所消防安全标准化管理示范创建现场会，推进宗教领域“三零”创建。全年召开全县宗教工作会议 4 次。联合县文物局对本县 7 处宗教活动场所文物保护单位开展专项普查，建立文物纸质和电子档案，并函告县文物局完善报批手续，制定宗教活动场所文物保护制度，提高教职人员和信教群众文物保护意识。完成北峪口天主教堂法人登记。

【民营经济】 2021 年，统战部根据中央、山西省和吕梁市的相关文件，印发《文水县加强新时代民营经济统战工作的行动方案》，明确各责任单位所承担的职责，鼓励和引导民营经济人士在本县转型发展趟新路中发挥重要作用。3 月，对属于民营经济代表人士的 4 名党代表，36 名人大代表，50 名政协委员开展综合评价。全年开展“金秋光彩助学”活动，帮扶贫困家庭学生 160 余人，捐助款、物 55.65 余元，展示了文水民营企业对家乡寒门学子的关爱。

【侨务工作】 2021 年 8 月，统战部召开文水县第一次归侨侨眷代表大会，成立侨联组织，选出侨联主席，推进创建“侨胞之家”。7 月，开展“涉侨企业、海内外高层次人才及项目”摸底和“出国和归国留学人员”摸底，初步掌握人员情况。10 月，联合汾阳爱尔眼科医院，在各村开展“侨爱心·光明行”公益活动，共为 900 余名群众开展眼部疾病义诊。

【党外人士工作】 2021 年 11 月，指导推动新阶层人士“明德民众”活动站、壁画彩绘大师张全龙工作室成立。6 月 27 日，组织本县新联会 20 余人，赴马西乡康家堡村，开展“凝聚新力量，筑梦新时代”主题教育活动。通过实地参观、和老党员谈话、重温入党誓词等形式，接受红色教育。

机构编制

【概况】 2021 年，中共文水县委机构编制委员会办公室（以下简称编办）为推进职能转变、理顺运行机制，完成机构编制相关事宜，有序推进文水县事业单位改革，全力推进机构编制核查，加强机构编制和事业单位登记管理。

【机构改革】 2021 年 4 月 27 日，编办依据《中共文水县委机构编制委员会关于印发〈文水县深化事业单位改革实施方案〉的通知》，整合所属事业单位文水县事业单位登记事务中心、文水县机构编制电子政务中心，组建文水县机关事业单位运行监测中心，隶属于编办，副科级建制。

【党政机构改革】 2021 年 11 月 4 日，根据《中共吕梁市委机构编制委员会关于为各县市区市场监督管理局加挂“知识产权局”牌子的通知》，文水县市场监督管理局加挂文水县知识产权局牌子；文水县民政局社会事务和社会福利股加挂殡葬监督管理股牌子；文水县农业农村局加挂文水县乡村振兴局牌子，履行相关职责，不再加挂文水县扶贫开发办公室牌子；文水县林业局增加行政编制 1 名；文水县发展和改革局统一领导和管理文水县能源局；对山西文水经济开发区管理委员会进行清理规范，由文水县政府派出机构调整为吕梁市政府派出机构，委托中共文水县委、文水县政府管理，不再设各局派驻机构，原派驻机构职能由政府相关职能部门承担。

【事业单位改革】 2021 年，文水县在多次调研和评估的基础上，摸清本县 204 个事业单位的基本情况，召开两次县委编委会议，就改革中相关的配套政策、存在的问题等谈论研究；召开深化事业单位改革动员会，明确改革的目标任务，作出全面安排部署。全县共有事业单位204个，改革后，涉改事业单位调整为77个，封存9个，转企2个，精简率为62%，核定事业编制数1399个，精简率为49%。配齐新组建事业单位主要领导；完成涉改人员调整转隶和离退休人员划转，完成人事档案、社保等移交，实名制系统中机构、编制、人员等信息全部更新完善；新调整组建事业单位全部挂牌并正常工作，对全县涉改单位办公用房进行调整，实现集中统一办公；完成涉改单位资产处置，档案交接；为全部调整组建的事业单位印发“三定”规定或机构编制事项文件；在政府网站公布九大领域执法机构行政执法事项清单；建立和完善周转编制使用体系；为现代农业发展服务中心等3个事业单位试点建立政事权限清单，完善章程管理等。

【机构编制核查】 2021年11月1日，编办根据《中共山西省委机构编制委员会关于印发〈关于开展全省机构编制核查的实施方案〉的通知》，开展本县各类机关、事业单位和相关其他组织的机构核查，要求各单位11月20日前将本单位涉及人员信息及相关表格报回编办初审，依次再与组织、财政、人社进行相关信息的比对。12月31日前，信息全部报回，并初步审核。

【机构编制管理】 2021年，编办完善机构编制实名制管理系统，根据事业单位改革情况，对涉改单位人员信息在实名制系统更新完善；为2020年吕梁教育兴市和健康吕梁（文水）专项引才行动引进专业技术人才59名，聘用2020年文水县事业单位工作人员95名，2020年文水县公务员录用人员47名，2021年文水县公务员录用人员30名及调动人员117名，办理相关手续；以财政供养人员工资审批和机构编制实名制系统为抓手，形成机构编制管理动态监管的常态化机制；中文域名管理工作中优化了注册申报流程，实行全程代办，缩短注册时间，将域名经费纳入财政统筹，完成本县200余个行政事业机构中文域名运行续费及网站标识管理。

【事业单位登记管理】 2021年，编办完成党政群赋码及事业单位登记管理，办理涉改事业单位设立、变更、注销登记。年底前，办理事业单位设立登记2家，事业单位变更登记37家；为涉改事业单位中成建制转制为企业、撤销、合并、分立且权利义务有承接单位的法人，采取简化便捷的程序办理注销登记；加强事业单位法人事中事后监管，全面推进“双随机、一公开”实地核查，对随机抽取的5家事业单位就登记事项和年度报告等法人公示信息实地核查；完成140家事业单位年度报告公示工作；为编办直接管理机构编制的机关、群众团体办理并发放《统一社会信用代码证书》，完成证书换领、撤销；配合推进事业单位社会信用体系建设，每周按时在机关赋码和事业单位登记管理网完成“双公示”；做好与相关部门的信息共享、业务协同，按时向全国信用信息平台推送登记数据。

县直机关党建

【制度建设】 2021年，中国共产党文水县直属机关工作委员会（以下简称县直工委）。把党员组织关系接转指定给专人负责，严格按照规定执行，把好进出关，定期督促检查，有针对性地做好党员组织关系转出和接收工作。全年接转党组织关系1248人，其中接收709名党员，转出539名党员。严格“三会一课”制度，深入开展“两日”活动。严格执行组织生活会、民主评议党员等基本制度，严明党的政治纪律和政治规矩，严肃和规范党内政治生活。严格按照《中国共产党发展党员细则》规定程序发展党员，坚持标准、保证质量、宁缺毋滥。全年接收并组织培训76名入党积极分子并全部通过考试；80名发展对象发展为预备党员；28名预备党员转为正式党员。深入学习贯彻《中国共产党宣传工作条例》《党委（党组）意识形态工作责任制实施办法》《山西省党委（党组）意识形态工作责任制实施细则》，加强党对意识形态工作的领导。建立健全意识形态组织机构，明确党委（党组）书记第一责任人，配齐配强意识形态工作人员。每季度进行1次意识形态研判，每半年开展1次意识形态专题汇报。规范党员干部微信群、朋友圈、抖音、快手等新媒体平台信息发布，做实做细意识形态工作。

【组织建设】 2021年，县直工委为进一步加强事业单位改革后基层党组织建设，确保改革后机关党组织工作秩序不乱、队伍不散、工作不断，县直工委要求县直各系统党委及其下辖各级党组织做到“三要”，把好“三关”，确保机关党建和机构改革“两促进”。要求全面分析研判机关党组织党员人数及组织设置，搭建党组织设置构架，为及时、准确、合理调整设置机关党组织准备好第一手资料。全年督促指导10个县直机关系统党委完成换届，29个党支部根据实际情况和工作需要完成换届选举。在新旧党组织变更过程中，更新党员信息系统数据、党员组织关系转接、党费移交、档案整理归档、发展党员及入党积极分子培养等环节，确保党组织管理规范有序；及时配齐配强党务工作者，开展党员教育管理培训，使其尽快熟悉党务知识和党建业务，确保有人管事，有人干事；做到以机关党建促机构改革，以机构改革成效助推机关党建。

【党员教育管理】 2021年，县直工委分层次组织入党积极分子、发展对象、县直各级党组织书记及班子成员、党务干部培训。推进基层党组织活动方式、方法和机制创新，促进党建和业务深度融合。全年通过各种形式集中培训16次，参训人次300余人次。组织县直机关2500余名在职党员到社区报到，开展志愿服务，报到率99%。为便于在职党员开展志愿服务时亮明身份，做好表率，给每位志愿者统一制作“志愿服务标志性”服装，配发到各社区。志愿服务围绕县委创建文明城市、整治“六乱”、疫情防控、防电信诈骗等工作。组织选送县直机关党员34幅作品参加吕梁市直工委组织的“学党史、聚合力、兴吕梁”党史金句主题书法展；协办党史知识竞赛，组织县直10个系统党委层层选拔组队参加。5月26日，进行决赛，获二等奖1个，三等奖1个，组织奖8个。选树县直机关先进基层党组织13个，优秀共产党员10名，优秀党务工作者10名。对县直机关入党50年以上371名老党员颁发“光荣在党50年”纪念章。全年开展党史专题学习8次，集体学习17次，开展党史专题党课3次，理论学习中心组集中学习21次。

离退休干部管理

【概况】 2021年，文水县有离休干部53人，其中女性3人，男性50人；行政事业离休干部38人。退休干部2056人（不含退休教师和企业退休人员），其中男性962人，女性1094人。

【政治待遇】 2021年1月，中国共产党文水县委员会老干部局（以下简称老干局）对全体离休老干部上门慰问。党史学习教育期间，组织离退休党员学习党的十九大、十九届六中全会精神，学习党史学习教育指定书目《论中国共产党历史》《毛泽东邓小平江泽民胡锦涛关于中国共产党历史论述摘编》《中国共产党简史》《习近平新时代中国特色社会主义思想学习问答》《习近平谈治国理政》第三卷等，传达山西省、吕梁市、文水县重大会议精神等。为离休干部订《中国老年》《山西老年》《党史文汇》《老友导报》，为退休干部征订《山西老年》《党史文汇》《老友导报》，每月按时发放报纸杂志。在吕梁市老干部局网站为离退休干部发表信息20篇。

【生活待遇】 2021年，老干局开展“一人一策”精准服务离休干部工作，为离休干部上门理发；统计离休干部出生日期，在过生日时为他们送去生日祝福和生日蛋糕；通过网上订购、送货上门的方式为异地安置和外地居住的离休干部送生日蛋糕。全年为46名离休干部理发并送去生日祝福和生日蛋糕，与县退役军人事务局联合在“八一”建军节，为离休干部中的退役军人送上慰问。

【活动】 2021年，老干局为庆祝建党100周年，主办“晚霞映初心、逐梦新时代”九九重阳节老干部文艺展演。

巡　　察

【机构改革】 2021年4月27日，根据《中共文水县委机构编制委员会关于印发〈文水县深化事业单位改革实施方案〉的通知》，中共文水县委巡察工作办公室（以下简称巡察办）巡察信息资料中心更名为巡察资料中心，隶属于巡察办，副科级建制。

【政治巡察监督】 2021年1月至2月，巡察办4个巡察组继续对13个县直单位及凤城镇12个村级党组织开展常规巡察，对4个县直单位开展巡察“回头看”，围绕“三个聚焦”深入查找发现管党治党方面存在的共性问题194条，围绕“六项纪律”深入查找发现党员领导干部违纪违法问题线索10件，其中反映科级干部问题线索5件（涉及6人）。3月至4月，根据山西省、吕梁市巡视巡察机构统一安排，派出1个巡察组（由交口县、孝义市、文水县巡察人员混合编组），采取与山西省、吕梁市“同步式上下联动”的方式，对县供销系统开展机动式巡察，重点聚焦履行管党治党政治责任情况，深入查找全县供销系统党组织履职尽责不力问题；聚焦全县供销系统存在的腐败和作风问题，深入查找反映重点人、重点事、重点资产等重大腐败问题线索和形式主义、官僚主义问题；聚焦贯彻中央、省委、市委、县委重大决策部署情况，深入查找推进供销系统综合改革不力和制约改革发展的重大梗阻和障碍问题，共查找发现共性问题6条，问题线索11件，其中涉及科级干部6人。4月底至7月，派出2个巡察组，对财政局、市场监督管理局、自然资源局、商务局、退役军人事务局、行政审批服务管理局、园林绿化服务中心、环卫服务中心8个县直单位开展为期2个月的机动式巡察。聚焦关键少数，紧盯被巡察党组织及其班子成员，特别是主要负责人履职尽责、担当作为情况，深入了解问题反映集中、群众反映强烈的重点人、重点事、重点项目、重点资产等问题，精准发现政治问题和经济问题交织、传统腐败和新型腐败交织、腐败问题和不正之风交织等问题，共查找发现共性问题55条，问题线索6件，其中反映科级干部的问题线索1件（涉及1人）。9月至10月，根据中共吕梁市委、中共文水县委统一部署，派出1个巡察组，配合中共吕梁市委巡察三组对全县粮食购销系统开展机动式巡察，深入查找发现粮食主管部门党政领导班子成员、重要岗位党员领导干部、下属粮食企业主要负责人在履职尽责、资产处置、专项资金使用、纪律作风等方面的问题和线索。完成巡察了解环节，11月29日，向县委巡察工作领导小组作了专题汇报。

12月3日，召开十四届中共文水县委第一轮巡察动员部署会，从2021年12月初至2022年1月底，中共文水县委派出4个巡察组，对县水利局、农业农村局（含乡村振兴中心）、融媒体中心、总工会、科学技术协会、妇女联合会、工商业联合会、文学艺术界联合会8个县直单位党组织，采取“一拖二”的方式，开展常规巡察。县委组织部派出4人入组全程参加巡察，对选人用人、党建及其他工作开展检查监督；县委宣传部派出专项检查组，开展意识形态工作责任制落实情况专项检查。

【巡察整改】 2021年4月底至8月初，十三届县委第九轮巡察各被巡察单位针对巡察反馈的每一条共性问题，从“补救措施、追责问责、教育培训、建章立制”4方面制定整改方案、三清单一台账，逐条落实，经过3个月的整改，194条共性问题完成整改186条，整改率95.9%；各单位累计党纪、政务处分15人，诫勉谈话26人，约谈198人，通报批评20人，书面检查44人；新出台制度197个，健全完善制度133个。8月底至9月初，经十四届县委机动式巡察和供销系统机动式巡察反馈，与纪检、组织部门协作联动，督促指导各被巡察党组织主动认领责任，强化“整改不力是失职，不抓整改是渎职”的观念，制定整改方案，细化整改内容、整改措施、整改时限，明确责任领导、责任单位、责任人员，建立“三清单一台账”，确保整改可量化、可检查、可问责；对巡察反馈的问题，做到不回避、不推脱、不遮掩、不护短，件件有着落，既有当下改的举措，也有长久立的机制。经过3个月的集中整改，经细化后的74条共性问题，完成整改70条，正在整改4条，整改率94.6%。整改中，各被巡察单位共追责问责354人，其中调整工作岗位41人，诫勉谈话3人，通报批评20人，警示约谈144人，责令检查141人，一把手自我批评5人；开展党纪、党规教育15场次，业务培训35场次；建立长效机制106个，其中新出台制度55个，健全完善旧制度51个。

党　校

【教学改革】 2021年，中共文水县委党校（以下简称党校）按照新修订的《中国共产党党校（行政学院）工作条例》，及中央党校、山西省委党校教学改革精神和工作部署，把“用学术讲政治”作为教学改革的“一号工程”，加强业务学习和教学指导，把学习贯彻习近平新时代中国特色社会主义思想作为教学培训的首要任务、中心内容，以打造党性教育精品课为切入点，完成党性教育精品课评选和录制。

【党校培训】 2021年，党校开展各类培训3000人次。其中，党校主体班2期，集中培训乡镇工作人员200余人；与县委组织部、县直工委开展入党积极分子、发展党员培训，培训500余人次；选派教师深入基层开展多轮宣讲，受教育人2300余人次。

史志编研

【党史宣传】 2021年，中共文水县委党史研究室（以下简称党史研究室）向单位、党员干部、学生赠送党史书籍80册。

【年鉴编纂】 2021年1月，《文水年鉴（2020）》由山西出版传媒集团·三晋出版社出版发行，共56万字。12月31日，该书获第八届全国地方志优秀成果（年鉴类）评审三等年鉴，中国地方志指导小组、中国地方志学会通报表扬。3月4日，根据县委办、政府办联合下发《关于编纂〈文水年鉴（2021）〉的通知》，启动《文水年鉴（2021）》编纂工作。10月底，《文水年鉴（2021）》送审，全书56万字，并申请了书号。

【读志用志】 2021年，党史研究室赠送有关单位、领导、回家乡探亲访友人士、来文投资人士及需求者《文水县志》《文水年鉴》等书籍170册。

【资料提供】 2021年，党史研究室为《山西年鉴（2021）》《中共山西年鉴》《吕梁年鉴（2021）》《中共吕梁市委工作纪事》提供文水县情况资料；为《吕梁市志·人物篇》提供文水人物简介、图片；为吕梁市委、市人大、市政府、市政协提供资料。指导文水县方圆村等村编写村志，指导文水中学编写校志。

机关事务服务

【机构改革】 2021年4月27日，根据《中共文水县委机构编制委员会关于印发〈文水县深化事业单位改革实施方案〉的通知》，将文水县机关事务服务中心（以下简称机关事务服务中心）所属事业单位文水县会务接待中心并入机关事务服务中心。5月6日，根据《文水县机关事务服务中心关于增设内设机构及人员任免的通知》经机关事务服务中心主任班子会议研究决定，增设人事股。

【公车管理】 2021年4月，机关事务服务中心邀请技术人员培训公务用车平台新系统操作。7月，完成全县公务用车统计数据网上报送。11月，对全县党政机关和参照《中华人民共和国公务员法》管理的事业单位、县直事业单位及部门所属事业单位在编在册的车辆摸底汇总；对县公安局、县交警大队车辆更新调配；开展全县党政机关公务用车统计报告网上报送数据；对部分单位车辆定位异常，专业技术人员现场排查。完成县卫体局疫情防疫、人代会、党代会、党史学习教育、换届督导组、扶贫督导组、《谁是终极英雄》栏目组、投资贸易博览会专线行动等大型车辆保障任务100余车次，为全县各单位服务用车2300余车次，服务9000余人次，运行20万公里。

【公务接待】 2021年4月，机关事务服务中心出台并实施的《文水县公务接待管理办法》等文件，严格执行公务接待标准，实行“一事一函”。全年接待到本县各级各类领导及宾客476批次4825人次。

【办公用房管理】 2021年，机关事务服务中心对全县党政机关办公用房情况摸排、登记，全面了解办公用房详细占用情况；对旧武装部附属楼进行维修、改建等实地考察、检测、鉴定和手续办理、加盖等；对原山西徐特立高级职业中学各个教学楼进行面积测量、粘贴门牌号，对各教室及校园进行规划及修整。

【后勤服务】 2021年，机关事务服务中心处理公文415份，其中收文366份，发文49份。与县发展和改革局、县财政局联合制定《文水县节约型机关创建行动方案》，由各乡镇党委、政府，县党政各机关、县直属各单位，党政机关所属各部门推出文水节约型机关创建自评表机制，建设节约型机关评价体系，实行生活垃圾分类，制定无烟机关的实施方案，并发放到70余家单位、部门，要求各单位根据文件上报实施方案，开展全县公共机构煤炭消费数据调查。全年接待参会人员3万余人，各类会议389次，100人以上会议54次，200人以上会议25次，300人以上会议19次。

档案管理

【概况】 2021年7月21日，文水县档案馆（以下简称档案馆）根据《中共文水县委办公室关于印发〈文水县委党史研究室等4个单位职能配置、内设机构和人员编制规定〉的通知》，明确档案馆为县委直属正科级事业单位，公益一类，下设党建办（办公室）、保管利用股、收集征集股、编纂宣传股、信息技术股。

【档案接收】 2021年，档案馆接收档案资料100卷17351件，其中接收防震减灾中心档案资料52卷，接收太中银铁路文水段协调组档案资料48卷，接收“3·8”专案档案资料17351件。

【档案利用】 2021年，档案馆在社会养老参保登记、企业职工办理退休期间，为上门人员查找、复印各类所缺资料，共查找档案资料3120卷次，复印3500余张。

【档案数字化管理】 2021年，档案馆继续全面推进档案信息化建设，开展传统载体档案数字化，全年完成档案原文扫描127679幅，录入电子目录2414条293卷。

文水县人民代表大会

综　述

【概况】 2021年，文水县人民代表大会常务委员会（以下简称人大）深入学习贯彻中国共产党第十九届中央委员会第六次全体会议精神和总书记习近平视察山西重要讲话精神，贯彻落实中国共产党山西省第十二次代表大会、中国共产党吕梁市第五次代表大会、中国共产党文水县第十四次代表大会精神。全年召开人大常委会会议5次、主任会议11次，迎接上级检查、调研20余次，开展调研和视察活动17次，听取和审议“一府一委两院”专项工作报告12次，作出决议决定11项，形成调研报告30余篇，审查规范性文件3件，督办议案和代表建议215件。全县有人大代表230名，出席吕梁市人大代表38名，出席山西省人大代表2名。

【机构成立】 2021年4月16日，人大成立监察和司法专门委员会、财政经济专门委员会、社会建设专门委员会、法制专门委员会。

重要会议

【文水县第十七届人民代表大会第一次会议】 2021年4月13日至16日，文水县第十七届人民代表大会第一次会议在文兴会堂举行，大会应出席代表230人，实出席代表216人，符合法定人数。听取并审议《文水县人民政府工作报告》；审查和批准《文水县国民经济和社会发展第十四个五年规划和二〇三五年远景目标纲要（草案）》；审查和批准《文水县人民政府关于2020年国民经济和社会发展计划执行情况及2021年国民经济和社会发展计划（草案）的报告》，批准《文水县2021年国民经济和社会发展计划》；审查和批准《文水县人民政府关于2020年财政预算执行情况及2021年财政预算（草案）的报告》，批准文水县2021年财政预算；听取并审议《文水县人大常委会工作报告》；听取并审议《文水县人民法院工作报告》；听取并审议《文水县人民检察院工作报告》。文水县第十七届人民代表大会第一次会议举行第三次会议，选举范发宾为文水县第十七届人民代表大会常务委员会主任；王峰为文水县人民政府县长；薛海燕为文水县监察委员会主任；曹宪强为文水县人民法院院长；吴志锋为文水县人民检察院检察长；赵志昌、李仰青、赵一学、郭竹朋为文水县第十七届人民代表大会常务委员会副主任；成坚、武英喆、闫志斌、王金钟、宋国刚、张雪娟为文水县人民政府副县长；王京强、李俊杰等28人为文水县第十七届人民代表大会常务委员会委员。文水县第十七届人民代表大会第一次会议举行第四次会议，大会应出席县人大代表230人，实出席227人，符合法定人数，会议表决通过文水县第十七届人民代表大会法制委员会、财政经济委员会、社会建设委员会、监察和司法委员会四个专门委员会组成人员名单。表决通过《关于文水县人民政府工作报告的决议》《关于文水县国民经济和社会发展第十四个五年规划及二〇三五年远景目标纲要的决议》《关于文水县2020年国民经济和社会发展计划执行情况与2021年国民经济和社会发展计划的决议》《关于文水县2020年财政预算执行情况与2021年财政预算的决议》《关于文水县人民代表大会常务委员会工作报告的决议》《关于文水县人民法院工作报告的决议》《关于文水县人民检察院工作报告的决议》。

2021年4月13日至16日，文水县第十七届人民代表大会第一次会议在文兴会堂召开（成新安摄）

【文水县第十七届人民代表大会第二次会议】 2021年12月23日至24日，文水县第十七届人民代表大会第二次会议在文兴会堂举行。会议选举文水县出席吕梁市第四届人民代表大会代表38人。

【人大常委会会议】 2021年2月7日，文水县第十六届人大常委会第四十一次会议在文兴会堂203会议室召开，县人民法院院长李进昱、县人民检察院检察长王宝和、山西文水经济开发区管委会副主任桑志民、新拟任人员，不是常委会组成人员的县人大各工作机构负责人出席会议。会上听取和审议《文水县人大常委会党组关于县乡人大换届选举工作的安排意见》；审议通过《关于县选举委员会组成人员、乡镇选举委员会组成人员名单（草案）》《县直、苍儿会办事处换届选举指导组组成人员名单（草案）》；审议通过《关于重新确定的乡镇代表名额（草案）》；听取和审议《山西文水经济开发区总体规划的修编情况的汇报》；人事任免。

本月18日，文水县第十六届人大常委会第四十二次会议在文兴会堂203会议室召开。十六届人大常委会全体组成人员和县人大各工作机构负责人出席会议。会上，补选出席吕梁市人大代表。

3月19日，文水县第十六届人大常委会第四十三次会议在文兴会堂203会议室召开。十六届人大常委会全体组成人员及县委常委、组织部部长刘建树出席会议。县委常委、副县长成坚，拟任人员、各乡镇人大主席、县人大各工作机构负责人列席会议。会上，听取和审议代表资格审查委员会关于文水县第十七届人民代表大会代表资格审查情况的报告；人事任免；其他事项。

本月29日，文水县第十六届人大常务委员会第四十四次会议在文兴会堂203会议室召开。十六届人大常委会全体组成人员、县人大各工作机构负责人出席会议。会议审议和通过《文水县人大常委会关于举行文水县第十七届人民代表大会第一次会议的决定（草案）》；其他事项。

4月9日，文水县第十六届人大常委会

第四十五次会议在文兴会堂203会议室召开。十六届人大常委会全体组成人员，列席会议的有县委常委、副县长成坚，各乡镇人大主席，县人大各工作机构负责人出席会议。会议听取并审议文水县第十六届人大常委会代表资格审查委员会关于文水县第十七届人大代表资格的审查报告；通过十七届人大一次会议有关事项；人事任免；其他事项。

7月2日，文水县第十七届人大常委会第一次会议在文兴会堂203会议室召开。参加会议的有，十七届人大常委会全体组成人员。列席会议的有，县委常委、副县长成坚，县委常委、纪委书记、监委主任薛海燕，县人民法院院长曹宪强，县人民检察院检察长吴志锋，各乡镇人大主席，新拟任人员，不是常委会组成人员的县人大各工作机构负责人。会议议程，文水县第十七届人大一次会议代表建议交办；解读重点建议办理工作的通知；通过代表资格审查委员会组成人员名单；人事任免；其他。

8月19日，文水县第十七届人大常委会第二次会议在文兴会堂203会议室召开。参加会议的有，县十七届人大常委会全体组成人员。列席会议的有，县委常委、副县长成坚，县委常委、纪委书记、监委主任薛海燕，县人民法院院长曹宪强，县人民检察院检察长吴志锋，山西文水开发区管委会、发改局、教科局、工信局、财政局、自然资源局、商务局、卫体局、应急管理局、审计局、统计局、行政审批局、税务局负责人，县人大各工作机构负责人。会议听取和审议《县人民政府关于2021年上半年经济和社会发展情况的报告》；听取和审议县人民政府《关于2020年财政决算及2021年上半年财政预算执行情况的报告》；听取和审议县人民政府《关于2020年财政预算执行情况和其他财政收支执行情况的审计报告》；听取和审议县人民政府《关于异地新建县中医院项目进展情况的汇报》；听取和审议县人民政府《关于山西徐特立高级职业中学PPP项目建设、搬迁情况的汇报》；人事任免；其他事项。

10月28日，文水县第十七届人大常委会第三次会议在文兴会堂203会议室召开。参加会议的有，县十七届人大常委会全体组成人员。列席会议的有，县委常委、副县长成坚，县人民法院院长曹宪强，县人民检察院检察长吴志锋，县纪委主持日常工作的副书记、监委副主任马飞，各乡镇人大主席，部分人大代表，新拟任人员，不是常委会组成人员的县人大各工作机构负责人。会议集体学习习近平总书记在中央人大工作会议上的重要讲话精神；听取县依法治县领导组办公室《关于“七五”普法情况及“八五”普法初步思路的报告》；听取县人民政府《关于我县农村集中供热二期工程情况的报告》；参会人员发言；人事任免及其他事项。

11月26日，文水县第十七届人大常委会第四次会议在文兴会堂203会议室召开。参加会议的有，县十七届人大常委会全体组成人员。列席会议的有，县政府副县长、公安局局长闫志斌，县政府副县长宋国刚，县人民法院院长曹宪强，县纪委监委、政法委、政府办、公安局、工信局、教科局、交通运输局、自然资源局、住建局、发改局、农业农村局、财政局、司法局、行政审批局、林业局、人行、工行、农行、建行、信用联社、邮储银行、移动公司、联通公司、电信公司、公路段、金融服务中心、银保监组主要负责人，县人大常委会各工作机构负责人，凤城镇、刘胡兰镇、南武乡、西城乡乡镇长，各乡镇人大主席。会议听取和审议

《县人民政府关于打击治理电信网络诈骗犯罪工作情况的报告》；听取和审议县人民政府《关于刘胡兰纪念馆旅游公路工程 PPP 项目跨年度支出责任纳入中期财政规划的议案》；听取和审议县人大常委会《关于规范性文件备案审查工作情况的报告》；参会人员发言；人事任免；其他事项。

12 月 16 日，文水县第十七届人大常委会第五次会议在文兴会堂 203 会议室召开。参加会议的有，文水县十七届人大常委会全体组成人员。列席会议的有，县政府副县长武英喆，县人民法院院长曹宪强，县人民检察院检察长吴志锋，政府办、财政局负责人，各乡镇人大主席，县人大各工作机构负责人。会议审议和通过《文水县人大常委会关于举行文水县第十七届人民代表大会第二次会议的决定（草案）》；听取和审议县人民政府《关于 2021 年财政预算调整方案（草案）的报告》；听取和审议县人民政府《关于文水县第十七届人民代表大会第一次会议代表建议、意见办理情况的报告》；其他事项。

人大监督

【常规监督】 2021 年，人大听取审议计划、财政预决算、财政审计、第十四个五年规划和二〇三五年远景目标纲要等报告，审查批准县本级预算调整方案，支持财政资金在城镇发展、产业转型、民生领域更好发挥作用。听取审议《国有资产管理情况的报告》，督促政府看好“家底”，向全县人民交出 1 份“明白账”。坚持“强监管”和“促发展”并重，听取《金融部门服务地方经济情况的报告》，进一步创新金融服务方式、提高金融服务质量。实地调研白酒产业发展及规范管理情况，加快白酒产业高质量发展。围绕肉牛产业发展、梨果种植、土地流转、沙棘推广开展调研，推动乡村振兴取得新进展、农业农村现代化迈出新步伐。听取《刘胡兰纪念馆旅游公路建设情况报告》，助力打通县域东西交通主动脉，满足人民群众出行需求。开展康家堡红色旅游景点规划和建设情况调研，深入挖掘文化内涵，依托红色文化资源讲好文水故事，打造红色旅游新名片。

【环境监督】 2021 年，人大听取审议《2021 年度环境状况和环保目标完成情况的报告》，统筹推进环境综合整治和产业调整转型。视察文峪河综合整治工程和汾河百公里中游示范区文水县段生态治理工程，为实现水清岸绿、河畅景美目标建言献策。配合山西省人大常委会开展《山西省汾河保护条例（草案）》立法调研、吕梁山区生态保护和修复调研，推动绿色低碳发展加速度。

【民生监督】 2021 年，人大围绕全县教育布局优化、学前教育普惠性发展、教育事业健康优质发展、山西徐特立高级职业中学 PPP 项目、师德师风建设等开展专题调研，助推办好人民满意的教育。视察农村集中供热二期工程，围绕“暖气热不热、收费高不高”等关键性问题开展“考问”，问出民心和民意，答出责任和承诺，推动集中供热管理和服务水平进一步提升。围绕守护人民群众健康，配合吕梁市人大常委会开展传染病防治工作调研，听取审议公共卫生专项工作报告，重点督办异地新建中医院项目，组织代表开展常态化疫情防控、疫苗接种调研，推动县域公共卫生领域瞄准关键、重拳出击，破解“卡脖子”难题，构筑文水医疗新高地。

【法治监督】 2021年，人大对县人民法院民事审判、民事执行工作和县人民检察院未成年人权益保护工作进行调研，让公平正义可触可感。开展推进打击治理电信网络诈骗犯罪工作调研，并作出相关决议，全力遏制案件高发态势，形成全民反诈、全社会反诈。听取审议“七五”普法工作报告，助力全社会尊法、学法、守法、用法，建设更高水平的法治文水、平安文水。配合吕梁市人大调研公、检、法队伍建设，听取审议政法队伍教育整顿工作报告，推动政治生态优化、纪律作风好转、素质能力增强、执法司法公信力提升。针对应急救援工作，开展消防“一法一条例”执法检查。听取审议2021年度规范性文件备案审查工作报告，出台操作规程，强化备案审查，做到制度化、规范化、常态化。持续关注人民群众诉求，全年受理来信来访23件次，推动涉法、涉诉信访案件纳入法治轨道解决。

代表工作

【代表选举规范】 2021年，人大坚持把政治标准放在首位，严把代表“入口关”，做到推荐有依据、提名有标准、比选有标杆。贯彻落实新修订的《中华人民共和国全国人民代表大会和地方各级人民代表大会选举法》，完成县、乡两级人大换届选举工作，选举产生新一届县人大代表230名，乡镇人大代表837名。选出出席吕梁市四届人大代表38名，其中吕梁市下派代表7名。

【代表履职】 2021年，人大坚持尊重代表、依靠代表、服务代表，贯彻常委会组成人员联系代表、代表联系群众“双联系”制度。坚持重大事项向代表通报，全年邀请80余人次列席人大常委会会议、主任会议，安排120余人次参加调研、视察、走访、座谈等活动。开展多形式、分层次、全覆盖代表学习培训，为代表征订《人民代表报》等学习资料；组织常委会组成人员、乡镇人大主席、部分人大代表，赴江苏省苏州市参加综合能力提升培训班，围绕新时代人大依法行使职权、代表发挥作用和党史国史等内容专题学习；邀请山西省人大常委会人事代表工作委员会副主任张国富为全县代表讲授《如何依法履职，做一名称职的人大代表》，拓宽代表视野、提升代表履职能力。

【建议办理】 2021年，人大回应社会关切，办好会议期间和闭会期间建议办理。健全完善人大常委会领导重点督办、政府领导领办、有关部门承办、政府办催办、人大相关工委促办的“五办联动”机制，选择好角度、把握好尺度、掌握好力度，精准发力、动真碰硬、讲求实效，把解决问题作为着力点。代表在一次会议期间提出的215件建议，县人民政府、县人民法院、县人民检察院作为加强和改进工作的重要依据，认真研究办理，兑现答复承诺，解决一大批民生实事、“关键小事”。其中，完善山西文水经济开发区（一区四园）基础设施发展、推进自来水直供保护地下水资源、胡兰大街建设、城乡环卫一体化等10件重点意见建议，作为人大常委会重点督办内容，坚持全年度、全流程跟踪督办。经过各方面努力，代表多年关注、常委会长期督办的重要建议得到短时限、有力度的真解决。对代表闭会期间提出的建议，主任会议研究和梳理，形成综合材料，交由县政府进行答复办理，解决及时开放西山凤凰公园等一批群众关注的问题。

【代表活动】 2021年，人大贯彻吕梁市委“要切实把吕梁市代表联络站点建好、用好”精神，建成代表联络站点61个，实现乡镇全覆盖、代表进站全覆盖。把握关键环节，强化措施办法，引导代表走出闭门造车式的冥思苦想、办公室里的文来文往、“权威”之间的坐而论道，回到人民群众中间，倾听民意与呼声，推动代表由“荣誉代表”向“职务代表”转变，由“要我履职”向“我要履职”转变。党史学习教育开展以来，以“我为群众办实事”“六乱整治”等工作为抓手，强化领导干部带头、代表跟进，有700余名代表深入联络站点，接待群众4000余人次，收集问题423件，办结289件，确保活动不虚、不偏、不空、不走过场。

人事任免

【任命】 2021年2月7日，文水县第十六届人大常委会第四十一次会议通过，任命：李智慧为文水县人民法院副院长、审判委员会委员、审判员；乔瑞香、武俊艳、阴俊萍、武雪贝、李转梅、张桂梅、李书科、赵美莲、张慧、张建梅、李月根、武美玲、张亚妮、赵海琴、袁杰群、孙素青、张丁帅、任新艳、侯荣慧、王巧、延文霞、张金明、闫俊超、赵完宝、刘永强、王完霞、王艮叶、李强、蔚巧兰、麻鹏宇、赵婷婷、王小英为人民陪审员。

3月19日，文水县第十六届人大常委会第四十三次会议通过，决定任命：闫志斌为文水县人民政府副县长、文水县公安局局长；王金钟为文水县人民政府副县长。任命：薛海燕为文水县监察委员会副主任，决定薛海燕为文水县监察委员会代理主任；曹宪强为文水县人民法院副院长，决定曹宪强为文水县人民法院代理院长；吴志锋为文水县人民检察院副检察长，决定吴志锋为文水县人民检察院代理检察长。

7月2日，文水县第十七届人大常委会第一次会议通过，决定任命：段效东为文水县人民政府办公室主任；闫志斌为文水县公安局局长；贺泽炜为文水县发展和改革局局长；张玉和为文水县民政局局长；邢长明为文水县教科局局长；杜少杰为文水县司法局局长；段拉银为文水县财政局局长；刘小平为文水县人力资源和社会保障局局长；霍永贵为文水县交通运输局局长；杨卫东为文水县水利局局长；田怀利为文水县农业农村局局长；翟平武为文水县商务局局长；张国强为文水县卫生健康和体育局局长；张志峰为文水县退役军人事务局局长；李燕刚为文水县审计局局长；王卫泽为文水县市场监督管理局局长；梁文锋为文水县统计局局长；王志刚为文水县医疗保障局局长；权建强为文水县行政审批服务管理局局长；王建祥为文水县信访局局长；文栋梁为文水县能源局局长。任命：王海洋为文水县监察委员会委员；任慧慧为文水县人民法院副院长、审判委员会委员；李贵斌为文水县人民法院审判委员会委员；柳飞为文水县人民检察院副检察长、检察委员会委员。

8月19日，文水县第十七届人大常委会第二次会议通过，任命：王盛为文水县人民法院副院长、审判委员会委员；张玮为文水县人民法院凤城法庭庭长；霍士杰为文水县人民法院南武法庭庭长；薛北为文水县人民法院南庄法庭庭长；武锐为文水县人民法院综合审判庭庭长；申锐为文水县人民法院开栅法庭庭长；王淑丽为文水县人民法院孝义法庭庭长；张昌彪为文水县人民法院刘胡兰法庭庭长。

10 月 28 日，文水县第十七届人大常委会第三次会议通过，任命：韩宇为文水县人民代表大会常务委员会办公室主任；成安梅为文水县人民代表大会常务委员会教育科学文化卫生工作委员会主任；张文平为文水县人民代表大会常务委员会财政经济工作委员会主任；张士武为文水县人民代表大会常务委员会人事代表工作委员会主任；翟鹏程为文水县人民代表大会常务委员会农村工作委员会主任。决定任命：齐树亮为文水县人民政府办公室主任；郭宏斌为文水县民政局局长；张玉和为文水县人力资源和社会保障局局长；赵振军为文水县交通运输局局长；马振辉为文水县农业农村局局长；王建祥为文水县林业局局长；段忠民为文水县信访局局长；闫志俊为文水县统计局局长；王京强为文水县商务局局长；田怀利为文水县文化和旅游局局长；朱俊强为文水县应急管理局局长；宋忠辉为文水县市场监督管理局局长。

11 月 26 日，文水县第十七届人大常委会第四次会议通过，决定任命：梁志峰为文水县工业和信息化局局长。

【免职】 2021 年 2 月 7 日，文水县第十六届人大常委会第四十一次会议通过，免去韩振宙人民陪审员职务。

3 月 19 日，文水县第十六届人大常委会第四十三次会议通过，决定免去：赵志昌文水县人民政府副县长职务；赵一学文水县人民政府副县长职务；白剑翀文水县人民政府副县长、文水县公安局局长职务；梁鲜美文水县林业局局长职务。

4 月 9 日，经文水县第十六届人大常委会第四十五次会议表决通过，决定免去：张雪娟文水县工信局局长职务；李志英文水县住建局局长职务。

7 月 2 日，文水县第十七届人大常委会第一次会议通过，免去：韩志明文水县人民法院副院长、审判委员会委员职务；李智慧文水县人民法院副院长、审判委员会委员、审判员职务。

8 月 19 日，文水县第十七届人大常委会第二次会议通过，免去：牛培栋文水县人民法院凤城法庭庭长职务；武锐文水县人民法院南武法庭庭长职务；孙希亮文水县人民法院南庄法庭庭长职务；申锐文水县人民法院综合审判庭庭长职务；刘亚萍文水县人民法院开栅法庭庭长职务；霍士杰文水县人民法院孝义法庭庭长职务；武建生文水县人民法院刘胡兰法庭庭长职务；王淑丽文水县人民法院立案庭副庭长职务；石磊文水县人民法院立案庭副庭长职务；韩娟文水县人民法院刑事审判庭副庭长职务；宁亮斌文水县人民法院南武法庭副庭长职务；张瑞宇文水县人民法院凤城法庭副庭长职务；成志宇文水县人民法院南庄法庭副庭长职务；周志勇文水县人民法院孝义法庭副庭长职务；张晓娟文水县人民法院孝义法庭副庭长职务；巩晓磊文水县人民法院审判员职务。

10 月 28 日，文水县第十七届人大常委会第三次会议通过，免去：王京强文水县人民代表大会常务委员会办公室主任职务；胡铁牛文水县人民代表大会常务委员会农村工作委员会主任职务；武建民文水县人民代表大会常务委员会人事代表工作委员会主任职务。决定免去：段效东文水县人民政府办公室主任职务；张玉和文水县民政局局长职务；王建祥文水县信访局局长职务；田怀利文水县农业农村局局长职务；宋忠辉文水县应急管理局局长职务；刘小平文水县人力资源和社会保障局局长职务；霍永贵文水县交通运输局局长职务；梁文锋文水县统计局局长职务；翟平武文水县商务局局长职务；王卫泽文水县市场监督管理局局长职务。

【接受辞职】 2021 年 3 月 19 日，文水县第十六届人大常委会第四十三次会议通过，接受：张建良辞去文水县监察委员会主任职务；李进昱辞去文水县人民法院院长职务；王宝和辞去文水县人民检察院检察长职务。

文水县人民政府

【综述】 2021年，文水县坚持以习近平新时代中国特色社会主义思想为指导，深入学习贯彻总书记习近平视察山西重要讲话重要指示精神，全面落实中国共产党山西省第十二次代表大会、中国共产党吕梁市第五次代表大会精神。开展党史学习教育，严格落实全面从严治党主体责任，深入推进党风廉政建设和反腐败，自觉接受人大、政协监督。全力推进法治政府建设，深入开展“八五”普法。全方位推动高质量发展，顺利实现“十四五”良好开局，政府行政效率明显提升。经济实力跃上新台阶，农业优势更加突出，工业转型步伐稳健，服务业实现提质增效，城乡建设呈现新面貌，改革创新激发新活力，生态环保取得新成效，社会事业实现新进步，各项工作都取得新成效。

【经济指标】 2021年，文水县经济恢复性增长，全年实现地区生产总值100.11亿元，增长9.2%；一般公共预算收入完成5.72亿元，增长25.49%；固定资产投资完成29亿元，增长8.6%；规模以上工业增加值完成35.4亿元，增长13.9%；社会消费品零售总额完成23.98亿元，比上年同期增长14.3%；限额以上社会消费品零售总额完成4.09亿元，同比增速为31.6%。城镇居民人均可支配收入26246元，农村人均可支配收入13213元。

【农业】 2021年，文水县新建高标准农田6万亩，粮食播种面积45万亩以上，产量2.3亿公斤。农产品精深加工10大产业集群产值116.76亿元，增量48.36亿元。

【工业转型】 2021年，文水县新培育规模以上工业企业30户，总数达到99户。新增省级专精特新企业5户，“小巨人”企业2户；新增国家级专精特新“小巨人”企业1户；在“晋兴板”挂牌企业2户。

【服务业】 2021年，文水县服务业实现提质增效，提振消费市场，发展电子商务，整体销售额突破2亿元，全年收发快递1000余万件，服务业增加值达到42.99亿元，产业结构优化。

【城乡建设】 2021年，文水县城乡建设呈现新面貌，胡兰大街开工建设，滨河西路连接线竣工，实施街巷道路改造，打通城区交通微循环。新改建供水管网4.5公里，惠及城乡居民1.4万户，实现生活用水安全清洁。实施农村改厕1000座，新修和整治“四好农村路”等村庄道路22公里，改造危桥10座。投资4300余万元，实施城乡环卫一体化，聘请第三方公司开展市场化运营，形成村收集、乡转运、县处理的农村垃圾运转模式，城乡人居环境持续向好。

【改革创新】 2021年，文水县推进“一枚印章管审批”改革，推行“一窗受理”“一网通办”，审批时限较法定时限压缩

88.9%，新增市场主体3771户。发挥开发区主平台作用，深化“三化三制”改革，组建开发区开发建设有限公司，全面推行“承诺制+标准地+全代办”改革，251项授权事项基本实现“一网通办”。推进农村集体产权制度改革，全面开展“清化收”工作，清理不规范合同1.5万份，化解村集体债务1200余万元；增加农村承包租赁土地6万亩，集体资产收入5400余万元，村均集体资产收入达到清理前的5.4倍。培育一流创新生态，新增高新技术企业4户，市级立项科技项目13个，争取科技引导资金285万元。鼓励和扶持企业引进博士团队3个，博士及正高级职称高层次科技人才3名。

【生态环保】 2021年，文水县城区集中供热及农村集中供热一期、二期工程投运，供热面积1200余万平方米，覆盖城乡居民7.3万余户。$PM_{2.5}$浓度连续4年下降，优良天数达到205天。文峪河综合整治工程基本完工，汾河百公里中游示范区文水段生态治理、文峪河西宜亭至北张段河道治理工程开工建设。文峪河、磁窑河出境断面水质达到Ⅳ类标准，汾河达到Ⅴ类标准，河流水质指数7.66，比上年同期下降23.1%。实施133.33公顷文峪河周边可视山体绿化工程，生态环境明显改善。

【社会事业】 2021年，文水县不断加大民生投入，民生支出较上年增长1.46亿元，占财政支出的81.3%。城镇新增就业2759人，农村劳动力转移就业3073人，技能培训7000余人次。改扩建普惠性幼儿园3所，九年一贯制学校2所，优化整合小学15所、初中2所，山西徐特立高级职业中学新校区投入使用，各项教育均衡发展。持续推进县乡医疗机构一体化改革，中医院项目开工建设。发展社会文化事业，残疾人康复服务中心主体完工。完成“送戏下乡”50场。常态化防控新型冠状病毒肺炎疫情，守好文水阵地。全力维护社会安全稳定，严厉打击电信网络诈骗，为全县发展创造良好治安环境。开展“安全生产专项整治三年行动”，安全生产事故起数和死亡人数实现双下降。全年发放救灾物资资金6700余万元，529户因灾受损房屋全部重建修缮。

【接受监督】 2021年，文水县办理县人大代表建议213件，县政协委员提案200件。办结吕梁市政府督办事项40件。

人事任免

【任命】 2021年2月22日，经文水县人民政府第八十五次常务会议研究决定，任命：石泉为山西文水经济开发区管委会党政办公室副主任（试用期一年）；李凯为山西文水经济开发区管委会人力资源和财务管理部副部长（试用期一年）；任圆圆为山西文水经济开发区管委会规划和建设管理部副部长（试用期一年）。

3月5日，经文水县人民政府第八十六次常务会议研究决定，任命：宋国刚为文水县人民政府办公室副主任；王启威为文水县林业局副局长。

本月17日，经文水县人民政府第八十七次常务会议研究决定，任命：闫志斌为文水县公安局督察长。

4月2日，经文水县人民政府第八十八次常务会议研究通过决定，任命：张雪娟为文水县人民政府办公室副主任。

6月15日，经文水县人民政府第三次常务会议研究决定，任命：王爱国为文水县乡村振兴中心副主任（试用期一年）；王晓光为文水县融媒体中心主任；段忠民为文水县信访局副局长；高润才为文水县水利局副局长。

本月17日，经文水县人民政府第三次常务会议研究决定，任命：席雪涛为山西文水经济开发区开发建设有限公司董事长；任圆圆为山西文水经济开发区开发建设有限公司董事；王成为山西文水经济开发区开发建设有限公司监事会主席；李凯为山西文水经济开发区开发建设有限公司监事会监事；李锡联为山西文水经济开发区开发建设有限公司监事会监事。

本月30日，经文水县人民政府第四次常务会议研究决定，任命：杜成森为山西徐特立高级职业中学校长；潘永胜为山西省文水中学校校长；高华元为文水县第二高级中学校长；李宏文为山西省刘胡兰中学校校长；侯中治为文水县项目推进中心主任；闫俊平为文水县环卫服务中心主任；李团强为文水县肉牛产业发展中心主任；石学东为文水县现代农业发展服务中心主任；李向前为文水县大数据服务中心主任；刘小平任文水县劳动保障监察综合行政执法队队长；张国强任文水县卫生健康综合行政执法队队长；马振辉任文水县文化市场综合行政执法队队长；程延军任文水县城市管理综合行政执法队队长。

【免职】 4月2日，经文水县人民政府第八十八次常务会议研究通过决定，免去：李延萍县财政局副局长职务。

本月16日，经县政府第一次常务会议研究通过决定，免去：曹小林房管中心主任职务；韩全生扶贫办主任职务。

6月15日，经文水县人民政府第三次常务会议研究决定，免去：段忠民司法局副局长职务；高润才信访局副局长职务。

本月30日，经文水县人民政府第四次常务会议研究决定，免去：王峰山西徐特立高级职业中学校长职务；王金钟文水县教科局局长职务；刘秉兴山西省文水中学校校长职务；邢长明文水县第二高级中学校长职务；成更生山西省刘胡兰中学校校长职务；李慧明文水县融媒体中心总编职务。杜成森文水县教科局副局长职务；高华元山西省文水中学校副校长职务；侯中治文水县工业和信息化局副局长职务。

文水县人民政府办公室

【机构改革】 2021年4月27日，根据《中共文水县委机构编制委员会关于印发〈文水县深化事业单位改革实施方案〉的通知》，文水县人民政府办公室（以下简称政府办）所属事业单位整合为3个，分别是文水县政府信息网络研究中心（副科级建制）、文水县金融服务中心（副科级建制）、文水县民兵武器装备仓库（股级建制）。

【公文处理】 2021年，政府办在公文处理上，实行程序化管理，流水化作业，收文做到及时、准确、安全、保密，发文做到格式规范、文句精炼、打印整洁、分发及时。全年共收文3000余份，以政府名义发文230份，以政府办名义发文273份。

【会务】 2021年，政府办执行会议审批制度，做到会前准备、会中服务、会后落实，会议主题明确、中心突出、落实到位。全年共承办、参与大型会议活动50余次。

【资料信息】 2021年，政府办完成政府工作报告、各项重要工作调度会等大型会议材料及各类会议领导讲话稿的起草，全年共起草各类讲话、情况汇报等综合性文稿300余篇。围绕县委、县政府重大决策部署和群众关注的重大问题，抓住影响改革、发展、稳定的热点、难点以及领导的关注点，注重基层工作动态、部门工作经验和重大政策导向，开展调研活动，完成调研文章。全年共报送各类政务信息60条，完成上级约稿200篇，国务院办公厅采用7篇，山西省人民政府办公厅采用3篇。推进协同办公系统建设，实现公文传输、信息共享、业务协同等办公应用的网上办理。

【督查】 2021年，政府办围绕县委、县政府中心工作、重点项目及重要工作部署，组织开展督促检查，推动工作落实。对中共文水县委十三届十六次全体会议暨经济工作会议及《政府工作报告》重点工作任务进行分解，跟踪督办。全年共收到吕梁市政府督办事项49件，办结40件，其余9件长期推进。全年县政府安排8项督查任务，完成7项，剩余1项为电子耳标任务。

【政府法制】 2021年，政府办完善文水县政府议事机制，对“三重一大”等重大决策事项，规范化收集审议议题，提请县政府常务会议研究讨论。办理人大代表、政协委员意见建议，将办理任务分解到各部门，并向县人大常委会、代表和政协文水县委员会、委员报告反馈，答复办理县人大代表建议213件，政协委员提案199件。对重大决策、重大事项及涉法事务，征求政府法律顾问法律服务。

【政府网站】 2021年，政府办加强和规范信息、政务公开，政府门户网站共发布各类政府信息4682条，编发《文水县人民政府公报》4期（同步在政府网站发布），微信公众号发布信息799条。“县长信箱”“政务咨询”两个互动栏目，共受理网民来信416件，办结411件。

【金融工作】 2021年，金融服务中心坚持间接融资与直接融资并重，推动金融服务实体经济，推动金融体制改革，守住不发生系统性金融风险底线。制定出台《企业上市“绿色通道”工作流程》《全面实施资本市场县域工程试点工作方案》等，激励企业对接资本市场。推动山西棘梦生物股份有限公司、山西旭日东辉智能装备股份有限公司在山西股权交易中心“晋兴板”挂牌。文水县在新三板创新层挂牌企业1家（山西牧标牛业股份有限公司）；在山西股权交易中心“晋兴板”挂牌企业6家（山西宗酒酒业股份有限公司、山西鑫聚源被服股份有限公司、山西鑫海环境治理股份有限公司、山西北斗星新材料股份有限公司、山西棘梦生物股份有限公司、山西旭日东辉智能装备股份有限公司）。出台《加快推进文水县农村信用合作联社改制化险工作实施方案》。开展集中清收信用逾期贷款专项行动，全年，累计清收处置不良贷款3.31亿元。文水县农村信用合作联社1.34亿元专项扶持资金拨付到位。搭建政银企合作平台，畅通中小企业融资渠道。签约对接项目、企业共15个7.79亿元，完成投放5310万元。

人力资源和社会保障

【机构改革】 2021年4月27日，根据《中共文水县委机构编制委员会关于印发〈文水县深化事业单位改革实施方案〉的通知》，文水县人力资源和社会保障局（以下简称人社局）所属事业单位整合为3个，其中正科级建制的是文水县劳动保障监察综合行政执法队，副科级建制的是文水县社会保险服务中心、文水县创业就业服务中心（文水县人事考试中心）。

【就业】 2021年，人社局落实各项就业优惠政策，创造就业机会，进一步缓解就业结构性矛盾，城镇新增就业人员2759人，其中失业人员再就业607人，就业困难人员实现就业145人，创业带动就业307人，普通就业1700人。农村劳动力转移就业3073人。城镇登记失业率2.69%。

【社会保险】 2021年，文水县企业基本养老保险参保职工人数2.8177万人，机关事业单位基本养老保险参保职工人数1.5935万人，城乡居民基本养老保险参保人数24.2655万人，失业保险参保人数1.9190万人，工伤保险参保人数3.3002万人。

【社保卡服务】 2021年，文水县社会保障卡持卡人数44.02万人，电子社保卡签发数39.12万。

【职业技能培训】 2021年，人社局职业技能提升培训7084人，其中各民办培训学校及各单位完成培训任务2465人，完成创业培训60人，企业岗前培训488人，企业培训不涉及补贴2905人，吕梁山护工656人，组织贫困劳动力线上培训510人。新增技能人才人数1953人，新增高技能人才人数626人。

【就业服务】 2021年，人社局接收保管大中专毕业生档案1916份，全部建立就业档案，提供就业创业指导和职业介绍服务，转递档案679人。登记就业2749人、失业232人，求职登记2670人，为登记人员免费发放《就业创业登记证》3373本。

【求职和用工服务】 2021年，人社局组织开展“技能圆梦想，就业有‘位’来”现场招聘会2场，涉及用工企业26家，提供岗位2200余个，达成就业意向356人。通过网络发布各类用工招聘信息，涉及用工企业30余家，提供就业岗位1500余个，达成就业意向600余人。

【社会保险扩面】 2021年，人社局把各类用人单位，特别是非公经济单位作为扩面对象，推进参保扩面工作，实现社会保险全覆盖。通过新闻媒体、印发宣传单、发放《中华人民共和国社会保险法》宣传册、悬挂条幅等形式宣传，营造舆论氛围。强化各项社会保险扩面征缴，以农民工、私营企业为扩面重点，做到保费应保尽保。推动城乡居民补充养老保险制度实施，召开专题会议安排部署，通过微信，电视媒体，乡镇、村委（社区）广播，印发宣传单，张贴宣传标语等方式进行政策宣传。与税务部门联动，联合下发2021年城乡居民基本养老保险和补充养老保险征缴公告。在税务收缴时进行基本险和补充险的相关政策宣传，包括参保、补缴申报等操作流程，以及缴费、补贴标准等。

【用工单位专项检查】 2021年，人社局监察各类用人单位51户，审查用人单位规章制度140条，纠正用人单位违法条文15条，补签劳动合同485份。

【投诉案件受理】 2021年，人社局通过欠薪线索平台接受案件投诉224件，解决224件，涉及人数401人，解决金额489.58万元。其中，工程建设领域接受144件，涉及人数343人，解决金额432.61万元；非工程建设领域接受80件，涉及人数58人，解决金额56.97万元。接受山西省转案件24件，解决24件，涉及人数43人，解决金额95.9万元。其中，接受工程建设领域案件19件，涉及人数38人，解决金额92.26万元；接受非工程建设领域案件5件，涉及5

人，解决金额3.64万元。接受日常投诉案件11件，解决11件，涉及42人，解决金额48.45万元。其中，工程建设领域7件，涉及人数38人，解决金额46.68元；非工程建设领域4件，涉及人数4人，解决金额1.77万元。接受县委书记人民网留言转办单案件5件，解决5件，涉及9人，解决金额4.02万元。

【劳动争议调解仲裁】 2021年，人社局受理劳动争议案件44起（其中，劳动关系类案件30起，工伤类9起，合同纠纷5起），结案44件。接待群众来信案件43件，涉及人数37人，按期答复率100%；来访案件100余件，涉及100余人，答复率100%。吕梁12345政务热线接收劳动社会保障咨询、求助类工单620件。

【年度考核】 2021年，人社局开展事业单位工作人员年度考核，完成120个县直事业单位的副科级以下事业人员考核，考核总人数6856人。

【事业单位岗位设置审批】 2021年，人社局开展事业单位专业技术岗位设置审批，核准办理事业单位岗位设置机构数161个，涉及岗位变更人数939人。

【工人退休管理】 2021年，人社局开展工人退休管理，办理机关事业单位干部退休149人，工人退休36人；吕梁市人力资源和社会保障局审批文水县2021年因病提前退休26人，特殊工种提前退休31人。

【工伤认定】 2021年，人社局开展工伤认定，出具工伤认定决定书196份。

【专业技术职称评审】 2021年，人社局开展专业技术职称评审，确认事业单位初级129人，中级159人，高级22人，正高级10人；企业中级35人。

【事业单位招聘】 2021年，人社局经县委、县政府同意，制定《2021年文水县事业单位招聘实施方案》，拟招聘116名事业单位工作人员。经网上报名、笔试、资格复审、面试、体检、考察等环节后，有80名考生进入拟聘用环节。其中，教育教师岗位51名，乡镇卫生院岗位15名，乡镇综合便民服务中心8名，政府事业单位6名。

【被征地农民基本养老保险补贴】 2021年，人社局依据文水县人民政府办公室《被征地农民基本养老保险补贴实施办法》，配合县自然资源局、山西文水经济开发区管委会，做好县政府收储土地过程中关于涉及被征地农民基本养老保险补贴的事项。拟征收土地69.31公顷，确定保障人数1387人，被征地农民养老保障金1.05亿元，已预存到文水县社会保障基金（财政专户）。

民　　政

【机构改革】 2021年4月27日，根据《中共文水县委机构编制委员会关于印发〈文水县深化事业单位改革实施方案〉的通知》，文水县民政局（以下简称民政局）所属事业单位整合为文水县民政事务服务中心（文水县居民家庭经济状况核对中心），股级建制。

【城乡低保】 2021年，民政局推进城乡低保补差救助，做到应保尽保、应退尽退。提高城乡低保保障标准，将城市低保保障标准由原来的560元/人/月，提高到580元/人/月；农村低保保障标准由2020年的4824元/人/年，提高到5064元/人/年，于7月进行调标补发。全年累计新增城市低保对象92人，农村低保对象589户815人。

全年，全县有城市低保对象 1495 户 3132 人，农村低保对象 5856 户 8193 人，累计发放城乡低保保障资金 5079 余万元。开展农村低保专项治理巩固提升行动，清退不符合低保条件的对象 2931 人（其中自然减员 430 人，转特困和孤儿 102 人）。出台《文水县民政局关于进一步做好巩固民政领域脱贫攻坚兜底保障成果同乡村振兴有效衔接的工作方案》，对全县脱贫户、监测户、突发困难户等特殊群体排查，将符合低保条件的纳入低保范围，保障其基本生活。

【社会救助机制】 2021 年，民政局建立健全社会救助各项工作机制。健全完善居民家庭经济状况核对机制。对新增低保对象“逢进必核”，低保对象每年必须全部核查一次，及时掌握低保对象的家庭经济状况。巩固动态管理机制。督促各乡镇及时上报低保对象自然减员信息，杜绝“死人保”问题；根据核对系统的核对结果，对低保对象中有家庭成员进入社保、户口迁出、举家外出打工、家庭生活条件好转等情形的进一步核实后，确实超过低保保障标准的及时退出低保保障范围。对全县的困难群众进行摸排，符合低收入人口条件的全部纳入低收入人口监测系统，一旦发生影响他们基本生活的突发重大事件，及时将其纳入社会救助范围。完善低保对象近亲属备案制度。

【特困供养】 2021 年，民政局依据应救尽救、应养尽养的原则，开展特困供养工作。全年全县共有特困人员 2283 人，累计发放特困供养资金 1914.27 万元。

【临时救助】 2021 年，民政局临时救助 741 人，发放救助金 244.86 万元。

【流浪乞讨救助】 2021 年，民政局共救助流浪乞讨人员 1170 人次，发放救助资金 7.8 万元。

【孤儿救助】 2021 年，文水县共有孤儿 25 人，其中福利服务中心 5 人；事实无人抚养儿童 95 人，全年发放生活费 140.9 万元。

【残疾人补贴】 2021 年，民政局为 2390 个困难残疾人发放生活补贴 194 万余元，为 4355 个重度残疾人发放护理补贴 439 万余元。

【老年人补贴】 2021 年，民政局为 278 名失能老人发放生活补贴 42.09 万元，为 769 名高龄老人发放生活补贴 54.87 万元。

【救灾】 2021 年，民政局向受灾群众发放救灾物资（土豆）32.41 吨；救助资金 33.86 万元；发放米面油、棉衣棉被等救助物资各一份；符合临时救助条件的 21 人给予临时救助金 57500 元。

【敬老院建设】 2021 年，文水县有公办敬老院 2 家。刘胡兰镇王家堡村福星敬老院，床位 92 张，入住人数 16 人。南安镇颐养园，总投资 117 万元（其中省本级福利彩票公益金资助 80 万元），床位数 40 张，主体已完工。

【农村日间照料中心】 2021 年，文水县有农村日间照料中心 78 家，幸福小院 49 家，全县建制村养老服务设施覆盖率达到 80%。

【城市社区养老】 2021 年，文水县出台《文水县居家和社区养老服务改革试点工作实施方案》，在文永社区（私评村）新建示范型城市社区日间照料中心 1 家，建筑面积 500 余平方米。

【基层政权建设】 2021 年，民政局在全县村（社区）村委换届选举中，指导村民委员会换届选举，抽调专人承担换届领导组下设的资格审查组和巡回指导组相关职责。158 个建制村、11 个社区全部换届，产生村委会成员 703 人，其中“一肩挑”村（社区）139 个。指导各村（社区）建立健全配套组织，158 个建制村、11 个社区制定新的村规民约和居民公约。

【区划地名】 2021 年，民政局与清徐县民政局联合，对文水—清徐的边界线和界桩点进行联检，制订文水—清徐平安边界联检方案，签订平安边界协议，建立健全联检会议记录，双方共同印发边界线联检情况报告，完成文水—清徐边界线的联检工作。完成《山西省标准地名志》《山西省地名词典》中文水部分的编纂任务。

【社会组织】 2021 年，民政局对全县的社会团体和民办非企业进行年度报告，掌握各社会团体和民办非企业的活动情况。开展打击整治非法社会组织专项行动和“僵尸型”社会组织专项整治行动。在文水县人民政府网站、微信公众号等网络媒体发布专项行动公告，设立举报箱，公布举报电话。对各社会组织的年报情况和开展业务活动情况进行分析研判；对未参加年检的社会组织，要求其限期整改，引导其进行年检；对在摸排中发现未登记的社会组织，引导其向县行政审批局进行登记。动员、指导社会组织开展一系列“我为群众办实事”志愿服务活动。

【婚姻登记】 2021 年，民政局办理婚姻登记 4386 对，其中结婚登记 3282 对，离婚登记 426 对，补领登记 678 对。

应急管理

【机构改革】 2021 年 4 月 27 日，根据《中共文水县委机构编制委员会关于印发〈文水县深化事业单位改革实施方案〉的通知》精神，文水县应急管理局（以下简称应急管理局）所属事业单位整合为文水县应急管理综合行政执法队（正科级建制）、文水县防震减灾中心（副科级建制）。

【化解矛盾纠纷】 2021 年，应急管理局推动“枫桥经验”的推广落实，针对社会治安热点难点问题，成立安全生产纠纷矛盾调解委员会，定期开展矛盾纠纷排查，采取有效措施维护社会平安稳定。帮助化解两起纠纷矛盾，帮助受害者争取赔偿资金 40 余万元。

【生产安全事故】 2021 年，文水县发生一般生产安全事故 1 起（道路交通事故），死亡 1 人。涉及上级对文水县目标责任制考核的“亿元地区生产总值生产安全事故死亡率、煤矿百万吨死亡率、较大及以上安全事故”的 3 项指标均未超标。

【安全生产检查】 2021 年，应急管理局继续开展“安全生产专项整治”“安全体检”“三年专项行动”“除患攻坚”“安全生产大排查大整治”等一系列安全生产检查工作，排查各重点行业领域安全隐患。全年共排查整治隐患 2767 条，行政处罚 122 万元。

【小散乱污企业综合整治】 2021 年 5 月，文水县人民政府安全生产委员会办公室组织开展全县“小散乱污”企业排查整治取缔专项行动，各乡镇共排查 64 户“小散乱污”企业。应急管理、生态环境等部门针对 64 户企业提出升级改造或取缔意见，核查意见抄送至各乡镇。

【涉嫌犯罪案件移送】 2021 年，应急管理局落实《行政执法机关移送涉嫌犯罪案件的规定》，联合县公安局、县市场监督管理局、有关乡镇，打击取缔凤城镇沟口村，刘胡兰镇大象村、城子村，南武乡东庄村的4处非法加油站点。依据《中华人民共和国刑法》规定，4起非法储存经营汽油、柴油案件均涉嫌危险作业罪，均已依据行政执法检查程序移送公安部门处理。

【应急救灾】 2021年10月以来，文水县受连续强降雨影响，农作物受灾30.9万亩，受灾人口14.67万人，各项经济损失2.2亿元，各项基础设施遭到损毁，部分房屋倒塌。应急管理局发挥防汛指挥部办公室作用，安排协调各成员单位做好预处机制，加强部门联动，及时发布有关政策和汛险情况，协调各部门、乡镇做好风险排查和群众转移安置等工作。全县共投入救援力量4975人次，紧急转移安置894人，争取各类资金1613.6万元，紧急采购救援物资88.6万元。年底，争取到中央洪涝灾害应急救灾资金990.97万元。

【森林防灭火】 2021年，应急管理局发挥县森林草原防灭火指挥部办公室职能，把“确保不发生人为重大森林草原火灾、确保不发生人员伤亡”作为底线和红线，实行最严要求，实行最严管控，采取最严措施，提前制定预案并进行大量宣传，督促各涉林乡镇和林场工作人员进村入户开展森林防火宣传活动，在主要进山路口设置防火检查卡点，坚决遏制各类火灾事故。11月26日，配合吕梁市政府、县政府在文水县召开全市今冬明春森林防灭火工作安排部署会，在凤城镇泉泉寺举行吕梁市2021年森林防灭火实战演练。

【专家会诊】 2021年，应急管理局到监管领域的重点企业开展调研，投入38.3万元，聘请专家开展会诊服务，指导和帮助企业解决实际困难。

行政审批服务

【机构改革】 2021年4月27日，根据《中共文水县委机构编制委员会关于印发〈文水县深化事业单位改革实施方案〉的通知》，文水县行政审批服务管理局（以下简称审批局）所属事业单位整合为文水县政府采购中心、文水县政务服务中心（文水县政务服务热线中心），均为副科级建制。

【行政审批】 2021年，审批局办理各类行政审批事项8979件，组织采购活动349次，完成采购合同金额1299.74万元。

【一枚印章管审批改革】 2021年，审批局深化“一枚印章管审批”改革，开展审批事项标准化建设，审批事项细化为1045项，调整优化政务服务中心窗口布局，集聚入驻单位和政务服务事项，推进“一窗受理、集成服务”，实行“前台综合受理、后台分类审批、综合窗口统一出证”，实现“单一窗口”向“全科窗口”转变。优化审批流程，推行“一件事一次办”，推进审批模式从“事项办”向“服务场景”转变，推出“我要开饭店”“我要开理发店”等100项“一件事”。精简材料，压缩审批时限，总时限较法定时限压缩88.87%。

【营商环境评价】 2021年，审批局召开全县营商环境推进会、协调会和培训会，牵头起草《关于印发文水县“1+10”对标一流加快推进“六最营商环境建设总体方案》《文水县企业开办“1110”改革工作方案》《文水县优化营商环境“办理建筑许可”指标提升工作实施方案》等一系列营商环境文件。每项考核指标成立以县级分管领导任组长的指标提升领导组，设立评价专班，出台具体的行动方案。9月1日，联合县发改局、县市场监督管理局等7家单位，在县市政广场开展以“打造营商环境新高地，助力文水经济大发展”为主题的优化营商环境宣传活动。通过招投标，聘请第三方专业公司对文水县营商环境的整体提升进行为期1年的服务。

【政务服务事项梳理】 2021年，审批局依托山西省一体化在线政务服务平台，动态调整更新行政权力事项，发布行政权力事项1151项（含业务办理项）；对民众关心的衣食住行、社保医保、教育卫生等公共服务领域事项进行梳理，共梳理汇总并公示公共服务事项452项；对村级组织履行职责事项清单进行梳理，明确村级组织履行职责事项7类31项；向山西文水经济开发区赋权124项行政审批事项。

【企业开办1110改革】 2021年，审批局将与企业开办相关的印章刻制、银行开户、税控设备申报等单位，集中纳入政务服务大厅，设立企业开办“一窗通办”窗口，实行企业申报全程网办，全流程“一张表格、一个环节、0.5天内办结、零成本”，实现开办零成本，注销简易办。全县新开办企业1448户，企业变更登记2109户，注销登记456户。按照文水县免费刻章政策，7月1日以后，全县有689户企业享受首套刻章政府买单政策，累计为企业减少开办成本46.852万元。

【证照分离改革】 2021年3月，文水县成立“多证合一”“证照分离”改革领导小组，制定《文水县“证照分离”改革实施方案》，梳理涉企经营许可事项68项。12月7日，文水县根据山西省、吕梁市最新的“证照分离”改革精神，对“证照分离”清单实施调整，梳理涉及事项67项，其中中央层面的64项，地方层面的3项。对实行告知承诺制的按照《山西省“证照分离”改革行政审批告知承诺制管理办法》相关要求，依法准确列出可量化、可操作、不含兜底条款的经营许可条件，明确监管规则和违法承诺的后果，一次性告知企业并提供告知承诺书示范文本。对优化审批方式办理的事项通过“六减一优”，大幅压减审批环节、时限、材料，提高了审批效率。全县“证照分离”改革共惠及企业1739户，其中办理备案56户，实行告知承诺407户，优化审批服务1276户。

【帮办代办服务】 2021年，审批局在政务服务中心大厅设置帮办代办服务窗口，配备专职帮办代办工作人员，为企业和办事群众提供行政审批帮办代办服务，提供专业的业务咨询、政策指引、重大疑难问题协调等服务。全年累计办理政务服务事项3400余件，接待咨询5000余人次。推进帮办窗口向基层延伸，推进企业开办帮办服务窗口向乡镇延伸，对12个乡镇便民服务中心的工作人员进行相关业务培训，让企业足不出乡镇即可开办企业。开展企业开办“政银合作”，在八大金融机构县城内的营业网点，设置企业开办帮办服务网点，推进企业开办窗口向银行网点延伸，打造“15分钟企业开办圈”，实现企业开办“就近能办、多点可办、少跑快办”。

【便民服务设施设备】 2021年，审批局在政务服务中心大厅配置叫号机、政务服务自助终端、“好差评”双屏互动PAD、电子显示屏、自助电脑和大功率无线网络等便民服务设施设备，实现前台各综合受理窗口在受理业务时进行统一叫号，办理过程提供帮办、代办服务，业务办理结束后接受办事群众“好差评”点评。

【政务服务平台】 2021年，文水县审批事项“四级四同”目录同步率超过了80%，四级及以上网办率超过99%，基本实现“一网通办”“全程网办”。依托吕梁政务通App和吕梁政务服务微信公众号，开通文水县政务服务事项手机App预约办理渠道，实现110余项县级政务服务事项“掌上办”“指尖办”，企业和办事群众足不出户即可办理审批事项。

【便民热线】 2021年，审批局出台12345政务服务热线建设方案，建立县级政务服务热线二级工作站，配齐人员和设备。完善《文水县12345政务服务热线运行管理办法》《12345政务服务热线办理工作制度等7项制度的通知》等制度机制。全县各单位共建立三级工作站92个，兼并打假热线、咨询举报热线等各类热线65条，完善知识库61个。全年受理各类群众诉求12505件，其中已办结12075件，正在办理430件。

信 访

【机构改革】 2021年4月27日，根据《中共文水县委机构编制委员会关于印发〈文水县深化事业单位改革实施方案〉的通知》，文水县信访局（以下简称信访局）所属事业单位整合为文水县信访服务中心，副科级建制。

【信访登记】 2021年，文水县（国家、省、市、县四级）走访、来信、网上信访登记1071件次1205人次。其中，走访登记65件次95人次，来信登记136件次141人次，网上投诉和领导信箱登记870件次969人次。

【实际走访】 2021年，文水县国家、省、市三级走访65批次95人次，其中赴省走访13批次22人次，赴市走访9批次26人次。

【上级交办】 2021年，中央信访工作联席会议办公室（以下简称中央联席办）交办第一批重复信访事项135件，山西省信访工作联席会议办公室（以下简称省联席办）交办3件，全部化解。吕梁市信访工作联席会议办公室（以下简称市联席办）交办第一批初次信访案件166件，矛盾纠纷41件，共207件，化解205件；第二批初次信访案件30件，全部化解；第三批初次信访案件31件，已按期完成吕梁市信访局（以下简称市信访局）任务指标；第四批初次信访案件34件，已按期完成市信访局任务指标。

退役军人事务

【机构改革】 2021年4月27日，根据《中共文水县委机构编制委员会关于印发〈文水县深化事业单位改革实施方案〉的通知》，文水县退役军人事务局（以下简称退役军人事务局）所属事业单位整合为文水县退役军人服务中心，副科级建制。

【优抚保障】 2021年，退役军人事务局开展优抚对象认证，确保各项优抚资金精准发放。每月10号前，发放优抚对象定期抚恤补助金。为2019年、2020年度入伍人员发放优待金，为60周岁以上的农村籍义务兵办理生活补助，为优抚对象发放医疗补助，提高“两参”人员（参战退役人员和参试退役人员）的地方性补助。

【信息采集】 2021年，退役军人事务局完成全县退役军人及优抚对象的信息采集录入和审核工作，对有特殊困难的安排专人上门采集。

【悬挂光荣牌】 2021年，退役军人事务局安排各乡镇退役军人服务站上门为退役军人、现役军人家庭和军烈属悬挂光荣之家牌匾，建立悬挂台账和备案表。

【换发伤残证】 2021年，退役军人事务局为全县伤残退役军人换发新式伤残证件。

【走访慰问】 2021年，退役军人事务局走访慰问退役军人党员和烈士遗属，并发放慰问金25.5万元，

【退役士兵安置】 2021年，退役军人事务局开展退役军人安置档案接收、审核工作，做到即交即接。实行人岗相适和积分选岗相结合的“阳光安置”政策。完成退役军人和随军随调家属、军转干部安置。规范退役士兵接收安置手续的办理。退役军人服务中心开展“一站式”服务，帮助退役士兵协调办理落户、组织关系结转、社会保险接续、预备役登记等手续，发放一次性经济补助。落实企业军转干部生活困难补助经费发放，对军转干部进行慰问并组织体检。落实自主择业干部相关待遇、办理医疗基本保险，协助自主择业军转干部接种新冠病毒疫苗。

【就业创业】 2021年，退役军人事务局实行退役军人就业创业信息动态化管理，依托退役军人就业创业平台，掌握退役军人基本情况、军龄状况、文化素质、技能水平、专业水平。依托文水县退役军人就创孵化园地和文水县军创园人力资源服务有限公司，发布就业信息，组织招聘会提供岗位。组织本年度自主就业退役士兵参加适应性培训。

【权益维护】 2021年，退役军人事务局以《中华人民共和国退役军人保障法》的实施为契机，召开动员会，结合春节、八一开展宣传活动，发放宣传资料2万余份。落实属地责任，坚持“三到位一处理”，做好退役军人信访矛盾问题攻坚化解。全年收到信访交办件8件，其中化解6件，办结2件，化解率75%。

【双拥创建】 2021年，退役军人事务局在八一、春节期间，按照属地管理、分级走访，谁主管、谁负责的原则，依托退役军人服务站，为全县1万余名退役军人发放慰问信、年画，为重点优抚对象发放慰问品。召开双拥创建专题会议，起草《文水县巩固提升全省双拥模范城实施方案》。

【示范型服务中心（站）建设】 2021年，退役军人事务局按照县级退役军人服务站建设标准，将县退役军人服务中心搬迁新址，设接待大厅、老兵调解室，设立权益维护、来电来访接待、就业创业、信息采集4个窗口。对所属12个乡镇服务站督促整改，12个乡镇、158个建制村、12个社区服务站有序运行。凤城镇、刘胡兰镇、开栅镇配备专职退役军人服务站长，其余9个乡镇退役军人服务站长由武装部部长兼任，一般工作人员由乡镇（村）工作人员兼职。

【关爱伤残军人】 2021年，退役军人事务局以“学党史感党恩、关爱老兵烈属”为主题，开展庆祝建党100周年为伤残退役军人集中配置康复辅具活动。为142名伤残军人进行身体检查，配置420余件康复辅助器具（护颈、护腰、护膝）。其中，为35名退役军人配置助听器，为13名退役军人配置轮椅。

【帮扶援助】 2021年，退役军人事务局依托退役军人服务站贴近退役军人的优势，掌握退役军人真实情况，提高帮扶援助的精准性。争取到上级部门帮扶援助资金23000元。共救助生活困难退役军人98名，投入救助资金30余万元。

中国人民政治协商会议文水县委员会

综　　述

【概况】 2021年，中国人民政治协商会议文水县委员会（以下简称政协）坚持以习近平新时代中国特色社会主义思想为指导，认真学习贯彻党的十九大和十九届历次全会精神及习近平总书记系列重要讲话精神，深入贯彻习近平总书记视察山西重要讲话重要指示，全面落实中国共产党山西省第十二次代表大会、中国共产党吕梁市第五次代表大会、中国共产党文水县第十四次代表大会会议精神，紧扣党代会确定的目标任务深入协商议政。坚持发扬民主和增进团结相互贯通、建言资政和凝聚共识双向发力，围绕县委、县政府中心工作，开展政治协商、民主监督、参政议政，发挥政协职能，体现委员担当。12个乡镇党委副书记兼任政协联络组长，为政协履职提供保障。全县各界政协委员206名，出席吕梁市政协委员15名。

【创建联络方式】 2021年，政协创建“有事来商量”平台20个，其中“委员会客厅”7个、“委员工作室”1个、“协商议事室”12个。

重要会议

【中国人民政治协商会议第十届文水县委员会第一次会议】 2021年4月12日至15日，中国人民政治协商会议第十届文水县委员会第一次会议在文兴会堂文兴厅召开。参加会议的有吕梁市政协副主席闫广聪，县委书记杨洋，县委副书记、县长王峰，县委副书记赵林泉，县委常委、县政协党组副书记、统战部部长王永平和大会执行主席文成宝、闫启明、王治国、王永昌、张维元、宋建英、段效东、蔚成贵，县委、县人大、县政府领导班子成员及其他担任实职的副县级以上领导，驻文单位负责人等。大会应到委员206人，实到199人，符合规定人数。13日上午，大会第一次全体会议（开幕大会）上，闫启明代表政协第九届文水县委员会常务委员会向大会作工作报告；县政协副主席王永昌向大会作提案工作报告。15日下午3

2021年4月12日至15日，中国人民政治协商会议第十届文水县委员会第一次会议在文兴会堂文兴厅召开（成新安摄）

时，大会举行第二次全体会，选举文成宝为政协第十届文水县委员会主席，王治国、王永昌、宋建英、段效东为政协第十届文水县委员会副主席，蔚成贵为政协第十届文水县委员会秘书长；选举产生王翠珍、刘红光、高峰等35名政协第十届文水县委员会常务委员。15日下午4时15分，大会举行第三次全体会，表决通过《政协第九届文水县委员会常务委员会工作报告的决议》《政协第十届文水县委员会提案委员会关于县政协十届一次会议提案审查情况的报告》《政协第十届文水县委员会第一次会议政治决议》。

【政协常委会会议】 2021年4月10日，政协九届二十一次常委会议，在文兴会堂202室召开。会议听取《文水县人民政府工作报告（征求意见稿）》；听取《文水县人民法院工作报告（征求意见稿）》；听取《文水县人民检察院工作报告（征求意见稿）》；审议通过关于召开县政协十届一次会议的决定和会议议程和日程（草案）；审议通过关于召开县政协十届一次会议主席团、主席团会议主持人、秘书长建议名单；审议通过县政协十届一次会议分组办法和小组召集人建议名单；审议通过县政协十届一次会议列席人员和列席单位名单；审议通过县政协十届一次会议提案截止时间的决定；审议通过有关人事任免事项。

7月21日，政协第十届第一次常委会议在文兴会堂多功能厅召开。会议传达学习中共中央办公厅《关于认真学习贯彻习近平总书记在庆祝中国共产党成立100周年大会上的重要讲话精神》通知精神和山西省委、吕梁市委、文水县委有关要求，安排部署县政协学习贯彻工作；学习总书记习近平在庆祝中国共产党成立100周年大会上重要讲话精神；审议县政协委员履职考核管理办法及实施细则；审议人事事项。

12月30日，政协第十届第二次常委会议在文兴会堂多功能厅召开。会议集中学习党的十九届六中全会精神、山西省十二次党代会精神、吕梁市第五次党代会精神；审议人事事项；围绕“推进高质量、高速度转型发展，助力招商引资工作”“推进乡村振兴、实施农业特优战略”两个专题调研协商议政、建言献策。

【主席会议】 2021年5月7日，政协主席会议在县政协会议室召开。会议研究人事事项；学习习近平在福建、广西考察时关于党史学习教育重要讲话精神和《习近平新时代中国特色社会主义思想学习问答》部分内容；研究主席、副主席分工事项；研究《县政协2021年度协商工作计划》。

本月10日，政协主席会议在县政协会议室召开。会议听取县工信局党组书记齐树亮作《关于推进光华铸管破产重整工作情况汇报》的说明；各位副主席依次发言。

7月9日，政协主席（扩大）会议在县政协会议室召开。会议研究“有事来商量”“委员会客厅”（协商议事室）基层协商平台建设事宜；研究县政协委员履职考核管理办法及实施细则；研究乡镇政协联络组工作职责；研究主席班子成员分工调整事项；研究县政协2021年重点工作安排及责任分解；研究在全县政协委员中开展读书活动有关事项。

8月2日，政协主席会议在县政协702室召开。会议传达7月30日上午召开的吕梁市政协社情民意信息工作推进会精神；关于政协委员参加“六乱”治理事项。

12月28日，政协主席会议在县政协会议室召开。会议研究清控文创（北京）品牌管理有限公司山西分公司《山西省文水县可落地项目研究服务建议书》；集中学习《关于加强和促进人民政协凝聚共识工作的实施意见》；审议人事事项；部署县政协十届二次常委会有关事项。

参政议政

【专题调研】 2021年，政协配合山西省、吕梁市政协，结合文水县实际，由分管副主席带队，各工作委员会牵头，组织相关界别政协委员完成生态文明建设、“六大基地”建设、乡村振兴、发展现代物流、平安文水建设、红色文化建设等课题调研。在全面了解实际情况的基础上，形成有价值的调研报告11篇，提出科学合理的建议，为县委、县政府科学决策提供帮助。

【专项视察】 2021年，政协围绕全县重点项目工程建设，开展视察监督，组织部分政协常委、委员赴小牛蛙沙棘深加工项目、吕梁建龙实业有限公司、文峪河综合治理工程、金地煤矸石治理修复工程等建设项目一线，通过现场视察、听取汇报、座谈交流等形式，了解重点项目工程进度、堵点难点、企业诉求，就加快项目建设、推动文水发展提出意见和建议。

提　　案

【提案办理】 2021年4月12日至15日，中国人民政治协商会议第十届文水县委员会第一次会议期间，收到提案215件，经审查立案214件，转为建议案1件。根据政协第十届第一次会议征集的提案，经政协主席会议审定，协商确定重点提案，从重点提案的办理入手，先后赴20余个承办单位，对提案督查督办，确保提案办理的实效性。12月底，答复完毕，答复率100％，委员满意率100％。

【社情民意】 2021年，政协编发报送社情民意信息116篇，其中山西省政协采用5篇，吕梁市政协采用12篇，《山西省政协报》刊载2篇，《吕梁日报》采用10余篇，《今日文水》采用20余篇，《胡兰党建》采用20余篇。

中国共产党文水县纪律检查委员会
文水县监察委员会

纪检监察

【概况】 2021年，中国共产党文水县纪律检查委员会（以下简称纪委）、文水县监察委员会（以下简称监委）始终强化政治监督，在“十四五”开局起步中彰显担当作为；坚持一体推进“三不”，反腐败斗争压倒性胜利全面巩固；坚持不懈纠治“四风”，党员干部作风明显好转；坚守政治巡察定位，巡察综合监督作用不断彰显；坚守监督第一职责，监督执纪执法质效不断增强；深入整治群众身边腐败和不正之风，推动解决群众急难愁盼问题；深化纪检监察体制改革，规范化法治化正规化水平明显提升；从严从实锻造过硬队伍，不断淬炼忠诚干净担当的政治本色。

【机构改革】 2021年4月27日，根据《中共文水县委机构编制委员会关于印发〈文水县深化事业单位改革实施方案〉的通知》，纪委监委取消原下属事业单位信息中心、举报中心、审计中心。9月25日，根据《中共文水县委机构编制委员会关于文水县纪委监委综合服务保障中心机构设置、职能配置和人员编制事项的通知》《中共文水县委机构编制委员会关于文水县纪委监委党风廉政教育中心机构设置、职能配置和人员编制事项的通知》，新增综合服务保障中心、党风廉政教育中心，均为副科级建制。

【政治监督】 2021年，县纪委常委会坚持“第一议题”制度，召开县纪委常委会会议29次，理论学习中心组集中学习14次。聚焦总书记习近平重要指示批示及党中央重大决策部署，开展政治监督专项检查，发现并督促整改问题311条。根据山西省委巡视整改任务，召开巡视整改工作推进会、培训会7次，开展监督检查200余次，现场督导工程项目33个，督导约谈21人。巡视移交问题线索5件，全部办结；巡视移交涉纪信访案件130件，办结121件；42项问题完成40项。协同开展政法系统教育整顿，开展新型冠状病毒肺炎疫情防控和“8·13”卫生事件监督检查，集中开展“大棚房”问题“回头看”和违法占地专项整治，部署开展供销系统、粮食购销、开发区建设、公共停车管理和涉案遗留工程等专项治理，严查腐败行为，促进行业治理。严明党的政治纪律和政治规矩，全年查处违反政治纪律案件5件，处分5人。

【政治纪律】 2021年，全县各级纪检监察机关立案287件，处分266人，组织处理174人，移送审查起诉3人（留置2人）。

严格落实《实名检举控告核实告知及答复反馈暂行办法》，督促各办案部门按时限要求办结案件，并及时反馈办理结果。对2020年以来县纪委下发的60份纪检监察建议书及整改落实情况进行监督检查，推动健全完善制度15个。深化巡视整改成效，督促各单位建立完善制度248项。对各乡镇和单位贯彻执行党风廉政建设责任制、民主集中制、“三重一大”决策机制等情况开展监督检查，督促其严格执行制度。坚持警示教育与理想信念教育、党纪国法教育一体推进，将宣布处分决定和警示教育同步进行，通过观看警示教育片、讲廉政党课、通报典型案例等，党员干部接受教育1600余人；组织乡镇、村（社区）干部160余人，旁听庭审，把“不敢”的典型案例转化为“不想”的教育资源，教育引导党员干部自觉远离腐败。

【纠治四风】 2021年，纪委监委落实中央八项规定精神，坚守重要环节、重要节点，开展监督检查7次，查办问题线索12条，通报违反中央八项规定精神典型案例3案7人。坚决整治贯彻落实打折扣、做选择、搞变通和“一刀切”“层层加码”等问题，查处形式主义、官僚主义问题13件，处理21人。紧盯年节送礼、违规收送礼金、变相发放津补贴、分批分次大操大办、公车私用、私车公养等问题，查处享乐主义、奢靡之风问题13件，处理18人。开展“不作为、慢作为、乱作为工作纪律涣散”问题专项整治，督促整改问题350个，处理64人，通报典型案例8案8人。坚持纠树并举、标本兼治，强化纪法引领，督促党员干部和公职人员办理子女生日、升学等事宜做到“四严禁五倡导”。督促落实市、县推进移风易俗工作意见，推动新风正气形成习惯、化风成俗。

巡察监督

【巡察综合监督】 2021年，纪委监委按照中央、省委、市委、县委统一部署，完成供销系统、粮食系统机动式巡察。对工作效率低、问题反映集中的6个县直单位，开展机动式巡察，重点剖析政治生态，发现问题55个，移交问题线索6个。制定《巡察整改日常监督实施办法》，从巡察反馈、制定方案、集中整改到审核整改情况，形成巡察整改工作完整闭环，推进巡察监督工作科学化、制度化、规范化。建立巡察整改后评估机制，向县委专题汇报巡察整改情况，根据整改效果，划分好、中、差等次，对整改不到位的单位进行通报。加强监督检查室、派驻纪检监察组、乡镇纪委、巡察办之间的信息共享、贯通协作，全程监督被巡察党组织真改实改，发挥政治巡察标本兼治，扩大巡察成果。

【换届风气监督】 2021年，纪委监委加强对“一把手”和领导班子监督，县纪委对换届后乡镇、县直单位领导班子成员进行廉政谈话8批210余人次。盯住“关键少数”，建立健全七项监督制度，提醒县级领导对分管部门及联系乡镇班子成员存在的苗头性、倾向性问题，开展谈话532人次，检查153次。对全县科级以上党员领导干部、全体纪检监察干部进行政治画像，开展全县政治生态分析研判并形成专题报告。创新监督机制，制定《文水县纪检监察协作区实施办法》，聘请特约监察员11名，全面盘活监督力量，提升监督质效。开展“十个严禁”换届纪律宣传教育，受理办结问题线索44条，处理20人。协助县委严把选人用人政治关、廉洁关，精准回复党风廉政意见 6725 人次，提出暂缓或否定性意见 82 人次。聚焦换届“后半篇”工作，协同推动农村不规范合同清理，对全县 158 个村 11 个社区，交接问题开展“全覆盖”监督检查，针对发现的问题，制发纪律检查建议书 7 份，并跟踪督促整改。全县纪检监察机关共受理信访举报 1057 件，准确把握“四种形态”处理 656 人次。开展受处分干部回访教育，保护激励干部担当作为。

【专项监督检查】 2021 年，纪委监委围绕巩固拓展脱贫攻坚成果同乡村振兴有效衔接，开展专项监督检查。深化民生领域治理，持续开展漠视侵害群众利益专项整治，查处“微腐败”案件 53 件，处理 78 人。围绕“我为群众办实事”，推动解决救灾资金发放、学校食堂安全整治、农村饮水安全保障、老旧小区停车难等 33 件群众的操心事、烦心事。开展党政领导干部违规入股企业专项清理“回头看”，通过下发提醒卡、印发《案例汇编》、签订承诺书等方式，督促实缴违规入股企业金额 583.4 万元，上缴违规获益 20.5 万元。协调监督“房屋产权登记确权颁证清零行动”，为群众办理不动产登记 9064 套。加大涉纪重复信访举报办结化解力度，实行“一案一专班”“一案一策”，吕梁市纪委推送的 26 件重复信访举报全部办结化解。持续深化“伞网清除”行动，全面起底、回溯核查 2018 年以来纪委监委收到的涉砂、涉石料的问题线索，保持惩治高压。

【纪检监察体制改革】 2021 年，纪委监委加强党对反腐败工作集中统一领导，协助召开县委反腐败领导小组会议，分析研判反腐败斗争形势。严格执行请示报告制度，全年向吕梁市纪委监委请示报告 23 次，向县委请示报告 99 次。加强规范化、法治化、正规化建设，全面规范县纪委监委、派驻纪检监察组、乡镇纪委监督执纪执法工作程序。建立完善综合管理、业务工作、机关党建、队伍建设等方面 20 余项制度机制，形成覆盖各方面、贯通各环节的系统性工作规范。开展依规依纪依法安全文明办案专题教育，制定《乡镇纪委案件审理办法》，乡镇纪委案件实行交叉审理。组织评查案件 84 件，自查自纠整改问题 37 个。

群众团体

文水县总工会

【概况】 2021年，文水县总工会（以下简称总工会）发挥工会优势，以增强基层工会活力为中心，创新工会工作方式，推进智慧工会建设，深化产业工人队伍建设改革。协助政府做好省、市、县劳模的推荐评选和表彰管理。健全工会维权机制，为职工办实事，推动涉及职工切身利益的法律法规实施，切实维护职工队伍稳定。

【劳模推荐评选】 2021年，总工会评出劳模75名（其中各乡镇总工会推荐47名，县直系统工会推荐28名），推荐模范集体25个。申报晋能清洁能源科技股份公司杨立友创新工作室，山西金地煤焦有限公司赤峪煤矿（以下简称赤峪煤矿）徐宏平创新工作室为省级创新工作室。

【工会建设】 2021年，总工会开通文水工会微信公众号，运用网络技术和手段，使网上工会工作平台成为与全县广大职工交流沟通的新载体，为职工排忧解难的新途径，推进工会知识宣传工作报道的新渠道，引领服务职工的新阵地。开展“六有”（有依法选举的工会主席，有独立健全的组织机构，有服务职工的活动载体，有健全完善的体制机制，有自主管理的工会经费，有会员满意的工作绩效）工会建设，评选模范职工之家，完善基层工会考核评价机制。以赤峪煤矿工会为示范，创新产业工人的改革建设体制。新建户外劳动者爱心驿站4个，为全县环卫、交警、司机、快递员、外卖小哥提供服务。企业工会为女职工新建妈咪小屋3个，新建文水县职工培训中心。组织“八大群体”（货车司机、快递员、护工护理员、家政服务员、商场信息员、网约送餐员、房产中介员、保安员）入会专项行动，新组建工会12个，增加会员2140人。开展“工会进万家，新就业形态劳动者温暖行动”。

【工会维权】 2021年，总工会在全县各企业推进以职代会为基本形式的厂务公开、职代会建制专项行动，开展企事业单位职代会质量评估。组织集体合同、工资平等协商、女职工权益保护等合同培训和签订，依法维护职工的合法权益。

【工会活动】 2021年4月28日至30日，在吕梁市“五小六化”成果展中，共展出文水县创新成果19项，获1等奖1名，2等奖2名，3等奖1名。10月，总工会组织丽彬文化园厨师参加吕梁市烹饪大赛。组织“夏送清凉”活动，慰问一线劳动者、环卫、交警、企业职工5339人，慰问资金48万余元。

中国共产主义青年团文水县委员会

【概况】 2021年，中国共产主义青年团文水县委员会（以下简称团县委）围绕新形势下党对群团工作的新要求，及青少年健康成长发展需求开展工作，开展志愿活动，推动创新创优，架好宣传桥梁。

【基层团建】 2021 年 6 月，文水县 12 个乡镇选出年龄结构符合标准、学历层次较高的团委队伍。7 月 23 日，召开中国共产主义青年团文水县第十八次代表大会，选举产生共青团文水县第十八届委员会委员。12 月 11 日，召开中国少年先锋队文水县第六次代表大会，选举产生中国少年先锋队文水县第六届工作委员会委员。团县委严格落实团员教育评议制度、团员年度团籍注册制度等各项制度。定期召开基层团委书记、少工委主任工作会议。落实团干部联系青年制度，推动全县专兼职团干常态化、制度化。开展团员发展调控，严格落实发展团员相关规定，规范离队入团仪式活动。

【志愿活动】 2021 年暑期，团县委向全县大学生发出招募倡议，组建“防疫”突击队，127 名大学生到社区、卫体局报到，协助工作人员统计疫苗接种情况，宣传动员更多群众接种疫苗。寒假期间，开展“青春兴晋，抗疫有我”志愿活动，组织大学生志愿者分别赴火车站、高速口参加抗击疫情相关活动。开展“用心传递爱，认领微心愿”公益帮扶活动，携手“学雷锋小贾爱心接力团”赴各乡村小学爱心捐赠，打通宣传群众、关心群众、服务群众“最后一公里”。开展“情暖童心·筑梦未来”壹基金温暖包，为困难儿童送上关爱。组建“六乱整治”大学生突击队，动员返乡大学生志愿者，在各个乡镇开展“六乱整治”志愿活动，清理路面垃圾，劝导解决沿街商铺门口乱摆问题，清理墙体、绿化带，讲解改善人居环境的重要意义和相关政策。

【创新创优】 2021 年，团县委以优秀企业家团员为典型，开展十佳青年、青年文明号评选活动。打造“青年之家”阵地。依托乡镇、街道党群服务中心、未成年人心理健康辅导中心和志愿者协会，打造实体化基层服务阵地，实现工作目标、工作职责、工作制度上墙。运用“志愿汇”等志愿服务平台，适应大数据时代特点，做好志愿服务的活动发起、招募报名、签到计时、保险激励等，引导鼓励广大市民就近就便参与志愿服务，及时记录志愿服务时长。推进互动社交平台建设，成立“共青团文水县委”微信公众号和“文水青年”官方抖音账号，倾听青年需求，回应青年心声，构建清朗网络空间，传播青春正能量。

文水县妇女联合会

【概况】 2021 年，文水县妇女联合会（以下简称妇联）按照“党政所需、妇女所急、妇联所能”的工作思路，发挥妇联的独特作用，团结动员妇女投身全县经济社会事业发展，加强妇联组织自身建设，指导建立健全各级妇联和基层妇女组织，提高妇联干部的整体素质。组织开展家庭文明创建；开展普法维权宣传，关注妇女身心健康发展；开展对妇女文化素养及就业创业劳动技能的教育培训。

【普法维权宣传】 2021 年 3 月，妇联开展三八维权月宣传活动，发放宣传资料 1000 余份，开展宣传活动 20 余次。暑假初期，深入学校、农村、社区，开展暑期儿童安全宣传活动，发放安全宣传图册 1000 余份，发放宣传警示视频 4 期。接待来电来访

13起，通过与相关部门协调解决13起。利用线上、线下相结合方式宣传优秀妇女事迹、最美家庭、法律知识等。组织妇女开展群众性教育演出活动，拍摄“讲好文水故事，弘扬胡兰精神”宣传视频。

【就业培训】 2021年，妇联依托“吕梁市妇女创业就业圆梦基地”文水县阳光家政服务有限公司，召开2期家政培训，受训人员100人次。与文水县红霞家政服务有限公司合作，开展整理收纳和丝绢花制作技能培训，受训人员覆盖家庭困难妇女、无业妇女、陪读妈妈等有就业需求的妇女群体。组织全县手工艺人参加山西省妇女手工创业创新大赛，参赛作品有剪纸、面塑、传统技艺等11件。

【家庭创建】 2021年，妇联申报市级最美家庭6户，三晋最美家庭1户；省级五好家庭1户；市级绿色家庭5户，省级绿色文明家庭1户；市级美丽庭院示范户5户。指导成立文水县家庭教育协会，联合协会赴社区开展家庭教育讲座50余次，举办父母专业课1次。

【关爱妇女儿童】 2021年，妇联开展农村低收入“两癌”妇女摸底，2名低收入患病妇女接受“紫气东来·幸福启航”公益项目救助，救助资金4000元；2名“两癌”患者接受全国低收入妇女“两癌”救助项目救助，救助资金2万元。对任职45年以上的村妇联主席、优秀女党员、贫困妇女走访慰问，慰问妇女70余人，发放慰问金1万余元。开展关爱儿童活动5次，受益儿童23名，受益家庭36户。联合志愿者赴县特校、康复中心、福利院、困境家庭，开展亲情关爱、心理疏导等服务。

【基层组织建设】 2021年，妇联以“农村换届试点县”为契机，宣传、组织、动员妇女参政议政，实施女委员专职专选，完成全县农村妇联组织换届。与县司法局联合，开展“文水县婚姻家庭纠纷调解员暨妇女干部维权能力提升培训班”“婚姻家庭纠纷调解实用技巧培训”各1场，受训人员200人次。

【组织妇女活动】 2021年，妇联组织全县三级妇干，开展女性文化学堂、巾帼大宣讲活动，全年开展女性文化学堂活动5次，线上线下大宣讲10余次。以“遇到你真好!”为主题，组织适龄青年联谊会2场。

文水县科学技术协会

【概况】 2021年，文水县科学技术协会（以下简称科协）组织各项科普活动及科普培训、宣传、咨询、新技术推广等。向山西省、吕梁市科协推荐优秀科普示范基地，举荐优秀科技工作者。

【科普活动】 2021年，科协向文武社区、文盛社区等11个社区赠送科普读本《科普养生100问》2000余本。从青少年、农民、工人、老年人、公务员5类人群中组建3个参赛队，参加吕梁市第3届全民科学素质电视大赛，获优秀奖。与县教科局组织文水县中、小学生参加第3届吕梁市校园科普征文活动。组织文水县机器人教练员，参加2021年山西省青少年人工智能科技辅导员线上专项培训。依托社区、校园、乡村e站，开展各类实用技术培训、常态化疫情防控、防范电信诈骗解读、防震减灾知识科普等。落实“基层科普行动计划”，向吕梁市科协争取1万元“基层科普行动计划”资金，用于南武乡科协基层组织建设。

【推荐评选】 2021年，科协推荐文水县优秀科技工作者参加“吕梁市十佳党员科技者”“吕梁市优秀科技工作者”选树命名活动。县教科局张娟春荣获吕梁市“十佳党员科技者”称号，山西锦绣大象农牧股份有限公司吕浩、文水县人民医院王慧媛等5人获“吕梁市优秀科技工作者”称号。向山西省、吕梁市科协推荐农村科普示范基地和科普教育基地，山西威瑞亚农业科技有限公司、文水县信贤宏伟农艺园被认定为吕梁市农村科普示范基地，文水县青少年科技培训学校被认定为吕梁市科普教育基地。

文水县文学艺术工作者联合会

【概况】 2021年，文水县文学艺术工作者联合会（以下简称文联）以文艺促发展，组织开展各类文艺活动，引导文艺工作者创作出精品，协会会员在国家级、地市级刊物发表作品86篇（首、幅）。

【特色主题活动】 2021年，文联主办、承办各类活动6次，有迎新春义务书写赠送春联活动，“追寻文水红色印记”采风创作活动，庆祝中国共产党成立100周年主题征文，庆祝中国共产党成立100周年“颂党恩 听党话 跟党走”宣传教育文艺活动，“党在我心中”庆祝中国共产党成立100周年书法、美术、剪纸作品展，“高雅艺术进校园、翰墨丹青迎新年”活动。

【书法美术】 2021年1月1日至3日，文水县书法协会及文化人士一行30余人，赴陕西省西安市实地参观考察碑林博物馆等。本月27日，吕梁市青年书法家协会、文水县书法家协会、文水县美术馆组织书法家，赴南安镇北胡村，开展“送万福、进万家”送春联下乡活动，为村民义务书写福字400余个、春联300余副。3月20日，书法、美术、民间文艺协会一行36人，赴南庄镇吴村乐龙葫芦专业合作社参观考察。4月28日，由文联主办的“学党史、颂党恩、跟党走——翰墨丹青、艺心向党”边晋贵美术作品展在丽彬文化园开幕。7月27日，由文联主办，县书法、美术协会承办的“党在我心中”庆祝中国共产党成立100周年书法、美术、剪纸作品展在文水县美术馆开展，展出作品138幅，其中书法作品80幅、美术作品31幅、剪纸作品27幅。10月11日，由文联主办的文水县明清古八景书画作品挂展活动在文水滨河文化生态园戏曲苑举办，活动展出《商山叠翠》《悬崖瀑布》《隐泉春水》《石门浪雪》《谷口秋风》《寿宁怪柏》《平陵晚照》《甘泉寺书怀》8幅作品。本月15日，由文联参与协办的“山水梦·故园情”李本深书画艺术展在丽彬文化园开幕。本月16日，李本深“文学与书画艺术”专题讲座在丽彬文化园举办，文学、书法、美术工作者50余人到场听讲。12月30日，文联联合文水县政协教科卫体委员会主办的“高雅艺术进校园、翰墨丹青迎新年”活动在山西徐特立高级职业中学举行。县美术、书法协会的26名会员走进学校创作。

【摄影采风】 2021年2月12日，文水县摄影协会李安有、韩建武、成新安3人，赴马西乡康家堡村给全村村民拍摄全家福。8月24日，文联组织机关干部和摄影家一行9人，赴马西乡开展助力发展文化旅游和传统村落参观考察。11月7日，摄影家协会组织22名会员，开展“爱在深秋——我和秋天有个约会”摄影创作采风活动。12月19日，摄影家协会组织会员12人，开展“母亲河访寻”——冬季采风活动。本月 26 日，摄影家协会在文水滨河文化生态园文艺创作基地，举办“手机摄影讲座”。县摄影家协会贾建忠向 30 余名会员讲授使用手机拍摄的技巧。在“爱在初冬——我和冰雪有个约会”采风活动中，贾建忠、马永壮获 2 等奖，贾建忠、韩建武、李虎明获 3 等奖。

【民间文艺】 2021 年 6 月至 10 月，文水县民间文艺协会分别赴西夏祠村养老院、孝义镇乐村农家大院、文兴会堂文兴厅等地举办慰问演出。10 月 14 日，文水县群众舞蹈协会及广场舞联合会在文水滨河文化生态园广场举办“九九重阳节 永远跟党走”文艺展演活动。11 月 22 日，本县剪纸爱好者在职业培训学校接受“中阳剪纸”免费技艺传承培训。

【作品参赛参展】 2021 年 1 月 11 日，冯增清作词的《再唱刘胡兰》被中国词曲网审核录入，并在“文旅之声”栏目播放。其创作的《一条河从城市流过》，在《歌曲》月刊 2021 年第 2 期发表；《蚂蚁搬山》在中国《儿童音乐》双月刊 2021 年第 1 期发表；《哦，乡愁》在《华人歌词》双月刊 2021 年第 2 期发表。本月，文水县众成中学成绛卿的散文《散文二题》在《吕梁文学》2021 年第 1 期发表，诗词《鹧鸪天·执教生涯》《行香子·学校冬日早跑》在《中华诗词》月刊 2021 年第 1 期发表。2 月 18 日，县委宣传部张文广的诗歌《我的扶贫》之 96、99、100 共 3 首，在台湾省高雄市《南华报》发表。20 日，其诗歌《我的扶贫》之 95—100 共 6 首，在王蒙文学院主办《环渤海文化》网络平台第 3792 期发表。28 日，开栅镇崖底村严勤照的组诗《我因你而灿烂》（9 首）在中国诗人作家网发表。3 月，文水县文学协会赵万文的小说《王玉兰》，在《吕梁文学》双月刊 2021 年第 2 期总第 159 期发表。本月，成绛卿的诗词《行香子·校园早读》《行香子·秋日校园》在《中华诗词》月刊 2021 年第 3 期发表。4 月，文水县文学协会王秀琴的散文《由〈孝文帝元宏〉与〈汉臣崔浩〉说开去》，在山西省作家协会主办的《山西作家》季刊 2021 年第 1 期春季号“作家谈”栏目发表。5 月，成绛卿的诗词《热恋》在《中华诗词》月刊 2021 年第 5 期发表。同月，成绛卿的诗歌《老柳啊，我想对你说》等 5 首、师赟辉的诗歌《歌颂建党一百年》（外一首）、周卉芬的散文《我和父辈有个约定》、董银莲的诗歌《现代诗二首》、张小明的人物特写《文水“土专家”宋学文》、韩鹏飞的散文《学史崇德 丹心育人》、王秀琴的长篇纪实文学节选《决战吕梁》，在吕梁市文联主办的《吕梁文学》双月刊 2021 年第 3 期总第 160 期发表。6 月 13 日，文水县剪纸艺术协会张艳婕的剪纸作品《百年辉煌》，在第 1 届“翠绿杯”剪纸艺术大赛中被评为优秀作品。22 日，梁银娥编剧的大型公益电影《爸爸是个农民工》在全国院线上映。7 月，中国人民财产保险股份有限公司文水县支公司韩建武的《红灯笼》等 3 类 10 幅摄影作品，在“学党史 学司史 颂党恩”书画摄影比赛中，荣获 1 等奖。8 月，成绛卿的散文《砍柴旧事》在《山西日报》第 10 版副刊发表。9 月 30 日，庞小玉的摄影作品《慰问》，在吕梁市文化和旅游局主办的“永远跟党走”吕梁市网络摄影大赛入选线下展展出。本月，王秀琴的报告文学《火柴春秋》，在第 3 届“容桂总商会杯”草明工业文学奖大赛中，评为入围作品。文水县诗词学会董银莲的诗歌《迷倒在竹叶青的柔情里》（2 首），在中诗网—山西省文联《当代诗人》杂志社“版图星光·山西篇栏目发表。文水中学蔚天立的散文《北京猫》，在国际诗歌网、华人文学杂志社、上海散文杂志社主办的第4届中国当代散文精选300篇征稿大赛中，评为入围作品，并入编《中国当代散文精选300篇》2021卷一书。冯增清摄影作品《文水刘胡兰纪念馆》《文水采收西兰花》及庞小玉摄影作品《文水梵安寺塔》，入选2021第21届平遥国际摄影大展，在"右手一指是吕梁"专区展出。10月21日，文水县总工会张凯耀作曲的《吕梁 吕梁 令人向往的地方》MV，在香港卫视文旅台《世界华语原创音乐金曲榜》栏目原创歌曲MV征集活动中入选，在全球157个国家和地区进行直播（展播）。本月，摄影协会韩卫东的作品《汾河羊工》《遨游》《光映世泰湖》《静候春天》《沐浴夕阳》，在《人民摄影报》主办，央视网、人民网承办的2021年"摄影家走世界·华摄荣耀"全国摄影艺术大赛活动中，获2等奖。11月4日，文水县美术协会胡向宇的国画《初心源》获庆祝中国共产党成立100周年"奋斗百年路 启航新征程"国画比赛一等奖。本月，成绛卿的格律诗《冰花》《张家界金鞭溪》在《夕阳红文苑》2021年总第33期发表。王秀琴创作的报告文学《刘胡兰：生的伟大 死的光荣》，入编"人民英雄：国家记忆文库"，由中国青年出版社出版发行。12月15日，文水县摄影协会韩鑫川的作品《汾河岸边是故乡》8幅，在《吕梁日报》（晚报版）四版以"摄影"专版发表。在吕梁市举办的"百年航程 奋进吕梁"庆祝建党100周年系列文艺活动中，文联获优秀组织奖，共交书法48幅、美术16幅、诗词75首、散文17篇、楹联作品34副、摄影作品34幅。李建强、边晋贵、陈克实、梁洁昕的作品获美术类优秀奖，李春彬的作品获书法类3等奖，王海珠、王朝珠、韩鹏飞、李景平、郭竹朋、李景凯的作品获书法类优秀奖，吕庆和的作品获摄影类3等奖，韩建武的作品获摄影类优秀奖，王秀琴的作品获诗词散文类1等奖，成绛卿、周卉芬、韩鹏飞的作品获诗词散文类优秀奖，李景平的作品获楹联类优秀奖。

文水县残疾人联合会

【概况】 2021年，文水县残疾人联合会（以下简称残联）开展残疾人康复、就业、教育、扶贫、宣传等工作，开展残疾人基本状况调查，促进惠残政策实施落地，维护残疾人的合法权益。

【办证】 2021年，残联开展2021年度第二代残疾证到期换证和新办证，新办残疾证471件，到期换证1145件。

【康复】 2021年，残联完成精准康复431人。

【托养】 2021年，残联确定托养任务数为20人，托养服务补助标准为4000元/人/年。由山西永泰怡和养老服务有限公司为符合条件的残疾人提供居家照料和管护、基本生活照料和护理等服务。

【基本情况调查】 2021年1月至9月30日，文水县持证残疾人基本状况调查，全县持证残疾人12589人，其中实际填表人数中入户登记11825人，电话登记300人；未填表人数中，查无此人2人，已搬迁56人，空挂户2人，外出83人，注销318人，迁移中3人。

【社会服务】 2021年1月至11月，残联发放轮椅、助听器、拐杖、助行器等残疾辅具90余件。5月25日，为全县12260名持证残疾人投保中国人寿保险股份有限公司文水县支公司残疾人意外伤害及疾病身故全覆盖保险。全年赔付57笔，赔付金额193348.5元（其中身故赔付145000元，医疗赔付48348.5元）。

【培训】 2021年10月，残联组织风味小吃和电商等实用技术培训，有35名残疾人或其监护人、直系亲属参加培训。

文水县工商业联合会

【概况】 2021年，文水县工商业联合会（以下简称工商联）围绕中心工作，以创建“五好”县级工商联为目标，全面加强组织建设，夯实工商联组织基础。深入调查研究，提升参政议政工作实效。调动民营企业力量，切实履行社会责任。

【组织建设】 2021年，工商联新增会员33名，会员总数540名。完成换届工作，安排各乡镇统战委员进行摸底，详细了解所在乡镇企业数量及行业分布。开展“四好商会建设”，把“树典型、抓示范”作为推动基层商会建设的重点，指导各基层商会以活动强影响，以服务促凝聚，增强商会活力和影响力。为三南商会争取活动经费2万元。

【调研数据采集】 2021年，工商联完成民营企业社会责任调研、民营企业劳动关系状况监测调查、对外联络工作专项摸底调研、山西青年一代企业家调查、规模以上民营企业调研等调研数据采集，并上报山西省、吕梁市工商联。

【参政议政】 2021年，工商联引导工商联界别的人大代表和政协委员，围绕全县经济社会发展建言献策。县两会期间，工商联界别委员作《优化营商环境》大会发言，提交提案45件，社情民意3篇。

【教育培训】 2021年，工商联组织会员企业外出学习，50余人参加省、市、县组织的专题培训活动。举行民营经济代表人士素质提升培训会，100余名民营经济代表参加培训。与太原市文水商会联合筹拍录制100集涉企法律问题讲座。

【学习交流】 2021年，工商联以“守法诚信经营，坚定发展信心”为重点，开展民营经济人士理想信念教育实践活动。支持三南商会开展“建党百年”学习教育活动，组织部分民营企业家赴刘胡兰纪念馆开展党史学习教育活动、赴马西乡康家堡村，开展红色教育活动。联合太原市文水商会及会员企业拍摄刘胡兰精神专题片《她活着》，以文学化、艺术化的方式，讲述刘胡兰不为人知的故事。

【社会服务】 2021年，工商联引导民营企业参与“金秋光彩助学”活动，帮扶贫困家庭子女160余人，捐助款物55.65万元。引导民营企业参与“百企帮百村”活动，动员民营经济代表人士，参与巩固脱贫攻坚成果和乡村振兴活动。为展示脱贫成果，编印出版《同行》。

文水县红十字会

【概况】 2021年，文水县红十字会（以下简称红十字会）弘扬“人道、博爱、奉献”的红十字精神，开展救护知识培训和普及，动员广大民众参与人道事业，推进红十字各项事业发展。

【培训】 2021年，红十字会培训救护员300名。在城镇五中长期建立红十字社团，每周五在学校开展红十字知识讲座、初级卫生救护知识培训，有1000余名师生参加。文水中学高一新生军训期间，进行救护培训。培训文水籍大学生救护知识180人次。

【民生事项】 2021年，红十字会为文水县政务大厅安装自动体外除颤仪1台。

法　治

政法委与综治

【概述】　2021年，中共文水县委政法委员会（以下简称政法委）贯彻落实中央、省委、市委政法工作会议精神，立足职能，全面推进政法工作。开展教育整顿，全面推进政法队伍建设。加强国家政治安全、法治建设和执法司法相关工作。开展“三零”单位创建，推进平安文水建设。推广新时代“枫桥经验”，促进矛盾纠纷多元化解。实施全科网格，推动县域社会治理现代化。开展各种专项活动，保障社会大局稳定。

【机构改革】　2021年2月8日，根据《中共文水县委机构编制委员会办公室关于成立文水县法学会的通知》，成立文水县法学会，隶属于县委政法委。4月27日，根据《中共文水县委机构编制委员会关于印发〈文水县深化事业单位改革实施方案〉的通知》，整合文水县社会服务指导中心、文水县矛盾纠纷排查调处中心，组建文水县社会综合治理服务中心，隶属于政法委，副科级建制。

【政法队伍教育整顿】　2021年，政法委围绕学习教育效果、案件线索办理、顽瘴痼疾整治、督导意见整改、制度机制，开展“回头看”。开展政治教育、党史学习教育、警示教育、英模教育。通过开设夜间、周末读书班，运用“一把手”讲党课、政治轮训、专题讲座等方式，提升政治教育实效性。通过赴刘胡兰纪念馆参观等形式，接受红色革命教育。通过开展形式多样的警示教育，引导干警存戒惧、知敬畏、守底线。选树政法系统先进典型9名，邀请4名先进典型代表全县政法干警作事迹报告。全县主动交代问题的干警208人。开展“七查”工作，收到各类线索185条，召开线索研判会9次，全部转办。对24件“涉黑涉恶”案件倒查，发现干警违纪违法线索1条，移送县纪委监委。对重点案件评查，自查案件809件，发现问题247件。针对重点案件提前介入，随机抽查8起案件交叉评查。清查涉法涉诉案件32件。在法律监督专项检查中，排查公安局、法院、司法局案件629件。智能化排查发现141人存在经营、借贷活动。通过听取汇报、查阅资料、谈心谈话、民主测评、问卷调查等方式进行队伍建设巡查，了解政法队伍干部建设情况及存在的问题，巡查发现3大类47项问题。发现整改顽瘴痼疾问题414个。对自查或排查出的顽瘴痼疾，剖析原因、找准症结，治建并举、标本兼治，制定相关制度70个。推出“我为群众办实事”项目78项，开展法律“六进”、结对帮扶、上门服务、调解纠纷、法治培训、防范电信网络诈骗宣传、法治集中宣传等服务群众活动。

【教育转化】　2021年，政法委出台《教育转化以战代训攻坚班工作方案》，投入20余万元，邀请国家、省、市教转专家，分2批次在山西省关爱中心进行全封闭办班集中帮教，转化在册人员13名。

【关爱中心】　2021年，文水县实现县、乡、村3级“关爱中心”全覆盖，12个乡镇，158个建制村，11个社区全部挂牌成立“关爱中心”。

【执法司法】　2021年，文水县依法刑事打击信访活动中违法犯罪7人。对符合司法救助条件的7案7人提供救助，发放司法救助金8.72万元。

【三零单位创建】　2021年，文水县158个村、11个社区中有161个符合“三零”标准，5908个企事业单位中有5900个符合“三零”标准。确定下曲镇北辛店村等5个建制村为市级示范点，确定凤城镇北关村等10个建制村（单位）为县级示范点。

【矛盾纠纷化解】　2021年，文水县调处化解各类矛盾纠纷824件，健全县、乡、村三级人民调解委员会，配备专兼职调解员182名，建立4个金牌调解室。整合乡镇基层政法综治力量，健全人民调解、行政调解、司法调解、法院诉前调解的联动体系，构建矛盾纠纷多元化解机制。增设道路交通纠纷调解委员会和家事调解委员会，调整诉前调解员1名，新聘家事纠纷调解员2名，道路交通纠纷调解员3名。在12个乡镇设立法官诉调对接室，制定工作流程，明确包联乡镇，推动乡镇调解员与人民法庭法官实现无缝对接。诉前人民调解委员会受理纠纷1364起，调解892起，其中司法确认114案。协调县法院、县交警大队、县司法局、县银保监组，共同推进“道交一体化”运行，受理纠纷240起，调解159起。家事纠纷诉前调解，受理纠纷197起，调解154起。

【全科网格】　2021年，文水县重新划分网格329个，其中农村网格214个，城区网格115个。探索“党建＋网格”模式，建立5级网格架构，组建网格服务团队。招聘农村网格员214名，与凤城镇联合招聘社区兼职网格员115名。招聘社区专职网格员31名。对全县网格员分3批进行业务培训，采取“查、听、看、访、议”5种形式考核。组织网格员围绕人、事、地、物、组织、情，排查、上报、处置各类矛盾纠纷和风险隐患，受理处置各类有效事件13222件。拓展“网格＋”功能，将农村（社区）警务融入网格化服务管理，实行1名民警带2名辅警，若干网格员参与农村（社区）社会治理“1＋2＋N”网格警务工作模式，实现“警网”与“治理网”深度融合。推动社会管理部门职能延伸下沉到网格，使网格“办小事、报大事”和部门“办实事、解难事”成为常态，推动人在格中走、事在格中办。组织网格员发挥职能优势，协助农村（社区）做好疫情防控宣传、流动人口摸底、数据采集等相关工作。

【三大领域专项整治】　2021年，政法委针对社会治安、经济民生、农业农村三大领域突出违法犯罪，围绕15类打击整治重点，开展打击整治专项行动，深入排查突出问题，落实打击、防范、管控、帮教、建设、宣传等综合治理措施。

【扫黑除恶】　2021年，文水县扫黑办接收举报线索15条（含12337平台转办线索3条），转办15条。制发“三书一函”12份，其中风险提示函8份、检察建议书1份、司法建议书2份、监察建议书1份，完成整改9份。县法院审结1起22人恶势力犯罪集团案件。

【电信诈骗宣传】 2021年，政法委组织全县政法干警包联小区，开展打击治理电信网络犯罪，宣传工作“守望行动”活动。针对妇女被网络诈骗占比高的突出问题，开展妇女防范电信网络诈骗宣传。全县75个联合宣传小分队，累计入户宣传3万余户、受教育群众12万余人，签订承诺书3万余份，指导群众下载安装“国家反诈中心”App 11万余次。

【合同清理】 2021年，政法委组织全县各政法单位参与合同清理，县司法局对合同清理过程有关政策、法律、法规进行解释和指导；县法院开展指导调解、法律宣传，从诉调对接和快审快判予以支持；县公安局依法打击合同清理过程中出现的经济犯罪案件。

【综治中心建设】 2021年，政法委按照“统一受理、分类调处”的运行模式，组建集信访、退役、司法、法律援助、公证、综治中心、城关法庭、诉调对接中心、诉前调解委员会、检察文明接待青少年法制教育中心为一体的综合办公大楼。按照“一站式接待、一条龙调处、一揽子化解”的工作思路，规划改造县综治中心建设。12个乡镇169个村（社区）依托镇、村（社区）便民服务中心，建立集群众接待室、矛盾纠纷调处室、监控研判室、心理咨询室为一体的综治中心。

公　安

【概述】 2021年，文水县公安局（以下简称公安局）以“加强党的建设，严格队伍管理，优化工作举措，增强协作意识，提升满意标准”为总体工作思路，突出职能，统筹布局，整体推进，严密社会面治安管控，严厉打击各类违法犯罪活动，有效维护全县社会政治稳定和治安局势平稳。围绕“民生警务”，强化便民利企措施。精准把握工作重心，打造亮点工作。

【信访工作】 2021年，公安局受理办结涉法涉诉信访案件59起，处理非访人员13人次，刑事拘留7人，行政处罚5人，训诫1人。办理涉邪教刑事案件1起，行政案件1起。督导检查50个重点目标单位。完成重大安保活动48次，出动警力2600余人次。

【刑事案件】 2021年，公安局受理刑事案件537起，破案340起，抓获犯罪嫌疑人248人。侦破现行命案3起。受理各类盗抢骗刑事案件92起，破获68起，抓获犯罪嫌疑人36人。抓获上网逃犯44名。

【电信网络诈骗】 2021年6月26日，公安局在县市政广场举行禁毒宣传暨“守望在行动　反诈进万家”打击治理电信网络诈骗集中宣传月活动启动仪式，入户宣传3万余户，受教育人12万余人，签订承诺书3万余份。电信网络诈骗案件立案303起，财产损失1995.30余万元；破案102起，抓获犯罪嫌疑人91名，止付银行卡608张，止付资金834.52万元，冻结银行卡562张，冻结资金6367.72万元，追回赃款180.20余万元。签订受害人电信诈骗告知书303份。核查公安部推送QQ、微信、手机线索19条。接公安部下发“断卡”行动线索81起，反馈70条。采取强制措施20人，治安处罚1人，批评教育66人。“两卡”（电话卡、银行卡）惩戒曝光60人。

【禁毒】 2021年，公安局破获涉毒刑事案件 11 起，刑事拘留 11 人，监视居住 1 人；办理行政案件 83 起。缴获咖啡因 1402 克，盐酸丁丙诺啡舌下片 10 颗，缴获冰毒 1.36 克。对在册吸毒人员排查建档，并进行电话谈话、家访、尿检。

【治安管理】 2021 年，公安局查处治安案件 531 起，查处违法人员 559 人，行政拘留 309 人，罚款 244 人，警告 6 人。开展铲除“黄赌”战役，清查宾馆旅店、九小场所等行业场所 1800 家次，排查可疑人员 4000 余人，检查重点单位、部位 200 处。登记流入人口 1895 人，租赁房屋 365 户 535 间，签订治安管理责任状 366 份。检查特种行业 95 家 400 余次，发现治安隐患 27 处，当场整改 23 处，限期整改 4 处，停业整改宾馆、旅店 4 家。对 17 个废旧金属收购业、5 个娱乐场所检查，发现治安隐患 7 处，当场责令整改 5 处，限期责令整改 2 处。办理危险作业刑事案件 4 起，刑事拘留 3 人；办理涉爆涉枪行政案件 37 起，行政拘留 34 人，收缴枪支 19 支，子弹 2002 发，炸药 137 公斤，雷管 3626 枚，导火索 9 米，烟花爆竹 5139 余件。176 所学校安装一键报警装置，设立“护学岗”，安装硬质隔离设施。166 所学校配备专职保安。配备出入人脸设备 6 个，车卡 3 个。

【户政管理】 2021 年，公安局为企业职工上门办理居住证 60 人次，节假日为预约群众办理业务 140 人次，为特殊群体上门办证送证服务 8 人次，解决户籍遗留问题 20 余个。办理护照 40 本，办理港澳通行证 92 本。劝阻非必要出境人员 170 人次。办理非法入境 3 人、非法居留 1 案 1 人。报备国家工作人员 175 人，法定不准出境列控 6 人。

交通管理

【概况】 2021 年，文水县公安局交通警察大队（以下简称交警大队）履行公安交警防范、管理、服务的职责，围绕实现“减量控大”工作目标，创新管理手段，提升服务水平，强化治理能力，各项工作任务取得预期效果，道路交通安全形势整体平稳。

【案件查处】 2021 年，交警大队办理刑事案件 37 起，行政案件 69 起，行政拘留 49 人。查处酒驾 412 起，醉驾 54 起，毒驾 1 起，无证驾驶 136 起，涉牌涉证 912 起，超载 557 起，分心驾驶 152 起，逆向行驶 295 起，载客汽车超员 436 起，三轮车和拖拉机违法载人 253 起，不系安全带 4195 起，乘车人不系安全带 8390 起，行人交通安全 1186 起，骑乘电动车不戴头盔 12985 起，摩托车驾、乘车人不戴头盔 409 起，货车不按规定车道行驶 5929 起，危化品运输车闯禁行、超速、不按规定车道行驶 1969 起。开展整治 307 国道、段马线等重点路段交通通行秩序，查处货车各类交通违法行为 1500 余次。

【车辆管理】 2021 年，文水县机动车注册登记 1548 辆，其中大型汽车 641 辆，挂车 168 辆，小型汽车 353 辆，摩托车 74 辆，低速车 203 辆，小型新能源车 109 辆；转移注册登记 331 辆。机动车检验（免检）1893 辆，变更登记 277 辆，抵押登记 4370 辆，转入业务 1721 辆，补换牌证合格标志 699 辆，补换登记证书 121 辆。驾驶证补证换证 11460 人，驾驶证审验 96 人，驾驶证注销 6 人，信息变更 54 人，解锁锁定 179 人，实习期考试 3418 人，满分学习 607 人，恢复驾驶资格 102 人。

【交通事故】　2021 年，文水县境内发生交通伤亡事故 947 起，死亡 40 人，受伤 907 人。

【道路交通安全管理】　2021 年，交警大队制订 10 项便民利民服务措施，推行交通事故处理“一站式”服务。完善安全交通设施，施划交通标线 13807.15 平方米，增设交通标志标牌 202 套，安装隔离护栏 1780.8 米，机动车停车位 2575 个，非机动车停车位 118 个，公交车位 4 个，安装警示牌、黄闪灯 16 套。

【交通安全宣传】　2021 年，交警大队出动宣传车 1000 余辆次，投入警力 1600 余人次，发放各类宣传资料 5 万余份，悬挂横幅标语 230 余条，制作悬挂宣传栏 158 块，喷绘墙体标语 66 条，展示宣传版面 180 余场次，大喇叭播放宣传内容 140 余次。开展电视、报纸、网络宣传 387 次，其中中央级网站 2 次，省级网站 18 次，市级网站 59 次，吕梁市电视台 5 次，县电视台 5 次，其他网络 283 次，其他网站转发 15 次。19 块路面电子显示屏全天候滚动宣传播放，短信播发 3.6 万余条，受教育人 10 万余人。

检　察

【概述】　2021 年，文水县人民检察院（以下简称检察院）在全面依法治县中贯彻监督新理念，增强检察服务的精准度和实效性，将以人民为中心的发展思想落实到司法办案中，突出打击严重暴力犯罪和多发性侵财犯罪，加强和创新检察环节社会治安综合治理。

【刑事检察】　2021 年，检察院受理审查逮捕案件 150 件 179 人，批准、决定逮捕案件 129 件 154 人。受理审查起诉案件 283 件 375 人，提起公诉案件 204 件 275 人。其中，批准逮捕侵犯公民人身权利、民主权利犯罪案件 10 件 10 人，提起公诉 31 件 38 人；批准逮捕“黄赌毒”“盗抢骗”犯罪案件 50 件 58 人，提起公诉 60 件 85 人。依法不批准逮捕 21 件 26 人，不起诉 33 件 37 人。对情节轻微的初犯、偶犯、过失犯，建议依法从宽处理 80 余人次。适用认罪认罚从宽制度办理案件 206 件 266 人，提出确定刑量刑建议 169 人。打击非法缠访闹访行为，办理涉信访人员犯罪案件 4 件 4 人。对应当立案而不予立案的监督立案 3 件 3 人，对不应当立案而予以立案的监督撤案 3 件 3 人。纠正漏捕 2 人，纠正遗漏同案犯 4 人，纠正遗漏罪行 6 件。对适用法律错误、量刑不当的刑事裁判，依法提出抗诉 6 件。对侦查、审判违法行为，发送书面纠正违法通知书 6 份。受理县监委移送的职务犯罪案件 3 件 4 人，吕梁市检察院交办职务犯罪案件 1 件 1 人，提起公诉 4 件 5 人。受理吕梁市检察院交办的职务犯罪案件线索 6 件，初查 8 件（其中包括上年度积存 2 件）。对 4 件可能涉嫌违纪线索移送县纪委监委处理。针对县法院、县司法局社区矫正中执法不规范等问题，发出检察建议 5 份，纠正违法通知书 44 份，已整改。

【民事检察】　2021 年，检察院批准逮捕破坏社会主义市场经济秩序犯罪案件 23 件 27 人，提起公诉 18 件 24 人。批准逮捕侵犯知识产权犯罪案件 17 件 20 人，提起公诉 12 件 15 人。办理涉民企公诉案件 8 件。与县工商联沟通协调，成立驻工商联检察室。与部分企业实行“一对一”对接，定点帮扶，提供法律帮助和检察服务。为某企业解决1起历经4年久执未决案件。打击金融领域犯罪案件2件2人。配合县委参与反电信诈骗宣传活动，对涉电信诈骗犯罪案件开展追赃挽损，挽回被害人损失118余万元。对确有错误的民事判决和裁定提请吕梁市检察院抗诉5件，均被吕梁市检察院采纳。开展维护弱势群体合法权益专项行动，受理支持起诉案件10件。加大对审判程序和执行活动的监督力度，制发检察建议6件。

【民生检察】 2021年，检察院办理国家司法救助案件6件，发放救助金9万元。受理侵害未成年人犯罪案件2件2人，依法不批准逮捕2件2人，相对不起诉2件2人，作出附条件不起诉决定2件2人，并考察帮教。探索异地帮教协作模式，加强与异地检察院联系，对平遥县检察院协作帮教的1名涉罪未成年人，作出不起诉决定。开展“法治宣传进校园”活动10场，受教育群众6500余人。

【社会治理】 2021年，检察院深化检察环节社会治理，完善创新社会治理体系，将化解矛盾贯穿执法办案全过程，建立健全控告申诉检察工作机制。受理并审查各类来信来访112件，均依法分流并答复。成立常态化扫黑除恶斗争领导小组办公室，制定相关制度和机制2条。

【公益诉讼】 2021年，检察院发现公益诉讼线索84件，立案83件。督促相关行政部门修复窨井井盖6处，清除各类生活垃圾及生产类固体废物10余吨，清理污染和非法占用河道2.8公里，保护省级文物1处，市、县级文物9处，规范学校食堂7所。

【检察改革】 2021年，检察院坚持领导干部带头办案，入额院领导办理各类案件113件。检察长列席审委会5次。运用“案—件比”质效评价标准，“案—件比”为1.16。完善业绩考评，细化内部制约监督，落实人民监督员制度，以公开促公正，对32起拟不起诉案件举行公开听证会。

【检务公开】 2021年，检察院征求人大代表、政协委员的意见2次，征求意见50余条。开展法律宣传20余次，通过“两微一端”和门户网站，发布检察工作信息513条。通过案件信息公开平台，发布案件程序性信息357条，法律文书186份，接待律师和诉讼代理人85人次。邀请县四大班子领导、有关单位及社会各界群众参加“加强新时代检察机关法律监督”宣讲会。

法　院

【概述】 2021年，文水县人民法院（以下简称法院）围绕“努力让人民群众在每一个司法案件中感受到公平正义”的目标，坚持服务大局，司法为民、公正司法，认真履行审判职责，全面加强审判和执行工作。

【司法责任制综合配套改革】 2021年，法院深化司法责任制综合配套改革，制定《院庭长审判监督管理权责清单》《法官、法官助理、书记员权责清单》，强化院庭长对“四类案件”的监管。制定《合议庭工作规定》《审判委员会工作细则》《专业法官会议工作规则》《类案和关联案件检索实施办法》等制度，召开民事专业法官会议23次，审委会11次，研究讨论98案，就涉村委案件、涉农村信用社金融借款合同纠纷、涉农村集体清理合同纠纷等6类案件统一裁判思维和法律适用标准。强化审限、类案、评查、信息化等全方位监督，建立审限管理、发回重审、改判案件常态化研判机制，对长期未结案、信访、被发改等案件，从严从紧压实责任。探索新型考核机制，制定《员额法官、司法辅助人员审判绩效考核和奖金分配办法》，8月开始试行通报。

【审判】 2021年，法院受理各类案件4437件，结案4231件，平均审理时长缩短至39天。受理刑事案件225件，结案209件。审结帮助信息网络犯罪活动案件20件35人。审结故意伤害、“两抢一盗”、绑架等暴力犯罪案件46件。审结危险驾驶、交通肇事、放火、非法制造、买卖、运输枪支弹药等危害公共安全犯罪案件70件。审结寻衅滋事、赌博、走私、贩卖、运输、制造毒品等妨害社会管理秩序犯罪案件15件。审结非法狩猎、非法占用农用地、假冒注册商标等案件7件。受理民商事案件2749件，审结2579件，诉讼标的总额41.81亿元。以调解、撤诉方式结案1226件。适用简易程序审理案件2286件。审结婚姻家庭纠纷等案件522件。审结机动车交通事故责任纠纷、人身损害赔偿纠纷等案件215件。审结劳动争议、追索劳动报酬纠纷等案件34件。审结建设工程合同、房屋买卖合同纠纷等案件1476件。审结票据追索权、票据付款请求权纠纷、票据纠纷等案件70件。受理各类民事案件1483件，审结1363件，调撤案件691件。

【执行】 2021年，法院受理执行案件1455件，结案1435件，执行到位金额1.17亿元。实行“执行指挥中心实体化运行、核心办案业务分段实施、综合事务集约化办理”的执行模式，对流程节点、案款预警、事项提醒、期限管理等实时管控。强化执行联动，加大失信联合惩戒力度，纳入失信被执行人名单639人（次），限制高消费723人（次），拘留36人，移送拒执罪4案5人。执行涉恶财产刑案件4件。执行涉交通事故赔偿等涉民生案件145件，执结131件，执行到位金额212.4万元。执结涉党政机关案件1件。化解涉企合同案件56件，到位金额1542.4万元。执结金融借款合同案件79案，其中全部执行到位48件。制定《关于开展集中清收信用联社逾期贷款专项行动》，开展集中清收农村信用社逾期贷款行动4次，清收不良贷款2.16亿元。建立府院联动机制，推进山西光华铸管有限公司破产重整。加大对生态环境的司法保护，由刘胡兰人民法庭办理环境资源类案件。

【诉讼调解】 2021年3月29日，法院、公安局交通警察大队、司法局共同推进“道交一体化”运行，三方签署运行共建协议。道路交通事故审判庭入驻道路交通事故“一站式”服务中心，“一站式”办理交通事故责任认定、调解、立案、审理等事宜，实现一个中心受理，多元解纷跟进，线上线下同步，分调裁审解纷，受理纠纷281起，调解成功172起。5月，调解速裁中心成立，推进繁简分流诉讼制度改革。按照“诉前调解＋司法确认＋速裁”运行模式，形成“分流标准化、转办流程化、送达便捷化、庭审实质化、文书简易化”的工作机制，受理案件511件，结案510件，案件办理平均周期18天。实行法官诉前一案一指导机制，受理诉前人民调解纠纷1489起，调解成功999起，其中司法确认126案。推进家事纠纷诉前调解工作和家事审判改革。9月15日，文水县婚姻家庭纠纷人民调解委员会入驻法院，制定婚姻家庭纠纷诉调对接工作流程，设立家事调解工作室和心理咨询室，配置人民调解员2名，委派家事纠纷234起，调解成功159起。推进人民法庭实质化运行，制定出台《关于进一步健全完善非诉讼纠纷解决机制推进人民法庭实质化运行的实施意见》《关于人民法庭参与诉源治理健全诉调对接的实施意见》《关于人民法庭诉调对接工作规则》，每个法庭实现“1名法官+1名助理+1名书记员+1名法警”工作模式，6个人民法庭干警全部一线办公办案。完善科技法庭、电子签章、视频会议终端，内外网配备，安检设备。在12个乡镇设立法官诉调对接室，人民法庭10名法官与辖区各乡镇的调解员对接，提供法律服务40余次，推动辖区包联村镇的矛盾纠纷化解。10月15日，南武人民法庭试点先行，开通立案权限，在便利群众诉讼的同时，将更多矛盾纠纷压实在乡村一级。运行以来，共诉前委派人民调解16件，调解成功8件。开展涉诉信访专项治理，制定《领导干部信访接待制度》，规范信访接待流程。清查涉法涉诉信访案（事）件11件，办结5件，拟报送省政法单位终结5件，进入法律程序处置的1件。坚持刑事案件律师辩护全覆盖，强化证据裁判规则，推进庭审实质化改革和认罪认罚从快制度，对108件137人适用开展认罪认罚从宽处罚。推进诉讼服务中心转型升级，完善安检、导诉、窗口、自助、便民、信访等8大功能区，实行一次性告知制度，为当事人提供有关立案、交退费、保全、信访、材料收转、文书样式等一站式导诉服务。为军人家属、农民工、涉地方银行等开设“优先立案”窗口。设支持起诉岗、律师服务岗和老年人服务专区，配备老年人专椅，便民服务柜配置医药箱、老花镜、雨伞等便民设备，打造互助式、开放式、体验式诉讼服务。

【营商环境优化】 2021年，法院出台《2021年营商环境执行合同指标提升方案（19条）》《关于为民营企业提供优质司法服务和有力司法保障措施（14条）》《诉调对接规范》《网上立案工作规范》《关于案件审限管理实施意见》《“涉民营企业积案集中攻坚行动”的实施方案》等，从诉前调解、立案、审判、执行等方面完善制度，全方位优化营商环境。开通立审执绿色通道，免费为企业纠纷进行诉前调解，开通网上立案、跨域立案通道，实现就近立、当下立，95%以上的案件实现当日立案、审查、分案。调撤企业间买卖合同案件5件，判决2件，移送管辖2件，涉案标的312.7万元，审理时长平均为16天。执结企业间买卖合同纠纷案件6件，执结标的601.89万元。执结金融借款合同案件79案，其中全部执行到位48件。参与社会信用体系建设，完善失信被执行人联合惩戒机制。严禁超标的查封、冻结、扣划，优先采取方便执行且对被执行企业、当事人生产经营影响较小的执行措施，为企业发展营造良好营商环境。开展送法进企业活动，组织法官10余次深入东庄工业园区、文水通达公司、钢模板厂等地，为企业提供法律服务。

【农村合同专项清理】 2021年，法院组织6个人民法庭对接12个乡镇，参加县级调度会10次，乡镇、村委研判会50余次，现场法律解答，提供咨询指导。召开专业法官会议5次，研判合同清理过程中遇到的问题。立案庭制定诉调对接流程和司法确认工作要求。民事审判庭收集整理农村土地承包经营纠纷所涉及的法律法规，印发成册供各部门学习参考。孝义人民法庭率先参与北张乡合同清理试点，诉调对接6起纠纷，其中司法确认2件。参与由县纪委牵头开展的房屋产权确权颁证清零行动，包联住户

726 户，办证 725 户。

【智慧法院】 2021 年，法院加快推进诉讼服务中心、执行指挥中心、多元化解中心、机房、科技法庭、“六专四室”人民法院信息化 4.0 版建设。通过应用数字法院、执行办案、信访、电子档案、移动微法院、律师服务、网络查控、诉讼服务网等平台，实现网上立案、跨域立案、网上申诉信访、网上查询、网上阅卷、电子送达、网上鉴定、网上保全、网上调解、网上拍卖、网上扣划等功能。庭审直播 2796 场次，公开裁判文书 2334 份，网上立案 788 件，跨域立案 24 件，电子送达 4819 次。

【普法宣传】 2021 年，法院开展非诉执行审查，落实“八五”普法责任制，推进“法律六进”活动，130 余名干警赴学校、银行、企业、乡村、社区等，通过以案释法、巡回审理、法律讲座等形式开展法治宣传。制定《关于深入开展防范电信网络诈骗宣传活动实施方案》，动员包联 11 个社区，重点宣传 12 类防范电信网络诈骗手段的相关知识。利用传统媒体和新媒体，编发各类信息 214 篇，各级媒体采用 315 篇（次）。官微、官网等平台开设队伍教育整顿、党史学习教育、我为群众办实事、政法系统先进典型专栏，营造良好的舆论氛围。多形式、多角度讲好法院故事、传播法治正能量，官微、抖音等新媒体阅读总量 99.89 万人次。《文水县人民法院之歌》获第 6 届山西“三微”比赛 3 等奖。

司法行政

【概述】 2021 年，文水县司法局（以下简称司法局）聚焦法治政府建设，全面推进依法治县进程。加强行政执法行为管理，拓展普法宣传教育，强化特殊人群的监管帮教，推进公共法律服务工作，坚持不懈防范化解矛盾纠纷，统筹依法治理，各项工作有序推进。

【机构改革】 2021 年 8 月 25 日，根据《中共文水县委机构编制委员会关于印发〈文水县深化事业单位改革实施方案〉的通知》《中共文水县委机构编制委员会关于文水县事业编制分配的意见》《中共文水县委机构编制委员会办公室关于文水县法律服务中心加挂牌子的通知》，经县委编委本年第 4 次会议研究决定：文水县法律服务中心是县司法局管理的股级事业单位，加挂文水县法律援助中心牌子；文水县公证处是县司法局管理的股级事业单位。12 月 29 日，根据《中共吕梁市委机构编制委员会办公室关于为各县市区司法局加挂牌子的通知》，结合《文水县行政复议体制改革领导小组办公室关于行政复议体制改革涉及机构、编制、人员划转等事宜的请示》，经县委编委本年第 6 次会议决定：县司法局加挂文水县人民政府行政复议局牌子，增设行政复议股，从全县执法任务重和关系民生的单位划转编制 7 名。完成介治律师事务所脱钩改制。

【法治政府建设】 2021 年，中共文水县委全面依法治县办公室制定《中共文水县委全面依法治县委员会 2021 年工作要点及任务分工方案》《文水县 2021 年度全面依法治县工作考核方案》《关于〈贯彻落实市委全面依法治市工作会议精神任务分工〉的实施方案》《关于加强法治乡村建设　保障乡村振兴的实施意见》《文水县党政主要负责人履行推进法治建设第一责任人职责工作清单》，县委全面依法治县委员会协调小组成员进行调整。完善合法性审查机制，推进行政决策规范化，审核规范性文件4份，文水县人民政府办公室向本级人大备案文件1份，开展外商投资、计划生育法规、规章和规范性文件专项清理，实现应审必审、依法合规。受理行政复议案件22件，其中决定不予受理9件，确认违法2件，维持2件，调解1件，驳回申请1件，终止3件，正在办理4件。依法制发行政复议意见书2份，建议书1份。行政诉讼案件11件（其中县公安局7件、县自然资源局3件、开栅镇政府1件），行政机关负责人出庭应诉率达100%。

【行政执法】　2021年12月6日上午，文水县综合行政执法全面启动仪式在县市政广场举行。司法局出台《关于进一步规范行政执法工作的实施意见》，印发《文水县全面推行行政执法公示制度执法全过程记录制度重大执法决定法制审核制度实施方案的通知》，促进行政执法主体严格规范公正文明执法。实行“局队合一”体制，9大领域综合行政执法队“三定”方案全部出台。各乡镇挂牌成立综合行政执法办公室，出台《关于规范乡镇运行的意见》；制定公布《文水县乡镇法定行政执法事项清单》131项；出台《关于公布乡镇权责清单厘清县乡关系的通知》，明确乡镇行政权力事项117项。制定《村级履行职责事项清单》，梳理出村级组织履行职责事项7类31项。组织全县新申领行政执法证人员，参加全省统一公共法律知识线上考试2次200人，136人通过。累计领取执法证件人员481人，清理、注销使用证件55人，换证54人。对县自然资源局、吕梁市生态环境局文水分局、林业局等行政执法部门，近5年800余件行政执法案件进行评查，对县自然资源局、县农业农村局、县文旅局、县交通局、县市场监督管理局等9个行政执法单位进行行政执法情况督察。出台《文水县关于综合行政执法领域外出实地培训学习工作方案》。

【普法宣传】　2021年，司法局通过搭载门户网站、文水政法微信公众号等新媒体平台，宣传法律法规及司法行政活动，加强司法行政新闻宣传和舆论引导，壮大主流舆论。走进社区、乡村、企业、学校、单位，通过宣传人员讲解、悬挂条幅、张贴宣传挂册、发放宣传资料、入户、签订承诺书等方式向广大群众宣传《中华人民共和国民法典》《中华人民共和国禁毒法》非法集资、防范电信网络诈骗等相关法律法规知识，开展现场法治宣传活动85场。法律七进（进网格、进物业、进连锁企业、进综超市场、进法庭、进派出所、进信访大厅）69次，其中进农村53次，进学校8次，进企业8次，发放宣传资料4.1万余份。开展法律明白人培训11场，为100名妇女干部维权能力法律培训1场，为军人提供法律咨询和法治宣传2场，服务30余人。开展打击电信网络诈骗宣传活动和守望相助入户宣传，打击违法占地宣传活动15场。

【重点人群监管】　2021年，文水县新接受社区矫正对象142人、按期解除社区矫正人员123人，累计社区矫正对象189人（其中缓刑187人，假释2人）。司法局对不遵守社区矫正规定的2名社区矫正对象给予警告3次，对其中1名屡教不改的社区矫正对象提请法院撤销缓刑。对刑满预释放人员做好与监狱的衔接工作，对疫情期间刑满释放人员进行隔离观察，为其提供必要的医疗和生活保障。累计接收261人（其中解除矫正123人，刑满释放138人）。开展护航建党百年安全隐患集中排查整治专项活动，对两类人员进行摸排。规范管理、严控风险，创新监管模式，强化特殊人群的监管帮教。运用山西省司法厅一体化平台、手机定位系统等信息技术手段，随时掌控矫正对象动态，深摸全排做到在矫人员全覆盖。规范审前调查评估、交付接收监督管理、收监执行、审批及惩处等环节。高标准建设社区矫正信息指挥中心，规范职能定位、工作职责、功能设置、力量配备、装备设施，切实发挥县社区矫正信息指挥中心交付接收、信息采集、矫正宣告、监督管理、教育矫正等矫正执行职能。组织开展社区矫正重点案件交叉评查，抽调6名律师、法律服务工作者、公证员，组成3个重点案件交叉评查组，完成对390个案卷的评查。经评查，全县社区矫正工作存在不规范问题、资料不齐全问题5个。自查社区矫正审前调查案卷508案，发现超期评估46个。县委政法委交叉评查发现问题案卷2个，吕梁市委政法委组织的交叉评查中发现问题案卷4个，已全部整改。

【法律服务】 2021年5月，司法局开展对律师和基层法律工作者的网上信息补全工作，对不符合执业条件的律师注销。全县有公职律师14名，援助律师3名，专职律师17名。县级公共法律服务中心1个、公共法律服务站12个运行正常。接受群众免费咨询2514件，为农民工、妇女、未成年人等7类特殊群体法律援助60件。开展助力农民工、关爱残疾人等为民办实事活动18场次。办理公证266件，收费12.7862万元。律师代理403件，其中刑事代理255件，民事代理142件，行政代理6件，合计收费88万元。司法鉴定203件，零投诉。通过定期走访“探民情”、法律服务“惠民利”、多元解纷“化民忧”、普法宣传“启民智”等方式，开展“我为群众办实事”系列活动。完善解决民生问题的长效机制，推出10条便民利民措施。施行特殊人群“亲情”工程，开通远程会见系统，为矫正对象家属提供便捷的可视化异地探视，实现“在家门口探监"。实行“最多跑一次”“上门办证”“公证费用减免”“温馨邮寄”等方式推行公证便民举措。推行“互联网＋法律服务”，群众可通过村居公共法律服务室、乡镇司法所、县公共法律服务中心寻求法律服务和法律咨询。扩大法律服务受众面，在部队设立“军人法律援助工作站”，4名律师驻地式提供法律服务。

【人民调解】 2021年，司法局调处各类矛盾纠纷1216件，未发生“民转刑”案件。设立知识产权、婚姻家庭纠纷、道路交通事故、劳动争议联动、诉前5个行业专业人民调解组织。开展“调解七进 服务三零”活动，组织全县人民调解员赴村组、社区、学校、超市、企事业单位，到困难人群多、纠纷问题多的地方开展纠纷排查，运用法理情等多种方式方法进行调解。开展矛盾纠纷大排查，对排查出的矛盾纠纷及时建立工作台账，定期研判，逐一明确化解责任、化解时限。

经济管理与监督

工业和信息化

【概况】 2021年，文水县工业和信息化局（以下简称工信局）围绕县委、县政府提出的“一核三位五区”战略，以项目建设为抓手，以规模扩大、效益提高、产业转型升级、工业经济高质量发展为目标，推动产业集聚发展，全县工业经济保持稳定健康发展。推进“双随机、一公开”，助力优化营商环境；履行全县工业经济运行监测职责，按时汇总、上报运行数，对全县工业经济发展情况，做到底数清、数据明。

【优化营商环境】 2021年，工信局根据文水县“双随机、一公开”监管工作领导组办公室印发《文水县2021年度部门联合“双随机、一公开”抽查计划的通知》，出台《文水县工业和信息化局“双随机、一公开”监管工作实施方案》，制定本年度双随机抽查工作计划、抽查事项清单、联合双随机抽查工作计划。会同吕梁市生态环境局文水分局对山西吉港水泥有限公司、山西兴隆机械制造有限公司，开展抽查检查。对本年备案的4户技术改造类项目，开展事中、事后监管，将监管结果录入互联网＋监管平台。

【经济运行监测】 2021年，工信局按时汇总、上报工业经济运行数据，全年规模以上工业总产值累计完成209.9亿元。其中，钢铁行业、装备制造行业、轻工行业、化工行业、医药行业呈增长态势。部分企业受限电和强制减产政策影响，煤焦行业、光伏行业、建材行业、电力行业呈下降态势。

【技术创新】 2021年，文水县71户规模以上企业开展技术创新，建立技术创新组织机构，确立技术创新目标及项目，拨付相应经费，开展技术研发及攻关。13户企业获市级技术中心认证，3户企业获省级技术中心认证，1户企业获国家级企业技术中心认定。帮助山西宗酒酒业股份有限公司、山西康欣药业有限公司、山西北斗星新材料股份有限公司3户企业申报省级企业技术中心认定；帮助吕梁建龙实业有限公司申报市级企业技术中心认定。新申报纳入统计规模以上的16户企业，开展技术创新活动。

【技术改造】 2021年，文水县共有4户企业申报5个项目，晋能清洁能源科技股份公司年产3GW太阳能高效组件项目，总投资58356.44万元；8条多晶硅电池生产线技术改造，总投资2560万元；山西大象农牧集团有限公司冷库建设项目，总投资2950万元；吕梁建龙实业有限公司2×65兆瓦煤气综合利用发电工程项目（一期工程），总投资26344.81万元；山西绿森海生物科技有限公司年产1000吨吡蚜酮农药工程，总投资2485.98万元。5个项目已上报山西省工业和信息化厅。

【校企合作】 2021年，工信局组织71户规模以上企业与太原理工大学企业科技特派员对接，经过技术、人才需求等信息的全面筛选，有15户规模以上企业入驻太原理工大学科技特派员，并责成专人与县教科局对接，全程负责科技特派员与企业洽谈、入驻工作，做好企业与科技特派员的桥梁，完成双方的对接。经统计，全县规模以上工业企业需要计算机、会计、机械、法律等专业人员200余名，主动对接企业为大学生提供更多的实践岗位。

【白酒源基地打造】 2021年，工信局牵头编制《文水县白酒产业发展规划》（2021—2025）（初稿）。在全县白酒行业，推行汾酒集团生产工艺技术，规范清香型白酒生产标准，从原料采购加工、制曲到地缸发酵、酿酒、勾调、成装逐步实现机械化和自动化。鼓励企业开展对外合作，引进技术人才和品牌，山西酒都杏花乡酒业有限责任公司与北京顺鑫农业股份有限公司牛栏山酒厂合作，建设年产4万吨原酒生产线。根据山西省政府《关于加快推进农产品精深加工十大产业集群发展的意见》，规划在吕梁平川地区主要布局白酒，吕梁市委、市政府确定将本县打造为年产20万吨原酒基地。

【企业升级】 2021年，工信局与县统计局联系，梳理辖区内工业企业和项目信息，将有望达到入统标准的工业项目作为本年度入规重点培育对象，建立培育库重点跟踪。对全县中小企业升规入统的统筹指导，定期会商研讨，支持中小企业升规入统。重点了解其生产经营情况，帮助协调解决建设中存在的问题，促进项目投产入规，做到应统尽统。已确定20户企业纳入本年度重点培育对象。

【建龙公司项目建设】 2021年，工信局进一步推进吕梁建龙实业有限公司优质棒线材工程项目，总投资8亿元，建设1条年产60万吨优质线材生产线和1条年产60万吨优质小棒生产线。一期优质线材规划年产直径5.0～20毫米光圆线材60万吨，主要钢种包括：普碳钢、优质碳素结构钢、精品冷镦及冷挤压钢、轴杆类钢、焊接用钢、帘线钢、硬线等；一期优质小棒材生产线规划年产直径20～90毫米光圆棒材60万吨，主要钢种包括：碳素结构钢、合金结构钢、磨球钢、轴承钢、齿轮钢、锅炉管坯、碳素工具钢。完成投资7.28亿元，项目达产时间为11月15日。

【海华酿造复工复产】 2021年6月23日，吕梁市政府同意托管山西海华酿造有限公司复工复产，托管主体为山西离柳焦煤集团有限公司。本月，成立山西吕农酒业有限公司。经过前期的清产核资、健全机构、完善设施、设备检修等工作，具备复工复产条件，可达到日投粮13.2吨，日产基酒5～6吨的生产能力。

【光华铸管破产重整】 2021年，山西光华铸管有限公司受产品市场、行业政策、经营管理等因素影响，经营陷入困境。针对山西光华铸管有限公司经营中出现的问题，县委、县政府提出对企业实施破产重整。工信局在清算组的领导下，多次与新兴铸管股份有限公司（央企）对接，协商组织实施破产清算，招募投资人等工作，并与新兴铸管股份有限公司签订投资60亿元的年产45万吨铸管生产基地项目合作协议。10月底，完成对山西光华铸管有限公司的破产重整。

【大数据建设】 2021年9月13日，根据《吕梁市大数据发展应用2020年行动计划》要求，县委、县政府成立以县长为组长、分管副县长为副组长的文水县大数据产业发展推进领导组，领导组办公室设在工信局，结合本县大数据发展实际，制定出台《文水县大数据发展应用2021年行动计划》。完成大数据项目建设，文水县行政审批服务管理局拟建设数字政府项目，建设智慧便民服务中心，包括智慧政务大厅、数字政府运行指挥中心、数字政府服务管理平台建设；建设完善县级一体化在线政务服务平台；开发县级“领导驾驶舱”，建设城乡社会智慧综合治理平台，建设智慧农业大数据平台，设AI人工智能＋政务服务平台，建设区块链＋政务服务平台，项目投资2.9亿元。文水县公安局交通警察大队拟建设前端指挥中心项目，项目投资3300万元，依托公安大数据平台、集成指挥平台等系统，全面采集汇聚公安交管数据、相关警种数据、政务信息数据、社会等数据，发挥路情、警情研判的作用，提高精准研判、精准查控、精准调度能力。山西文水经济开发区管委会拟建设安全应急管理平台，根据企业采集信息数据、企业安全生产的运行数据，根据系统评估和预算，为辖区内危化品企业提供“安全生产评价指数”，通过企业安全生产评价指数的高低、排序、同比变化、环比变化，使应急管理部门准确掌握危化品企业的安全隐患及风险系数，及时提供必要的监督和管理，安全生产评价指数的变化也可以作为应急管理部门工作评价参考依据，该指数也可以作为企业“安责险”税率的评测参考，实现应急管理部门减少、降低企业负担，项目投资2000万元。

【5G互联网建设】 2021年，工信局对县域5G建设工作督促指导，新建5G基站98站，共建5G基站208站。完成全县农村4G通信普遍服务站点7个。全年三大运营商的移动公司接入用户4万户，移动宽带接入20万人；电信公司固定宽带接入用户1.53万户，移动宽带接入2.65万人；联通公司固定宽带接入用户4.1万户，移动宽带接入10万人。

【国有集体企业改革改制】 2021年，文水县人民政府成立以县长为组长的“文水县国有集体企业改制工作领导组”，结合本县实际，出台《关于推进国有集体企业改革改制实施意见》《文水县解决未改制国有集体困难企业养老保险费及滞纳金实施办法》（试行）。全年办理正常退休54名，政府垫缴滞纳金733.4万元；退还未改制国有集体困难企业职工垫缴滞纳金27.87万元。

财　政

【概况】 2021年，文水县财政局（以下简称财政局）强化财政收支管理，兜底兜牢保工资、保运转、保基本民生（以下简称三保）底线；强化政府性债务及债券资金管理，保障政府重点项目建设；谋划推进民生工作，落实各项惠农惠民政策。

【机构改革】 2021年4月27日，根据《中共文水县委机构编制委员会关于印发〈文水县深化事业单位改革实施方案〉的通知》，整合财政局所属事业单位文水县集中收费服务中心、文水县财政支付核算中心、文水县行政事业国有资产中心、文水县投资评审中心、文水县财政科研信息中心，组建文水县财政预算服务中心，隶属于财政局，副科级建制。

【财政收入】 2021年，文水县财政总收入完成12.68亿元，一般公共预算收入完成5.72亿元，税收收入完成10.86亿元，非税收收入完成1.82亿元。

【财政支出】 2021年，文水县加强财政资金的科学调度，强化预算刚性约束，贯彻政府过“紧日子”要求，科学合理调度资金，严格执行财政支出预算管理，充分发挥财政保障职能，全力促进全县经济社会事业的发展。全年一般公共预算支出248766万元，其中民生领域支出202301万元。

【盘活资金】 2021年，财政局对各单位以前年度未形成实际支出的运转经费和项目经费，全部收回、统筹使用；对县财政追加的预算，当年无法形成实际支出的全部收回，没有正当理由的，不予再次安排资金。全年共盘活财政存量资金5334万元，全部用于保障本县民生和重点项目，促进本县经济平稳运行。

【争取资金】 2021年，财政局争取上级支持，摒弃“等靠”思想，主动作为，深入分析研究政策资金扶持方向，找准争取资金突破口，做好项目谋划、储备和申报。全年共争取财力性转移支付资金5279万元，争取专项债券40000万元，一般债券7000万元。

【暂付款清还】 2021年，财政局严格执行各级政府关于暂付款项的各项规定，开展存量清还工作，提前完成本年度暂付款化解任务。加强暂付款管理，全年新增暂付款没有突破占一般公共预算支出和政府性基金支出总和5%的红线。

【保工资保运转保基本民生】 2021年，财政局兜牢基层“三保”底线，坚持“三保”支出在财政支出中的优先顺序。全年预算安排人员经费125885万元；民生支出安排9586万元；重点项目安排20017万元，主要用于脱贫攻坚、债务偿还、新型冠状病毒肺炎疫情防控、民营经济发展、教育文化、环境保护、县城重点工程等项目。严格控制“三保”之外的预算追加，实时关注库款情况，提高库款监测时效性；不断强化分析研判，合理安排支出顺序，统筹做好各项财政支出；保持合理的库款规模用于保障“三保”，特别是工资性支出，确保不发生拖欠工资现象；积极盘活财政存量资金，调整支出结构，大力压减一般性支出，盘活及压减资金重点用于“三保”等支出。

【财政直达资金使用管理】 2021年，财政局进一步推动财政资金直达常态化机制，加强直达资金使用监督管理，做好资金分配、备案审核、预算下达、执行监控等，提高资金使用效益，确保直达资金直接惠企利民，保障直达资金机制落地见效，切实发挥直达资金在“六稳、六保”中的重要作用。全县全年共收到直达资金66432.57万元，分配66432.57万元，分配率100%，实际支出54941.21万元，支出进度82.7%；收到参照直达资金649.27万元，分配649.27万元，分配率100%。

【政府性债务债券资金管理】 2021年，财政局贯彻落实党中央、国务院和中共山西省委、山西省政府决策部署，规范政府性债务管理，保障政府重点项目建设，把防范和化解政府性债务风险作为重点，通过“开前门、堵后门”实现“控增量、化存量”，开创政府性债务管理新局面。全年争取债券资金47000万元，其中一般债券7000万元，主要用于文水县开栅生态修复治理（一期工程）、山西省文水中学校教学综合楼及风雨操场、文水县城区主干道（凤凰路、狄青大街、兴华路）雨污分流改造、文水县胡兰大街（新G307—朝阳路）道路建设、文水县村庄道路整治、该年文水县“四好农村路”建设、文峪河河道生态环境综合治理、文水县农村环境综合整治等重点项目。专项债券40000万元，用于太中银铁路太原南至柳林南段开行动车组列车工程文水段、文水县城镇集中供热工程、文水县农村饮水安全巩固提升工程。

【国库直接支付】 2021年，文水县行政事业单位、非预算单位、企业全部实行国库直接支付制度与授权支付；全部财政性资金全部纳入国库直接支付体系与授权支付，实现国库直接支付与授权支付范围、资金全覆盖。国库直接支付单位209户，支付17256笔27.8亿元。

【征收预算收入】 2021年，财政预算服务中心管辖的43个单位共征收预算内收入7581.6万元，上缴国库7559.5万元，结余22.2万元；预算外收入2991.5万元，上缴2991.5万元。

【投资评审】 2021年11月，财政预算服务中心从财政局投资评审股接手投资评审工作，建立投资评审的各项工作流程。接受项目评审的工程总金额为6004.6万元，核减795.1万元，核增15.2万元，审定金额为5246.8万元，为财政节省资金757.8万元。

【财务监督】 2021年，财政预算服务中心按照现行财政财务制度强化财务监督，加强对原始票据的审核，做到票据合规，金额准确，手续完备，拒付有据；加强对基建资金和专项资金的审核，做到资金专款专用，招投标、政府采购、工程预决算、竣工验收，手续齐备、票据合规、支付合法；加强对“三费”支出的审核，做到严控支出范围，严格支出标准，严肃审批手续，区别情况，宽严适度；加强对政府采购支出的审核，对未按规定政府采购的支出凭证，不予支付；加强对各项津补贴发放的审核，做到项目不超、范围不超、标准不超。

【三公经费支出审核】 2021年，财政预算服务中心加强对三公经费支出的审核，做到严控支出范围，严格支出标准，严肃审批手续，区别情况，宽严适度。全年三公经费支出3044元。

【民生工作】 2021年，文水县民生领域支出202301万元，占总支出的81.32%。财政局发挥财政职能作用，加大财政教育投入，落实教育民生政策，持续推进城乡义务教育经费保障机制，全年教育支出62015万元；扩大社保范围，提升保障能力，贯彻落实省政府统一安排部署，拨付城乡居民补充养老金1205万元；全力推进基层医疗卫生建设，全年医疗支出21410万元，为人民健康提供可靠保障；为改善道路交通，拨付交通运输经费5739万元，支持贫困村道路建设，对重点道路重点改造，改变全县农村公路交通基础设施；加大资金投入，不断推动农村危房改造和美丽宜居建设，进一步改善群众居住条件和生活品质；拨付清洁取暖资金28477.98万元，推进冬季清洁取暖全覆盖，持续改善全县大气环境质量。

【农业生产支持】 2021年，文水县加大财政支农重点投入，落实强农惠农补助政策，安排专项资金19167.32万元，重点支持农业产业升级、水利薄弱环节提升等项目；将惠农惠民补助资金全部纳入“惠民直达系统”发放，通过“一卡通”清算2018年、2019年耕地地力保护补贴资金867.67万元，拨付实际种粮农民一次性补贴资金385.94万元，农机深松资金150万元，农机购置补贴资金1006万元；开展政策性保险工作，与农业、林业及保险部门联系，完成政策性农业保险遴选分包，和5家保险公司签订政策性农业保险服务合同，拨付农业保险保费补贴869.56万元，拨付特色农业保险保费补贴370.2978万元，为种植户解决后顾之忧。

【乡村振兴支持】 2021年，文水县推进“一事一议”财政奖补和美丽乡村建设，助推脱贫攻坚和乡村振兴产效衔接。全年拨付“一事一议”财政奖补资金1276万元，主要用于党建凉亭、文化活动场所建立等项目；争取到本年美丽乡村建设资金1300万元，主要用于刘胡兰镇320省道沿线的大象村、刘胡兰村、城子村、南胡村、王家堡村5个村集中连片打造美丽乡村项目和红色美丽村庄试点项目，促进农村基础设施和人居环境的改善。投入衔接推进乡村振兴资金1914万元，其中财政专项扶贫资金县级投入900万元，主要用于偿还易地扶贫搬迁还本付息、致富带头人培训、贷款风险补偿金、小额信贷、产业贷款贴息、雨露计划、教育扶贫、产业项目、基础设施项目、美丽宜居示范村补助、“黄河一号”公路建设和“四好农村路”建设、日常养护等支出。

【疫情防控】 2021年，文水县拨付新型冠状病毒肺炎疫情防控资金2549万元，其中疫苗及疫苗接种费用911.46万元，核酸检测费用348.725万元。

【防汛救灾】 2021年，文水县根据防汛救灾工作需要，调整支出结构，遵循救灾资金预算单独下达、独立调拨的原则，加快防汛救灾资金拨付进度。全年安排防汛救灾及灾后重建资金1799.62万元，用于防汛物资采购、受灾群众转移安置、受灾农房修缮重建、灾后农业生产恢复等。

税　　务

【概况】 2021年，国家税务总局文水县税务局（以下简称税务局）落实习近平总书记关于减税降费的重要精神和党中央、国务院决策部署，统一思想，统筹布局，安排部署，开展个性化服务，强化税收政策跟踪问效，确保各项优惠政策落实落细落到位。出台煤电保供和制造业中小微企业缓缴税费政策措施，确保最新政策应知尽知、应享尽享。

【税收收入】 2021年，税务局面对经济增速缓慢、各项减税政策叠加、疫情影响等原因，加强组织收入工作督导和检查落实，确保各项收入依法、及时、准确征缴入库。全年完成各项税收112985万元，其中县级税收完成39063万元。

【税费征管】 2021年，税务局依法依规组织收入，强化收入预测和分析，争取当地政府支持和相关部门配合，与各部门对接传递数据，形成工作合力，创新工作方法，优化办事流程，各项社保费和非税收入征收工作有序进行。全年各项收入186828万元，其中税收收入112985万元，非税收入73843万元（其中社保费收入完成62001万元，其他收入完成11842万元）。

审　　计

【概况】 2021年，文水县审计局（以下简称审计局）贯彻落实习近平总书记关于审计工作的重要指示、重要论述及全国审计工作会议精神、山西省委审计委员会第五次会议精神，依法全面履行审计监督职责，加强自身建设，围绕县委、县政府、上级审计部门安排部署，着力在促进政策执行、提高资金绩效、强化队伍建设、推进职责履行等方面下功夫，审计工作质效全面提升。全年审计财政预算执行、财务收支、财政决算审计项目；领导干部经济责任审计；固定资产投资审计；财政重大政策跟踪审计；上级交办事项。

【机构改革】 2021年8月18日，根据《中共文水县机构编制委员会办公室关于印发〈文水县审计专业服务中心机构设置、职能配置和人员编制事项的通知〉》，审计局下属事业单位文水县审计科研所更名为文水县审计专业服务中心。

【财政审计】 2021年，县委审计委员会批准审计局预算执行及财务收支审计项目20个，完成20个，审计查出主要问题金额14856万元，其中违规金额336万元，管理不规范金额14520万元。主要问题为预算编制缺乏完整性，“紧日子”要求落实不到位，预算支出监管不严，管理及财务核算不规范。

【经济责任审计】 2021年，根据县委组织部的委托，批准领导干部经济责任审计30个，完成34个，审计查出主要问题金额33654万元，其中违规金额1344万元，管理不规范金额32310万元。主要问题为票据不合规，督促被审计单位及时制定、落实整改措施。

【固定资产投资审计】 2021年，为规范政府投资项目建设，提高资金效益和项目管理，按照政府批示，批准固定资产投资审计项目30个，完成28个，送审金额27060.15万元，审定金额24026.30万元，核减金额2973.85万元，为财政节约了资金，提高投资效益，有利于规范公共投资，推动国有企业高质量发展，促进国有资源资产保值增值，防范化解重大风险。从体制、机制和管理层面分析问题成因，提出针对性意见和建议，加强对建设单位指导，促进被审计单位提升管理。

【跟踪审计】 2021年，根据《中华人民共和国审计法》规定，按照吕梁市审计局安排，审计局对文水县2021年贯彻落实国家重大政策措施情况进行跟踪审计。重点对文水县2项政策措施落实情况审计，抽查2个单位2个项目，发现问题3个，依法独立实施审计并出具审计报告。

【问题整改跟踪】 2021年，审计局重视被审计出问题的整改情况，督促各单位对照问题整改，对照整改清单查看落实情况，全年向被审计单位提出建议147条，被采纳审计建议90条，被审计单位制定整改措施10项，审计促进整改落实有关问题资金4万元。

市场监督管理

【概况】 2021年，文水县市场监督管理局（以下简称市场监督管理局）立足市场监管职能，以深化改革为统领，以服务经济发展为主线，持续优化营商环境，确保本县市场安全、平稳、有序发展。推动智慧监管，提升监管效能；助力企业质量提升，开展质量基础设施“一站式”服务；严守食品安全底线，确保人民群众“舌尖上的安全”；守底线保安全，做好药品监管。根据《山西省全面推进知识产权强省建设行动方案》，出台《文水县知识产权战略小组及实施意见》《文水县知识产权资助奖励办法》。

【机构改革】 2021年，根据《中共文水县委机构编制委员会办公室关于文水县市场监管综合行政执法队主要职责、内设机构和人员编制事项的通知》《中共文水县委机构编制委员会办公室关于明确文水县市场监督管理派驻体制的通知》，市场监督管理局挂牌成立文水县市场监管综合行政执法队，市场监管综合行政执法队乡镇中队。11月4日，加挂文水县知识产权局牌子，

【智慧监管】 2021年，市场监督管理局推进智慧监管平台建设，利用“天眼工程”，以信息化手段，不断提高特种设备的监管效能；全面推进特种设备3年专项整治，组织开展起重机械隐患排查、燃气瓶专项排查、快开门压力容器、移动式压力器充装单位安全专项整治；督促企业落实特种设备“三落实、两有证、一检验、一预案”（三落实：落实管理机构、落实责任人员、落实规章制度；两有证：设备有使用证、作业人员有上岗证；一检验：对设备依法按期检验；一预案：制定特种设备应急预案）；修订完善《文水县特种设备安全应急预案》《文水县市场监督管理局特种设备应急预案》；督促重点特种设备生产使用单位签订责任书，提高企业安全意识。全年出动执法人员1732人次，排查企业433户次，消除安全隐患65个，立案查处5起，罚没款17.9万元，未发生一起特种设备安全事故。

【质量基础设施一站式服务】 2021年，市场监督管理局助力企业质量提升，开展质量基础设施“一站式”服务。到本县机械、食品、药品、农产品等企业，进行产品质量提升、指导、服务，为企业出谋划策，服务企业15户。开展以“深入实施质量提升行动 大力推进质量强国建设”为主题的“质量月”活动，利用电子屏、宣传车在县市政广场悬挂标语、制作宣传版面、设立咨询台宣传。对19户工业产品和食品相关产品生产许可获证企业进行双随机监督检查，强化获证企业后续监管。对全县电动自行车、装潢材料、化肥、消防产品、电子导航仪、危化品、电线电缆、充装液化气、非医用口罩、婚庆用品等消费品市场的产品质量检查。对工业产品和消费品质量监管，全年抽散煤样品36个，汽柴油样品50个，车用尿素水溶液7个，装潢材料5个，查办案件5起，罚没款34206.88元。全年煤炭、汽柴油产品抽检率100%。

【食品安全监督管理】 2021年，市场监督管理局加强对食品安全的统一组织、协调和监管，建立健全食品安全全程监督管理机制，落实食品安全监督管理责任制，建立健全食品安全风险监测、事故应急、过程追溯、企业诚信体系，开展行业诚信自律教育。在生产环节，开展持证食品生产企业可追溯体系建设，确保食品质量安全“顺向可追踪、逆向可溯源、风险可管控”。开展食品小作坊整治，以保贤村、大象村、杭城村为重点排查整治，成效明显。本县持有食品生产许可证的企业144家，持有食品小作坊许可证的小作坊33户，取缔无证小作坊16户，规范提升15户。围绕原料采购、进货验收、出厂检验、食品标签、销售管理等方面，对食品生产企业监管。配合山西省市场监督管理局、吕梁市市场监督管理局对辖区内的酒类、肉类生产企业进行体系检查和飞行检查，通过现场检查企业生产许可条件保持、生产环境条件、进货查验等情况，提高食品生产企业规范化生产经营。全年查处涉酒案件25件，收缴罚没款43万余元。在流通环节，开展学校周边、学校食堂食品安

全、中药饮片、农村过期食品专项整治，严格索票索证和进销货台账制度，把好流通环节源头关。查处农村过期食品案件，立案2起。开展“放心超市”承诺活动，检查冷链食品商户93户，全面落实疫情防控和食品安全主体责任，严格落实进货查验记录制度，建立进口冷链食品进销台账，确保进口冷链食品专用通道进货、存放、售卖，避免发生交叉污染。对其他进口冷链食品如：水果、奶制品等建立单独进销台账。配合文水县疾病预防控制中心，对冷链从业人员和场所进行核酸检测664次，全部为阴性；对未进总仓经营冷链食品案件，移送公安1起。开展食品安全风险等级评定，指导经营者合规经营，D级风险级别的经营者26家，配合疾控中心核酸检测664批。开展食品样品抽检，全年抽检1758批次，其中农产品659批次，其他食品1099批次。对餐饮单位严格落实餐饮卫生制度，严把市场准入关。加强对学校食堂安全监管，开展“餐厅安全你我同查”活动，对学校食堂持证情况、食品加工、从业人员卫生、食品原料采购索票索证、餐具清洗、消毒、食品储存、食品留样进行全面检查，对13家经营不规范的学校食堂，下达整改通知书，已全部整改。

【药品监管】 2021年，市场监督管理局在药品经营企业122户，县级以上医疗机构2家，乡镇卫生院13家，疾控中心1家，妇幼指导站1家，民营医院8家，个体诊所31家，村卫生室179家；医疗器械生产企业3户，二类医疗器械备案经营企业150家；取得医疗器械经营许可企业52家；化妆品备案人1户，化妆品经营企业224户中开展中药饮片、集中采购中选品种、无菌和植入性医疗器械、网络销售药品等专项整治行动；加强药品零售企业、特殊药品经营企业和使用单位监督检查；开展疾控机构及疫苗接种单位全覆盖检查，加大对新冠疫苗的检查频次，杜绝疫苗非法流向问题，确保疫苗质量安全；持续推进药品信息化追溯体系建设。开展以日常监管与疫情防控相结合，对药品经营企业全部建立药品追溯制度；对县疾控中心及疫苗接种单位，开展疫苗储存和使用环节设施设备管理及使用情况检查。严格监督药店落实“一退两抗”药品购买流程，落实药品经营企业主体责任，完善管理措施，确保人民用药安全和防疫物资全产业链平稳运行。

【营商环境优化】 2021年，市场监督管理局持续优化营商环境，深化本县“放管服效”改革。完成市场监管系统内双随机抽查全流程整合，组建跨部门联席会议机制，完善监管制度和县级“双随机、一公开”监管工作平台，推进跨部门“双随机、一公开”监管常态化和日常监管全覆盖。牵头的营商环境对标一流工作中，完成5个二级指标，9个工作任务、113个模拟答题考察点；第二轮进行109个考察点的佐证；执行联合任务23项，检查企业53户；督促发起联合任务33项，检查企业147户；执行任务覆盖部门29个，覆盖完成率为181.25%。以降门槛、简流程、提效率、强监管为主线，优化审批流程，推进落实首办责任制和一日办结制，提升市场主体准入便利水平。办理个体工商户新设立登记4047户，变更登记376户，注销登记1455户；办理农民专业合作社新设立登记24户，变更登记157户，注销登记83户。文水县个体总量34420户，农民专业合作社总量1498户。

【规范执法】 2021年，市场监督管理局实行执法监管分离，压实执法责任。加大对旅游景区、教育机构、停车场等与群众日常消费密切相关场所的检测频次和监督力度，坚决制止捏造散布涨价信息，哄抬物价等违法行为。开展清理整治电子商务平台销售侵权违法行为，净化网络市场环境，维护公平价值导向。对商店、超市、集贸市场开展计量器具专项检查，解决使用超期计量器具和缺斤短两计量欺诈等失信行为。配合文水县烟草专卖局开展“守护成长”专项行动，依法查处7起校园周边无证经营典型案例，规范市场环境。办案61起，收缴罚没款94万余元，移送公安机关4起。

【日常监管执法】 2021年，市场监督管理局实施人才战略，配合县委出台《文水县知识产权战略小组及实施意见》《文水县知识产权资助奖励办法》。全县商标有效注册3301个，专利142个，其中发明专利4个，实用新型专利96个，外观专利42个。开展打击侵犯知识产权和商标使用权专项行动，查办商标侵权案22起，收缴罚没款40余万元。

【质量管理体系认证】 2021年，市场监督管理局开展质量管理体系认证提升行动，按照“一个行业一个行业抓质量提升”“重在实效”总体要求，复制推广化工、金属、机械、光电设备、信息技术5个行业的试点经验成果；对辖区内认证活动进行分类监管；加强电动自行车销售领域质量监管。全年检查辖区内组织数23家，检查认证机构11家，涉及认证活动46个。通过检查促进认证机构规范实施认证，形成认证市场有序竞争。

【标准化试点管理】 2021年，市场监督管理局建立标准化工作协调机制，继续开展标准化试点和标准化管理，推进丽彬文化园国家级综合服务业标准化试点，提升地域民俗、美食、文化品牌。丽彬文化园在山西省烹饪餐饮饭店行业协会举办“2021晋味非物质文化遗产发展大会”评选中，获《晋味非遗文化餐厅》称号。山西诚信种业有限公司省级有机旱作农业标准化示范区项目，通过省级有机旱作农业标准化示范区考核验收组验收。

【消费者权益维护】 2021年，市场监督管理局受理12315、12345信访投诉举报1755件，均办结。

【综检中心】 2021年6月30日，文水县综合检验检测中心通过吕梁市计量标准考核复查验收。在山西省综检中心组织的一般压力表量值比对中，综检中心的技术参数质量获最佳等次“优”。全年检验酒类样品297个，检定强制检定器具516个，为本县的食品安全、计量公平公正、产品销售及市场行政执法提供保障。

能源管理

【概况】 2021年，文水县能源局（以下简称能源局）。推进产业结构和能源消费结构调整，开展能源消费“双控”工程，开展煤炭等量减量替代工程，推动能源产业高质量发展工程，持续推进整县屋顶分布式光伏发电开发项目。推动煤炭清洁高效开发利用，全面提升煤炭先进产能，推广绿色高效采煤技术，加大煤炭洗选认定力度。强化行业监管，参与安全生产宣传活动，开展能源行业安全生产“大排查、大整治、大检查、大警示”活动，加强特殊时期的安全管理，高度重视电力安全监管。

【机构改革】 2021年4月27日，根据《中共文水县委机构编制委员会关于印发

〈文水县深化事业单位改革实施方案〉的通知》，组建文水县能源发展服务中心，隶属于能源局，股级事业单位。

【能源消费双控工程】 2021年，根据《关于2021年节能预警工作的通知》，文水县启动节能预警措施，严格在建项目监管、从严控制拟建项目、分类处置存量项目。启动分行业企业预警措施，包括“两高”（高能耗、高污染）清单项目和重点能耗行业企业。按等价计算，本年前三季度，全县规模以上工业完成能源消费量128.96万吨标煤，增长绝对量65.81万吨标煤。11月15日，县政府办印发《关于印发2021年能耗双控攻坚调控实施方案的通知》，针对89户企业分别做了限产、关停等双控措施。成立文水县能耗双控调控工作专班，组长由县委常委、副县长成坚担任，成立关停断电、限产、稳产、督导四个专组，确保各项调控措施落实到位。11月至12月，本县减少能源消费量12.83万吨标煤。全年全社会综合能源消费量为172万吨标煤，增速较调控前下降9.7个百分点。

【能源监测系统建设】 2021年，能源局对照吕梁市重点用能单位在线监测接入端建设情况表及本县企业施工进度，本县共有14户企业16个项目要求在线监测接入端建设。完成7户8个项目的建设（山西金桃园能源有限公司已淘汰），其余6户企业7个项目延期建设。

【节能监察】 2021年，文水县在落实山西省、吕梁市对本县重点用能企业节能监察整改的基础上，能源局建立4户高耗能重点用能企业能源消费情况月报机制，加强对重点用能企业的跟踪监督。重点对“两高”项目提出分类处置，完善企业用能手续，规范用能指标，提升企业节能管理水平。督促13户重点用能企业开展“十三五”能源审计和编制“十四五”节能规划，8户企业已完成审计和规划编制；组织对山西金鹏绿色能源发展有限公司110万吨/年焦化项目，进行复工投产专家论证。

【煤炭等量减量替代工程】 2021年，根据《文水县2021年煤炭消费减量等量替代工作方案》，文水县以削减存量和严控增量为抓手，压减高耗煤产业用煤需求，严格控制新增煤炭消费项目。将煤炭减量替代纳入固定资产投资项目节能审查制度，确保新建、改建、扩建耗煤项目严格执行煤炭消费减量替代，明确减量替代明细，制定减量替代方案。

9月28日，根据《文水县2021年清洁煤供应工作实施方案》，依据确村确户规模，通过招投标形式，完成本县本年度清洁煤供应商确定，启动本年度清洁煤供应。根据《文水县2021年散煤清洁化替代工作实施方案》《关于上报2021年冬季清洁取暖改造工程计划和运行情况的报告》，明确本年冬季清洁取暖改造工程计划。冬季清洁取暖改造工程持续推进：城区集中供热改造，完成6万平方米；煤改气完成1129户；农村集中供热完成51401户；锅炉供暖淘汰、改造完成37台。

【能源产业高质量发展工程】 2021年7月，吕梁建龙实业有限公司2×65兆瓦煤气综合利用发电项目一号机组运行。继续推进文水都宝电力开发有限公司瓦斯发电项目二期工程项目，完成土建工程。山西省能源局公布的首批光伏整县推进的项目之一，文水县整县屋顶分布式光伏开发试点项目装机容量55兆瓦，动态总投资22643.19万元，项目建设需要屋顶总面积55万平方米，主要依托党政机关、学校、医院、村委会、工商业厂房、农村居民屋顶等建筑屋顶。项目承建单位晋能控股电力集团与文水县政府签署投资框架协议，开展项目前期工作，建筑屋顶勘探完成49个机关、事业、条管单位、2个医疗单位，完成21个单位的屋顶面积10051平方米，设计容量1372千瓦（第一批）。

【煤炭清洁高效开发利用】 2021年，能源局开展煤矿煤质检查、行业安全管理、煤矸石专项检查整治，完成煤矿企业产量产值、产量调控、瓦斯抽采、煤矿财务数据等系统1月至9月报表。推动赤峪煤矿采用走向长臂式综合机械化采煤方式，全部垮落法管理工作面顶板。采用高水材料施工采空区隔离体沿空掘巷方式处理回采工作面与下个工作面巷道掘进问题。对全县拟淘汰、拟保留洗选企业全面检查，深入现场实地了解情况，督促拟保留4户洗选企业加快完成标准化自评，1户企业完成自评。

【行业监管】 2021年6月，能源局在文水县市政广场开展以“落实安全责任，推动安全发展”为主题第20个全国“安全生产月”活动，印制电力、天然气、清洁取暖宣传展板供群众参观学习，印发传单500份，发放宣传物品100件。全面贯彻落实国家、省、市、县各级安全生产会议精神，制定《文水县能源行业开展安全生产“大排查、大整治、大检查、大警示”活动工作方案》，活动期间，共排查企业8户，发现安全隐患5处，已限期整改。加强对电力行业和油气长输管道行业安全生产监管，专门开展能源企业汛期安全检查。对全县电力企业实施分级分类安全监管，督促企业强化安全生产双重预防机制建设。保障电网系统安全，实施电力企业主要负责人安全生产履职尽责承诺，签订承诺书。督促文水都宝电力有限公司瓦斯发电项目和吕梁建龙实业有限公司2×65兆瓦发电项目做好安全“三同时”（建设项目的安全设施，必须与主体工程同时设计、同时施工、同时投入生产和使用）等相关工作。

统　计

【机构改革】 2021年9月24日，根据中共文水县委机构编制委员会办公室《关于文水县社会经济统计调查队机构设置、职能配置和人员编制事项的通知》，将文水县统计局（以下简称统计局）3个下属机构文水县城市社会经济调查队、普查调查中心、企业统计人员服务中心，合并为1个下属机构文水县社会经济统计调查队（股级）。

【主要经济指标】 2021年，文水县地区生产总值100.11亿元，增速为9.2%。其中，第一产业增加值完成21.25亿元，增速10.3%；第二产业增加值完成35.86亿元，增速为10.1%；第三产业增加值完成43亿元，增速为8.2%。从三次产业构成看，三次产业增加值占GDP的比重为21.2%∶35.8%∶43%；从经济增长拉动力看，第一产业拉动GDP增长2.14个百分点，第二产业拉动GDP增长3.34个百分点，第三产业拉动GDP增长3.72个百分点。规模以上工业增加值完成35.4亿元，同比增速为13.9%。固定资产投资完成29亿元，同比增速为8.6%。社会消费品零售总额完成23.98亿元，同比增速为14.3%。限额以上社会消费品零售总额完成4.09亿元，同比增速为31.6%。一般公共预算收入完成5.72亿元，同比增速为25.49%。

城镇居民人均可支配收入 26246 元，增速为 7.2％；农村人均可支配收入 13213 元，增速为 10.3％。

【重点领域统计业务培训】 2021 年 7 月 10 日，统计局因文水县建制村合并重组，村级统计员出现变动，组织各乡镇乡镇长、分管统计工作副职、乡镇统计员、各建制村统计员 210 余人，开展农业农村工作培训会。邀请国家统计局吕梁调查队和吕梁市统计局专业人员对农业农村统计报表制度详细讲解并答疑解惑，围绕报表指标解释、常见错误、逻辑关系审核等详细解答，有效提高基层统计员业务能力。7 月 31 日，邀请吕梁市统计局工交科、能源科业务骨干一行 4 人组成的培训组，对县域范围内在库的 71 户规模以上工业企业展开统计工作业务培训，分别对工业产销总值、主要产品产量、财务状况、能源购进、消费与库存等报表讲解，结合日常报表中常出现的表间关系不平、重点指标理解偏差、主要指标运算举例说明。

【数据质量抽查检查】 2021 年，根据“双随机”数据质量抽查检查要求，统计局组织工业能源、财贸、服务业、固定资产投资等专业，开展基层统计数据质量抽查检查，针对抽查检查中发现的指标理解错误，数据漏报等情况现场指导。全年执法检查 15 次，其中“双随机”数据质量抽查检查 3 次，行政处罚 2 起，警告 2 起。

【维护更新名录库】 2021 年，按照“先进库、后出数”“应统尽统”的原则，统计局对山西省统计局、吕梁市统计局反馈的达规企业开展核实，严格把关入规企业相关资料审核，组织专业人员对拟入规企业实地考察，第一批上报拟入库“四上”企业 36 户，其中工业企业上报 21 户，财贸企业上报 7 户，服务业企业上报 8 户。第二批上报拟入库“四上”企业 15 户，其中工业企业上报 9 户，财贸企业上报 5 户，服务业企业上报 1 户。

【人口变动情况抽样调查】 2021 年 10 月初，根据国家统计局安排，统计局动员部署文水县人口变动情况抽样调查工作。本月 15 日，组织召开人口变动情况抽样调查业务培训会，详细讲解人口变动调查的制度、入户时间、上报时间节点、进行 PDA 程序的操作演练等，采用案例讲解、模拟演练、现场解答等方法，使调查员掌握入户调查的基本要领和技巧，提高熟练运用 PDA 程序的能力。本次抽样调查，覆盖全县 12 个乡镇 55 个村（居）委会 384 个小区，全县核实建筑物 20711 个，核实住房单元 55754 个。派发《致人口抽样调查住户的一封信》2500 份，张贴《国家统计局公告》100 张，做到家喻户晓。选配调查指导员和调查员 120 余名。11 月 1 日零时起，正式进入入户登记阶段。截至 20 日，完成入户登记，抽中住房单元登记率 100％。

综合检验检测

【计量检定】 2021 年，文水县综合检验检测中心（以下简称综检中心）通过吕梁市组织的计量标准考核复查验收，在山西省检验检测中心（山西省标准计量技术研究院）组织的全省一般压力表量值比对工作中，综检中心提供的技术参数质量获得等次为满意。

【质量检验】 2021 年，综检中心在已取得的检验资质范围内，给送检白酒样品出具检验报告，报告的文水县主要数据和结论准确率达到100%，缩短了企业取证时间，减轻相关企业的经济负担，免除企业的后顾之忧。全年检验酒类样品297个。

中小企业发展

【规下工业企业调查】 2021年，文水县中小企业服务中心（以下简称中小企业服务中心）按照吕梁市中小企业服务中心要求对规下工业企业摸底调查工作安排，与县统计局联合下文安排部署该项工作，组织全体机关干部职工分组分片入乡入企，把摸底调查和“三送”（送政策、送专家、送服务）服务有机结合，经调查摸底，共录入域内企业889户，向吕梁市中小企业服务中心平台提供企业详实信息。

【创客比赛】 2021年，中小企业服务中心推荐山西益鑫泰生物科技有限公司、文水县聚宏电子商务有限公司、文水大千文化传媒有限公司等11户企业参加“创客中国”吕梁赛区的比赛，获“2021年创客中国中小企业创业创新大赛组织奖”，山西益鑫泰生物科技有限公司取得第一名，成功晋级决赛。

【优化建设】 2021年，中小企业服务中心对文水县聚宏电子商务有限公司承载的双创项目不断优化建设，该基地认定为省级双创示范基地，促成该基地与山西徐特立高级职业中学联合运营，实现学生实操有条件就业、有岗位创业、有平台的良性循环。发挥省级双创示范基地平台优势，为本县中小微企业创业创新提供更好的条件，全年聚宏基地自主培训电商从业人员440余人次。

【专项资金】 2021年，中小企业服务中心争取山西省、吕梁市扶持中小企业发展专项资金1366.06万元，其中落实资金785.58万元；申请2022年中小企业发展专项资金列入县财政年度预算。

【小升规培育】 2021年，中小企业服务中心组织各乡镇企管员、小微企业服务站负责人召开专门会议，摸清底数，发现优质培育资源，按照大于1∶2的比例，建立50余户重点企业培育库。与税务部门建立联动工作机制，逐月核实在库企业的营收情况，不断发现新的工作目标动态管理纳库培育，强化非规企业运行态势的跟踪监测。全年培育符合升规标准的企业35户，其中第一批入统入库企业21户，第二批14户企业待市统计部门核定。

【企业股改上市】 2021年，中小企业服务中心与太原高新金控股权服务有限公司、山西德正科嘉企业管理咨询有限公司两家省、市平台单位项目对接，对有股改意愿的山西兴隆机械制造有限公司、山西晋杰钢构工程有限公司、山西鑫利达贸易有限公司3户企业项目辅导。

【专精特新培育】 2021年，中小企业服务中心培育专精特新和专精特新小巨人，文水县宏源达煤化工有限公司、山西康灵医疗器械有限公司、文水县和冠亨肉业有限公司、文水县是大高分子材料有限公司、山西新鸿顺能源有限公司5户企业评审认定为本年度省级专精特新企业；文水县鑫源昌钢结构有限公司、文水县大象禽业象丰饲料有限公司2户企业完成本年度专精特新“小巨人”认定；山西盛达威科技有限公司被评为国家级专精特新“小巨人”企业。全县有省级专精特新企业22户、专精特新“小巨人”企业6户；国家级专精特新“小巨人”企业2户。

【融资企业推荐】 2021年，中小企业服务中心向金融机构推荐有融资需求的企业24户，其中山西宗酒酒业股份有限公司、山西鑫邦机械制造有限公司、吕梁野山坡食品有限责任公司等13户企业获得银行贷款共4.04亿元，有效缓解生产经营中的资金困难。全年“信易贷”平台注册企业39户。

【人才建设】 2021年，中小企业服务中心根据吕梁市中小企业服务中心对民营企业家转型创新素质提升高级研修的工作安排，组织化工、铸造、机械和农副产品加工等行业的14名董事长或总经理，参加“西安交大—民营企业家”素质提升培训；推荐本县科技型企业、“专精特新”企业、创新型企业的典型代表，参加山西省科技日报社和吕梁市中小企业服务中心联合主办的吕梁市优秀民营企业家评选，4名企业家入选；推荐5名“新生代、企二代”，参加吕梁市组织的硕士研究生班深造学习；与县委组织部联合举办120人规模的中小微企业经营者、管理者素质提升（文水班）培训。本年度储备非公有制企业初级职称人员54名，推荐35人参加中级职称评审认定。推荐文水县是大高分子材料有限公司、山西益鑫泰生物科技有限公司、山西棘梦生物股份有限公司3户企业，参加吕梁市级技术中心评审，其中2户企业通过认定。

转型综改试验区　开发区

发展和改革

【机构改革】 2021年9月7日，中共文水县委机构编制委员会批复成立文水县经济发展服务中心，属文水县发展和改革局（以下简称发改局）管理的副科级事业单位，挂文水县粮食和物资储备中心牌子，为公益一类。内设经济发展服务股、价格认证服务股、粮食和物资储备服务股、粮食稽查服务股、公共信用信息服务股和综合办公室（党建办）。

【十四五规划编制】 2021年，发改局完成文水县“十四五”规划编制，并印发各相关单位。

【固定资产投资】 2021年，文水县固定资产投资项目库储备项目88个，总投资165.93亿元，计划完成投资31.83亿元。其中，产业类项目52个，总投资94.32亿元，计划完成投资16.07亿元；基础设施类项目21个，总投资29.63亿元，计划完成投资9.49亿元；民生类项目15个，总投资41.98亿元，计划完成投资6.27亿元。

【资金争取】 2021年，发改局争取项目资金4个，分别是文水县城镇集中供热工程建设项目，第一批专项债券3.59亿元；汾河百公里中游示范区文水县段生态治理工程项目，中央预算内资金1.2亿元；文水县农村饮水安全巩固提升工程，第二批专项债券0.27亿元；山西徐特立高级职业中学刘胡兰实训基地建设项目，第二批专项债券0.6亿元。

【应急物资储备】 2021年，发改局整合县应急管理局、县水利局应急、防汛物资需求，预算应急物资储备资金100万元、防汛物资储备资金100万元，申请将应急物资、防汛物资储备资金200万元列入2022年财政预算。本年，采购防汛物资80余万元，储备疫情防控物资190余万元。

【物价管理】 2021年，发改局落实复工复产企业价格优惠政策，停办所有价格收费审批事项，落实疫情期间国家对住宿业、餐饮业用水、用气价格优惠政策，降低复工复产企业运行成本。落实转供体环节电价优惠政策。规范县城燃气工程费标准，制定农村人畜饮水指导价，核定建制镇垃圾处理费标准。开展学前收费调研、高中住宿费调研。开展“两高”（高污染、高耗能）企业差别电价执行情况调研。为县公安局、县检察院、县法院、县司法局、县纪委办理价格认定案件12件。完成建材价格监测、农资价格监测、城乡居民服务价格监测、粮食流通统计等。完成农户存粮情况、养殖户种植户成本运行情况调查及农村水价成本监审。

重点项目发展管理

【机构更名】 2021年4月27日，根据中共文水县委机构编制委员会印发《文水县深化事业单位改革实施方案》，文水县重点项目服务中心更名为文水县项目推进中心(以下简称项目推进中心)。

【重点工程项目】 2021年，文水县申报市级重点项目6个，总投资27.42亿元，累计完成投资18.44亿元。其中，新产品类项目1个，新业态类项目1个，新型城镇化类项目3个，重大传统基础设施类项目1个。

【新产品类项目】 2021年，山西酒都杏花乡酒业有限公司承载北京牛栏山酒厂吕梁白酒基地，总投资3.99亿元。项目占地31.33万平方米，分两期工程实施。一期工程占地11.33万平方米，建设内容有建设传统工艺大曲发酵酿造车间3个，麸曲酿造车间2个，制曲车间1个和基酒储存罐区，研发中心、质检中心、展示中心、培训中心和文化体验中心。二期工程占地20.00余万平方米，新建酿造车间2个、辅料库、储粮库及职工宿舍楼等。同年，建设地缸酿造车间和生产车间，地缸酿造车间主体完工，完成投资0.45亿元。

【新业态类项目】 2021年，吕梁建龙实业有限公司承载2×65兆瓦煤气综合利用发电工程项目，总投资6.21亿元，分两期建设。一期新建一炉一机（锅炉、机组），总体规划一次完成，预留二期场地。项目一期投资3.50亿元，其中，主体投资3.24亿元，环保投资0.26亿元，占地面积2.69万平方米，设计年发电量4.73亿千瓦时。4月30日，建设220吨/小时高温超高压带再热系统燃气锅炉2台，配套65兆瓦高温超高压一次中间再热凝汽式汽轮机组2台。项目采用锅炉智慧燃烧、集中管理控制智能生产技术，具备完善的安防报警系统和可靠的连锁保护措施，配套国内先进的空气冷却系统和钠基干法脱硫、SNCR脱硝环保设施，实现钢铁企业超低排放标准。7月17日，1#机组正式并网发电，累计投资3.12亿元。

【新型城镇化类项目】 2021年，山西徐特立高级职业中学承载新建山西徐特立高级职业中学建设项目，总投资2.85亿元。建设内容：教学楼、报告厅、公寓、食堂，总占地面积12.10余万平方米，分两期实施。一期主体结构完工，二期工程开工，完成投资1.16亿元。文水县中医院承载文水县中医院异地新建项目，总投资1.63亿元。项目总占地面积19989.9平方米，总建筑面积29550平方米。主要建设内容：地上建筑面积22550平方米，地下建筑面积7000平方米。地上建筑面积感染楼面积3500平方米，住院综合楼面积11250平方米，门诊医技楼面积7300平方米，附属功能建筑面积500平方米；床位设置260床。停车位数134辆，其中，地上停车位35辆，地下停车位99辆。本年，完成项目可研、选址意见书，和文水县凤城镇西街村委签征地补偿协议；完成环评报告编制，测绘、勘界，设计、勘察等财政评审；完成设计招标、建设性详细规划评审及平面规划方案、设计评审。完工围挡、地勘，监理、施工招标及全过程造价咨询招标，办理土地手续，开展三通一平及施工图编制、工程量清单编制；完成投资0.13亿元。文水县集中供热管理办公室承载文水县农村集中供热工程建设项目，总投资9.99亿元。建设内容：新建一次网139.60×2千米、热力站116座及配套二次网、控制中心（包括集中补水站、中继泵站）及配套土建、电气自控工程，项目总供热面积 669.59 万平方米。同年，铺设主管网管道 30 千米，支线管道 130 千米；完成中继泵站、控制中心主体、仓库主体；完成投资 5.43 亿元。

【重大传统基础设施项目】 2021 年，文水县水利水保局承载文峪河综合治理工程项目，总投资 2.75 亿元。建设内容：治理河道 9.2 千米，实施河道疏浚工程、护岸工程、溪流槽、管涵工程、抢险道路工程、人行步道工程、洪水消能设施、外堤护坡工程、绿化景观工程等。本年，挖土方 200 万立方米，回填土方 173 万立方米，完成投资 0.88 亿元。

经济开发区

【机构改革】 2021 年，山西文水经济开发区管理委员会（以下简称开发区）内设机构“1 室 1 局 4 部”，即党政办公室、行政审批服务局、投资合作部、经济运行和综合执法部、规划和建设管理部、人力资源和财务管理部。4 月 1 日，根据县政府《关于成立山西文水经济开发区开发建设有限公司的通知》批复，成立山西文水经济开发区开发建设有限公司。9 月 9 日，根据县编委《关于山西文水经济开发区管理委员会清理规范的通知》，撤销文水县自然资源局开发区分局、文水县市场监督管理局开发区分局、文水县应急管理局开发区分局、吕梁市生态环境局文水分局开发区分局、文水县统计局开发区分局派驻机构。同月，成立纪工委。

【经济指标】 2021 年，开发区完成工业增加值 25.4 亿元，增速 30%；完成工业投资 15.79 亿元，增速 126.7%；转型项目投资完成 15.55 亿元，占工业投资比重 98.5%；高新技术企业 6 户，增速 20%；四上企业 20 户，增速 33.33%；主营业务收入完成 163.38 亿元，产出强度 241.1 万元/亩。

【招商引资】 2021 年，开发区签约项目 14 个，总投资 40.04 亿元，其中省外签约项目 7 个，总投资 26.22 亿元，已开工。新开工固投项目到位资金 8.04 亿元，非固投项目到位资金 0.53 亿元。

【重点项目推进】 2021 年，开发区规划新建、续建项目 41 个，总投资 118.56 亿元，其中开工建设项目 22 个，投产达效项目 13 个。开展“三个一批”活动 4 期，“签约一批”项目 15 个，总投资 40.39 亿元，开工 11 个；“开工一批”项目 16 个，总投资 37.79 亿元，投产 10 个；“投产一批”项目 16 个，总投资 18.21 亿元，达效项目 16 个。

【基础配套建设】 2021 年，开发区完成百金堡产业园污水处理厂厂区内工程，并验收。完成东庄产业园污水处理及管网工程立项，争取上级专项债券资金。完成百金堡先进装备制造标准化厂房项目立项，并列入上级专项债券计划。行政审批服务中心正式投入使用。开展土地收储工作，上报土地 4 批次 48.86 万平方米。

【营商环境优化】 2021 年，开发区深入推进“三化三制”改革，落实领导班子任期制、工资绩效制。承担山西光华铸管有限公司破产重组、安全环保等。推进“承诺制＋标准地＋全代办”改革，办理“承诺制”项目 4 个，开展“全代办”服务项目 8 个，开展“标准地”区域评价 7 项，完成压覆重要矿产资源评价，挂牌出让“标准地”1 宗 160.8 亩。

农林牧业

农业农村

【概况】 2021年，文水县农业农村局（以下简称农业农村局）围绕“保供固安全、振兴畅循环”工作定位，聚焦“衔接、保供、提升、建设、绿色、支撑、改革、项目”八大重点任务，持续推进稳产保供，产业集群已具雏形，绿色发展初见成效，人居环境得到改善，推进农业综合执法。

【机构改革】 2021年4月27日，根据《中共文水县委机构编制委员会关于印发〈文水县深化事业单位改革实施方案〉的通知》，组建现代农业发展服务中心为农业农村局管理的正科级事业单位；组建乡村振兴中心为农业农村局管理的正科级事业单位；组建肉牛产业发展中心，为县政府直属正科级事业单位，由农业农村局统一领导和管理。文水县农业综合行政执法队隶属于农业农村局，实行“局队合一”体制。

【农村经济】 2021年，文水县农村人均可支配收入13213元。全年一产固投完成13359万元。一产增加值完成16.97亿元，其中农业一产增加值5.97亿元，畜牧业一产增加值9.96亿元，渔业一产增加值0.05亿元，林业一产增加值0.99亿元。

【农业】 2021年，文水县粮食播种面积46.98万亩，粮食总产量2.27亿公斤。推进35.87万亩粮食生产功能区建设、管理、保护和6万亩高标准农田项目建设，稳定粮食产能。调整优化种植结构，发展特色种植，种植马铃薯1.2万亩，种植蔬菜1.3万亩，新发展黑皮鸡枞食用菌种植5.8亩。

【畜牧业】 2021年，文水县生猪出栏18万头，能繁母猪存栏0.82万头。

【项目建设】 2021年，山西大象农牧集团在下曲镇田家堡村建设完成年存栏9万套肉种鸡建设项目，总投资1260.4万元，其中财政补助资金80万元，企业自筹资金1180.4万元。文水县丽鑫农牧有限公司在北张乡南武涝村建设完成年出栏3000头肉猪建设项目，总投资650万元，其中中央预算内投资140万元，企业自筹资金510万元。山西雪莱食品有限责任公司完成2万吨饮料加工生产线建设项目，总投资5120万元，完成投资1100余万元。文水县农产品产地冷藏保鲜设施建设项目，完成设施建设28个，实施主体12个，库容量新增3万余立方米。建设完成文水县设施渔业建设项目，并通过验收，该项目批复总投资40万元（其中省级补助资金20万元），由文水县桥头富民养殖专业合作社和文水县大村龙泉水产养殖专业合作社承载。建设完成高标准农田建设项目4.9万亩。

【农业产业化】 2021年，文水县有国家级农业产业化龙头企业5户、省级27户、市级24户（其中新培育省级龙头企业10户、市级9户），有农业产业化联合体7户（新增省级2户）。争取市级示范合作社奖补资金52.5万元，扶持各类农民专业合作社，评定县级示范合作社6家，上报市级示范合作社4家，上报省级示范合作社2家，监测国家级示范合作社1家。休闲农业产业发展提质加速，下曲镇北辛店村被山西省农业农村厅评为“山西省美丽休闲乡村”。

【产业集群】 2021年，文水县农产品精深加工十大产业集群产值总量116.7亿元，产值增量20.2亿元。酿品产业集群，依托山西宗酒酒业股份有限公司等企业，配套建设红高粱基地，打造文水县“白酒产业园”。果品产业集群，建设标准化生产基地，重点发展沙棘汁等原料生产基地，实施品牌营销战略，提高吕梁“野山坡”沙棘汁等果汁品牌知名度。肉制品产业集群，依托和冠亨肉业等企业，继承发扬牛肉制品传统工艺，重点打造五香牛肉、高端定制牛肉等老字号牛肉制品，兼顾优质中高端冷鲜肉制品，带动种牛繁育、肉牛育肥、屠宰分割、肉制品深细加工和冷链物流等一体化发展；依托山西大象农牧集团打造分割鸡肉等产品，采取“龙头企业屠宰＋农户放养”的契约养殖模式，在龙头企业屠宰场周围区域集聚农户养殖。功能食品产业集群，依托吕梁野山坡，建设绿色有机林果标准化生产基地，打造以沙棘为原料的功能食品集群核心区。

【绿色兴农】 2021年1月6日，山西省农业农村厅、太原海关批准文水县为出口酥梨质量安全示范区。9月23日，山西大象农牧集团有限公司鸡肉制品被吕梁市农业产业化龙头企业协会推荐为2021年市级农产品区域公用品牌（吕梁鲜鸡）。农业农村局坚持质量兴农、绿色兴农、品牌强农，推进优质农产品带证上市。

【农产品质量安全监管】 2021年，文水县完成农产品采样质量安全例行监测600批次。

【农村人居环境】 2021年，文水县完成农村户厕改造1000座。农业农村局组织开展农村人居环境“六乱”整治百日攻坚专项行动，以省、市确定的交通沿线、村庄街巷、农户庭院、田间地头、河流沿岸、山体边坡等重点区域为重点，通过“拆、清、整、绿、建”五措并举，治理“乱搭乱建、乱堆乱放、乱扔乱倒”等突出问题，打造干净整洁有序的农村人居环境。下曲镇北辛店村被评为2021年“全国乡村治理示范村”。

【农业综合执法】 2021年，农业农村局立案查处违法案件19起，上缴罚款13.139万元。培训农民3.1万人次，惠农政策宣讲110次，受教育群众5000人。文水县农业综合行政执法队被农业农村部评为“全国农业综合行政执法示范窗口”。

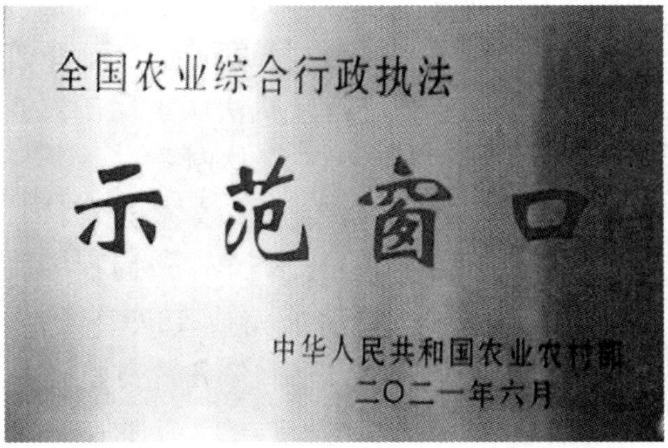

2021年6月，文水县农业综合行政执法队被中华人民共和国农业农村部评为“全国农业综合行政执法示范窗口”（文水县农业农村局供图）

林　业

【概况】 2021年，文水县林业局（以下简称林业局）坚持“绿水青山就是金山银山”的生态理念，以增绿增质增效为基本要求，统筹推进造林绿化工程，加强森林管护和资源管理，指导开展森林防火，建立健全林长制，为改善生态环境、推进林业发展奠定基础。

【造林绿化】 2021年，文水县文峪河水库山水林田湖草生态建设示范区绿化1期工程完工，面积2000亩，栽植树种有油松、侧柏、山桃、山杏、山楂、紫穗槐、金叶榆、红叶李、忍冬等各类苗木263130株。完成北辛店村、梁家堡村、下曲村、上贤村4个村的重点乡村园林绿化。栽植白皮松、国槐、木槿、云杉、紫叶李、海棠、龙爪槐、冬青球、金叶榆、金枝槐、月季、菊花、萱草等树种花卉。对破坏的山体、林地等进行生态修复治理，治理面积268.98亩，栽植油松、金枝槐、紫穗槐、爬山虎等树种117080株，陡坡种植生态恢复面积24000平方米。干果经济林提质增效8000亩，其中核桃综合管理3000亩（马西乡牛家垣村2800亩、马西乡穆家寨村100亩、西城乡西城村100亩），野生沙棘林改造5000亩（位于苍儿会下庄村）。快速路绿化长1.59公里，绿化占地面积10923平方米，栽植各类树木3757株。栽植完成年度重点区域生态保护与修复专项人工造林300亩，位于开栅镇崖底村，栽植落叶松39900株。对开柳线及国道241两侧通道绿化，设计绿化长19.1公里，其中可绿化长17.5公里。划拨专项资金30万元，用于对刘胡兰镇刘胡兰村实施森林乡村建设，建设内容为道路绿化、庭院绿化、环村绿化和公共绿地建设，栽植树种国槐、松柏、海棠、金叶榆、高杆胶东卫矛球、落地胶东卫矛球、胶东卫矛绿篱。

【森林管护】 2021年，文水县集体林地17.90万亩，其中国家级公益林1.47万亩，聘用管护人员66人。林业局制定出台《2021年文水县管护人员选聘管理考核办法》，加强对管护人员的管理。分批次对全县管护人员及乡镇分管领导和林业员业务培训。与涉林乡镇、林场签订目标管理责任书，乡镇、林场与管护人员签订管护协议，与涉及村集体和个人签订国家级公益林禁伐协议和补偿合同。

【资源管理】 2021年，林业局查处违法违规案件3起，移送公安机关1起，行政处罚3起，罚款46460元。核查办理省卫片执法疑似图斑62个，自查核实国家下发的森林督查疑似图斑153个。推动4家采石企业缴纳补偿款，办理征占用林地手续，相关手续已报山西省林草局审批。

【森林防火】 2021年11月30日，文水县召开今冬明春森林防灭火动员会。林业局全面落实定点看护制度和专职护林员全天候巡护制度，实行网格化管理。全年累计发放宣传资料3万余份，出动宣传车100余次，悬挂、刷写宣传标语300余条，发送微信信息1000余条。

【森林病虫害防治】 2021年，林业局开展松材线虫普查，对辖区内的松林进行全覆盖普查，普查松林面积1.96万亩。

【森林保险】 2021年，林业局完成政策性森林保险141937亩，其中集体47036亩，大陵山林场94901亩。

【林长制】 2021年6月11日，文水县出台《关于全面推行林长制的实施意见》，确定县级总林长、县级副总林长、县级林长、乡级林长和村级林长，成立文水县林长制办公室，建立22个县直单位主要负责人组成林长制部门协同机制，明确林长制指导思想、基本原则、组织体系和保障措施等。11月30日，召开全县林长制工作推进会。

现代农业发展服务

【概况】 2021年，文水县现代农业发展服务中心（以下简称现代农业发展服务中心）结合深化农村改革，承接原农经、农机、农发各项，筑牢乡村振兴基础，服务乡村振兴大局。

【机构改革】 2021年4月27日，根据中共文水县委机构编制委员会关于印发《文水县深化事业单位改革实施方案》的通知，整合文水县农业农村局所属事业单位文水县农机中心、文水县农村经济服务中心、文水县产权交易中心、文水县农业广播电视学校文水分校、文水县果树站、文水县农业服务中心、文水县土肥站、文水县水产技术推广站、文水县植保植检站、文水县种子站、文水县农业综合开发服务中心，组建文水县现代农业发展服务中心，加挂文水县农村经济管理服务中心牌子，为文水县农业农村局管理的正科级事业单位，公益一类。

【农村集体经济合同清理】 2021年，现代农业发展服务中心开展农村集体经济合同清理，成立合同清理专项领导组，联合相关部门，开展政策解答，定期汇总工作进展。全县清查摸底合同17197份，清查土地面积75745亩；规范合同13634份；合同清理进账5644.7万元，村均35.7万元，其中清回欠款931万元，当年合同收入4158.8万元，管理费67.2万元，收回土地12192亩，折价487.68万元；合同清零村58个。除去一次性清欠收入931万元，合同清理年收入4713.7万元。

【农村宅基地管理】 2021年，文水县出台《文水县人民政府办公室关于切实做好全县农村宅基地管理工作的通知》《文水县人民政府办公室关于成立文水县农村自建房“四办法一标准”推进协调领导组的通知》，起草《文水县人民政府办公室关于切实加强农村宅基地审批管理有关工作的实施意见（试行）》。组织召开农村宅基地管理工作安排会。文水县农业农村局、文水县市场监管局、文水县住建局、文水县自然资源局分别就农村宅基地自建房审批管理“四办法一标准”进行解读培训。将吕梁市现代农业发展服务中心分发的500本宅基地资料和文水县政府制作印刷的600本土地政策法规资料汇编成书籍，发放宣传手册5万余份。

【农村集体产权制度改革】 2021年，现代农业发展服务中心出台《文水县2021年农村集体“三资”管理规范化示范县建设实施方案》，实施财务管理“政经分离”。开展农村集体产权制度改革“回头看”，对改革主要环节、关键步骤和重点任务全面开展回头看。对集体资产清产核资不全面、账实不符、数据不准、农村集体资产管理制度不健全等问题，重点核查整改。排查农村集体经济组织成员身份确认程序是否规范，是否存在“多确”“漏确”问题。通过山西省农业农村厅对农村集体产权制度改革省级检查复核。

【农村土地确权】 2021年，现代农业发展服务中心开展农村承包地确权登记颁证再“回头看”，全面排查整改承包经营权证书未发放到户、承包地应确未确等问题，完成土地确权档案收集整理移交。聘请第三方对土地确权颁证工作中存在的问题进行复核。建立台账登记土地承包方面的纠纷，加强与信访、司法等部门的联系，形成村级调解、县级仲裁、司法保障的纠纷调处机制。开展土地确权成果书籍出版工作，汇总重要文件数据。

【新型经营主体】 2021年，现代农业发展服务中心规范农民专业合作社和家庭农场科学健康发展。完善四级示范社联创机制，争取市级示范合作社奖补资金52.5万元，扶持各类农民专业合作社，评定县级示范社6家，上报市级示范合作社4家、上报省级示范合作社2家，监测国家级示范合作社1家，新增国家级示范合作社1家。引导家庭农场科学发展，提升资金运转规范化、效益规模化。评定省级示范家庭农场2家，市级示范家庭农场5家。争取省级专项资金20万元，创建家庭农场示范县。落实省级奖补资金16万元，扶持省级示范家庭农场。

【一事一议】 2021年，现代农业发展服务中心会同县财政局查看2020年一事一议开栅镇、下曲镇、西槽头乡等乡镇工程开工情况。对2019年度和2020年度工程完成的村进行筹资筹劳入户核实。开展本年村级公益事业一事一议财政奖补项目申报，申报项目41个，申报范围是2019年、2020年县委、县政府确定的西城乡、南武乡所辖蓄洪排涝重点村。

【农业生产托管试点项目】 2021年，现代农业发展服务中心开展农业生产托管试点项目，完成上级下达的1.98万亩作业任务，落实财政补助资金171万元。开展服务组织遴选工作，指导服务组织有序开展服务项目。

【村主干离任审计】 2021年，现代农业发展服务中心完成对全县158个建制村2018年1月至2020年10月底的财务资料审计，重点审查村“两委”主干经济责任目标完成、财经法纪执行等方面的情况，审计金额76425万元，审计发现违反制度金额7.2万元。

【农机安全生产】 2021年，现代农业发展服务中心办理注册登记拖拉机和联合收割机业务56次，办理拖拉机和联合收割机转移业务21次，年检拖拉机和联合收割机277台，办理驾驶证初次申请业务48次，增驾业务17次，驾驶证期满换证业务43次。强化牌证源头管理，严守新驾驶员考试程序和内容，严格按照有关法律法规及业务规范要求，办理拖拉机登记入户和年度检验。开展拖拉机违法载人专项整治行动，开展农机安全检查和隐患排查41次。发放农机安全生产知识手册，拖拉机、联合收割机安全操作规程，农业机械安全监督管理条例等安全知识书籍850余份，发放安全宣传挂图130余份，发放拖拉机、联合收割机反光条等反光标识320余份。

【农机化推广】 2021年，文水县玉米种植面积40.8万亩，其中机械收获面积40.2万亩，玉米秸秆饲料化5.5万吨。马铃薯种植面积1.7万亩，投入马铃薯收获机97台，全部收获。完成农机深松整地面积12.7万亩。完成冬小麦播种面积0.44万亩。

【农机购置补贴】 2021年，现代农业发展服务中心争取中央农机购置补贴资金1006万元，兑付2020年农机购置补贴1006万元，年受益农户689户，录入各类机具985台。联合县财政局研究制定《2021—2023年全县农业机械购置补贴实施细则》，通过微信、短信、下乡宣传、公开栏、咨询热线等形式，把购机补贴政策宣传到村到户。开展新购部分安装类机具核验工作。

【农机报废更新补贴】 2021年，现代农业发展服务中心联合县农业农村局、县财政局、县商务局，研究制订《全县农业机械报废更新补贴实施实施方案》，明确报废更新补贴工作的实施范围、补贴对象、补贴种类、报废条件、补贴标准、操作程序和工作责任。利用多种方式进村入户，发放宣传资料，扩大政策宣传面。与农机报废回收企业申请者对接，优选回收企业，推行便民服务。运用农机监理系统对已纳入牌证管理、使用年限较长的拖拉机、联合收割机进行筛查，掌握拟报废机具信息、所处位置、使用年限、车况现状等。做好报废农机注销登记、报废更新补贴的申请、公示等。

【高标准农田建设】 2021年，文水县完成2019年度刘胡兰镇高标准农田建设项目建设任务，并通过省级验收，建设高标准农田1.5万亩。完成2020年度南武乡高标准农田建设项目，建设高标准农田0.5万亩。统筹做好本年南武乡等4个乡镇高标准农田建设项目规划设计、申报、招投标。

乡村振兴

【机构改革】 2021年4月27日，根据中共文水县委机构编制委员会《关于印发〈文水县深化事业单位改革实施方案〉的通知》，将文水县扶贫服务中心更名为文水县乡村振兴中心（以下简称乡村振兴中心），隶属于文水县农业农村局，正科级建制。

【防返贫监测】 2021年，文水县有监测对象124户285人，其中边缘易致贫户44户100人，脱贫不稳定户66户145人，严重困难户14户40人。监测对象中已消除风险103户236人，暂未消除风险监测对象21户49人。出台《文水县防返贫应急救助办法（试行）》《关于健全防止返贫动态监测和帮扶机制的实施方案》，建立防返贫动态监测帮扶联席会议制度，按照“农户自主申报、基层干部排查、部门筛查预警、舆情信访预警”相结合的方式，对脱贫不稳定户、边缘易致贫户、因病因灾因意外事故等导致的生活严重困难户全面排查。在全国防返贫监测系统中，更新脱贫户和监测对象基本信息、“两不愁三保障”及收入巩固等情况。核实、修改省、市级反馈问题数据。全县没有返贫人口。

【脱贫帮扶】 2021年，乡村振兴中心为全县脱贫人口小额贷款贴息23万余元，做到应贴尽贴。为2020－2021学年符合办理雨露计划资助的建档立卡脱贫户和监测对象家庭学生101人，按照每人3000元标准，发放补助资金30.3万元。为本年符合办理大学本科大学生资助条件的建档立卡脱贫户和监测对象家庭学生13人，按照每人5000元标准，发放补助资金6.5万元。完成致富带头人培训61人次。出台《关于进一步加强扶贫资金管理的实施方案》《关于推进扶贫资产管理工作的通知》《关于扶贫资产确权有关事项的通知》，成立扶贫资产管理专项工作领导组，建立县、乡、村统一的扶贫项目资产管理台账。梳理登记“十三五”以来的扶贫项目96个，涉及资金9999.68万元。形成扶贫资产52个项目，资金5773.76万元。出台《关于做好易地扶贫搬迁后续扶持工作巩固拓展脱贫攻坚成果的实施方案》。投入400万元，成立文水县沟口养殖专业合作社，吸纳凤城镇全部建档立卡脱贫户，入栏 480 头肉牛，出栏 230 头牛，实现脱贫群众每人年增收 1000 元。建立安置点防止返贫动态监测台账，紧盯搬迁群众致贫返贫风险点，及时化解风险。组织 27 名有劳动力的搬迁群众参加技能培训、稳定就业。公益性岗位安置 5 人。

【巩固脱贫成果】 2021 年，文水县巩固脱贫攻坚成果同乡村振兴有效衔接资金累计安排 1879 万元，支出 1746.4 万元，结余 132.6 万元。衔接资金全部匹配到 23 个项目，完工 20 个。加强对资金和项目的管理，按照“项目跟着规划走、资金跟着项目走、责任跟着资金走”的原则，做到资金到项目、管理到项目、核算到项目、责任到项目，落实绩效管理各项要求。落实公告公示制度，项目安排和资金使用结果一律公告公示，网站公开 9 次，乡村公示 12 次。推进巩固脱贫成果问题排查整改，动员 1000 余人，排查整改问题 243 条。

【六乱整治】 2021 年，文水县清理整治乱象 1.6 万处，消除交通安全隐患 457 处，依法取缔违法占地 107 处，拆除违建 35 万平方米。修整隔离带绿化带 2027 处，美化绿化交通沿线 56.4 万平方米、河岸线 13 公里。县财政投入城乡环卫一体化运行资金 2500 万元，拨付乡镇专项资金 540 万元，按照 10 元/户的标准为各村拨付经费 138 万元，投入 650 万元清理城区积存垃圾。村集体投资 1341.783 万元，3 个月清理积存垃圾 54 余万吨。

水利环境　公共设施管理业

水　　利

【汾河百公里中游示范区文水县段生态治理】 2021年，汾河百公里中游示范区文水县段生态治理工程范围北起闫家堡村，南至徐家镇村，西至大堤外坡堤脚及堤外规划湿地，东至汾河现状主槽中心线，全长28.8千米，工程部分投资4.67亿元，建设内容包括堤防生态化改造、泵站改造、生态湿地提升改造、滩槽整治、景观绿化、水文化公园等。本年，文水县水利局（以下简称水利局）开挖土方120万立方米，回填土方75万立方米，修建临时道路4千米，投资1.2亿元。

【文水县文峪河综合整治】 2021年，文水县文峪河综合整治工程总投资2.8亿元，建设范围从渠首闸至城区已治理段上游，长9.2千米。主要建设内容为河道清淤、护岸工程、拦水坝工程、溪流槽、抢险道路、绿化景观工程等。水利局整修河道边坡8800米，建成环湖路1.5万米，修建蓄水橡胶坝3座，形成景观水面47.3万平方米，完成绿化面积61万平方米，修建活动广场5座，投资2.5亿元。

【文水县文峪河综合整治水工部分续建】 2021年，文水县文峪河综合整治水工部分续建工程总投资3969.87万元，建设内容为河道拓宽、蓄水池补水、河侧增加绿化带工程、307国道桥头两岸美化工程、靠河侧东堤路基局部加宽工程、蓄水池东岸生态堤防局部移位改建工程、307国道桥下游河道左岸防渗工程等。10月，水利局开工建设，投资1900万元。

【文峪河文水县西宜亭—北张段河道生态综合治理】 2021年，文峪河文水县西宜亭—北张段河道生态综合治理工程总投资6333万元，治理长度5千米，主要建设内容为河道清淤疏浚、堤防生态改造、植物护岸绿化等。6月14日，水利局开工建设，共开挖土方70万立方米，回填土方25万立方米，投资1500万元。

【农村饮水安全】 2021年，水利局对全县所有农村供水工程涉及村庄加装村级智能水表，共安装135套，与市级平台进行数据对接，全部运行正常。继续推进农村饮水计量收费，采购安装户级水表1.3万套。投资12926.39万元，实施农村饮水安全巩固提升工程。投资492万元，实施南徐集供连通工程，建设内容包括铺设直径355毫米主管道6275米，安装阀井14座等，共铺设直径355毫米管道4600米。

【水旱灾害防御】 2021年，水利局投入县级抗旱资金26万元，配套汾河沿线高灌和深井水泵设施。4月，春浇灌溉，全县春浇面积45.3万亩。与县应急局对全县河道、边山沟涧、水库进行摸排，检查发现问题11个，全部整改。落实神堂水库、虎喊沟小水库“三个责任人”，对河流、水库、重点水利工程建设项目度汛应急预案全部报备。实施山洪灾害维修养护项目，投资10.4万元，对全县18个自动站点、98个简易站点设备进行更新。6月1日，汛期开始，执行领导带班24小时值班制度，强化值班值守和监测预警管理，保证水情雨情及时传达。7月16日，举办山洪灾害防御与防汛抢险培训。10月2日至6日，全县经历多年不遇降雨过程，南武乡降雨量最大，降雨量278.7毫米，降雨期间全局人员值班值守，确保防汛指令上传下达畅通，开展抢险排涝，向内涝村发放排涝水泵136台。

【河长制】　2021年，水利局从文峪河水库向文峪河、磁窑河补充生态用水，提高河流水质。结合全县·农村人居环境“六乱”整治百日攻坚专项行动，持续做好河道沿线“四乱”排查整治工作，重点清理河道沿线垃圾、河道内废弃建筑物、水面漂浮物、水中障碍物等。结合换届，调整县级河长14名、乡级河长12名及村级河长75名，出台《关于进一步明确各级河长职责的通知》。培训乡村干部和乡级分管河长制工作人员，提升利用巡河App开展巡河工作。全面建立“河湖长＋检察长”工作机制组织体系，出台《推行“河湖长＋检察长”工作机制实施方案》，联合开展河道执法检查，检查汾河、文峪河、磁窑河沿线2次。

【水资源管理】　2021年，水利局落实水资源管理制度，坚持区域用水总量控制，全县用水总量控制年度目标15117万立方米，实际用水总量13561万立方米。开展城区范围内自备井专项整治，出台《文水县城区自备井专项整治行动方案》，通过电视等媒体宣传发动，张贴《关于关停城区自备井的通告》50份，下达《关于关停城区自备井的通知》77份，关井14眼。开展水资源税征收管理，抽调专人配合县税务局，以乡镇为单位进行水资源税税源信息采集，采集重点用水户300余户。

【水库农村移民后期扶持】　2021年，水利局发放大中型水库农村移民直补资金2553人153.36万元。完成大、中型水库移民后期扶持“十四五”规划编制。完成水库移民项目资金567万元，其中孝义村美丽乡村一期建设项目172万元，新崖底村美丽乡村建设项目260万元，文倚村美丽乡村建设项目135万元，已全部完工。

【水土流失治理】　2021年，水利局治理上级下达文水县水土流失治理面积4.35万亩。整改文水县涉及黄河流域生产建设项目水土保持专项整治项目7个，问题23个。

生态保护和环境治理

【大气环境质量】　2021年，文水县空气质量综合指数为6.16，$PM_{2.5}$平均浓度51微克/立方米，PM_{10}为105微克/立方米。二氧化硫为28微克/立方米，氮氧化物41微克/立方米，一氧化碳2毫克/立方米，臭氧194微克/立方米。优良天数205天，重污染天气19天。

【水环境质量】　2021年1月至12月，文水县境内汾河、文峪河和磁窑河3条河流出境断面全部达到Ⅴ类标准及以上，河流指数7.66。其中，文峪河冀村断面3项主要污染物化学需氧量、氨氮和总磷平均浓度分别为25.4毫克/升、0.41毫克/升、0.13毫克/升，总体达Ⅳ类水质；磁窑河裴会村断面3项主要污染物平均浓度分别为28.73毫克/升、0.44毫克/升、0.22毫克/升，总体为Ⅳ类水质；汾河杨乐堡村断面3项主要污染物平均浓度分别为31.17毫克/升、0.49毫克/升、0.25毫克/升，总体为Ⅴ类水质，本年度未出现劣Ⅴ类水体。县城和乡镇饮用水水源水质达到Ⅲ类以上。

【土壤固废环境】 2021年，吕梁市生态环境局文水分局（以下简称生态环境局文水分局）完成农用地土壤污染详查和耕地质量类别划定工作，全县无污染耕地。完成4户重点监管企业土壤污染隐患排查，排查率100%。推进建设用地土壤污染调查，严格供地管理。

【空气质量优良天数比例】 2021年，吕梁市下达文水县空气质量优良天数比例任务为60%、219天，全县空气质量优良天数比例为56.2%、205天。

【$PM_{2.5}$年均浓度下降率】 2021年，吕梁市下达文水县$PM_{2.5}$年均浓度下降率任务为16.67%，全县$PM_{2.5}$年均浓度下降率为29.2%。

【达到或优于Ⅲ类水体比例】 2021年，吕梁市下达文水县境内河流水质目标任务为汾河、文峪河、磁窑河3条河流全部达到Ⅴ类水质以上，实际境内汾河为Ⅴ类水质，文峪河为Ⅳ类水质，磁窑河为Ⅳ类水质。

【劣Ⅴ类水体比例】 2021年，吕梁市下达文水县境内劣Ⅴ类水体比例为0，要求汾河、文峪河、磁窑河3条河流全部达到Ⅴ类以上（全市所有河流断面均不得出现劣Ⅴ类）。12月底，文水县境内汾河、文峪河、磁窑河3条河流均无劣Ⅴ类水体，劣Ⅴ类水体比例为0。

【超低排放改造】 2021年，生态环境局文水分局督促吕梁建龙实业有限公司完成超低排放改造，并通过监测评估验收，在吕梁市生态环境局和市工信局分别备案。督促山西光华铸管有限公司完成清洁运输改造，推进公司有组织和无组织环节改造。督促山西国金电力有限公司水泥项目完成超低排放改造可研编制并立项，编制实施方案；督促山西吉港水泥有限公司编制超低排放改造可研、实施方案；督促文水县阳光水泥有限公司和山西红狮建材有限公司2户水泥粉磨站编制实施方案，以上4户企业实施方案均通过吕梁市生态环境局组织的评审。

【放管服落实】 2021年，生态环境局文水分局落实优化营商环境责任，增强服务意识，为企业主动提供业务帮扶，指导企业掌握办理环评审批事项程序、条件、时限等要求。帮助18户重点企业安装污染源自动监控设备45套，其中废气监控设备36套，废水监控设备9套，全部与吕梁市生态环境局监控平台备案联网运行。帮助企业办理建设项目环境影响评价文件19个，其中报告书6个，报告表13个。发放排污许可证27户。指导、帮助28户企业完成建设项目竣工环境保护自主验收。受理企业突发环境事件预案备案32户，受理企业重污染天气应急预案备案26户。牵头编制《文水县突发生态环境事件应急预案》《文水县辐射事故应急预案》《文水县重污染天气应急预案》，组织29个部门集中评审，以文水县人民政府名义印发发布。

【生态环境执法】 2021年，生态环境局文水分局印发《山西省生态环境执法自由裁量基准》《生态环境综合行政执法工作手册》等，组织22名执法人员参加专业考试并全部通过；19名执法人员通过线上执法考试并获得执法证。印发《全面推行行政执法公示、执法全过程记录和重大执法决定法制审核等三个办法的实施方案》，成立案件集体审议领导小组，对所有执法案件采取审核制和重大行政执法决定集体审议制，对30起处罚案件进行审核；对生态环境部、省生态环境厅监督帮扶中发现的问题实行“拉条挂账”式跟踪管理，建立问题台账，制定整改方案，并组织落实整改。开展文水县违法排污企业专项执法检查、利剑斩污等专项执法行动10余次。接受中央环保督察转办案件36件，全部按时按要求上报，共罚款39.2万元。开展“双随机、一公开”工作，检查单位134家，对检查发现的问题及时督促相关企业进行整改，检查情况全部公开公示，接受社会监督。受理12369举报热线63件、12345市长热线批转案件213件，全部办结。办理行政处罚案件52件，行政罚款458.45万元；向县公安机关移送环境违法案件7起，其中行政案件6件，行政拘留6人；刑事案件1件，刑事拘留1人，追逃4人。

【集中供热】　2021年，文水县城区新建换热站1座，扩容税苑小区换热站，新建的金亿学府城和丽泽苑等实施集中供热，新增供热面积23万平方米。县城区内共建成换热站85座，供热面积700余万平方米。通过集中供热与煤改电改造，城区内基本实现百分百清洁供暖。农村集中供热工程建设项目一期、二期工程除局部区域外，基本完工，建设完成换热站116座，其中中继泵站1座，总供热面积670万平方米，开通供热2.56万户。

【挥发性有机污染防治】　2021年，生态环境局文水分局督促涉挥发性有机物企业开展自查自纠，帮扶17户重点排放行业企业进行挥发性有机物污染防治，组织参加挥发性有机物综合治理培训会，对照新修订的加油站大气污染排放标准，对42户加油站卸油、油气回收情况进行督查检查。引导市政工程避开7月至9月进行大中型装修、道路划线、沥青铺设等作业。落实吕梁市生态环境局转办问题3个，组织相关人员进行现场检查，责令文水县联众精细化工科技有限公司停产整治，针对生产设备泄露问题，处罚7.4万元。针对铸造企业和煤化工企业存在问题下发专项通知，督促企业完成问题整改。

【机动车污染防治】　2021年，生态环境局文水分局加强机动车检验机构日常监管，对吉宏达和通达检测机动车检验机构全面实施机动车排放检测与强制维护制度。开展用车大户抽检，与用车大户签订环保承诺书，抽检柴油货车用车大户22户89台，对9辆尾气排放不达标的车辆进行维修与更换油品后，尾气复检合格。编码登记非移动机械258台，完成车牌、GPS定位系统安装。对188台柴油车加装车载诊断远程在线监控；抽查高排放禁用区内非道路移动机械90台，对尾气排放不达标准的7台非移动机械业主下达整改通知。联合交警部门路检，发现违法违规重型燃气车31辆，处罚15500元。督促15户重点用车单位，全部安装门禁，并与吕梁市生态环境局联网。

【清洁生产审核】　2021年，生态环境局文水分局落实《吕梁市空气质量巩固提升2021年行动计划》，出台《关于开展2021年强制性清洁生产审核及审核验收的通知》，对能源、冶金、建材、化工等行业7户企业实施强制性清洁生产审核，其中吕梁建龙实业有限公司、文水振兴化肥有限公司、山西金源煤化科技有限公司、鑫明泰化工有限公司4户完成清洁生产审核报告，其余3户开展审核。

【重污染天气应急管控】 2021年，生态环境局文水分局出台《文水县2021—2022年秋冬季大气污染综合治理攻坚方案》。秋、冬季以来，先后启动重污染天气橙色预警6次。采取日查和夜查相结合方式，对排污企业应急响应情况进行检查。严格落实错峰生产措施，对全县钢铁、铸造、炭黑、砖瓦、耐火、陶瓷、石灰、水泥熟料及粉磨站等83户重点涉气行业企业实施秋、冬季错峰生产，严格落实限产和停产措施，加强企业用电监控。

【巡河】 2021年，生态环境局文水分局采取点、线、面巡查结合视频监控的办法，专职巡河员对汾河、文峪河和磁窑河3条河流沿线及周边区域实行24小时不间断巡查，重点排口定点取样送检，重点区域定期取样化验分析研判，及时采取相关措施。巡河队伍配备河流水质快速检测试剂盒和便携式监测设备，结合河流出境断面自动监测站日报数据，开展手工应急监测，分点分段快速检测追根溯源，精准分析污染源，重点排口定点取样送检、重点区域定期取样化验分析研判，及时采取应急管控。打击偷排偷倒行为，保证河流持续达标。

【入河排污口整治】 2021年，生态环境局文水分局长效监管保留63个入河排水口，加大汾河干流4个入河排水口应急管控和磁窑河迎四支退水渠源头管控，实施文水县保汛期水质稳定专项行动和省考断面水环境质量稳定达标行动等，保障3条河流持续稳定达标。对国家2020年度，汾河流域排污口排查试点无人机航拍排查出的汾河干流沿线217个各类排口，逐个深入现场追踪溯源、采样监测，分类制定整治措施。

【涉排水企业监督检查】 2021年，生态环境局文水分局完成对屠宰、食品加工和白酒等行业，排水企业污水处理设施地表水Ⅴ类标准提标和回用改造，基本做到达标排放，安装在线监测设备，加强日常巡查检查力度，巩固污水处理设施提标改造成果。刘胡兰镇污水处理厂实行第三方专业化运营管理模式，运行稳定正常。生态环境局文水分局制定《刘胡兰镇污水处理厂外来废水处置管理办法》。督促杭城污水处理厂和县城污水处理厂开展改造。制定《文水县食品加工小作坊环保整治的指导意见》，加强食品加工作坊监管，结合同类企业先进治理技术，引导并规范食品加工小作坊有序发展。

【农村污水整治】 2021年，生态环境局文水分局推动开栅污水处理厂和北峪口污水处理站实施第三方运营管理模式。启动南张村、大象村等村21个黑臭水体治理项目，争取省级水污染防治资金1701万元。启动汾河流域文水县农村水环境黑臭水体治理项目，申报争取黄河流域高质量发展中央预算项目。编制完成《汾河西岸水环境综合治理方案》。

【河流生态补水和垃圾清理】 2021年，生态环境局文水分局将生态用水纳入水资源日常调度计划，从文峪河水库调水，向文峪河、磁窑河补充生态用水，建成磁窑河生态调水工程，全年共调水6065万立方米。结合全县农村人居环境“六乱”整治百日攻坚专项行动，开展河道沿线“四乱”排查整治，协调沿河乡镇累计清理河道岸线垃圾5800余吨，整治河道退水渠污泥杂物360余处。

【水污染防治和生态治理】 2021年，文水县建成汾河流域典型村庄污水治理项目4个，完成对高车村、西社村和杨乐堡村7个坑塘整治。山西文水经济开发区管委会建成百金堡产业园污水处理工程项目5000吨污水处理厂。生态环境局文水分局协调文峪河蓄水坝下游800米河段生态环境综合治理工程复工。文水县实施汾河流域重点入河排污口水质微站建设，在汾河干流西社村北混合入河排污口、杨乐堡村混合入河排污口、贯家堡村入河口和磁窑河四支退水渠混合入河排污口各建成水质微站1座；建成磁窑河生态调水工程。

【疑似污染地块管控】　2021年，生态环境局文水分局对4户土壤重点监管企业土壤污染风险隐患排查。对3个房地产建设用地、1个公共管理用地、2个食品加工类工业用地地块土壤污染环境调查，有效管控建设用地土壤环境污染风险。联合县自然资源局完成建设用地准入管理自查，管控建设用地土壤环境污染风险。

【危险废物规范化管理】　2021年，生态环境局文水分局规范化管理考核23户产废单位和8户经营单位，召开专题培训2次，实施废矿物油经营单位月报制度，监管废油桶收集处置，累计现场检查考核31户，2户企业长期停产，剩余单位考核结果为基本达标2户，达标27户。考核发现问题66个，督促相关企业立即开展整改，部分问题限期整改。办理废矿物油和煤焦油跨省转移33起。结合安全排查整治3年行动，开展危险废物排查整治集中攻坚和“利剑斩污”专项行动，提高全县危险废物环境安全。

【固废管理】　2021年，生态环境局文水分局开展煤矸石及洗煤企业专项整治行动，推进固废问题整改整治，督促山西金地煤焦有限公司赤峪煤矿在用的章多村矸石场实施二期规范化整治工程，帮扶山西国金电力有限公司龙王庙粉煤灰填埋场办理扩容手续。对山西国金电力有限公司和文水振兴化肥有限公司粉煤灰处置不规范违法行为分别处罚58万元和11.1万元。

住房和城乡建设

【城市管理信息化平台建设】　2021年，文水县住房和城乡建设管理局（以下简称住建局）采用无线数据采集子系统、呼叫受理子系统、协同工作子系统、大屏幕监督指挥子系统、基础数据管理子系统等20余项信息实时采集传输手段，实现精确精细、敏捷高效、全时段、全方位覆盖的城市管理模式。完成智慧城管系统基础建设，与县公安局进行摄像头对接，准备进行接入指挥大厅。

【老旧小区改造】　2021年，住建局改造老旧小区2个，惠及居民816户。其中，投资48万元，改造桃园小区自来水管道，改造402户；投资121万元，对宜兴苑住宅楼外墙加装保温层，改造面积13900平方米。

【污水收集管网整治】　2021年，住建局开展污水收集管网排查整治，改造雨污合流制管网5.51千米。其中，改造旧城区街巷道路及雨污分流管网3.06千米，滨河西路连接线雨污合流制管网0.3千米，胡兰大街道路雨污分流管网0.3千米，学府城小区雨污合流制管网0.6千米，丽泽苑小区雨污合流制管网0.65千米，山水澜庭小区雨污合流制管网0.6千米。

【县城污水处理厂改造】　2021年，住建局建设完工县城污水处理厂提温车间1座，改造提温管道320米及污水处理厂区相关管道工艺。改造后，污水处理厂排放稳定，达到《城镇污水处理厂污染物排放标准》一级A标准。投资1453万元，建设完工12000立方米进水调节池1座及配套管网和一体化泵站。11月10日，通过招标确定广东开源环境科技有限公司特许经营县污水处理厂，特许经营期26年（其中建设期1年，运营期25年），污水处理单价为1.896元/吨。县城污水处理厂累计处理污水682.58万吨，再生水利用量139.16万吨，其中山西国金电力有限公司回用量71.62万吨，农田灌溉用水65万吨，市政道路绿化用水2.54万吨。

【杭城污水处理厂改造】 2021年9月11日，住建局委托广东开源环境科技有限公司对杭城污水处理厂代管运行，并对污水厂现有工艺和设备全面检验和论证，对设备设施技术升级改造，改造后杭城污水厂的日处理能力提升到1500吨～2000吨。

【农村生活污水治理】 2021年3月15日，住建局投资2995.1万元，开工建设上贤村100立方米/日污水处理站、武村100立方米/日污水处理站、百金堡村200立方米/日污水处理站、北辛店村100立方米/日污水处理站、南安村350立方米/日污水处理站。百金堡村、武村、北辛店村污水处理站、管网建设基本完工；上贤村污水管网基本完成。将文水县下曲镇生活污水处理工程、文水县南庄镇生活污水处理工程、文水县孝义镇生活污水管网工程列入《汾河流域文水县农村水环境治理项目》，申报黄河流域高质量发展中央预算内资金支持。

【市政基础设施建设改造】 2021年，住建局投资320万元，建设完工文水县滨河西路（胡兰大街北侧）连接县道排水工程和小街小巷改造工程，滨河西路道路全长296.78米，红线宽度20米、18米。主要建设内容：道路工程、雨水工程、照明工程、绿化工程。对私评木材厂路、西街学校路、山水文苑路、桑村小二路竖五路、泰和胡同路、西街东西路、红庙街路进行改造，改造道路3065.59米、路面16979.61平方米、雨污分流管网1141米、不同管径的自来水管网3622米。投资14961万元，开工建设胡兰大街（新G307一朝阳路）道路工程，道路全长2649米，红线宽度60米。主要建设内容：道路、桥涵、排水、中水、给水、电力、照明、绿化、交通标牌、标线等工程，铺设DN1800雨水管246米、DN800污水管185米、DN500污水管232米、电力排管127米、给水、中水管网213米，完成朝阳路口路面工程3000平方米。

【供水服务】 2021年，住建局购买文水金源供水有限公司地表水作为县城补充水源，县城供水11000吨/日。改造西街学校南北巷、西街学校东西巷、私评木材厂片区、私评小二楼片区老旧供水管网，共改造管网2500米。新建韩村嘉和苑片区供水管网1200余米、北二环南片区供水管网800余米，解决山水文苑、山水澜庭、嘉和苑1区～7区、教育局、红军小学等在内的韩村片区用水问题，累计新增用水户14000余户。优化营商环境提高获得用水便利性，通过精简流程，实现线上线下报装、投诉、缴费、服务等功能，提高供水报装效率，优化服务，保证用户经过1个审批环节、2个工作日实现通水。

【燃气企业监管】 2021年6月，住建局在海威公寓楼院内，联合消防救援、医疗等部门，开展燃气突发事故应急演练1次。对县域内5户燃气企业的储存罐、输送管道等重要设施进行隐患排查，及时督促消除隐患，重点督促旺家燃气公司开展居民用户、公共用户入户检查，共入户排查950户，排查出用气安全隐患152处，全部整改。

【集中供热管理】 2021年，住建局督促文水县炬能供热有限公司落实主体责任，加强对供热设备的检修力度，开展隐患排查，消除安全隐患，建立健全安全应急措施，组建应急抢险队伍，落实好安全管理责任。城区集中供热规划建设任务全部完成并投入运行，城区供热面积623.17万平方米，接入户数46694户。农村集中供热一期、二期工程涉及6个乡镇61个村，工程建设全部完工并投入运营，总供热面积669.59万平方米，接入居民26911户。

【煤改气】 2021年，文水县农村煤改气任务为8000户，南安镇、南庄镇煤改气工程安装壁挂炉1124户，具备通气条件1100余户。

【城市绿化】 2021年，住建局完成绿化3.8公顷，建成城区绿化率30.4%，绿化覆盖率32.11%。其中，绿化文峪河道路两侧、县城滨河路道路、则天大街东延段道路面积2.83万平方米；文峪河水上公园种植各类地被9700平方米；补植胡兰北大街绿化带、高速引线等区域卫矛5000余株，补栽各类花灌木200余植。绿化带修剪13万平方米，修剪各类乔灌木8000余株，树木刷白7400株。治理病虫害2次，对公共绿地消杀11.9公顷。完成树木、绿地浇灌和320省道道路冲洗保洁及道路两侧绿化带日常维护。

【农村危房改造】 2021年，住建局改造农村危房300户。

【美丽宜居示范村建设】 2021年，住建局完成南安镇杨乐堡村、刘胡兰镇上段村、南庄镇南庄村、下曲镇梁家堡村、南武乡东庄村、西城乡新立村、北张乡北张村、西槽头乡西槽头村8个村美丽宜居示范村规划编制，并通过评审。项目开工率35%，竣工率20%，竣工项目全部验收，下拨8个村委奖补资金192万元。

【传统村落保护】 2021年，住建局组织申报的凤城镇前周村、刘胡兰镇刘胡兰村国家级传统村落保护工程全部竣工，每村补助资金300万元，共600万元全部拨付。创设凤城镇前周村、刘胡兰镇刘胡兰村、马西乡神堂村、下曲镇北辛店村的数字博物馆项目。

【灾后房屋重建修缮】 2021年，住建局联合乡镇，聘请山西省建科院对全县上报的2357户受灾农户住房全面摸排，鉴定危房1044户，确定改造受灾农户850户，一般轻微受损63户，C级危房264户，D级和倒塌353户。开展受损农房二次鉴定，确定符合一户一宅政策改造对象529户，其中一般受损较轻22户，C级201户，D级306户，全部改造完工。

【城乡房屋安全排查整治】 2021年，住建局对全县城乡房屋建筑安全隐患全面排查，重点对用作经营的房屋和人员密集场所两类房屋安全隐患进行排查，建立“一户一档”房屋档案和农村数据库。全县农村房屋预估数96112户，排查99329户。用作经营性自建房的房屋排查总数为4944户，对存在隐患的53户督促整改。非经营性自建房排查总数93686户，隐患数为2647户，其中607户为C级房屋，1186户为D级房屋，854户为A、B级房屋（属于安全等级范围内）。对一户多宅、长期不住人及倒塌的C、D级进行清人封存的整治措施，整治隐患1448户，其余隐患房屋督促整改。非自建房排查总数699户，存在隐患房屋数10户。城市房屋隐患排查1145栋44140户，共排查54724户。

【市容市貌综合治理】 2021年，住建局清理街道小广告8650条、街道临时摊点7652次，责令临街门店整改门头广告20余块，重点打击乱发小广告37次。开展沿街店铺噪音专项整治，采取教育与处罚相结合的原则，对店外进行音响播放的21家商户做出暂扣音响设备的处理。对县城内户外广告牌匾和大型广告牌进行全面摸排，拆除存在安全隐患的大型广告牌15处。引导城内商户配合城区环境卫生集中整治，对1300户商铺送达《文水县人民政府关于开展集中整治城区环境卫生的通告》。

【重点行业管理】 2021年，住建局对城区内324户餐饮经营单位，进行餐饮业燃气安全排查，发现问题384处，下达整改通知书254份，全部整改。对高效能油烟净化器安装使用情况进行摸排，对影响油烟净化的设备，指导商户进行清洗，达到无污染排放要求。

【建筑市场管理】 2021年，住建局按照规定发布建筑材料指导价，规范全县建筑经济管理秩序。强化招标管理，监督招标15项。严把建筑材料关及施工过程中各个环节，建筑工程质量监督覆盖率100%。对所有在建工程按照日常检查和随机抽查相结合，开展全面监督检查，下达整改通知书23份，项目受检率100%，及时消除隐患。对建筑业企业和在建项目开展全面检查，遏制建筑工地“三违”（违章指挥、违章作业、违反劳动纪律）行为，对危险性较大的部分项目工程进行重点检查，下达隐患整改通知书36份，发现隐患141条，整改141条。

【建筑工地扬尘治理】 2021年，住建局强化建筑工地扬尘治理，强化监管措施，严格落实施工企业主体责任，做到工地周边围挡、物料堆放覆盖、土方开挖湿法作业、路面硬化、出入车辆冲洗、渣土车辆密闭运输 “六个百分百”。加强动态监测，城区内规模以上建筑工地7处，全部安装在线监测和视频监控，实现联网在线监管。

【建筑市场执法】 2021年，住建局在全县房屋建筑和非交通类市政基础设施工程领域开展“大检查大整治”行动，采取暗查暗访、突击检查、随机抽查等形式，开展督导检查，规范建筑市场责任主体市场行为，查处不履行法定建设程序、无证施工等问题，整治违法发包、转包、分包、挂靠等问题，利用“互联网＋监管”平台，提升建筑市场监管效能。受理转交的案件1件，查实涉及的建筑公司构成转包违法行为，对其进行行政处罚。

自然资源管理

【机构改革】 2021年8月20日，中共文水县委机构编制委员会办公室印发《文水县自然资源局综合行政执法队主要职责、内设机构和人员编制事项的通知》，成立文水县自然资源局综合行政执法队，核定财政拨款事业编制16名，核定队长职数1名，副队长职数2名，隶属于文水县自然资源局（以下简称自然资源局），为公益一类事业单位，实行“局队合一”体制，内设综合股（投诉举报股）、案件管理股（法制股）、土地资源执法分队、矿产资源执法分队、城市规划执法分队。下设自然资源综合行政执法队凤城镇、开栅镇、刘胡兰镇、南安镇、南庄镇、下曲镇、孝义镇、南武乡、北张乡、西城乡、西槽头乡、马西乡中队，为公益一类事业单位，股级建制，实行派驻体制。同日，中共文水县委机构编制委员会印发《文水县自然资源服务中心职能配置、内设机构和人员编制事项的通知》，成立文水县自然资源服务中心，为自然资源局管理的副科级事业单位，加挂文水县不动产登记中心牌子，为公益一类，核定财政拨款事业编制 13 名，设副科级领导职数 1 名，内设机构股室长 4 名，内设综合股、土地收购储备股、国土资源交易股和不动产登记股。

【建设用地报批】 2021 年，自然资源局共报批城市、园区建设用地 12 个批次、增减挂钩项目 1 个，共 78.82 公顷。出让总面积 39.92 公顷，收缴土地出让价款 30453 万元。

【耕地占补平衡】 2021 年，自然资源局通过省级验收项目 1 个，新增耕地面积 1074.0915 亩。通过省土地指标交易平台购买补充耕地指标 750.1035 亩，粮食产能 375052 公斤；通过向石楼县购买补充耕地指标 106 亩，粮食产能 63600 公斤。

【国土空间规划编制】 2021 年，自然资源局完成统一底图底数、双评价、规划实施和风险评估 4 项基础工作和目标战略、空间格局、三线划定、整治修复等九大总体规划主要内容，及 15 项专题研究和 1 个信息平台的规划体系。全县汇总城镇开发边界围合面积 67.13 平方公里，其中集中建设区规模 63.93 平方公里。落实省级下发生态保护红线方案，确定文水县生态保护红线面积 369.1 平方公里，含自然保护地 5 处。

【矿业权管理】 2021 年，自然资源局加强矿产资源管理，审查上报石料企业采矿权延续申请 1 户，办理砖瓦用黏土采矿许可证延续 1 件，督促矿山企业完成矿业权信息公示填报。督促矿山企业履行矿山地质环境恢复和土地复垦义务，全县矿山共预存土地复垦费用 2127.1 万元、矿山环境治理恢复基金 664.6 万元；对未缴纳土地复垦保证金和矿山生态环境恢复基金的，不予办理采矿权延续。

【自然资源领域综合执法】 2021 年，自然资源局推进农村乱占耕地建房清理整治，对新增农村乱占耕地建房问题采取“零容忍”硬措施，强化监督管理，严肃查处、严厉打击违法占用耕地，特别是永久基本农田的行为，遏制耕地“非农化”，防止耕地“非粮化”。开展卫片执法检查，根据自然资源部下发文水县土地卫片图斑 374 宗，监测面积 2937.1 亩，耕地面积 1107.85 亩，基本农田面积 298.14 亩；系统判定违法图斑 137 宗，面积 1144.56 亩，违法占用耕地面积 316.48 亩，基本农田 173.17 亩。配合各乡镇拆除违法图斑 31 宗，其中监测面积 168.2 亩，耕地面积 92.49 亩，基本农田面积 59.62 亩。根据《文水县自然资源局关于开展安全生产集中整治工作和非法违法采矿行为专项行动实施方案》《关于严厉打击非法违法采矿、非法占地专项行动工作方案》《关于切实做好集中化解自然资源领域重复信访事项和全国两会期间信访维稳工作的紧急通知》等文件，对巡查发现的违法采矿行为，当场扣押设备，下达《责令停止违法行为通知书》10 份，并对违法行为进行调查。

【房屋产权登记确权颁证清零行动】 2021 年，自然资源局结合吕梁市政府印发的《关于加快解决国有建设用地上房屋交易和不动产登记历史遗留问题实施方案》发放不动产证书 6833 本，不动产证明 1076 本；出具各类不动产查询证明 2550 余份；协助县法院、县公安局、县纪检委、专案组查询档案 20000 余份；查询危房改造、住房补贴、扶贫搬迁等档案 2500 余。

【营商环境优化】 2021 年，自然资源局提升财产登记效率，从登记财产指标实际出发，推出系列举措，深化“放管服效”改革，推动登记财产减环节、缩时间、降费用，优化登记流程，通过将税务与登记集成办理、审核与登记整合办理，达到登记财产2个环节办结，不动产转移登记压缩至3个工作日内办结，抵押登记1个工作日办结，查封、解封登记、异议及时办结。推动“互联网＋不动产登记服务”，加强与税务部门配合。依托三晋通App完成二手房转移登记功能上线，实现群众申请办理不动产登记，可在手机端完成不动产登记申请。开辟绿色通道，优先办理小微企业不动产登记，并免收小微企业不动产登记费。主动与各银行对接，在银行设立抵押登记便民服务网点，由银行代为收取抵押登记材料，抵押登记信息通过“互联网＋一窗受理”不动产抵押平台网上传送，实现群众办理抵押登记在银行申请。

环卫服务

【机构改革】 2021年4月27日，根据中共文水县委机构编制委员会印发《文水县深化事业单位改革实施方案》，保留文水县环卫服务中心（以下简称环卫服务中心），为县政府直属事业单位，正科级建制。

【积存垃圾清运】 2021年，环卫服务中心会同中化二建集团有限公司、山西隆兴缘钢模板制造有限公司、凤城镇制定工作措施、安全措施、倒排工期，利用40余天，集中清理城区范围内及城中村周边、棚户区改造拆迁范围内积存垃圾40余万立方米。

【城区环卫建设】 2021年，文水县城区纳入城乡环卫一体化的有凤城镇城区范围内17个村，由中国节能环保集团有限公司负责生活垃圾清扫、保洁、清运等。9月，环卫服务中心对中国节能环保集团有限公司作业区域进行核实，城区存在部分盲区，核实后新增需人工保洁、机械清扫洒水、垃圾清运面积285350余平方米。

【乡村环卫建设】 2021年7月26日，山西航天碧洁环境清洁服务有限公司中标文水县城乡环卫一体化乡村环卫工作。9月1日，签订合同，负责141个建制村生活垃圾的统一收集、清运及“五道”（国道、省道、县道、乡道、河道）的一体化清扫保洁，服务人口349513人，日均转运垃圾180余吨。接收环卫服务中心原有农村生活垃圾中转系统，包括勾臂车7台、中转箱20个、垃圾中转站12个，并完成生活垃圾转运车辆的通行备案，开展日常清扫保洁作业，道路沿线商铺生活垃圾采用上门收集模式，141个建制村庄移交139个。

【生活垃圾分类】 2021年，环卫服务中心按照政府购买服务第三方建设运营的模式，上海泽森环保科技有限公司中标文水县生活垃圾分类工作，并开始运营。确定垃圾分类试点居民小区3个（凯奇花园、凯奇御景苑、御庭华府），机关单位4个（住建局、财政局、机关事务服务中心、环卫服务中心），小学2所（东南街一小、东南街二小）。

【垃圾终端处置】 2021年9月初，环卫服务中心同太原康恒再生能源有限公司签订垃圾终端处置合同。9月29日始，将文水县日产生活垃圾量300余吨送至太原康恒再生能源有限公司焚烧处理。

【城区公厕管理】 2021年，文水县城区内共有公厕15座，其中环卫服务中心直接管理11座，均正常使用。委托中国节能环保集团有限公司管理4座（旧汽车站公厕、体委操场东门公厕、嘉和苑二区门口公厕、文水中学校门口公厕），经维修改造，投入正常使用。

制 造 业

食品制造

山西锦绣大象农牧股份有限公司

【概况】 山西锦绣大象农牧股份有限公司，是一家集种畜禽繁育、肉鸡及生猪养殖、饲料生产及加工、肉鸡屠宰、鸡肉和商品猪销售为一体的国家级农业产业化重点龙头企业。公司有254个分子公司，300余个生产厂（场），有员工15000余人。

【经营模式】 山西锦绣大象农牧股份有限公司围绕“养好一只鸡、喂好一头猪、做好一吨料”的发展战略，推行“公司＋基地＋农户”合作经营模式，执行“三固定、五统一、两奖励”的养殖模式，采用“211”和“1＋1＋1＋1”的发展模式，让更多没有资金、又想脱贫的贫困农户共同参与到合作中来，走出了一条政府满意、公司发展、农户致富、生态和谐的循环经济产业链经营之路。

【经营情况】 2021年，山西锦绣大象农牧股份有限公司年出栏肉鸡1.7亿只，种猪存栏15万头，商品猪饲养量300万头，饲料产销量179万吨，实现销售收入254亿元。

【企业荣誉】 2021年4月，公司入选2020年全国农业产业化龙头企业100强名单。5月，中共山西省委、山西省人民政府授予山西锦绣大象农牧股份有限公司为山西省脱贫攻坚先进集体。10月，位于山西省百强民营企业第10位，位于农牧业第1位。

2021年5月，山西锦绣大象农牧股份有限公司获得山西省脱贫攻坚先进集体（山西锦绣大象农牧股份有限公司供图）

酒制造业

山西酒都杏花乡酒业有限责任公司

【概况】 山西酒都杏花乡酒业有限责任公司位于文水县南安镇杨乐堡村白酒工业园区，注册资产1880万元，法人代表马龙，是集制曲、酿造、蒸馏、成装、销售为一体的综合性酿酒企业。公司经方圆标志认证集团有限公司审核认证，取得质量管理体系证书与HACCP管理体系证书。年生产原酒能力2万吨，年成装成品酒能力900万箱。有职工300余人。

【经营合作】 山西酒都杏花乡酒业有限责任公司与北京顺鑫农业股份有限公司牛栏山酒厂长期建立合作关系，从初期原酒供应、原料供应等项目到现在灌装加工，从松散型合作逐步发展为紧密型合作关系。2019年，正式挂牌为北京顺鑫农业股份有限公司牛栏山酒厂山西吕梁生产基地。山西吕梁生产基地与成都生产基地、香河生产基地成为牛栏山酒厂全国三大生产基地。

2021年，山西酒都杏花乡酒业有限责任公司给北京顺鑫农业股份有限公司牛栏山酒厂加工灌装酒（成新安摄）

【注册商标】 山西酒都杏花乡酒业有限责任公司注册商标有玉笛、恒盛祥、停机坪、晋阳龙、杏芙。

【产品销售】 山西酒都杏花乡酒业有限责任公司生产的牛栏山1号及牛栏山一系列产品56种品种。2021年，销售总量为475万箱，年收入1.6亿元，上缴利税5964万元。

2021年，山西酒都杏花乡酒业有限责任公司生产的牛栏山系列产品（成新安摄）

【质量管理】 山西酒都杏花乡酒业有限责任公司严把“五关”“三不进”。“五关”即：原辅料进货关，关键工艺进货关，产品质量检验关，成品售后服务关，信息及时反馈关。“三不进”即：不合格原辅料不进厂，不合格半成品不进厂，不合格产品不进厂。做到成品出厂批合格率为100%，实现产品质量可追溯。

电力　供应业

晋能清洁能源科技

【销售】　2021年，晋能清洁能源科技股份公司（以下简称晋能科技公司）合并口径完成收入130535万元，利润-15614万元。销量738兆瓦，其中销往海外521兆瓦（主要为印度、澳大利亚等），国内销售217兆瓦。实际回收款项15.64亿元（现金流，不包含各类抵账），其中应收账款清收3.56亿元，新增业务回款12.08亿元。

【科研创新】　2021年，晋能科技公司异质结太阳能电池量产平均效率由24%提升到24.3%。单晶PERC太阳能电池量产效率由22.8%提升到23%以上。与中科院上海高研院等机构，启动前沿技术碳基钙钛矿太阳能电池应用研究，已实现在FTO玻璃上的大面积钙钛矿薄膜的制备，钙钛矿样品的发光峰在746纳米附近，对应光学带隙1.66电子伏，满足叠层电池的设计要求。累计申请专利225项，其中申请发明专利101项，申请实用新型专利124项；取得授权专利114项，其中授权发明专利15项，实用新型99项。通过CTC国检集团"2020年光伏组件Ⅰ—Ⅴ特性测试能力验证"，获"优秀实验室"奖。在SNEC展会期间，获"APVIA亚洲光伏奖一科技成就奖"，超高效异质结组件产品获"太瓦级钻石奖"。

【项目建设】　2021年，晋能科技公司总投资2.36亿元，启动文水年产3GW太阳能高效组件项目，将原有的多晶组件生产线拆除，新增6条组件生产线，产品为182大硅片组件，年底投产。

国金电力

【发电项目】　2021年3月31日至4月20日，山西国金电力有限公司（以下简称国金电力公司）完成对1#机组C级检修，检修项目395项，重点对空预器一次风侧低温段进行更换，更换后锅炉漏风系数明显下降，接待负荷能力提高，机组启动后长周期连续运行200余天，运行状况良好。9月8日至11月1日，完成对2#机组A级检修，检修项目1411项，重点对低温段空预器管箱整体全部更换，对汽轮机高压转子返厂处理，更换引风机。完成2#机组烟气脱硫改造项目建设，系统投入正常运行。完成热网扩容及工业用气改造2期。1月至10月，发电小时数3701小时，售电量23.99亿千瓦时，营业收入47456.79万元，利润总额-41508.53万元，供电煤耗339.37克/千瓦时，发电厂用电率6.48%，度电成本358.12元/千千瓦时，标煤单价602.55元/吨，上网电价151.76元/千千瓦时，三项费用 9884.01 万元。实际采购燃煤 234.20 万吨。全年发电量 42.65 亿千瓦时，利用现货市场为公司减亏 1.89 亿元。推进粉煤灰综合利用，对外综合利用量约为 20.32 万吨。实施炉内掺烧灰渣方案，双机运行期间灰渣每日掺烧 1000 余吨。

【固废项目】 2021 年 1 月至 10 月，国金电力公司生产熟料 79.44 万吨、水泥 90.09 万吨、石粉 16.49 万吨；销售水泥 89.33 万吨、石粉 16.21 万吨、废石 22.76 万吨；实现收入 23351.05 万元，利润-8318.78万元，三项费用 8758 万元。改造完善回转窑、水泥磨系统。调整回转窑窑尾浇注料角度，回转窑最高投料量 430 吨/小时。联系磨机专家，落实解决水泥磨存在的问题，PO42.5 水泥需水量由之前的 31%－33%降低至 27%－28%，PO52.5 水泥需水量由之前的 29%降低至 26.5%，磨机台时分别增加 30 余吨/小时，水泥磨电耗由 38 千瓦时/吨降低至 33 千瓦时/吨。市场开拓、销售渠道建设取得突破性进展，与 30 余家经销商签订合作，市场主要覆盖吕梁市、晋中市、太原市，辐射临汾市、长治市及河北省。与集团物采中心保持联系，保证集团内部单位石粉集中采购。与国锦煤电、国峰煤电、耀光煤电、余吾热电达成长期合作意向。完成通用水泥、熟料和特种水泥（道路基层缓凝硅酸盐水泥）生产许可证取证、质量体系及产品认证审核，混凝土复合掺加料实验根据实验结果申报 2022 年集团科技创新项目。与县、市能源局沟通，完善节能监察手续，固废项目通过“两高”项目审查。顺利通过固废项目体系认证中心核查。

【环保】 2021 年，国金电力公司发电机组、水泥窑运行期间烟气污染物 100%达标排放，固体废物 100%合规处置，生产废水和生活污水 100%达标回用，未发生环保通报事件。发现煤场道路扬尘较大、生产区域土方作业防风抑尘网遮盖不严和灰库冲激式除尘器排气筒冒灰等环保隐患和缺陷 164 项，全部完成闭环整改。加强生产现场环保管理，完善相关资料配备，配合晋能控股电力集团完成 3 次生态环境保护标准化抽查考核评分。组织实施 CEMS 站房标准化改造，站房内顶部重新吊顶、更换照明及配套线路、地面铺设环氧树脂、墙面刷漆、重新设置标识标牌。完成突发环境事件应急预案修编审核。完成 1# 机组炉外 CEMS 系统升级改造竣工验收。

【战新电量承接】 2021 年，国金电力公司完成战略性新兴产业提供低价电力任务，承接战新电量 27.88 亿千瓦时，100%完成战新电量承接任务。

【能源保供】 2021 年，国金电力公司成立保供领导组及保安全、保发电供热、保燃料、保现金流工作专班，制定能源保供、燃料保障工作方案，厘清保供工作薄弱环节，以问题为导向，抓薄弱、抓重点，有计划、有安排开展保供工作。

供 电

【概况】 2021 年，国网文水县供电公司（以下简称供电公司）售电量完成 169414.23 万千瓦时，平均电价累计完成 515.5 元/千千瓦时，供电面积 1064.4 平方公里，服务高压客户 1537 户（其中专线用户 92 户，专变用户 1445 户），低压客户 173636 户（其中居民用户 157276 户，非居民用户 16360 户）。分布式光伏发电用户 954 户，容量

27249千瓦。连续安全生产12710天。

【电网建设】 2021年，文水县有220千伏变电站2座，主变总容量为660兆伏安/4台；110千伏变电站12座，主变总容量为1120兆伏安/25台；35千伏变电站7座，主变总容量为165.5兆伏安/14台。35千伏线路18条，全长133.24千米；10千伏线路91条，主干线长度328.27千米，分支线长度887.54千米。10千伏公用配变1604台，容量422.545兆伏安，户均容量2.4千伏安，低压线路长度共1805.18千米。500千伏晋中—吕梁特高压输变电工程文水境内8基铁塔完成基础浇筑。供电公司推进配网建设升级，统筹城乡电网发展，10千伏新增线路长度60.8公里，配变新增容量2.26万千伏安。

【经营管理】 2021年，供电公司净增接电容量13.24万千伏安。收回“煤改电”等政府补贴资金91.16万元。接收改造老旧小区3个149户。组建线损治理柔性团队，构建“查改防”一体化稽查新模式，重损、负损台区全面清零。完成18条高跳线路集中整治，开展带电作业146次，配变平均停运时长15.73小时/台。“吕电小哥”快速疏导客户诉求3287万次，创连续252天“零投诉”最长纪录。

【安全生产】 2021年，供电公司开展班组自主安全管理能力提升活动，实体化运作县级安全管控中心，督察覆盖现场187个，查纠各类违章8起，下达整改通知书3份，批评教育8人次。推进3年行动专项整治、“五查五严”、危化品等隐患排查行动，整改各类隐患48项。“内防外联”动态治理输配电线路山火隐患，排查出涉林线路隐患5项消除3项。开展“2021护网行动”，修复系统高危漏洞。

供　热

【城区集中供热】 2021年，文水县城区集中供热规划建设任务全部完成并投入运行，城区供热面积623.17万平方米，接入46694户。

【农村集中供热】 2021年，文水县农村集中供热1期、2期工程建设完工并投入运营，涉及6个乡镇61个村，总供热面积669.59万平方米，接入居民26911户。

商贸流通

商　　务

【机构改革】 2021年，根据中共文水县委机构编制委员会《文水县深化事业单位改革实施方案》，整合文水县商务局（以下简称商务局）所属事业单位文水县招商引资服务中心、文水县商务综合执法大队、文水县商贸服务中心，组建文水县商务综合服务中心，隶属于商务局，股级事业单位，为公益一类，核定财政拨款事业编制10名。

【经济指标】 2021年，文水县限上社会消费总额累计完成4.08亿元，增速31.6%。全县外贸进出口总量完成6.78亿元（吕梁市政府下达目标任务7.9亿元），其中外贸出口6.75亿元，外贸进口0.03亿元。全县招商引资签约任务35亿元，实际签约项目7个，项目总投资额14.65亿元，开工项目7个，项目到位资金1.24亿元。全县洽谈项目7个，总投资35.2亿元，分别是高硕（中国）有限公司、河南昇瑞炭材料科技有限公司超高功率石墨电极项目（15亿元），辽宁亿正伟业化工有限公司蒽油精细化工新材料综合项目（3.3亿元）、新多集团废旧电池拆解熔炼项目（4.1亿元）、山西得天成环保工程有限公司牛粪集中处理综合利用项目（7亿元）、山西锐泰能源有限公司年处理50万吨废矿物油加工生产线项目（4亿元）、智库云科技集团产业物联网总部项目（1亿元）、中环苏夏（北京）能源科技有限公司蒸汽管网项目（0.8亿元）。

【商贸流通】 2021年，商务局组织文水则天街新时代电子商务服务部在凯奇广场，开展"6·18"系列促销活动。组织文水天和商贸有限公司、文水金杰商贸有限公司、文水县迪信通移动手机商城、文水则天街新时代电子商务服务部等家电类企业，参加山西省商务厅组织的"政府数字消费券"活动。完成对省级公益性农产品批发市场文水县玉玺平安蔬菜瓜果批发有限公司的调研和指导帮扶活动，指导企业逐步优化和稳定市场供应链，拓展新业态、新项目落地，探索建立新型农产品物流配送体系。根据吕梁市商务局《关于开展2020年度成品油经营企业定期检查工作的通知》，对全县成品油经营企业开展年度定期检查。

【安全生产监管】 2021年，商务局加强对全县各加油站点、家政服务行业和二手车市场的监管力度，重点检查企业安全基础管理工作、安全制度建设情况和执行情况，督促企业加大安全投入，确保达到安全技术规范和标准要求。根据吕梁市政府安全生产"四大"（全覆盖、零容忍、严执法、重实效）活动要求和中共文水县委、文水县人民政府《关于扎实做好安全生产工作的紧急通知》，对全县成品油经营企业和大型商场超市安全生产进行专项检查，累计出动检查组25组次，工作人员70人次，检查成品油经营企业41户、大型商场超市7户，发现一般隐患108条，全部督促企业现场整改或限期整改。

【电子商务】 2021年，文水县电商企业销售额突破2亿元，农产品上行交易额3000余万元。文水县电子商务创业园由于房租到期原因，入驻企业由原来的31户减少至12户，销售额2000余万元。培育文水县启航电子商务有限公司和山西千卓电子商务有限公司2家电商服务企业。全县新增跨境电商3户。全县快递收发货量1000余万件，从业人员1700余人，车辆保有量120余辆，快递物流营业额突破1.5亿元。

【外贸工作】 2021年3月初，商务局组织15户企业，参加吕梁市商务局组织的外经贸业务理论培训。5月，组织10户企业，参加第十二届中国中部投资贸易博览会吕梁分会场活动。10月，组织40户食品生产企业，参加第105届天津秋季糖酒会，现场成交523万元，意向成交4302万元。11月，组织4户企业，参加第四届上海国际进口博览会。通过电话联络、不定期走入企业调研等形式，深入了解外贸企业的基本现状、实际困难和需求，鼓励企业转方式、调结构，开拓新兴市场，培育新的外贸增长点。向企业宣讲国家及省、市、县在进出口等方面的优惠补贴政策，帮助企业申请各项补贴，全年下达政府补贴资金162万元。

【招商引资】 2021年4月15日，山西省人民政府驻广州办事处党组书记、副主任王红健带领粤港澳大湾区企业考察团一行12人，在山西文水经济开发区管理委员会进行项目考察和投资对接活动，县相关领导陪同并与考察团进行交流座谈。考察团一行先后在陆昌投资集团有限公司、山西金地煤焦集团有限公司、晋能清洁能源科技股份公司，实地考察山西文水经济开发区的产业布局、投资环境等情况。5月20日，文水县在太原迎泽宾馆举行“携手文水、共创未来”主题招商引资推介会，共签约8个项目，总金额67亿元。本月21日至23日，在汾阳市会展中心参加中国杏花村白酒产业博览会，共精选10户优质白酒生产厂家参展，研究出台工作方案，制作白酒宣传片，发放招商宣传册600份。聘请专业白酒讲师、礼仪讲师，培训礼仪讲解员。本月22日，文水县2户推介企业参加由中共吕梁市委、吕梁市人民政府在贾家庄纪念馆主办的中国杏花村白酒产业博览会转型项目路演专场推介会。

供销合作

【惠农服务中心建设】 2021年，文水县供销合作社联合社（以下简称县社）新建惠农服务站2个，提升惠农服务站2个，新建庄稼医院1个。

【农民专业合作社领办】 2021年，县社领办、参办和整合规范现有专业合作社，发展领办专业合作社5个，综合服务社6家。

【帮助困难职工解困】 2021年，县社配合有关部门帮助全系统困难职工解决“低保”144户，“房补”63余户。

烟草专卖

【经营指标】 2021年，文水县烟草专卖局（营销部）〔以下简称烟草专卖局（营销部）〕累计销售卷烟15237箱，累计销售收入43600万元，累计条均价114.33元；重点品牌累计销售13684.3箱；低焦油卷烟累计销售2287.46箱；细支卷烟累计销售1634.3箱；雪茄烟累计销售32.2箱。

【小组建设】 2021年，烟草专卖局（营销部）组建客户诚信互助小组122组1806户客户，小组组织开展公益活动4次，团购活动5次，党员零售户座谈会2次，并将原有的各小组内活动拓展到组与组之间的协作、互助、帮扶活动，组织开展防汛救灾物资发放、农网互助小组党员参观学习城区示范店及现代终端建设、农网小组助力农产品销售等活动，拓展小组建设互帮互助、社会效益作用。

【农网建设】 2021年，烟草专卖局（营销部）开展农网空白点盲点摸排、改进、提升工作，出动75人次，未发现农网市场存在空白点盲点。客户经理通过统筹规划城网、农网一体化建设、协助客户持续开展门店外观形象美化亮化、店铺内部环境综合治理升级、协同农网互助小组开展品牌知识、卷烟经营意识、技能提升等培训制定改进提升措施，提升农村市场经验水平。

【行政审批改革】 2021年，烟草专卖局（营销部）持证零售户1869户，其中正常户1838户，初始申请户2户，暂停户26户，责令停业整顿户3户。

【执法检查】 2021年，烟草专卖局（营销部）开展日常检查、物流快递环节专项检查、区域联动联防配合检查等执法检查，共查获涉烟案件59起，涉案卷烟94.04万支，涉案金额75.24万元，其中2万元以上大要案件10起，联合完成1起48.54万元大要案。

【真烟异常流动治理】 2021年，烟草专卖局（营销部）强化客户经理、市场监管员市场走访和检查工作力度，加强对客户的宣传教育，“四员联合”建立“黑名单”管理机制，责任到人，对收购倒卖卷烟行为做到目标更明确，管控更精准，打击更有力。对已发生的真烟外流案件按照“两减三限一停”标准，实施“减”“限”“停”措施。形成“两减三限一停”名单11份，吕梁市烟草专卖局营销中心根据反馈情况，对195户违规经营户，采取限量限供的营销管控手段。

图书营销

【概况】 2021年，山西新华书店集团吕梁有限公司文水分公司（以下简称新华书店）主营业务收入年计划3020万元，完成3020万元；利润年计划440万元，完成440万元。

【教材教辅征订发行】 2021年，新华书店加强、深化服务意识，组成“分书队”“送书队”，为全县所有学校送书到校，并分书到人。

【政治类图书发行】 2021年，新华书店制定《党史用书发行方案》，与县委宣传部、县委组织部联系，深入各单位、乡镇、学校宣传征订，共销售党史类学习指定用书68175册，码洋200余万元；销售《新征程面对面》1108册，码洋2万余元。

【晋版图书销售】 2021年，新华书店联系县委组织部销售晋版图书10余万元，四大名著（《红楼梦》《西游记》《水浒传》《三国演义》）100余套。

交通运输　邮政通信

交通运输

【概况】　2021年，文水县交通运输局（以下简称交通运输局）突出重点项目建设，开展日常工作，规范道路运输基础行业，强化道路运输、建设、安全等方面的市场监管责任，指导全县交通运输枢纽规划和管理。

【刘胡兰纪念馆旅游公路PPP项目】　2021年，刘胡兰纪念馆旅游公路PPP项目路线全长17.435公里，估算总投资44244.38万元。基本采用原路基础加宽改建，设计速度采用60公里/小时，双向四车道一级公路标准，路基宽度采用28米和30米两种断面形式。建设内容为路基工程、路面工程、排水工程、桥梁工程、涵洞工程、安全防护工程、绿化工程。全线与国道241、县乡公路、乡村道路发生交叉，设信号交叉2处，渠化交叉9处，通道7道。已签订项目合同，由吕梁交投文水旅游路建设管理有限公司组建项目公司。

【四好农村路建设项目】　2021年，文水县四好农村路建设项目涉及8条农村公路，路线全长13.791公里。该项目委托山东平安路桥工程咨询有限公司编制研究报告，已完成设计招标，按应急救援工程开工。完成10座危桥改造项目。

【村庄道路整治工程】　2021年，文水县村庄道路整治工程涉及25个村，总里程46公里，预算投资3947余万元。该项目主要包括县城周围的村庄因埋设大暖管道致使部分街道破损修复整治工程、部分重点村庄道路提质工程、部分公共基础设施功能强化工程3类项目。按应急救援工程实施。

【道路运输】　2021年，文水县有道路客运企业4户（其中班线车企业2户、汽车站1户、旅游客车企业1户），城市公交1户，网络出租车企业5户，巡游出租车企业1户，20辆车以上的普通货运企业83户，危货运输企业23户，维修企业户21户（其中一类2户、二类13户、三类6户），汽车综检站2户，驾校3所。营运货车9569辆，年新增1207辆，年度审验5057辆。客车22辆，客运班线8条，出租汽车150辆，公交车81辆，网络出租车34辆，旅游客车28辆。开展驾驶员继续教育培训4166人次。开展从业人员诚信考核6327人次。开展道路运输市场秩序整治活动，打击各种非法运输车辆及营运车辆超载等违法行为。开展客运市场专项整治行动，重点打击客运行业非法营运、非法载客的电动三轮车、四轮车，严厉查处不按核定线路经营、擅自延伸线路，出租车乱收费、宰客、服务质量低劣等行为，受理和回复12328及其他类型的信访投诉115件。与公安交警等相关单位开展联合执法，出动车辆750台次，执法人员3200人次；查处非法危货品运输18车次，罚款46万元；查处非法旅客运输7车次，罚款5万元；纠正客货运输车辆、出租车等违规违章行为126车次，罚款19.5万元；对违反源头治超相关规定的9户企业及相关车辆、从业人员罚款12.65万元，年度累计罚款83.15万元。

【路政管理】 2021年，交通运输局修复公路标志牌54块，清理路肩、路面垃圾120块，清理路面落石45处，清理打场晒粮5处，取缔摆摊设点13处，制止路面抛洒车辆56车次，拆除非公路标志广告牌90块。拆除公路沿线控制范围非公路标志广告牌50余块，清理路面垃圾20余处。报送隐患整改通知书39处。针对大暖公司管道穿越路面，致使段马线39km＋500m处路面下沉，督促其及时处理。针对国庆期间连续强降雨，临时处置落石41处，设立禁行标志牌13块，抄报安全综合运输股安全隐患100余处。以“防疫情、守安全、保畅通、优服务”为主题，线上线下开展“路政宣传月”系列宣传活动，出动执法车辆100余台次，执法人员500余人次，悬挂条幅5条，发放宣传单3000份，接受群众咨询100余人次。

【公路养护】 2021年，交通运输局对柳开线、段马线全线安装振荡线1500余平方米。对全县县乡公路安装减速带200余米。对段马线、岳飞线、梁南线进行补坑槽。对滨河西路示警桩进行粉刷，更换示警桩281根。苍儿会旅游路安装护栏200米，武裴线安装护栏144米。段马线施划标线30公里，百马线施划标线1公里。柳开线、段马线安装标志牌25块。岳飞线长沟大桥桥头修建护坡129.2立方米。安装苍儿会旅游路武皇隧道标识1块。滨河西路整修路肩、种花草9公里。对大下线南贤村南涵洞更换盖板和维修，对武村桥、北张桥进行亮化。对全县县乡村公路桥涵排查，子夏隧道安装反光措施。清明节期间，出动人员24人次，在沿磨村和马家庄村森林防火。清明节后至4月底，每日进行森林防火巡查1次。国庆节期间，强降雨给全县乡公路造成不同程度损坏，对苍儿会旅游路、龙苏线、沿宜线等特别严重水毁路段，出动机械200余台次，人工300余人次，清理塌方14000余立方米，已完全恢复畅通。8座桥梁投入机械17台次、人工94人次、动用土方801立方米、水泥5.6吨、砂22.36吨、水稳砼78吨、沥青0.1吨，全部修复完工。段马线完成油补坑槽5019平方米。完成国道241道路整改工程6000平方米，完成柳杜一西城道路整改工程14450平方米。

【环境污染治理】 2021年，交通运输局与山西泗通公路服务有限公司、山西建鸿建筑劳务有限公司等，对县乡公路百马线、战备路、苍儿会旅游路东段、苍儿会旅游路西段，滨河西路、滨河西路引路、晋能路7条主干线签订7个养护合同。对县乡公路每周至少巡查3次，节假日和汛期期间，每天巡查，24小时专人值守。对全县县乡公路冲洗、清扫路面1500余公里。

【安全生产】 2021年6月30日，交通运输局组织全县“两客一危”企业负责人及员工代表，在文水县星耀物流公司装车企业，开展2021年文水县交通运输行业安全生产应急救援实战演练。出台《2021年安全生产工作的通知》《2021年安全生产监管工作职责及任务分解的通知》《关于开展道路运输安全生产专项检查的通知》等方案15份。开展安全生产大排查大起底大整治活动和安全生产宣传“五进”活动，组织执法人员在汽车站、市政广场及学校周边等客流集散地开展宣传，发放宣传资料3000份，张贴宣传条幅7条。印制宣传手提袋、安全宣传手册各1000份。赴乡村对农民进行交通安全乘车宣讲。开展一封家书活动，为从业人员家属开展安全教育宣传。针对县城非法营运电动车辆反弹情况，开展专项整治宣传活动，发放宣传资料300份，劝返电动车辆30余辆次。针对123个监管企业开展大检查和大整治，发现整改安全隐患453个。召集执法人员和企业负责人开展警示教育2次，观看《生命重于泰山》电视专题片2次。纠正未按规定落实动态监控管理制度的旅游汽车企业1家。完善5项应急救援预案，配备应急客车10辆、货车10辆。全县有22户危货运输企业达到三级标准化要求。

【路面管控】　2021年，治超办查处超载车辆555辆，卸货6000余吨，扣分1904分，罚款25.7万元。针对省道320超载，与晋中市祁县治超办实施联合治超，以胡兰大桥交界处为中心，拓展10公里范围联合执法。针对文峪河水库以里文水县、交城县两县交叉山区路段较多，打破行政区域执法局限性，与交城县治超办两队合一，在水库坡以上路段联合执法。

【源头治超】　2021年，文水县公示合法货运源头企业8户，源头处罚公示企业6户，罚款12.65万元；非公示企业2户，罚款4.6万元。组建源头稽查组1支，对全县大小及非法源头进行日常摸排，将发现的问题及时反馈给相关职能部门和所属乡镇。对主要货运源头进驻，24小时值守，取缔各乡镇行政区域内的二次驳载点。严厉打击因私挖滥采导致超载问题，与县自然资源局及各乡镇建立信息互通渠道，对超限超载从源头综合治理。

公路管理

【概况】　2021年，山西省文水公路管理段（以下简称公路段）承担文水境内国道307线、国道241线，省道219线、省道320线，共98.076千米的公路建养任务。其中，国道35.123公里，省道62.953公里，桥梁23座752.59米，大桥1座，中桥6座，小桥16座，涵洞186道。

【公路养护】　2021年，公路段完成县境内国、省道22.2千米的次差路段处治。管养国道G307线21.427千米，起自开栅镇K614＋172处，至孝义镇平陶村K636＋534处，全路段全部为二级路，中桥3座144米（其中章多桥长32米，西街桥长48米，南街桥长64米），小桥5座92.4米（其中三眼桥长26米，沟口桥长35.6米，章多桥长5米，土堂通道长6米，乐村桥19.8米），涵洞35道，修复北徐段1.7公里严重损坏路面。管养国道241线13.696千米，起自文峪河水库山顶K462＋723处，至开栅高速口K469＋190处；东庄村光华道口K485＋741处，至刘胡兰村十字口K492＋970处，全路段全部为二级路，桥梁10座（其中开栅大桥166.16米，磁窑河桥长53米，四支桥长6米，西峪口桥长7.04米），涵洞36道。管养省道320线19.187千米，起自南胡村胡兰大桥K8＋398处，终点至K34＋785处，全路段全部为二级路，中桥1座红旗桥53.5米，小桥1座南胡桥长19米，涵洞12道。管养省道219线43.766千米，起点为交城县野则河桥K63＋860处，至文水县开栅镇焉口K107＋626处，K63＋860至K65＋500为二级路共1.64千米，其余为三级路，中桥 1 座 59.7 米，野则河桥长 59.7 米，小桥 8 座 146.9 米，大皮沟桥长 22.8 米，木口沟桥长 23.1 米，李家庄桥长 17 米，王家社桥长 10.2 米，麻峪口桥长 20.5 米，陈家社桥长 16 米，崖底桥长 27.8 米，龙兴桥长 9.5 米，涵洞 104 道，改造完成沿线 3 个山区道班，增设停车区服务。处治强降雨引发的路基坍塌、落石、护岸冲毁等 12 处，处治路面病害 15080 平方米。

城市公共交通

【旅客运输】 2021 年，山西汽运集团汾阳运业有限公司文水汽车站（以下简称汽车站）客票收入 219343 万元。全年共发送 4590 班次，发送旅客 10800 人次。解决遗留拖欠客票款 283365 万元。

【租赁】 2021 年，汽车站新增租赁户 3 户，新增租赁收入 1.89 万元。

铁路运输

【货运】 2021 年，大秦铁路股份有限公司太原车务段文水站（以下简称文水火车站）完成运输收入 9107.6349 万元。

【客运】 2021 年 6 月 2 日，文水火车站复兴号动车组开行。全年客运量 28.42 万人。落实“双提高、双保障”，常态化整治客运服务设施及服务环境，建设“四区一室”，推进普速电子客票，完善网格化营销客户档案，发挥“刘胡兰党员示范岗”客运服务品牌辐射带动效应，以服务闯市场，以品牌促营销。

邮政业

【邮政业务】 2021 年，中国邮政集团公司山西省文水县分公司（以下简称文水县邮政分公司）业务总收入 2198 万元。寄递业务收入 244.92 万元。渠道平台业务收入 93.48 万元，其中电商收入 4.6 万元，分销收入 86.65 万元，普包收入 2.23 万元。依托代开税票业务、代开税票转化，网点人员微信预约代开税票收入 4.6 万元；福至新春收入 34.25 万元；粽情端午收入 3.3 万元；专项产品营销樱桃卡收入 2.7 万元；月满中秋收入 22.83 万元；车主通收入 0.9 万元。依托邮乐站点建设推进创新销售农资化肥分销产品 68.6 吨，收入 18.97 万元。通过场景打造、项目拉动、重点市场的逐一突破、新零售转型理念（AUM）的输入、各项活动的拉动、线上线下理念的融合、板块业务的协同，代理金融业务收入 1552.4 万元，其中储汇收入 1399.1 万元，保险收入 153.3 万元。发展保险业务 2 户 47 万元，新开办卡 9 户金额 13.5 万元。婚庆活动项目揽收婚嫁金 42 户金额 726 万元，以婚嫁金带动储蓄及转介绍客户 18 人金额 152 万元。外出务工项目发放吕梁山护工卡 297 张，开通手机银行 256 户，快捷支付绑卡 281 户，存款 189 万元。特色农产品项目，通过对文水梨、牛肉集群市场摸排走访，收集客户信息 800 条，实现存款 2500 万元，开通手机银行 315 户，办理保险 123 万元，理财 150 万元。板块协同项目中，通过“给爸爸妈妈的一封信”活动，在揽投部快递三轮车张贴活动宣传海报、地推团队对各网点周围 26 个村走访，建立微信群 4 个，进群客户数 538 人，电访人数 318 人。文传媒业务收入 288.87 万元，其中函件收入 81.67 万元，报刊收入 126.53 万元，集邮收入 80.63 万元。《盛世珍藏册》销售 100 套，收入 13.8 万元；《富蕴金豆》销售 6.3 万元；《辉煌历程》销售 25 套，收入 3500 元；《领航中国》销售 129 套，收入 10.062 万元；《牛气冲天》金条销售 9 枚，收入 38.3 万元；政务图书销售收入 15.6 万元。以县乡村三级物流体系建设为主线，推进邮快合作，叠加邮政无实物超市、包裹自提等便民服务，消除零收入网点。创新线上线下相结合的营销模式，邮农合作社惠农线上会员 5550 人，邮乐平台分享获客 35316 人，活跃邮乐小店数 8433 户，创建 300 人以上企业微信群 8 个，为员工设置直播室。

【平安邮政】　2021 年，文水县邮政分公司树立安全生产理念和风险意识，与各部门签订综合治理、案件治理防控责任书。落实疫情防控主体责任，加强重点环节、重点人员、重点场所常态化防控管理。聚焦人身、金融、消防、邮件、交通、信息、机要等安全领域，强化安全生产专项整治各项举措。加强案件警示教育及金融内控排查与投诉管理，营造企业合规文化建设。完成建党百年邮件寄递安全。

联　　通

【业务】　2021 年，中国联合网络通信有限公司文水县分公司（以下简称联通分公司）主营收入 7320 万元，宽带收入 2088 万元。围绕客户感知各个环节，开展端到端提质、提速、提值“三提”行动。聚焦光分优化小区、智慧乡村、双优双低区域实现定点突破。

【基础稳盘】　2021 年，联通分公司立足集团“国家队、主力军、排头兵”三大定位，以网络强国、数字中国、智慧社会建设为主线，不断提升基础设施、支撑保障、服务社会能力。全面落实网络强国战略，加快新型基础设施建设，实现县域及以上区域 100%覆盖，乡镇覆盖率达 42%。运用数字乡村平台，助力乡村振兴。

金 融 业

货币金融服务

中国银行保险监督管理委员会吕梁监管分局文水监管组

【风险监管】 2021年，中国银行保险监督管理委员会吕梁监管分局文水监管组(以下简称文水银保监组)以法人机构为重点强化非现场全流程监管。全年开展监管评级2项，案防评估2项，按季上报中国银行保险监督管理委员会吕梁监管分局(以下简称吕梁监管分局)法人机构非现场监管报告8份，下发监管通报8份，开展审慎会谈6次，下发风险提示2份。通过全流程非现场监管，两家法人机构不良贷款均实现“双降”。持续监测预警扶贫小额贷款风险，从2017年至2021年，全县银行业金融机构累计为1339户建档立卡贫困户提供金融扶贫小额信贷4606万元，本年新发放75户340万元。截至本年底，扶贫小额信贷余额为100户465万元，无不良。通过组织扶贫小贷专题会议、现场督查、定期下发风险提示、向县扶贫开发领导组作出风险预警并提出处置方案。开展对辖内保险专业中介机构的督导，对督导中发现的问题现场反馈，立查立改。后期对整改情况进行再次现场督查。联合县公安局制定工作方案，对辖内银行保险业组织开展安全大检查。七一期间，对辖内部分银行保险业机构安全生产“大排查、大整治、大检查、大警示”活动实施情况开展现场督导，了解各机构安全生产自查中发现的问题及整改落实情况，对下一步工作重点提出监管要求。审慎完成文水县农村信用合作联社报告制事项1人次2项(基层信用社主任代为履职及正式履职)。受吕梁监管分局保险科及一科委托，实地考察机构迁址3次。

【现场核查】 2021年，文水银保监组严控经营用途贷款违规流入房地产领域，对辖内两家法人机构经营用途贷款违规流入房地产领域实地核查，运用EAST系统追踪资金流向，排查出较为典型的违规案例并督促机构全部收回违规风险资金。对辖内法人机构服务煤电行业正常生产和商品市场有序流通保障经济平稳运行情况开展督查，对督查发现的问题及时上报并提出监管意见。受吕梁监管分局农银科委托，现场核查法人机构信访事项1项，对信贷资金来源及走向、相关责任人及存在问题进行汇报，按时按要求上报核查报告及佐证材料。

文水县金融服务中心

【机构改革】 2021年4月27日，根据《中共文水县委机构编制委员会关于印发〈文水县深化事业单位改革实施方案〉的通知》，文水县金融服务中心(以下简称金融服务中心）隶属于文水县人民政府办公室，副科级建制。

【存贷款余额】 2021 年，文水县银行业金融机构各项存款余额 219.46 亿元，各项贷款余额 101.51 亿元。小额贷款公司贷款余额 0.31 亿元。山西省农业信贷融资担保有限公司文水县办事处担保金额 2.03 亿元。

【金融服务】 2021 年 5 月，金融服务中心制定出台企业上市“绿色通道”工作流程、全面实施资本市场县域工程试点工作方案等，激励企业对接资本市场。联系山西证券股份有限公司、山西德正科嘉企业管理咨询有限公司、太原高新金控股权服务有限公司等机构，开展资本市场对接服务，宣讲政策，完善上市企业储备库，加强与县中小企业服务中心等部门联动，引导企业挂牌上市。11 月 10 日，山西棘梦生物股份有限公司完成挂牌。12 月 17 日，山西旭日东辉智能装备股份有限公司完成挂牌。截至本年底，文水县在全国中小企业股份转让系统（简称“全国股转系统”，俗称“新三板”）创新层挂牌企业 1 户（山西牧标牛业股份有限公司）；在山西股权交易中心有限公司晋兴板挂牌企业 6 户（山西宗酒酒业股份有限公司、山西鑫聚源被服股份有限公司、山西鑫海环境治理股份有限公司、山西北斗星新材料股份有限公司、山西棘梦生物股份有限公司、山西旭日东辉智能装备股份有限公司）。

【改制化险】 2021 年，金融服务中心组织起草《加快推进文水县信用联社改制化险工作实施方案》，成立由县委书记、县长任双组长的推进信用联社改制化险工作领导组，召开专题会议部署化险改制工作。5 月 7 日，召开文水县集中清收信用联社逾期贷款专项行动动员会，印发《文水县集中清收信用联社逾期贷款专项行动实施方案》。本月 28 日，联合县法院在文水县农村信用合作联社西城信用社召开集中执行约谈会，现场执行拘留 4 人并清收现金 20 余万元。12 月 19 日，县政府召开常务会议研究拨付文水县农村信用合作联社（以下简称县联社）1.34 亿元专项扶持资金相关事宜。本月 30 日，1.34 亿元专项资金拨付到位；县推进信用联社改制化险领导组办公室负责制定 1.34 亿元专项资金计划用途，报领导组研究通过后依照计划使用。全年累计清收处置不良贷款 3.31 亿元。

【政银企对接】 2021 年，金融服务中心牵头组织政银企对接会，签约项目 15 个 7.79 亿元，完成投放 5310 万元。

【分类评级】 2021 年，金融服务中心配合吕梁市人民政府金融工作办公室对两家小贷公司（吕梁文水龙行小额贷款有限责任公司和吕梁文水金金小额贷款有限责任公司）进行现场检查和分类评级，要求其对发现的问题进行整改。吕梁市人民政府金融工作办公室初级评定吕梁文水龙行小额贷款有限责任公司为 A 级，吕梁文水金金小额贷款有限责任公司为 C 级。

【打击非法集资】 2021 年，金融服务中心开展防范和处置非法集资宣传。印制宣传单、宣传手册、宣传海报、宣传条幅 3 万余份。协调县融媒体中心进行防范打击非法集资的法律法规知识进行宣传。在县市政广场开展关于防范和处置非法集资宣传活动 2 次。

中国人民银行文水县支行

【概况】 2021 年，文水县金融机构各项存款余额 219.46 亿元，各项贷款 101.51 亿元。中国人民银行文水县支行（以下简称人行文水支行）推动脱贫攻坚过渡期小额扶贫贷款投放，任务数300万元，已发放204万元。文水县产业扶贫贷款余额11793.35万元，扶贫小额贷款余额465万元，带动贫困户1049户，贫困人口2098人。

【政策指导】 2021年，人行文水支行组织召开银企对接会、经济金融形势分析会，传达并执行关于各项货币信贷政策。办理延期还本付息771笔，金额47707.94万元；累计办理信用贷款1670笔，金额78210.67万元。4月1日至2022年3月31日奖励文水县润都村镇银行有限责任公司（以下简称润都村镇银行）降低存款准备金率1个百分点；办理再贷款7621万元。5月，组织7家重点对外贸易企业召开跨境人民币结算业务推动会。与山西省农业信贷融资担保有限公司文水县办事处合作，发挥支农再贷款撬动示范效应，助推精准扶贫，实现支农惠农。文水县个体工商户贷款余额37810.14万元，户数1107户，新增13294.26万元；拓展首贷户数87户。

【金融监管】 2021年，人行文水支行重点加强对文水县农村信用合作联社（以下简称县联社）的稳健性和风险状况监测预警。关注两个地方法人金融机构流动性变化情况，督促高风险金融机构每月开展压力测试，每周在中国人民银行太原中心支行的数据采集平台上报《挤兑风险监测日报》，及时补足流动性缺口，制定流动性风险应急突发事件处置预案，确保辖区的金融稳定与安全。开展对辖内法人机构的资产质量核查及央行金融评级。对辖内县联社及润都村镇银行开展资产质量核查及央行评级，根据核查情况作了相关评级资料上报。完成县联社和润都村镇银行2020年下半年度及2021年上半年存款保险费的缴纳，上缴存款保险保费361.3万元。协助完成《关于农村金融供给状况的思考—基于吕梁市12个县的调查》《西北农民银行金融实践的历史经验及启示》等课题，上报4个样本企业的8种物价监测报表及报告，1个服务企业调查分析，4个企业用工调查，6个小微企业融资调查等。

【金融服务】 2021年，人行文水支行推进“整村授信”，辖内金融机构累计对接158个建制村，收集4.68万份客户信息，放贷4924户，金额4.47亿元；开展征信知识宣传及培训，建立以“政府主导、人行推动、银行为主、企业参与”的“1＋3”宣传模式，在3·5学雷锋纪念日、3·15国际消费者权益日、6·14信用记录关爱日等时点入企调研、进校园、进乡村及清收不良贷款实战中，宣传征信知识。开展信用报告的查询，共查询信用报告14415份，其中个人信用报告14032份，企业信用报告383份，共维护解决“系统收录姓名与个人身份证姓名不一致”问题11笔。通过动产融资统一登记公示系统登记16笔，抵质押金额7045.05万元，通过中征应收账款平台登记应收账款9.4亿元。

【人民币管理】 2021年，人行文水支行实行特殊残缺、污损人民币轮值领办制度，共集中鉴定兑换特残币2688张，113447元。实行大小票调剂、预约服务，营造“用现无忧”的环境。完成假币收缴，累计收缴假币510张46825元。

【支付管理】 2021年，人行文水支行开展政银合作，办实事助推县域营商环境优化，全县各银行网点共为28户企业完成开户登记注册，其中7户为基层乡镇网点代办。开展预防电信网络诈骗，配合公安机关开展“断卡”行动，督促金融机构加强客户身份识别管理，不定期以客户身份对金融机构就落实“五必问一告知”事项进行暗访，组织各金融机构开展集中打击整治电信网络诈骗犯罪宣传教育专项行动。开展打击治理跨境赌博资金链；开展支付服务适老化；开展小微企业、个体工商户的支付结算服务。按时上报优化银行账户服务情况督导统计表及报告，对辖内金融机构开展支付服务减费让利工作进行督查暗访。

【国库管理】 2021年6月，在中国人民银行吕梁市中心支行国库科配合下，人行文水支行实现财政预算外专户资金通过国库系统的直接支付，将预算外资金纳入国库直接支付管理范畴。全年完成预算收入116262笔22.72亿元，预算支出26499笔41.78亿元，个人及企业退税10328笔0.78亿元，更正业务38笔0.79亿元。办理预算外专户直接支付1481笔3392.28万元。

中国工商银行股份有限公司文水支行

【存款】 2021年，中国工商银行股份有限公司文水支行（以下简称工行文水支行）储蓄存款时点净增2.86亿元，公司存款时点净增1.21亿元，机构存款时点净增-0.66亿元。

【贷款】 2021年，工行文水支行公司贷款余额为3.95亿元，其中普惠业务余额为9883万元；个人贷款余额为2.81亿元。

【经营利润】 2021年，工行文水支行完成净利润3997万元，增量753万元；完成中间业务收入815万元，增量116万元。

【业务营销】 2021年，工行文水支行在对公拓户上，开立对公结算账户241户。在个人拓户上，个人金融资产净增2.75亿元，5万以上个人客户净增851户，私银客户数12户。GBC项目（GBC三端的新型营销模式，G指的是政务，B指的是产业，C指的是消费）方面，签约教培云（服务教培市场的数字化监管服务平台）、工会云（服务各级总工会、职工医疗互助会、基层会员单位及个人会员的一站式智能管理平台）、智慧政法合作项目（服务法院、公安、纪委、检察院等政法领域客户的一站式综合性服务平台）。

【其他业务】 2021年，工行文水支行票据贴现16125万元。完成国际结算业务量8756.86万美元，办理对公结售汇业务5772.22万美元，跨境人民币结算282.7万元。私人银行客户签约2户，600万元达标客户6户，代销个人理财产品共销售2412.86万元，第三方存管新增2158户，开立对公结算账户241户，开立外币账户1户，办理结售汇158笔，借记卡发卡5765张。

【信贷管理】 2021年，工行文水支行清收信用卡不良贷款640余万元，其中汽车分期清收不良贷款440余万元。清收不良贷款本息1312万元。

中国建设银行股份有限公司文水支行

【存款】 2021年，中国建设银行股份有限公司文水支行（以下简称建行文水支行）全口径存款时点达到24.86亿元，其中对公存款余额4.18亿元。

【贷款】 2021年，建行文水支行贷款余额4.18亿元，其中公司贷款余额1.15亿元，个人贷款余额3.02亿元。全年小企业普惠金融贷款累计发放1.36亿元，涉及158户284笔；个人类贷款累计发放1.65亿元。

【中间业务】 2021年，建行文水支行完成中间业务220万元。

【电子银行业务】 2021年，建行文水支行手机银行客户8432户，微信银行客户新增 2165 户。引导客户自助办理业务，提高电子银行账务性交易量占比，增加中间业务收入，移动柜面金融替代率达 95%。

【信用卡业务】 2021 年，建行文水支行在柜面营销的基础上，加强外联营销力度，营销团队进社区、学校、厂矿，营销结算户、信用卡、POS 机、分期等业务，重点发展信用卡发卡。

【其他业务】 2021 年，建行文水支行裕农通户数 180 户，全年新增 15 户。

中国农业银行股份有限公司文水县支行

【概况】 2021 年，中国农业银行股份有限公司文水县支行（以下简称农行文水支行）内设综合管理部、公司业务部、个人金融部、财会运营部、“三农”服务部（自设）。下设营业网点 3 个：支行营业部、凤城分理处、东环路分理处。

【存款】 2021 年，农行文水支行各项存款余额 30.74 亿元，其中个人存款 27.19 亿元，对公存款 3.55 亿元。

【信贷业务】 2021 年，农行文水支行立足文水县农牧业产业特色，想对策、定措施。各项贷款余额 11.89 亿元。其中，惠农 e 贷累放 3.6 亿元，余额 3.5 亿元；发放住房贷款 3.79 亿元；支持山西大象农牧集团有限公司产业链上下游客户贷款需求 0.3 亿元。在吕梁市率先采取“农担合作＋关联企业担保”贷款模式，成功经验在山西省农业银行系统交流。拓展普惠金融微捷贷业务，支持小微实体企业 32 户，发放普惠金融纳税 e 贷 2700 万元，抵押 e 贷 1000 万元。

中国农业发展银行文水县支行

【机构设置】 2021 年 7 月，根据《中国农业发展银行吕梁市分行关于印发县级支行内设部门和人力资源配置优化方案的通知》，中国农业发展银行文水县支行（以下简称农发行文水支行）内设部门由办公室、会计结算部、信贷业务部调整设置为综合部、客户部。

【贷款】 2021 年，农发行文水支行各项贷款余额为 109920.47 万元。全年新投放贷款 19513.26 万元，其中文水县五文建设投资有限公司贷款 9033.26 万元，山西水工文峪河投资有限公司贷款 5000 万元，吕梁交投文水旅游路项目建设管理有限公司贷款 5480 万元。完成续贷企业 9 户，服务乡村振兴企业 7 户，完成续贷金额 5000 万元；农村产业振兴企业 1 户，为文水县新大象养殖有限公司完成续贷 4500 万元；粮食安全企业 1 户，为吕梁市文水粮食储备库有限公司完成展期贷款 3479.01 万元。

【存款】 2021 年，农发行文水支行存款日均余额 18450.8 万元。

【经营利润】 2021 年，农发行文水支行各项收入 4933.19 万元，各项支出 4161.11 万元，盈利 772.08 万元。

【新业务】 2021 年，农发行文水支行营销由吕梁交投文水旅游路项目建设管理有限公司承贷的农村路网建设贷款项目，该项目审批贷款 36700 万元，投放贷款 5480 万元，用于刘胡兰纪念馆旅游公路工程 PPP 项目，项目路线全长 17.435 公里，总投资 46936.4 万元，建设期 3 年。

中信银行股份有限公司文水支行

【概况】 2021 年，中信银行股份有限公司文水支行（以下简称中信文水支行）秉承“诚信、创新、协作、卓越”核心价值观，发挥自身优势，为广大客户提供最佳综合金融服务，为促进文水金融事业的繁荣和推动社会经济快速发展做出贡献。

【业务情况】 2021年，中信文水支行各项管理资产时点余额87922万元，日均余额77317万元；对公存款时点余额16541万元。累计为3户企业办理贴现业务，累计贴现金额3900万元，开立全额银承2960.1万元。开展物流E贷业务，开始普惠金融业务。

中国邮政储蓄银行股份有限公司文水县支行

【存款】 2021年，中国邮政储蓄银行股份有限公司文水县支行（以下简称邮储银行文水支行）存款时点余额7573万元，年日均余额6225.8万元，个人储蓄存款余额52337万元。

【信贷】 2021年，邮储银行文水支行各项贷款余额40052.02万元，其中“三农”类贷款结余25487.8万元，消费类贷款结余3954万元，小企业贷款结余10610.22万元。

【中间业务】 2021年，邮储银行文水支行结余账户342户，账户净增107户。销售保险2020万元，新增有效商户128户，代发工资完成26个标准单位，信用卡新客发卡1928张，手机银行新增激活客户2372户，快捷支付新增绑卡客户2936户。

【营业收入】 2021年，邮储银行文水支行实现收入3154万元，完成利润2040万元。

【信贷管理】 2021年，邮储银行文水支行调整小额信贷结构，化解市场集中风险。玉玺平安蔬菜批发专业市场项目获中国邮政储蓄银行股份有限公司山西省分行批复，有效解决市场内200余商户的资金需求。

文水县农村信用合作联社

【概况】 2021年，文水县农村信用合作联社（以下简称县联社）内设有综合办公室、党委办公室、纪检监察室、人力资源部、财务管理部、运营管理部、信贷业务部、客户管理部、科技信息部、安全保卫部、资金营运部、风险资产部、法律合规部、稽核审计部等14个部门。下辖23个信用社、1个营业部、8个储蓄所。

【存款】 2021年，县联社各项存款余额999967.39万元。

【信贷】 2021年，县联社各项贷款（含拆放）余额584173.05万元。涉农及小微企业贷款余额27.21亿元，普惠型小微企业贷款余额12.2亿元，实体贷款余额28.75亿元，实体贷款户数9399户，新增贷款户数2773户；新增贷款投放42602万元2772户（其中新增个人贷款投放21046万元2717户，新增企业贷款投放21556万元55户）。

【经营效益】 2021年，县联社各项收入余额30379.33万元；经营利润-6346.42万元。

【信贷管理】 2021年，县联社不良贷款余额180394.91万元。

【风险管理】 2021年，县联社出台《文水县农村信用合作联社信贷业务尽职免责指引》，消除客户经理的拒贷、惜贷心理。出台《文水县农村信用合作联社2021年新增贷款考核办法（试行）》，激发客户经理办贷的积极性、主动性。组织各条线梳理现有内控制度、业务流程、风险管理中存在的漏洞和缺陷，对不适应业务发展，不符合监管要求的制度流程进行废止，对个别内容、条款、环节有缺陷和漏洞的制度流程进行修订，对尚未覆盖业务领域、风险环节的制度流程进行完善，通过制度完善，确保全联社各项业务稳健运行。

文水县润都村镇银行有限责任公司

【存款】 2021年，文水县润都村镇银行有限责任公司（以下简称文水润都村镇银行）各项存款余额62002.15万元，存款户数20495户。

【贷款】 2021年，文水润都村镇银行各项贷款余额52092.99万元，贷款总户数1523户。支持农户贷款1518户50733.11万元。其中，西兰花、土豆种植10户1132.99万元，肉牛养殖1120户37750.78万元，蛋鸡和肉鸡养殖17户289.14万元，肉羊养殖26户1351.15万元，肉猪养殖31户241.69万元，农户其他行业贷款314户9967.35万元。

【收入与利润】 2021年，文水润都村镇银行资产总额86549.71万元，负债总额77525.27万元，所有者权益9024.44万元。利润总额累计937.43万元，缴纳企业所得税累计234.57万元，净利润累计702.86万元。

【股权变更】 2021年，文水润都村镇银行根据上级监管部门相关政策规定，进行股权变更。文水润都村镇银行实收资本5000万元，原股权结构为发起行尧都农商银行持股30%，其余7名一般自然人分别持股10%。股权变更后，发起行尧都农商银行持股67%，3名一般自然人分别持股10%，15名职工自然人共持股3%。

【征信系统接入】 2021年12月，文水润都村镇银行正式接入中国人民银行金融信用信息基础数据库（即央行征信系统），所有借款人借款和逾期相关的信用信息将实时报送至央行征信系统，借款人可通过央行征信中心获取个人征信报告并查询其在本行的全部借款记录。

山西省农业信贷融资担保有限公司文水县办事处

【业务情况】 2021年，山西省农业信贷融资担保有限公司文水县办事处（以下简称山西农担文水办事处）累计担保465笔20305万元。截至本年底，在保余额473笔20421万元；与两家银行合作放款，分别是中国邮政储蓄银行股份有限公司文水县支行、文水县润都村镇银行有限责任公司。业务主要集中在刘胡兰镇、南安镇，主要集中在畜牧业和粮食收购。

【风险控制】 2021年，山西农担文水办事处全面防控风险，在保前加强对项目的了解；在保中要严格合同的签订，落实反担保手续的办理；在保后要随时关注客户经营情况和家庭成员的健康状况；还款前1个月进行实地监管或督促银行实地监管，出现重大不利因素的要共同商讨解决方案。

【合作发展】 2021年，山西农担文水办事处与中国农业银行、中国建设银行等国有银行市、县行进行多次座谈和沟通，采取走出去、请进来等方式，向其介绍农担政策背景、优势，通过共同尽调等方式促进银担双方了解。根据每个银行的风险偏好和信贷支持政策进行了业务结构的调整，制定了差异化的合作方式，做到既有竞争又有分工，实现一行一策。

证券市场服务

大同证券有限责任公司文水狄青大街证券营业部

【概况】 2021年，大同证券有限责任公司文水狄青大街证券营业部（以下简称大同证券文水营业部），业务链涵盖证券经纪、证券投资咨询、（与证券交易、证券投资活动有关的）财务顾问、融资融券、证券投资基金代销、代销金融产品等领域，已实现证券业务全牌照，在保险、期货等其他金融业务领域均实现业务全覆盖。

【业务经营】 2021年，大同证券文水营业部托管总资产3.5亿余元，有效户1554户。营业收入189.6万元，其中代理买卖证券业务净收入83.85万元，产品销售收入47.15万元，衍生品代理买卖业务净收入2.6万元，利息净收入56万元。

保险业

中国人寿保险股份有限公司文水县支公司

【保费收入】 2021年，中国人寿保险股份有限公司文水县支公司（以下简称中国人寿文水支公司）总保费收入2.17亿元。

【意外险】 2021年，中国人寿文水支公司城乡居民医疗意外伤害补充保险保费收入653万元，承保21.76万人，理赔件数2.33万件，赔付金额516.87万元。

【补充医疗险】 2021年，中国人寿文水支公司城镇职工补充医疗保险保费收入105.78万元，承保1.76万人，理赔件数890件，赔付金额89.84万元。

【残疾人意外险】 2021年，中国人寿文水支公司残疾人意外伤害和疾病身故保险保费收入122.6万元，承保1.27万人，理赔件数181件，赔付金额46.76万元。

【学生险】 2021年10月1日，中国人寿文水支公司学生险保费收入80.8万元，承保1.71万人，理赔件数952件，赔付金额69.19万元。

【新农合大病补充险】 2021年，新农合大病补充医疗保险由中国人寿保险股份有限公司吕梁分公司负责承办，保障对象为文水县城乡居民基本医疗保险参保人员，保费收入2767.77万元，承保36.18万人，大病件数4846件，赔付金额2978.53万元。

中国人民人寿保险股份有限公司文水县支公司

【保费收入】 2021年，中国人民人寿保险股份有限公司文水县支公司（以下简称文水人保人寿）总保费111.45万元，其中寿险保费104.66万元，意外险保费6.79万元。

【理赔服务】 2021年，文水人保寿险支付理赔金28.41万元。

中国太平洋人寿保险股份有限公司文水支公司

【保费收入】 2021年，中国太平洋人寿保险股份有限公司文水支公司（以下简称太平洋寿险文水支公司）收入新保保费103.03万元，续期保费1189.1万元。

【理赔服务】 2021年，太平洋寿险文水支公司受理理赔案件35件，理赔客户30人，理赔金额35.31万元，其中重疾理赔金额33.54万元。

农银人寿保险股份有限公司吕梁市文水支公司

【保费收入】 2021年，农银人寿保险股份有限公司吕梁市文水支公司（以下简称农银人寿文水支公司），达成保费39.97万元。

【合规经营】 2021 年，农银人寿文水支公司结合相关政策及监管行业要求，学习相关保险行业专业知识，树立员工合规经营理念，严格规范队伍的合规销售、诚信经营。克服团队主管人力数量少，团队新人偏多，年龄层次偏大等不利因素，加强新人入职的各项培训、指标的相关追踪。

新华人寿保险股份有限公司文水支公司

【保费收入】 2021 年，新华人寿保险股份有限公司文水支公司（以下简称新华人寿文水支公司）保费收入 6622.1 万元。其中新单趸交 338.84 万元、新单期缴 720.86 万元，存续保单期缴 5562.40 万元。

【理赔服务】 2021 年，新华人寿文水支公司理赔 491 件 4077540 元，其中个险 420 件 3934296 元，团险 71 件 143244 元。

中国人民健康保险股份有限公司吕梁中心支公司文水互动部

【保险收入】 2021 年，中国人民健康保险股份有限公司吕梁中心支公司文水互动部（以下简称人保健康文水互动部）各项保费收入 1374.968 万元，其中个险保费收入 139.9 万元，团险保费收入 365.11 万元，互动保费收入 38.378 万元。

【理赔服务】 2021 年，人保健康文水互动部理赔 177.6984 万元，其中农村小额意外伤害保险赔付 76.9 万元，建档立卡贫困保险赔付 100.2 万元，学平险赔付 1673 元，扶贫干部意外险赔付 259 元，团意险赔付 4052 元。

中国太平洋财产保险股份有限公司文水支公司

【保费收入】 2021 年，中国太平洋财产保险股份有限公司文水支公司（以下简称太平洋财险文水支公司）保费收入 1523.45 万元，其中车险保费收入 802.19 万元，非车险保费收入 119.16 万元，农险保费收入 602.1 万元。代收车船税 128.41 万元。

【理赔服务】 2021 年，太平洋财险文水支公司决案 950 件，赔付 733.94 万元。

中国平安财产保险股份有限公司文水支公司

【保费收入】 2021 年，中国平安财产保险股份有限公司文水支公司（以下简称平安财险文水支公司）税后保费收入 1500 余万元，其中车险 1100 余万元。

【理赔服务】 2021 年，平安产险文水支公司累计发生案件 1000 余件，赔款支出 1100 余万元。

商务服务业

律师服务

【山西介治律师事务所】 2021年，山西介治律师事务所办理刑事案件54件，民事案件32件，行政诉讼案件3件，接受法律咨询100余人次。组织律师参与法院的诉前调解；参与一村一法律顾问，安排律师担任村法律顾问，定期组织律师到所在村宣讲法律，参与村民矛盾的调解，配合司法所做好矛盾排查。开展公益法律服务，为弱势群体提供法律服务。

【山西荣通律师事务所】 2021年，山西荣通律师事务所接受义务法律咨询及代写法律文书121人，办理刑事案件14件，办理民、商事案件106件，办理劳动争议仲裁6件，接受指定辩护69件。

【山西通理律师事务所】 2021年，山西通理律师事务所代写法律文书100份，办理刑事案件5件，办理民事、商事案件179件，法律援助案件13件。

【山西品赞律师事务所】 2021年，山西品赞律师事务所代理民事案件138件，办理刑事辩护案件76件。

公　证

【概况】 2021年，山西省文水县公证处（以下简称公证处）深化公证领域“放管服效”改革，增强服务意识，规范办证流程，创新便民利民措施，公平公正开展公证法律服务。

【业务开展】 2021年，公证处办理各类公证272件，公证收费127862元；免费接待各类法律事务当事人咨询300余人次；开展相关法律宣传4次。制定《山西省文水县公证处关于加强公证行业行政监管和惩戒工作机制完善的实施方案》，加强公证惩戒，规范公证执业行为。制定《山西省文水县公证处警示教育常态化机制》《山西省文水县公证处行业专项治理规范整改机制》。

【便民服务】 2021年，公证处设立“申请便民箱”，方便来访群众在节假日等非工作期间咨询申请办理公证，解答办理30余次。通过提前预约，对特殊情况需要在法定节假日或特定时间申请公证服务的当事人，在约定时间提供法律服务。对年老、残疾、住院、行动不便等有特殊困难的人员提供上门服务6次。实行“一次性告知”服务，一次性告知当事人所需材料及获取证明材料途径、方式，为当事人列出所需材料清单。为声明、委托、营业执照类公证案件提供“当下取证”服务。实行“温馨邮寄”服务，邮寄公证书10余次。为军人、军人家属、烈属提供优先办证服务。与中国建设银行股份有限公司文水县支行沟通协调，申请开通对公账户的二维码，支持当事人二维码线上支付。对接北京市、海南省等地不动产登记部门、公证机构，为文水县籍申请人办理外地房产继承、赠与提供全流程公证服务。为某白酒企业提供白酒封箱行为保全公证法律服务。

法律援助

【概况】 2021年，文水县法律援助中心（以下简称法律援助中心）以群众需求和群众满意为出发点，坚持问题导向、效果导向，推行法律援助全域通办，落实“应援尽援”。

【业务办理】 2021年，法律援助中心受理法律援助案件324件，其中民事案件75件，刑事案件249件，认罪认罚具结书35件，法律咨询2582人次。接收指定辩护通知书、法律援助通知书34份，全部指定法律援助中心律师承办，已办结。

【法律援助全域通办】 2021年，法律援助中心落实法律援助“最多跑一次”和“就近跑一次”，方便经济困难公民就近、就便提起法律援助申请。推进法律援助覆盖至低收入群体，将法律援助经济困难审查标准定为最低工资标准以下，在《法律援助条例》《山西省法律援助条例》规定的事项范围基础上，将军人军属、70岁以上老人、疫情防控一线的医务人员提出法律援助申请，免予审查经济困难状况。将行政诉讼、土地林权承包及流转等与民生紧密相关的事项纳入法律援助事项范围。在法院、检察院开展律师值班制度，有3名援助律师参与。

司法鉴定

【鉴定】 2021年，文水县司法鉴定中心（以下简称司法鉴定中心）完成司法鉴定案件159起，出具司法鉴定意见书159份。为各类人群提供法律咨询服务800余人次。结合鉴定业务范围，明确本年度参加的能力验证项目，按要求完成向司法部司法鉴定科学技术研究所提交报名表、交纳参加费用及上报能力验证作业事项。

【日常管理】 2021年，司法鉴定中心按照“三章九制一本子”的规定处理各类事项，合理使用行政专用章、鉴定专用章、财务专用章，实现工作程序科学化、合理化。内部流程管理实行各项工作分工负责制，层层抓落实。将全年司法鉴定档案进行整理、装订、归档。

科学研究和技术服务业

科　　技

【科技创新】 2021年，教科局结合文水县科技发展实际，组织编制《文水县“十四五”科技创新规划》。组织申报省、市科技项目，有13个科技项目在吕梁市科技局立项，争取市级科技引导资金285万元。培育科技型企业，新增高新技术企业4户，共有高新技术企业13户。科技型中小企业入库10户。加强省校合作和创新型科技人才建设工程，推进科研平台延伸基地及科技成果转化基地建设。有4户企业与高校达成合作协议，其中吕梁建龙实业有限公司与北京科技大学签约挂牌科研延伸平台基地、科技成果转化基地，文水县是大高分子材料有限公司与上海师范大学签约挂牌科研延伸平台基地、科技成果转化基地，校企双方在科技研发、成果转化、人才培养和平台共建等方面开展全方位合作。鼓励扶持企业通过引进高层次科技人才及科技项目的方式，促进产业发展壮大，引进博士团队3个，引进博士及正高级职称高层次科技人才3名。

地　　震

【监测预报预警】 2021年，文水县防震减灾中心（以下简称防震减灾中心）强化震情跟踪监视，做好异常登记、分析、排查、上报等，坚持地震异常零报告。山西文水强震台、大地电场监测设施运行正常。

【震害防御】 2021年，防震减灾中心全面推进震害防御，加强群测群防，强化“三网一员”建设和管理，根据县、乡换届和村“两委”主干“一肩挑”改革实际，调整充实“三网一员”队伍。开展防震减灾示范学校、示范社区创建，持续推进高烈度区新建学校、医院等人员密集场所减隔震技术应用，山西徐特立高级职业中学被山西省地震局、山西省教科局评审认定为山西省防震减灾示范学校，北街学校和南庄镇信贤小学被评审认定为吕梁市防震减灾示范学校。完成本县地震灾害风险普查，完成12个地震工程钻孔资料收集整理，建立文水县地震工程地质钻孔数据库，编制《文水县地震工程地质钻孔调查报告》，报山西省地震局。

【地震应急】 2021年5月28日，防震减灾中心完成山西省、吕梁市分别开展的防震减灾系统地震应急演练。

【防震减灾宣传教育】 2021年，防震减灾中心开展防震减灾宣传教育活动，推进防震减灾知识进机关、进校园、进社区、进企业、进乡村、进家庭。“5·12”防灾减灾日、“7·28”防震减灾周及国际减灾日，在县市政广场设置防震减灾知识咨询台，编制印发文水县防震减灾宣传资料，解答群众问题，制作地震基本知识、防震减灾常识、防震减灾法律法规等大型宣传版面展出，提高全县人民防震减灾意识。发放《家庭地震应急三点通》《防灾减灾知识进社区》宣传册。在山西徐特立高级职业中学、北街学校、信贤小学、城镇中学、第二实验小学、城镇第五中学、文东新区学校、实验小学等防震减灾科普示范学校宣传，向各示范学校赠送《防震减灾知识进学校》宣传册，各示范学校每班开展主题班会，在学校宣传栏、班级学习园地宣传专题知识；各中小学进行1次地震应急逃生疏散演练；针对性地开展防震减灾知识进社区活动，普及防震减灾知识，掌握地震应急技能。发挥文水县防震减灾科普教育基地宣传阵地作用，利用微信公众号等新媒体、融媒体等宣传。

气　象

【概况】 2021年，文水县年降水量为673.0毫米，年平均气温12.0℃，总日照时数2449.2小时。全年总的气候特征，降水显著偏多，气温异常偏高。冬季，降水异常偏多，气温异常偏高；春季，降水正常略偏多，气温偏高；夏季，降水正常略偏少，气温显著偏高；秋季，降水异常偏多，气温正常。主要气象灾害有暴雨、洪涝、干旱、大风、雾、霾、道路结冰、寒潮、冻害等，其中以暴雨、洪涝、冻害、寒潮、干旱、造成的灾害影响较重。全县共发生灾情7例，其中旱灾1例、洪涝灾害2例、风雹灾害1例、低温冷冻灾害1例、其他灾害2例。造成24万余人涉灾，受灾面积37625.33公顷，倒损房屋1585间，直接经济损失44503.71万元。

【降水量】 2021年冬季（1—2月），文水县季总降水量17.9毫米；春季（3—5月），季总降水量88.8毫米；夏季（6—8月），季总降水量184.4毫米；秋季（9—11月），季总降水量381.9毫米；12月，月降水量为0.0毫米。全年降雨日数为100天，降雪日数6天，雾12天，轻雾195天，冰雹5天，扬沙4天。总降水量673.0毫米，降水偏多。

【气温】 2021年1月7日，文水县出现全年极端最低气温-23.1℃。7月31日，出现全年极端最高气温38.5℃。冬季（1—2月），季平均气温-0.2℃；春季（3—5月），季平均气温13.7℃；夏季（6—8月），季平均气温24.0℃；秋季（9—11月），季平均气温10.9℃；12月，月平均气温-1.9℃。年平均气温12.0℃。

【日照】 2021年冬季（1—2月），文水县季总日照时数407.5小时；春季（3—5月），季总日照时数643.1小时；夏季（6—8月），季总日照时数663.7小时；秋季（9—11月），季总日照时数536.9小时；12月，月日照时数198.0小时。全年总日照时数2449.2小时。

【活动积温】 2021年，文水县大于等于10.0℃的活动积温3952.5℃。

【霜冻】 2021年4月16日晚，文水县南安镇、刘胡兰镇、南庄镇气温骤降。17日凌晨3点，气温骤降到-3℃到-4℃，温度急剧下降，使正处于花期的梨树遭受严重霜冻，导致花蕊冻坏，无法坐果，葡萄树和核桃树也受到严重的霜冻，造成受灾人口32022人，梨树、核桃树、葡萄树受灾面积3651.08公顷、直接经济损失12138.88万元。下曲镇青高村30亩果树春季遭受霜冻，花朵被大面积冻死，又逢连日的大风，极端干旱天气，导致果树无挂果和绝收。经济损失20万元。

【寒潮】 2021年，文水县出现4次寒潮天气，分别出现于2月1次，11月2次，12月1次。

【火灾】 2021年4月30日11时，文水县刘胡兰镇王家堡村村民因连日大风刮断房屋上方电线，导致电线短路引起火灾，损毁牛舍5间，库房2间，房屋家具、牛饲料烧毁，经济损失8万余元。

【大风】 2021年5月6日16时，西城乡发生大风自然灾害，西城村一村民种植大棚葡萄7亩损坏，经济损失12万元。7日17时，刘胡兰镇大象村刮大风，将村民在村西种植西葫芦的两栋大棚塑料棚顶刮走，经济损失10万元。26日11时，文水县下曲镇梁家堡村刮大风，将24人大棚种植的50亩葡萄避雨棚刮飞刮烂，经济损失80万元。

【冰雹】 2021年6月28日16时，文水县突降暴雨并伴有冰雹大风，农作物倒伏严重，其中玉米倒伏14244亩，大风刮掉梨树果实3510亩，马铃薯受涝254亩，辣椒刮折57亩，葡萄受灾50亩，蔬菜大棚刮倒30亩，谷子倒地1亩，倒塌房间2间，一般损坏房间17间，受灾人口16399人，直接经济损失1128.57万元。

【洪涝】 2021年6月9日19时15分，马西乡穆家寨村因降雨，1户玉米地被水淹，1户牛圈墙体坍塌，1户房屋房顶被雨冲出1个窟窿，经济损失4200元。16日10时20分，文水县突降大雨，大雨持续4个余小时，开栅镇苍儿会村小组、付家庄小组遭受严重洪灾，农田被冲毁或掩埋，致使农作物受到严重的毁坏，30户60人受灾，直接经济损失120000元。7月11日16时，文水县受连续强降雨影响，刘胡兰镇王家堡村1户村民3间房屋倒塌，直接经济损失4.7万元，炮守堡村200亩玉米倒伏，直接经济损失41万元；马西乡神堂村3户10间房屋受损，经济损失1.9万元。17日18时30分，开栅镇苍儿会村突降暴雨。18时45分，崖底村寨子沟小组暴发山洪，农田、农作物被冲毁或掩埋，10户25人受灾，直接经济损失10余万元；房屋进水23间，多家地砖被冲毁，因山洪冲刷房屋地基悬空5间，冲毁院落6处，11户32人受灾，直接经济损失60万元；崖底村龙兴小组农作物冲毁，8户32人受灾，直接经济损失8万元。10月2日20时至7日11时，受连续降雨影响，多个乡镇发生洪涝灾害，部分房屋塌方及受损，受灾人口146667人，农作物受灾面积13467.59公顷，房屋倒塌456间，严重损坏房屋1096间，一般损坏房屋6908间，直接经济损失17397.71万元。其中，房屋及居民财产损失3116.52万元，农林牧损失12418.69万元，基础设施损失1862.5万元。

【干旱】 2021年7月至8月27日，文水县受持续高温天气影响，致使大部分地区农田脱水开裂、玉米干枯致死，蔬菜、葡萄等经济作物严重缺水，大量减产，有的绝收，受灾人口188917人，农作物受灾面积17389.26公顷，经济损失14346.34万余元。

【野猪损毁】 2021年8月，开栅镇上王家社村7个小组（温家庄小组、下社小组、程家庄小组、林海小组、李家庄小组、上王家社小组、麻峪口小组）村民种植的玉米、马铃薯等农作物遭到野猪严重损毁，受灾面积456.9亩（其中温家庄小组5亩、下社小组12亩、程家庄小组7.5亩、林海小组300亩、李家庄小组43亩、上王家社小组 63.7 亩、麻峪口小组 25.7 亩），严重影响收成，受灾 339 户 600 人，直接经济损失 434100 元。

【虫灾】 2021 年 9 月，文水县部分地区新培育的芦笋幼苗及成年芦笋遭受蓟马、小青虫危害，造成严重灾害损失，幼苗死亡 80%，成年芦笋被啃咬严重。截至 9 月 17 日，全县受灾人口 98 人，农作物成灾 40 公顷，经济损失 40 余万元。

【气候对农作物影响】 2021 年春季，文水县降水正常，气温偏高，对农作物生长有利。夏季，降水正常，气温显著偏高，局部地区出现暴雨，使部分地段出现洪涝灾害，农田被淹，农作物受灾。因降水不均，局部地区出现干旱，造成旱灾。秋季，降水异常偏多，气温正常。10 月 2 日至 7 日，出现连续性强降水，对大秋作物造成严重影响，无法秋播，对农作物的收获与晾晒不利。

【地面综合观测】 2021 年，文水县气象局（以下简称气象局）各种业务系统运行正常平稳，设备稳定运行率达到 100%。自动站数据可用率 100%，数据资料传输及时率 99.93%；区域站运行正常，数据可用率 98.66%，传输率 98.66%，GPS 数据传输率 100%；自动土壤水分数据传输率 99.78%，气象资料业务系统（MDOS）运行正常，及时提交元数据，国家站和区域站疑误信息能在 12 小时内及时反馈，按时制作和预审地面气象观测业务报表，报表文件无错情。开展地面测报质量体系认证。

【气象服务】 2021 年，气象局完成文水县“两会”、春运、春耕春播、清明节、端午节、中高考的提前气象预报服务。向县委、县政府及有关部门发送气象服务信息，发布各类决策气象服务材料 25 期，其中《重大气象信息专报》7 期，《气象服务信息》13 期，《专项气象服务》5 期。为县委、县政府及防汛等相关决策部门领导、扶贫工作队和气象信息员提供气象短信 75 条，接收 20 万余人次，启动应急响应 3 次。通过电视、手机短信、气象微博、微信、网站等向社会公众发布各类预警信号 35 份。

【部门联动】 2021 年，气象局与县应急局联合开展防内涝预警联防，联合县自然资源局发布地质灾害气象等级预报，与农业农村局签订联合开展为农服务的合作协议，与环保部门签署大气污染防治工作协议，在信息共享、联合会商、信息发布、调查与评估、科研开发等方面开展合作。与县自然资源局开展联合会商 3 次，联合发布地质灾害预警信号 4 期；与林业局联合发布森林火险气象预警 6 期。

【人工影响天气作业】 2021 年，气象局利用有利时机，成功进行 4 次春冬季人工影响天气作业，降低森林火险气象等级。

教　　育

综　　述

【概况】　2021 年，文水县教育科技局（以下简称教科局）围绕县委、县政府“科教强县”战略目标和对教育工作的总体部署，以推进高质量发展为主题，以改革创新为动力，落实立德树人根本任务，推进教育综合改革，坚持“五育”（德、智、体、美、劳）并举，注重统筹推进，落实“双减”政策，促进学生全面发展和健康成长，全面提升教育内涵品质，办好人民满意的教育。截至年底，下辖学校 119 所，普通高中 6 所，职业技术教育中心 1 所，特教学校 1 所，初中 19 所，小学 92 所。优化整合小规模小学 15 所，整合乡镇初中 2 所，改扩建九年一贯制学校 2 所。

【机构改革】　2021 年 4 月 27 日，根据《中共文水县委机构编制委员会关于印发〈文水县深化事业单位改革实施方案〉的通知》，整合教科局所属事业单位文水县电教馆、文水县仪器站、文水县科技综合服务中心，组建文水县教育科技事业发展中心，隶属于教科局，股级建制；保留文水县招生考试管理中心，隶属于教科局，副科级建制；保留文水县教学研究室，隶属于教科局，副科级建制；将教科局所属事业单位文水县教师进修校并入文水县教学研究室。

【立德树人】　2021 年，教科局全面加强和改进中、小学德育，强化思政课，推进习近平新时代中国特色社会主义思想、社会主义核心价值观进校园、进课堂、进灵魂，培养师生树立正确的世界观、人生观、价值观。形成各中、小学党组织书记、校长每学期为学生上第一堂思政课制度。引进全国家庭教育品牌幸福路——中国家长移动学校，构建“家庭、学校、社会”三位一体的协同育人体系，全力提升中、小学教师的心理健康教育水平和专项工作能力，促进学生身心健康和全面发展。幸福路——中国家长移动学校有班主任 1691 名，家长注册 72406 名，总学习浏览 4184676 次。开展“小手拉大手，共建文明美丽校园”活动，教育引导学生、家长和广大群众养成讲文明、讲卫生的良好生活习惯，营造人人参与、家家行动，共建美丽和谐宜居家园的浓厚氛围，增强学生的实践能力和社会责任感。

【学前教育】　2021 年，文水县投资 88 万元，改扩建普惠性幼儿园 3 所；投资 703 万元，改善 35 所幼儿园办园条件；认定普惠性民办幼儿园 4 所。开展全县幼儿园等级分类评估，组织全县幼儿园办园水平观摩交流。加强幼儿园教学研究，全面提高保育教育质量，整治幼儿园“小学化”倾向。

【义务教育】　2021 年，文水县创新义务教育办学机制体制改革，以城区优质学校与乡镇学校成立学区，共享教学资源，强化教研互动，促进校长、教师双向流动，实现城区学校和乡村薄弱学校共同提升发展，推进县域义务教育优质均衡发展。调整优化义务教育学校布局，优化整合小规模小学15所，初中2所，改扩建九年一贯制学校2所。投资166万元，完成8所寄宿制学校改造项目；投资925万元，完成48所学校的维修改造项目；投资723.88万元，完成26所校园改厕项目；投资3374.4万元，完成7所学校能力提升项目。

【高中教育】 2021年，文水县加强高中学校标准化建设，推进山西省文水中学校风雨操场建设项目，山西省刘胡兰中学校招生12轨。为应对高考制度改革，推进高中学校多元特色化发展。一本达线472人，二本B类以上达线1654人，双一流高校录取162人。

【职业教育】 2021年，山西徐特立高级职业中学入驻新校区办学，与吕梁建龙实业有限公司、晋能清洁能源科技股份公司等企业合作试点，建立技能人才培养基地，探索推进校企合作产教深度融合协同发展。通过全省中等职业教育改革发展示范校验收，进入全省第一方阵。

【教师队伍管理】 2021年，文水县持续推进中小学教师队伍“县管校聘”管理体制改革，完善教育人事管理制度，激发广大教师工作热情和活力。建立教师长效补充机制，配齐配足教师队伍，招录特岗教师、中小学教师159名。

【教师队伍素养提升】 2021年，教科局组织省、市学科带头人和骨干教师续聘考核；组织教师参加各级各类专业培训821人次；组织教学能手、保教能手评选活动。继续实施“文水县教育创新发展实验区项目”，以读书沙龙、跟岗研修、专题辅导等形式，开展交流培训活动18次。

【教师待遇提高】 2021年，教科局对全县教师实行分类差异增量绩效工资，为在职县补代课教师每学期再增加1000元课时补助，把退休县补代课教师工资提升至1400元。

【双减政策落实】 2021年，教科局坚持统筹抓好减负与提质、管好校内与校外、抓好全面与重点，推动“双减”政策落地见效。探索全县大教研平台，深化校际教研互动交流，打造优质高效课堂，提升全县教育教学质量。将作业设计列入教研工作计划，严格控制作业时间和难度，规范作业布置、批改和评价。严格控制考试频次，实行等级评价，进一步减轻学生校内课业负担。在城区13所学校率先实行课后托管服务后，全县公办义务教育阶段学校逐步完善以指导作业、答疑辅导、特色活动等为主要内容的“5＋1＋4”（每周工作日5天，每天服务1小时，周六日校内服务4小时）课后服务体系，解决家长接送孩子难的问题，增强教育服务能力，减轻家长负担。开展校外培训机构及幼儿园专项整治，联合县市场监管局、县住建局、县公安局、县审批局、县消防救援大队等部门，分4个联合检查组，对全县校外培训机构开展全面排查，下发告知书238份，与机构负责人签订承诺书190份，所有学科类培训和无证照培训机构全部关停。启用“教培云”平台对各培训机构的培训费进行监管，严格落实校外培训机构“黑白名单”制度，为本县学生身心健康发展营造更加良好的环境。

【平安校园建设】 2021年，教科局建立健全校园安全教育、管理制度，构建起横向到边、纵向到底的防范化解体系。夯实责任，密切配合，严肃督导考核，做好教育领域防范化解重大风险工作。加强学校“三防”（人防、物防、技防）建设，开展校园安全隐患专项排查整治行动，实施校园安全4个100％（校园封闭化管理达到100％；一键式紧急报警、视频监控与属地公安机关联网率达到100％；学校“护学岗”设置覆盖率达100％；校园专职保安员配备率达到100％）达标工程，维护教育系统安全稳定。推进师生教职员工疫苗接种，全系统教职员工接种比例95.8％，全县高中生接种比例94.6％，全县初中生接种比例96.2％，全县3岁～11岁儿童第一针接种比例91％。

学前教育

文水县东南街示范幼儿园

【师德师风】　2021年，文水县东南街示范幼儿园（以下简称东南街示范幼儿园），开展师德师风“五个一”建设（一系列专题学习、一份庄严承诺、一套专项制度、一次排查治理、一场师德师风演讲），注重以身边事教育身边人，组织教师进行最让人感动的细节抓拍活动，以作风建设新成效，凝心聚力，推动教育教学高质量发展。

【规范办园】　2021年，东南街示范幼儿园继续强化常规管理机制，形成层级管理分明，事事有人抓，人人有人管，严格执行检查监督机制，加强园所规范管理。不断完善考核评价机制，有效规范教职工行为，使教职工之间做到通力协作、勤政廉洁、扎实高效，充分调动每位教职工的积极性，发挥潜能，促进幼儿园规范化发展。

【教师业务能力】　2021年，东南街示范幼儿园邀请江西金太阳教育研究中心、华东师范大学专家及国内知名体育名师来园开展专题培训，实现与顶尖专家的教学资源共享。总园将《特色美术教育》作为课题研究，分园引进非遗文化皮影戏，开展中华版画园本课程，形成具有传统特色的幼儿园课程。让孩子们从小就爱上中华优秀传统文化，建立文化自信，成为中华文化的传承者和传播者。

【教育资源拓展】　2021年，东南街示范幼儿园遵循保教结合的教育原则，结合节日、季节、主题等，组织幼儿开展各种主题教育活动，旨在培养幼儿良好习惯，形成健全人格，注重语言发展、科技启蒙、艺术启发、运动能力等多方面发展。

【小手拉大手】　2021年，东南街示范幼儿园开展“小手拉大手，共建美丽家园”活动，实现“教育一个孩子，带动一个家庭，影响一个村庄，文明整个社会”的目标。

普通小学教育

文水县东南街第一小学

【概况】　2021年年初，文水县东南街第一小学（以下简称东南街小学）完成学校文化的顶层设计，细化环节管理。确立团队建设、标准化建设、校园环境文化建设。确立“为孩子幸福人生奠基”的办学理念：为学生的终生幸福奠基，为教师的工作创造幸福家园。让孩子们在“慈”中感受成长的幸福，在“严”中幸福地成长。为教师创造一个美好、和谐的工作环境。教师们愉悦工作，在付出中有收获，在收获中有快乐，以

“健康、品格、能力、习惯”四方面为落实点，继续以“教学、管理”为主线，深化细化学校各项工作。

【整合教学】 2021 年，东南街小学本学年实行单元整体架构，进行单元整合教学，集体备课。组织全体教师研读各科《新课程标准》。对所教知识进行周密认真的纵向、横向大梳理。吃透教材，精准掌握教材要点，变教教材，为用教材。讲正确，讲清楚，讲到位，增强教学的实效性，做到精讲多练，一课一得，提炼打造优质的核心课，围绕核心课辐射引领提高课堂教学。

【德育教育】 2021 年上半年，东南街小学将“德育教育、行为习惯养成教育”确立为攻坚目标，实行德育教育全员化、全程化。创设德育微课堂教育，强化养成教育，量化德育机制与评价落实环节管理。要求所有教师都要参与到德育教育工作中，把行为习惯养成教育和德育教育融为一体，渗透到每一个环节。对班会、队会进行融合。以文明礼仪活动为契机，加强对全校学生的习惯养成及文明礼仪教育。对班级卫生、纪律、两操、路队、晨读课、阅读课、写字课、红领巾佩戴、仪容仪表、个人卫生等方面全面检查，督促学生养成良好的文明行为和生活习惯。将常规检查和突击检查相结合，对检查结果及时公布，有效地控制不文明现象的发生。加大检查力度，使全校师生思想上重视，行动上体现，评估中见效，逐步形成自觉的行为习惯。利用每一个节日、纪念日等，还有上级部门下发的有关青少年需要学习了解的文件精神，及出现的一些需要学生知道的社会事例、需要致敬学习的英雄人物等，开展活动，对学生进行教育。

【教育团队】 2021 年 1 月 19 日，校委会决定以团队建设为管理模式，春季学期成立语文团队 6 个、数学团队 6 个、1 个英语团队、1 个音体美综合团队、科学团队、思政团队和班主任团队。各团队设首席 1 人，助理 2 人。各团队本着大胆取舍、科学整合、精讲多练、一课一得的课程改革精神，注重课堂的目的性与实效性，以学生发展为本，以课程改革为动力，以培养学生的创新意识和实践能力为重点，以课程标准的精神为指导，加强教学的研究，提高各科教师群体的业务素质和课堂教学水平，全面推动教改力度。春季学期主要以建立团队，制定团队活动方案为主，秋季学期团队活动正式开展。

【梳理教材】 2021 年，东南街小学每个年级进行两个单元的核心课梳理，集体分析十二册教材，包括各个单元的学科素养和人文要素，制订相应的教学计划。对教材、课标、教学用书进行三梳理，梳理展示汇报后，准确定位目标，知道教材编排意图、本单元教学的阶梯位置，准确定位单元教学深度的要求和本单元要素的总体目标，增强教学的方向意识和目标意识，对课堂教学有指导意义。第二次核心课梳理中整体把握了单元教学目标，大目标又分成课时子目标，每个目标具体在哪一课时采用什么策略落实，梳理教材更加清晰，目标更加精准。学期初，全体教师集体分析全册的，包括各个单元的学科素养和人文要素，制定相应的教学计划，针对全册进行整理，找准单元训练点，做到有的放矢。

【多种课型】 2021 年，东南街小学推出语文教学的 4 种课型：字词教学、朗读教学、阅读理解、写作教学。朗读教学课上老师们给足学生读的时间，从朗读方法和技巧上指导，范读、个人展示读、小组读、挑战读、想画面读、借助多媒体读、分角色读、引读等，以读促思、读出味道，读出层次。

文水县东南街第二小学

【规范招生】 2021年，文水县东南街第二小学（以下简称东南街第二小学）坚持义务教育免试、就近入学制度。新生入学，实行电脑随机配位，均衡阳光编班。教师配备实行“强弱搭配、老少搭队”，均衡教师配备。学生建立规范的电子学籍档案，掌握各班转出转入情况，修订完善控辍保学实施方案及措施，层层签订控辍责任书。

【规范语言文字】 2021年，东南街第二小学坚持晨诵、午练、阅读并纳入课程计划，每学期定期举行写字、诵读比赛，常年的读写训练，为学生终生发展打下坚实的基础，提升学校的办学品位。4月，由山西省教育学会、山西省小学语文专业委员会、小学生拼音报社共同举办“主题阅读”及语文素养提升活动，本校推荐教师作品89件，学生作品1613件，有35位教师和452名学生获奖，有29位教师获优秀辅导奖，本校获山西省“优秀读写示范校”。12月28日，由吕梁市语言文字工作委员会等组成的专家评估团，对本校语言文字工作进行评估验收。

【教师培训】 2021年，东南街第二小学有7名校领导、16名学科教师、5名班主任参加文水县试验项目区新师者集团的培训学习，老师们在理论学习、跟岗研修、来校辅导以及各项活动中得到相应的提升。课题组的老师们先后两次参加山西省教育科学院组织的课题学习培训。3个省课题、6个市级课题组的成员们参加各级培训学习，大部分课题到中期研究阶段。4月26至28日，派出9名教师参加县教研室组织的说课研讨活动，3名教师承担说课任务。8月19日，组织全校道德与法治教师参加山西省《习近平新时代中国特色社会主义思想学生读本》使用工作骨干教师省级线上培训。11月4日，全体班主任听取班级文化建设专题讲座，由参加北师大培训的3位班主任老师进行交流分享。12月4日，组织全体语文教师到实验二小听取特级教师崔云宏关于单元整体教学的讲座。12月25日、26日，全体语文教师参加全国统编小学语文教科书课例教学线上观摩交流活动。

【读书活动】 2021年，东南街第二小学推动读书工程，开展师生读书活动，以教研组为单位，每个组共读1本书，两个学期开展4次读书分享活动，分享活动增加老师们的知识储备，提高语言表达能力和PPT的制作水平，激发老师们读书的兴趣。

【教学常规管理】 2021年，东南街第二小学结合北师大的学习，由参加培训的学员牵头，语、数、英实行单元整体教学。用有针对性的公开课做示范，引领每个教师上好家常课。用提高课堂效率来推动“双减”政策的落地。为减轻义务教育阶段学生作业负担，促进“双减”提质增效，提升课后服务水平，让学生的学习回归校园，确保学生在校内学足学好，最终促进学生发展。

【教育活动】 2021年元旦前夕，东南街第二小学举行教师“庆元旦　迎新年”趣味活动，让老师们在紧张的工作之余身心得以放松，开开心心过新年，丰富课余文化生活。举办春季趣味运动会，一年级广播操比赛、二至六年级跑操比赛来规范广播操动作，提升质量。6月1日前夕，举办“党的光辉照我心”庆六一红歌传唱经典诵读活动、“百年礼赞同筑梦，星星火炬代代传”庆“六一”入队仪式暨“五旗传递”活动、“红心向党颂祖国”庆“六一”班级展示活动。7月1日，组织全校师生观看“庆祝中国共产党成立100周年”直播活动。通过主题班会、升旗仪式、宣传版面、黑板报、手抄报等多种形式开展宣传教育。为庆祝建党100周年，启动“党的故事我来讲，红色经典诵读”活动，通过层层选拔，推选2名学生参加文水县少工委组织的“喜迎建党100周年　红色故事我来讲”红色经典诵读比赛，分别获一等奖、优胜奖；在县少工委组织的“请党放心　强国有我”征文比赛中，1名学生获小学组一等奖、1名学生获二等奖，1名学生获三等奖，3名辅导老师获优秀指导老师奖。在吕梁市“学习百年党史，感悟真理力量”演讲比赛中，1名学生获一等奖。开展“乘风破浪前行，共为党旗添彩”主题红色剪纸活动，利用剪纸艺术工作坊的优势，引导青少年体验非遗传统技艺，传承红色精神。冬季，举办体育单项赛，增强学生体能和班级凝聚力。

普通初中教育

文水县城镇中学

【德育】　2021年，文水县城镇中学（以下简称城镇中学）在改革创新中推进德育工作，明确责任，调动班主任德育工作的积极性、主动性与创造性，落实好德育工作。完善班主任例会制度，每周一第6节课的班会，总结德育工作经验，剖析工作中存在的问题，研讨改善工作的措施和应对策略分析，分析班级管理和学生思想中出现的新问题，新状况；布置阶段性德育工作的目标，任务和要求。

重视学生德育教育，全面提升学生素养，利用班会对学生思想品德教育。班会课有时间、有主题、有备课、有记录；有内容、有重点，班会课言之有物，言之有效，真正把班会课作为对学生养成教育、理想教育、法制教育、安全教育、学习态度等重要渠道和阵地。根据学校实际和学生身心特点，开展读书、演讲、征文、书法、才艺、运动会等校园文化活动，丰富学生生活，陶冶学生情操，展示学生能力，培养学生爱好。

【科学管理】　2021年，城镇中学组织部署教育教学工作会议，落实工作计划，明确工作目标，提出教育教学具体目标。定期召开教学质量分析会，找出差距与不足，想出改进方法，提高教学质量。修订教师的考评方案，拟定各项承诺书、责任书、规范辅导等方案，倡导教师们及时自查自纠。在课堂教学行为上，要求教师尊重差异，因材施教，推进“生命力教育”的基本要求，“尊重学生，教在心灵；尊重自己，塑造人生”，构建一种尊重型教育方式。提出重构课堂教学文化的实践，建立和谐的师生关系，形成亲和的教学模式。在作业布置与批阅上，要求老师精致化作业，作业要精心设计，不能过多布置简单机械以及重复性作业，更不能布置惩罚性作业。尝试实践性作业和个性化作业，以切实落实教育局布置的减负任务。要求教师布置的作业必须要反馈，从习惯培养入手，倡导个性化作业批阅，让完成作业成为学生的一种自然的习惯。倡导各年级各部门教职工的学期述职报告，以扬长避短，促进成长。

【教研活动】　2021年，城镇中学本着“讲实效，切实际”的原则，采取灵活多样的形式，开展教研活动。鼓励和引导教师参加教研活动，推进课堂教学改革，以学期为单位推行各科大教研活动，活动形式多样，举行各教研组教研协作教研活动，派优秀老师上观摩课。各年级组教师参与组内集体备课，共同研究教法及学生的学法，集思广益，提高教学效率。各项教研教学活动继续创新开展，异彩纷呈的同课异构，在调动学生学习的积极性，发挥骨干教师的引领作用，促进教师专业化成长方面也起着不可替代的作用。全年组织2次各教研组教研观摩活动，各位领导指出教研教学问题，提出全面改进措施，推动教师课堂教学的发展。继续推进自主择课与公益课堂，尊重学生个体差异，共享名师优质教育资源。择课课堂形式灵活多样，课堂内容丰富多彩；教师讲的优质课、精品课越来越多；学生、家长参与到择课中，授课内容有美食、戏曲、武术、天文、地理等。全年举行公益课堂九期。

普通高中教育

山西省文水中学校

【概况】 2021年，山西省文水中学校（以下简称文中）为22轨普通高中，有66个教学班，在校学生3207人，教职工392人，特级教师2人，高级教师121人，中级教师153人。高考参考人数1100人，600分以上38人，一本达线378人，二本B类达线852人。王雨婷被北京大学基础医学专业（八年制）录取。

【教师素养培育】 2021年，文中开展师德师风教育活动，倡导创先争优活动。重点加强青年教师培养，制定《文水中学青年教师培养计划（5年）》，定期组织开展学科素养提升专题讲座，每学期专业课考试，举行“青蓝工程”师徒结对仪式；开展讲课技能比赛，举行“说高考题”比赛；坚持听课制，教学案例比赛，加强教学成绩考核。通过培养，青年教师一年入门、二年过关，三年达标、四年提升、五年骨干，具备扎实的教学基本功和一定的教学科研能力，能够独当一面，胜任各年级教育教学工作。

【教研教改】 2021年，文中在教研教改方面，致力于教师专业化能力、职业精神和人生价值观的提升与完善。通过校本教研及一系列教研、培训活动，如吕梁市“同课异构”教研活动，吕梁市高中校长、教师培训班，山西省课标培训，山西省教育厅普通高中课程标准网络培训，高考备考研讨会，基于学科核心素养的课堂教学观摩研讨培训等，教师的教育观念和课堂教学行为得以改变。继续推进“北师大文水中学学科提升基地项目”，通过专题讲座、校际交流，尖子生辅导、生涯规划指导，促进教师教育观念和课堂教学行为的转变，改善教学薄弱学科，提升学校学科教学整体水平。

【德育教育】 2021年，文中以“立德树人”为核心，以“润德悦心，嘉言懿行”为理念，把课堂教学作为德育的主渠道和主阵地，形成四大德育主题：安全教育、理想教育、习惯教育、感恩教育，围绕这四大主题，开展各种实践活动：开学典礼、新生军训、校园急救知识讲座、消防安全演练、升国旗仪式、征文演讲比赛、“文水中学校园文化艺术节”、校田径运动会、跑操比赛、篮球比赛等各种活动，所有活动学校放手让学生自己组织、设计、策划，让更多的同学参与，丰富和拓展校园文化，提升校园文化的品位。组织召开青年班主任培训会、班主任经验交流会、各年级家长会等活动。

山西省刘胡兰中学校

【双减政策落实】 2021 年，山西省刘胡兰中学校（以下简称胡兰中学）落实“吕梁市中小学‘五项制度’‘十项举措’”的精神，对于学生睡眠时间，经校领导与教导处研究讨论，制订科学合理的作息制度，保证学生睡眠时间。住宿生实行封闭管理，建立出校请假制度，出校必须与家长联系，宿舍、门卫、班主任 3 处留存假条。跑校生午休、晚休问题，在学生家长群告知家长，让家长负责督促孩子按时保证睡眠。学生课外读物严格执行上级的要求，任何人不得向学生销售课外读物。高一、高二配套资料，高三复习资料，规定只能从山西新华书店集团吕梁有限公司文水分公司购买，主课可定一本，副课不得征订，减轻学生学习负担和经济负担。教导处严控学生作业量，副课不得布置课外作业，统考科作业，必须精心筛选，教导处每学期期中、期末检查批改情况。高三只能布置复习资料上的内容，不得私自购买下发其他作业。为提高学生身体素质，每天早晨起床后安排学生半个小时跑操，课间操时间开展跑步、健美操，下午活动时间做眼保健操。11 月，联合县明仁眼科医院，对 1400 名学生分批次进行近视眼筛查，及时将筛查结果通报各个学生。12 月，联合金康医院对 600 余名高一新生体质检查。

【教研教改】 2021 年 3 月，胡兰中学 3 名教师参加由吕梁市教育局组织的同科异构学科教研活动。4 月，11 名青年教师参加本县教学能手评选活动，其中 7 名教师入选。本月，本校组织首届同科异构教研比武大赛，评出冠亚军。12 月初，7 名青年教师被县教科局评为县级教学能手。

【县管校聘】 2021 年，胡兰中学依据上级文件精神，结合本校实际制定《山西省刘胡兰中学校关于推进教师“县管校聘”管理体制改革工作的实施方案》，健全学校内部处室设置及中层干部调整，与 138 名教职工签订聘用制合同，招聘 3 名新教师，优化教师队伍结构比例，提升教师队伍素质。

【美丽文明校园创建】 2021 年，胡兰中学制定《山西省刘胡兰中学校 2021 年美丽文明校园创建工作方案》，从指导思想、基本原则、目标任务、进度安排、任务分解等方面做了具体安排。通过“小手拉大手，共建美丽家园”等活动，提高学生文明素养，引导全体学生树立主人翁意识，从身边做起，从家人做起，以实际行动打造美丽文明校园。

9 月，成立校园广播站，利用课余时间，宣传国家大政方针、党史知识、防疫知识、法律法规知识、安全防护知识等，传承红色基因，赓续红色血脉，对学生进行爱国主义和集体主义思想政治教育。12 月，由县教科局牵头，文水县书法协会在本校展出 60 幅书法作品，陶冶学生情操，激发师生学习中华优秀传统文化的浓厚兴趣，培养学生爱党爱国情怀。

【半军事化管理】 2021 年，胡兰中学全面推行半军事化管理，制订《山西省刘胡兰中学校学生军事化管理实施方案》，管理内容：宿舍、门卫、餐厅等校园全方位安全管理、秩序管理及学生思政教育工作、班风班纪、两操、内务、升旗、大型活动等常规管理，通过半军事化管理方式，对学生进行严格要求，严格训练，并同思想政治教育工作、行政管理工作紧密结合起来，实现学生管理工作的规范化、系统化、科学化，力求在学生日常管理工作中形成团结紧张、严肃活泼、令行禁止、整齐划一、行为规范、纪律严明的良好局面。通过运行，全面提升教育教学质量和办学水平，学生、家长和社会反应良好，取得预期的效果。

【德育】 2021年，胡兰中学以养成教育为主线，以爱国主义为指针，围绕学校中心工作，开展一系列教育活动。定期召开班主任工作会议，以会带训，学习先进教育理论，树立先进教育理念，指导他们工作。阶段性地总结情况，听取反馈，布置工作。帮助班主任分析研判班级学生的思想状况，有的放矢地进行教育。指导和帮助青年班主任掌握班级工作策略和方法，学习先进经验，走进学生心灵，大力加强后进生的转化工作；开展养成教育活动，促进学生良好行为习惯的养成；加强爱国主义教育和社会主义核心价值观教育，开展相关主题教育活动。开展法治、安全、心理健康教育，加强卫生宣传，构建平安和谐校园。11月，聘任文水县检察院检察长吴志锋为“法治副校长”，促进法治宣传教育工作的深入开展。

【特色学校创建】 2021年，胡兰中学创建体育、艺术特色，制订《山西省刘胡兰中学校关于创建体育、艺术特色学校的实施方案》，结合现有播音主持、影视编导、美术等艺术特色，将体育、传媒、美术相结合，构建课堂教学和课外活动相互配合、学校教育和社会教育相互融通的体育、艺术校本课程体系。有男女篮球训练队各1支，开展田径、美术、播音与主持艺术专业的训练。6月，由中共文水县委宣传部牵头，本校20余名师生应邀赴北京参加“青春之歌”专场节目录制。

文水县第二高级中学

【办学模式优化】 2021年，文水县第二高级中学（以下简称二中）按照“按需设岗、竞聘上岗、公开公正、竞争择优、按岗聘用、合同管理”的原则，完成县管校聘。贯彻落实绩效工资考核发放标准，对教师成长和工作的各个环节都设置明确的量化标准，注重过程管理，注重工作实绩；加大差距，优绩优酬，激活教师活力。以“细化职能，提升效能”为导向，结合学校实际，调整优化内设机构，细化分工，强化效能。政教处内设体卫中心、宿管中心和社团中心；教研室内设课题组；办公室内设党建、行政、融媒体3个模块。

建立校领导、处室领导、班主任、保安、教导员联合值班制度，建立一日值班关键节点常态化报备、联动制度。强化监督机制，细化工作流程和监督考核标准。开展年级主任和处室负责人半月述职，总结经验、寻找不足、谋划未来。

【业务素养提升】 2021年，二中开展“不作为、慢作为、乱作为”专项整治、思想作风纪律整顿和师德师风专题学习活动。建立《教师师德档案》，严格规范评价及考核程序，组织学生、教师对师德师风开展自评、互评、学生评的“三评”活动。继续与江西“金太阳”教育研究院签订协议，引进全国知名专家团队对本校教师为期1年的全方位培训。强化教育教学研究，优化以“教师论坛”“班主任沙龙”为主的校本教研；强化青兰结对活动。充实教研室人员配置，细化完善教研制度，强化过程和成果检查。每月开展72次集体教研和36次听评课活动，及2至3次校本培训。每次听课和教研要填写记录表，上报教研室检查备案并定期向全校公布。实现教研常态化、课题化、实效化，使教研及听、评、说课成为一种自觉的风气。举办优秀教案展览。开展教学能手大赛及36次骨干教师公开课活动。12月，举行中青年教师高考模拟考试。开展课题研究，本年结题的省级课题2个，初审通过2个省级课题。县教科局举办的教学能手大赛中，有9名教师获“县教学能手”荣誉称号。

【教学改革】 2021年，二中由教研室和年级组牵头，强化常态化检查，不断优化常规教学，加强备课、教学、自习辅导、作业批改、考情分析、纠错本运用、卷面书写练习辅导、优秀试卷展览等各个环节，提升教学质量。紧盯目标导向、自主建构、主题整合、情境设定、合作探究、结果生成、体验反思、检查反馈八大关键环节。以高效课堂为导向，开展一系列校本比赛，帮助教师树立职业自信，促进青年教师的快速成长，推动高效课堂改革成果落地。结合“135高效课堂”不断深入推进，全面升华班级小组建设和以年级为单位的班级挑战赛，发挥学生管理、自助互助的能动性，把分层教学和小组挑战有机结合，激发全体学生的成长，弥补学生个性差异导致的学习缺漏。在高三年级，安排暑假“零轮复习”、高考动员大会、应试策略辅导、备考心理讲座、家校合力互动、师生专题座谈、成人礼仪式、学生毕业典礼暨高考壮行大会等一系列活动；实施“培优计划”、边缘生辅导、体育生辅导，为学生高考奠定基础。参加高考600余人，二本B类以上达线人数235人，其中一本达线34人，二本达线201人。

【五育并举】 2021年，二中开展新生军训，为高一新生举办“开学第一课”，持续强化“三好行动”，落实习惯养成十大目标。利用国旗下讲话、主题班会、“一日两宣誓”、心理辅导、校园广播站等平台，对学生的理想、品德、心理、学业等方面指导。结合党史学习教育，开展活动，培根铸魂，厚植爱国情怀。全面落实大课间体育活动制度，开展“阳光体育一小时”活动，每天集中开展跑操、眼保健操、健美操活动。开展近视眼筛查，落实面向全体学生的体质健康测试和抽测复核，建立学生体质健康档案。结合应新高考要求和中考二批招生的学生特点，将社团活动和主题月作为文化课之外的第二抓手，强化体训、美术、播音、编导、健美操、音乐、舞蹈、书画等10余个社团的建设，丰富校园文化生活，全面提升学生核心素养；为学生提供专业化辅导，为高考提供更多的选择。

【文明美丽校园创建】 2021年，二中开展文明美丽校园创建工作、“小手拉大手，共建美丽家园”活动，及文明县城创建活动。以“构建美丽校园”为核心，制订工作方案，召开文明美丽校园创建宣传动员会议和“小手拉大手，共建美丽和谐宜居家园”主题活动启动仪式。组织师生观看《携手共建我们的美丽家园》，开展多种渠道和形式的宣传教育。开展校园环境“三化”（净化、优化、美化）工作，建立完整的“三线协同”校园环境保障体系。以总务处为主线负责校园的“三化”，对实验楼、男生宿舍、卫生间等进行改造；以政教处和年级为主线负责各楼层、班级和学生宿舍的“三化”，对教学楼内文化墙更新，结合劳动实践课程将校园地面卫生分片包干；以办公室和教研室为主线负责各办公室、学科组和教师宿舍的“三化”。制订并落实详细的常态化考评制度，定期检查与不定期检查相结合，每次检查计分、公布并督促针对性改进。

中等职业学校教育

山西徐特立高级职业中学

【概况】 2021 年，山西徐特立高级职业中学（以下简称职中）以习近平新时代中国特色社会主义思想为引领，始终坚持“秉承徐老精神，高举职教旗帜，培养实用人才，创办特色学校”的办学理念，以深化产教融合校企合作为主线，以立德树人为根本，以质量特色发展为核心，以构建协调、协同、融合共同体育人质量体系为重点，传承红色基因，不断深化教育改革，加强师资建设，优化学校管理，丰富办学内涵，提升办学品质，打造省级中等职业学校。9 月，完成新校区 PPP 项目建设，并投入使用。11 月，创建省级示范校建设通过验收，位列第一方阵。启动刘胡兰实训基地建设项目、高水平重点专业建设项目。高三应届毕业生 798 名，有 783 人考取职业资格证；高二汽车营销评估与金融保险服务技术（初级）考试学生 20 名，全部通过考试。

2021 年 9 月，山西徐特立高级职业中学新校区投入使用（山西徐特立高级职业中学供图）

【立德树人】 2021 年，职中推进党建与立德树人相融合、党建与师德师风相融合、党建与教研教改相融合，强化立德树人，促进师生共同成长进步。组织主题为“学党史　悟思想　办实事　开新局”的全校教师读书活动，编制《中共党史摘编》；肖铁锁为党员干部讲授专题党课《中国共产党伟大历程》；邀请中国共产主义青年团文水县委员会（以下简称团县委）、文水县妇女联合会党史教育宣讲团作题为“学胡兰，颂党恩”党史教育专题宣讲；邀请县教科局闫志鹏为学校全体党员解读总书记习近平“七一”重要讲话精神；邀请团县委书记王福栋和团省委党史学习教育高效宣讲团成员田思雨为全校团员学生作党史学习教育专题宣讲报告。坚持“主体责任”“谁主管谁负责”“谁值班谁负责”的分层管理、责任到人，完善师德师风专项整治、安全管理等风险预警防控配套制度，提升校委班子的依法行政能力、利用“两日”活动，实行“党务、校务”两务公开化。开展党员进社区、党员下乡村志愿服务活动，组织班级开展“五个一”活动，在学校外宣传 45 次。

【多元化提升办学】 2021 年，职中构建协调协同融通发展共同体，多元化提升办学水平，实施学历教育与培训的法定职责。申报电子商务师、人工智能训练师、广告设计师、互联网营销师、汽车维修工 5 个工种的等级认定试点，通过验收。校企合作推进产教融合协同育人，组织高二年级部分学生 226 人，分别到山西金伯爵盛唐华彩婚礼主题酒店传播有限公司、立讯精密工业有限公司、广东鸿联九五信息产业有限公司、苏州润迅云呼信息技术有限公司、孝义市玖柒网络信息技术有限公司、仁宝网路资讯（昆山）有限公司 6 家企业跟岗实习。完成 6 家高职院校三二分段合作专业协议，分别与山西机电职业技术学院、山西财贸职业技术学院、太原旅游职业学院、晋中职业技术学院、阳泉职业技术学院和山西运城农业职业技术学院签订三二分段合作协议，报市教育局报备。加强校际交流共同创建示范，赴晋中市太谷区职业中学校考察学习，山西机电职业技术学院、五寨职业中学、万荣职业中学和汾阳市高级职业中学来本校参观交流。

【升学就业平台搭建】 2021 年，职中举办校园网络双选会，遴选 25 家优秀企业和 15 家高职院校，累计提供就业岗位 826 个，高三毕业生和高二学生 500 余名参加，现场达成意向生 235 人。

【职业教育教学改革】 2021 年，职中开展校园开放日、校外宣传、敬老助老、引企入校、校企共育等活动。开展“学党史迎百年华诞　强技能做能工巧匠”职业教育周启动仪式暨“学党史”技能展演活动，展示本校职业教育发展成果。在职业教育活动周启动仪式上，与山西省产教融合型企业文水县聚宏电子商务有限公司代表签署新校区引企入校合作协议，与山西丽彬文化传媒有限公司代表签署校企文化传承战略联盟合作协议，与江苏博知博教育科技（集团）有限公司代表、山西龙云国际教育有限公司代表签署校企共建专业建设合作协议。学校宣传队 10 余名师生赴凯奇广场、社区，进行校外宣传活动；护理专业学生、学生会青年服务队赴文水县凤城镇幸福养老院，开展“敬老助老，情暖夕阳”技能服务社区活动；赴本校合作企业、山西省产教融合型企业丽彬文化园，开展“校企合作传非遗　匠心筑梦承技艺”职业教育周非遗研学活动，校企联手推动非遗的传承与创新；邀请中国作家协会会员、吕梁市作家协会副主席梁大智，丽彬文化园董事长朱丽彬赴校园，举办“非遗文化传承”专题讲座，推动非遗吕梁文化常态化传承、创造性转化和创新性发展；本校财贸管理系电子商务专业师生赴山西省产教融合型企业——文水县电子商务园区企业启航电商实践体验，进一步提高学生的职业认知和职业意识。

2021 年，山西徐特立高级职业中学校企产教融合实训基地（山西徐特立高级职业中学供图）

【创建平安校园】 2021 年，职中继续巩固“平安和谐”校园活动成果，结合疫情防控，成立领导组，将安全教育管理与校内教学安全、校外实训安全、学生养成教育、心理健康教育和疫情防控教育“五结合”，进一步完善“五五十”安全工作机制。邀请团县委书记王福栋及县公安局禁毒办、县社戒社康中心新相关负责人和社工，举办青少年禁毒宣传教育专题讲座。

【省级重点专业和实训基地建设】 2021 年，职中启动建设建筑施工工程省级重点专业和汽车运用与维修（新能源方向）高水平重点专业建设项目；启动机电技术应用专业（工业机器人方向）山西省职业教育高水平实训基地项目建设；启动八大专业十九个方向全国“1＋X”证书制度试点院校建设项目；申报会计、建筑工程施工高水平实训基地和机电技术应用品牌专业。9 月，启动刘胡兰实训基地建设项目，原刘胡兰中学旧址作为职业中学实训基地，占地面积 150 余亩。

成人高等教育

山西广播电视大学文水工作站

【概况】 2021 年，山西广播电视大学文水工作站（以下简称电大）有在编教师 5 人，中级职称 3 人，初级职称 2 人，外聘县委党校思政课教师 1 名。

【招生】 2021 年，电大通过发放招生简章，微信群转发、朋友圈转发、抖音视频、快手视频、58 同城等手机 App 转发招生信息。春季、秋季招收大学本科、大学专科学生 40 余名。

【网上教学】 2021 年，电大分配教师专门负责网络资源，每学期将网络资料传给各相关辅导教师，辅导教师通知并督促学员学习，完成作业。重要资料全部下载保存，便于查找和辅导学生。辅导员和教师对学员网上学习情况跟踪指导，督促学员完成学习任务及作业，定期调阅学员网上学习时间记录，掌握学员学习情况。

【实训基地】 2021 年，电大与县委组织部沟通研究，在文水县北张乡上河头村委与下曲镇北辛店村委建立实训基地。

特殊教育

文水县特殊教育中心学校

【概况】 2021 年，文水县特殊教育中心学校（以下简称特校）设听障班 1 个，有学生 4 人；培智班 4 个，有学生 40 人；康复班 1 个，有学生 10 人；送教上门班 3 个，有学生 89 人；在普校随班就读和康复中心康复学生 22 人。共有在册学生 165 人。有在职在岗教师 29 人，其中中级以上职称 16 人，初级职称 12 人；其中特师毕业教师 9 人，专职体育教师 2 人，专职美术教师 1 人。

【适龄残疾儿童少年接受义务教育】 2021 年，特校针对残疾学生的残疾情况，坚持“轻度残疾儿童少年随班就读、中度残疾儿童少年特殊教育学校集中教育、重度残疾儿童少年送教上门和远程教育”的安置原则，建立科学、规范、准确的“一人一案”机制，妥善安置适龄残疾儿童少年接受义务教育。完善学籍管理，为残疾学生休学、复学及超龄就读等非常规学籍异动开通“绿色通道”，方便学生完成学业。提高对残疾学生的资助，使残疾学生在学习和生活上得到保障。

【教育管理】 2021 年，特校坚持以人为本的理念，落实立德树人，根据新课标教育理念，结合本校教育教学实际，制定“一人一案”，多种形态的集体（3 人以上）差异教学方案，先测评后定目标。本学期教育教学：划分送教，本学期评估送教学生 89 人。在校生教育教学安排，培智班安排生活语文、生活数学、生活适应、劳动技能；听障班安排语文、数学、沟通与交往、品德与生活；康复班安排感统训练、动作技能康复。根据学生的能力，开设美术、手工、唱游与律动、特奥（滚球、冰壶、举重、羽毛球、轮滑、跆拳道）等课程；增设在校生康复课程，在老师的统一组织下由家长陪同，对中、重度残疾学生康复训练。

卫生　体育

卫生健康

【概况】　2021年，文水县有261个医疗机构。其中，二级以上医院2个，文水县人民医院、文水县中医院；县级医疗机构2个，文水县疾病预防控制中心，文水县妇幼保健计划生育服务中心；民营医院9个；村卫生室178个；个体诊所48个。卫技人员986人，专业技术人员中正高26人，副高184人；研究生10人，大学本科624人；执业医师465人，执业助理医师77人，注册护士300人。医疗机构编制床位1326张，实际开放床位1413张（县医院编制床位380张，实际开放497张；中医院编制床位80张，实际开放50张）。

【机构改革】　2021年4月27日，卫体局根据《中共文水县委机构编制委员会关于印发〈文水县深化事业单位改革实施方案〉的通知》，保留文水县疾病预防控制中心（以下简称疾控中心），隶属于卫体局，正科级建制；将卫体局所属事业单位文水县健康教育所并入疾控中心；整合文水县卫生进修学校、文水县爱国卫生运动服务中心、文水县防治地方病工作中心、文水县体育场服务中心、文水县青少年业余体育运动学校，组建文水县卫生健康和体育事业服务中心，隶属于卫体局，副科级建制；将文水县卫生监督所更名为文水县卫生健康综合行政执法队，实行“局队合一”体制，为公益一类事业单位。

【全民健康信息平台建设】　2021年10月20日，卫体局完成全民健康信息平台搭建，并通过验收。

【基层医疗卫生机构门诊】　2021年，文水县基层医疗卫生机构门诊急诊185931人次，基层住院838人次。

【新型冠状病毒肺炎疫苗接种】　2021年，文水县收到新型冠状病毒肺炎疫苗620430剂次，接种617194针次（接种第一针309178人，接种第二针276155人，接种第三针31861人），库存3197剂次，破损39剂次。

【重点场所新型冠状病毒肺炎采样监测】　2021年，文水县对全县农贸市场、超市、屠宰加工场所等重点场所重点人群进行新冠病毒采样监测，全年监测90次，采集标本1920份并及时检测。其中，采集食品标本127份，采集食品包装标本293份，采集环境标本520份，采集从业人员标本509份，采集密切接触者及次密接者标本471份，检测结果均为阴性。

【重点地区人员排查】　2021年，文水县排查重点地区来文、返文人员37453人次。其中，重点人员及中、高风险地区来文、返文人员417人，中、高风险所在低风险地区来文、返文人员3339人，对重点人员及中、高风险地区来文、返文人员及中、高风险所在低风险地区来文、返文人员3756人核酸检测，结果均为阴性，按照相应的管控措施进行管控。

【入境人员管理】 2021年4月19日，文水县根据要求对隔离期满入境人员进行闭环管理，点对点接送，共点对点接送隔离期满入境人员64人，对隔离期满入境人员第一时间进行核酸检测，结果均为阴性，要求所属乡、镇及社区对隔离期满入境人员严格按照防控要求进行管控。根据上级部门推送，全年接收隔离期满入境人员96人。

【基层卫生服务】 2021年，文水县通过线上线下等方式开展基层卫生服务继续教育，提高农村医务人员服务水平，骨干全科医师1人在太原市人民医院培训1年，骨干人员1人在汾阳医院培训4个月，乡村医生25人在文水县医疗集团培训1个月。27人完成基层卫生能力建设平台线上培训。5月31日，卫体局举办基层医疗卫生机构依法执业培训会，260余名乡村医生参加培训。实施在岗乡村医生普通高等教育大学专科提升教育项目，全县有7名乡村医生参加该项目培训。建立完善村卫生室人员准入和退出机制，落实乡村医生待遇保障政策，为群众提供安全便捷的就医条件。各乡镇卫生院落实对村卫生室的主体责任，建立完善村卫生室及村医管理长效机制，加强所辖卫生室及村医的规范管理和考核评价，村卫生室日常运行监管和村医在岗情况公示。

【公共卫生服务】 2021年，文水县建立城乡居民健康档案416224人，电子建档416015人，健康档案动态记录221423份。

【妇幼保健计划生育服务】 2021年，文水县开展妇幼保健计划生育服务，免费婚前医学检查，免费产前筛查与诊断服务，免费为35～64岁农村妇女两癌筛查。免费婚前医学检查1849对；免费产前筛查2383例；免费宫颈癌检查6176例，免费乳腺癌检查4922例。

【规范医疗服务行为】 2021年，文水县规范医疗服务行为，规范精麻药品管理，对全县各医疗机构精神药品监督检查，查处1起医疗机构不规范购用第二类精神药品案件。加强医德医风建设，制订《纠正医药购销领域和医疗服务中不正之风工作方案》，开展不合理检查、不合理诊疗专项整治。国庆节前，对全县医院进行安全生产督导检查，下达整改意见书22份。加强医疗废物管理，督促本县178所卫生室、54所个体诊所签订医疗废物转运处置协议。加强基层特色中医药建设，孝义镇卫生院、马西乡卫生院、西槽头乡卫生院3家卫生院完成中医馆建设，县卫体局验收合格。组织10名基层医务人员参加基层中医馆骨干人才培训，组织30名基层医务人员参加吕梁市“乡村中医”公益培训。

【综合监督执法检查】 2021年，卫体局在全县范围内开展医疗机构疫情防控专项监督检查，与120户医疗机构签订《新型冠状病毒感染肺炎疫情防控告知承诺书》；对刘胡兰镇保贤村炭疽疫情防控进行监督检查，下达监督意见书16份，发放宣传资料5000余份；对全县23个预防接种点的预防接种工作进行监督检查。开展打击非法行医专项监督检查，共检查医疗机构89户，立案查处5户，其中警告2户，罚款3户，共罚款0.6万元；对6户未办理医疗机构执业许可证准备开业的诊所，对其宣传和讲解法律法规，其中5户取得医疗机构执业许可证，1户自行关停。开展医疗废物监督检查，共检查医疗机构40户，立案查处8户，结案8户，下达行政处罚决定书8份，给予警告并罚款，罚款8500元。开展学校卫生监督，对68所托幼机构、中小学校及校外培训机构进行春、秋两季开学验收，指导乡镇中小学23所，下达整改意见书48份。开展公共场所卫生监督，共对100余户公共场所监督检查，对未取得卫生许可证的公共场所发放卫生许可证办理通知60余份。开展消毒产品监督，对辖区内5户长期消毒产品生产企业进行监督检查，配合吕梁市健康综合执法队对其中3户企业进行一类、二类消毒产品样品随机抽检，对1家药房膏、霜剂产品随机抽检。开展饮用水卫生监督，对3户大型城市集中式供水单位、2户农村集中供水单位及12个乡镇农村小型集中式供水单位，共23户摸底排查，下达卫生监督意见书23份。开展医疗机构使用非基药情况、精麻药品专项监督检查及节日期间疫情防控工作检查。

【生育服务】 2021年1月1日至12月15日，卫体局落实计划生育家庭奖励扶助政策，全年全县享受“4＋2”奖励扶助对象有领取独生子女证6809人，农村双女绝育户3户，独生子女伤残或死亡2户，国家奖励对象692人，特别伤残扶助对象33人，手术并发症4人，共发放资金4940140元，通过一卡通发放到位。发放2020年领取独生子女证父母申请退休一次性奖励47名，共846627元。有90名农村独生子女享受中考加10分政策。继续加大对计划生育特殊家庭的扶助关怀，对29户47人兑现住院护理险，53人免费加入医疗保险，符合条件优先纳入低保等一系列优惠政策。

【健康扶贫】 2021年，文水县继续巩固健康扶贫，实施健康扶贫“三个一批”（大病集中救治一批、慢病签约服务管理一批、重病兜底保障一批）服务落实到户、精准到人，切实提高“两不愁三保障”（“两不愁”是稳定实现农村贫困人口不愁吃、不愁穿；“三保障”是保障其义务教育、基本医疗和住房安全）医疗有保障政策兑现率，实现贫困人口基本医疗有保障。全年全县大病集中救治120人，慢性病签约管理1192人，重病兜底保障51人。“双签约”服务应签尽签；继续实施先诊疗后付费“一站式服务”，方便群众报销结算。

医疗保障

【医疗保险】 2021年，文水县城镇职工基本医疗保险参保人数21938人，基金收入8922.34万元，医保基金支出5610.05万元。其中，统筹基金支出2645.5万元，个人账户支出2964.55万元。城乡居民医疗保险参保人数361917人，其中建档立卡贫困人口参保5194人（系统参保5184人，10人参加职工参保）。筹资基金总额31124.8620万元，基本医疗基金支出18444.42万元。其中，住院支出17761.62万元，慢性病门诊支出681.52万元，“两病”（糖尿病和高血压病）门诊支出1.28万元。

【医疗救助】 2021年，文水县医疗救助2741人次，救助基金支出1014.09万元；大病关怀救助15人，救助基金支出75000元。其中，救助建档立卡脱贫人口342人次，救助基金支出金额62.76万元；救助低保对象306人次，救助基金支出金额167.76万元；救助特困人员344人次，救助基金支出金额120.32万元。

【基金监管】 2021 年，文水县医疗保障局（以下简称医保局）在基金监管方面学习贯彻“一条例、两办法”（一条例：《医疗保障基金使用监督管理条例》；两办法：《医疗机构医疗保障定点管理暂行办法》《零售药店医疗保障定点管理暂行办法》），印发学习资料、组织业务人员和定点医药机构从业人员培训和考试，提高医保经办人员和医务人员的法律意识。落实部署吕梁市医保局对定点机构专项整治“回头看”，会同卫生部门分组开展专项整治回头看，分两组入户调查，发现有减免费用、过度治理、多记费用、无指征用药、超标准收费、串换项目、重复收费等问题，经核实违规费用 5.33 万元，对 7 家医院做出追回基金本金 5.33 万元，并处两倍违约金 10.65 万元的处罚。督促两定机构自查自纠专项行动。医保中心通过智能鉴证系统审核和人工抽查审核，对定点医药机构的违规费用进行支付前审查，全年发现并放大拒付违规费用 448.7 万元。按照吕梁市医保局要求，对 12 个乡镇卫生院 2020 年以来住院情况对照检查，通过现场抽查病历、电话核查等方法，发现 1 万余元其他违规费用，按照协议处理。按照吕梁市医保局要求对山西省和吕梁市飞行检查发现的涉及违规费用 142.5 万元予以追回。

【药品耗材带量采购】 2021 年，文水县采购国家组织的集中带量采购 5 批，山西省组织的集中带量采购及省际联盟组织的集中带量采购 12 批。

【建档立卡贫困人口医疗待遇】 2021 年，文水县建档立卡贫困人口医疗待遇，住院继续按 136 兜底和补充保险报销。1 月至 7 月（因医保系统更换，8 月以后数据暂无法统计），建档立卡贫困人口住院 539 人次，门诊慢性病及基本医疗保险特殊药品报销 948 人次，总费用 761.79 万元，通过基本医疗、136 兜底、大病保险、补充保险及医疗救助报销 696.6 万元。

【医疗救助】 2021 年，文水县将原建档立卡贫困人口住院个人支付控制在 10%以下，对个人实际支付比大于 10%的脱贫困人口进行医疗救助，全年通过医疗救助，救助建档立卡脱贫人口（包括重点监测对象）住院、门诊共 347 人次，救助金额 63.64 万元。全年救助低保对象 313 人次 168.9 万元，特困供养人员 391 人次 103.5 万元。

【特殊病种救助】 2021 年，文水县针对尿毒症、器官移植术后，及白血病三类医疗费用主要集中在门诊，且费用额度极高，容易致贫返贫的人群，经县政府常务会议同意，印发《文水县医疗保障局关于提高城乡居民尿毒症透析、器官移植术抗排异用药和白血病用药三类特殊群体大病门诊医疗救助标准的通知》。4 月，将域内尿毒症透析门诊个人支付额定为每人次 30～40 元，对器官移植术后和白血病门诊用药实行基本医保、大病保险和医疗救助三策联动，实现政策范围内医保支付比例不低于 90%，有效化解以上群体致贫返贫风险。全年医疗救助尿毒症患者门诊透析 13805 人次 1123778 元。

医疗集团

【概况】 2021 年，文水县医疗集团（以下简称医疗集团）坚持优化服务，推进公立医院改革；创新服务模式，推进智慧医疗，优化就诊流程，落实“我为群众办实事”；坚持人才培养，深入专科联盟建设，提升服务能力；坚持提质增效，加强学科建设，打造优势学科。全年文水县人民医院（以下简称县医院）总资产 21715 万元，总收入 22226 万元（其中门诊收入 7778.9 万元，住院收入 10238.1 万元）。乡镇卫生院门急诊 185931 人次，住院 838 人次。

【乡镇卫生院中医馆建设】 2021 年，医疗集团继续开展乡镇卫生院中医馆建设，下曲镇中心卫生院、南庄镇中心卫生院、南安镇卫生院、南武乡卫生院中医馆基础建设全部到位。全县中医药服务覆盖 13 家乡镇卫生院。

【慢病管理】 2021 年 1 月 19 日，医疗集团启动慢性病年检，各家庭医生团队按照要求对每位慢性病患者做好本年度健康评估，根据患者病情变化制定相应诊疗管理方案，指导患者年检，在慢性病手册上做好履约记录，共年检 1.8 万余人。对全县本年纳入医保的城乡居民持慢性病手册患者所发生的费用票据初审、录入、复核、补偿兑付，实际补偿 10369 人，实际补偿资金 21850023.2 元。启动门诊慢性病直接结算服务，增设城乡居民门诊慢性病医疗费在乡级定点医疗机构直接报销，全年直接补偿 20324 人次 5166039 元，“两病”补偿 249 人次 36502.88 元。为持慢性病证件、两病患者实施长处方制度，慢性病直报审核组，对补偿费用严格审核，逐一进行票据审核，核减违规费用 6481.45 元。慢性病逐月申办，全年审核申办资料 3429 份，新增慢性病患者 2235 人，增加病种 380 人次，变更病种 172 人次，制证发放。各卫生院对最终申报成功的患者制订健康管理计划（包括建立慢性病档案、体格检查、用药咨询、用药管理方案的制定、健康指导等），对新增病种 552 名患者更新档案及相关病情指导、健康管理。

【居民健康档案管理】 2021 年，医疗集团累计建立纸质居民健康档案 416496 份，建档率 94.5%；建立电子档案 416225 份，电子建档率 94.52%；健康档案动态记录 268852 份，健康档案使用率 64.5%。0～6 岁儿童健康管理，全年新生儿活产数 2874 人，接受访视人数 2722 人，访视率 94.71%；0～6 岁儿童数在管儿童 27840 人，至少接受 1 次健康管理人数 26779 人，管理率 92.6%。

【孕产妇健康管理】 2021 年，医疗集团孕早期建立《母子健康手册》人数 2677 人，早孕建册率 93.15%；产后 28 天内接受访视人数 2690 人，产后访视率 93.6%。

【血压患者健康管理】 2021 年，医疗集团管理高血压患者 43873 人，完成四季度随访 40988 人次，体检 40988 人，控制满意人数 30858 人；筛查出高危人群数 15368 人。

【Ⅱ型糖尿病患者管理】 2021 年，医疗集团管理Ⅱ型糖尿病患者 13711 人，完成四季度随访 12776 人次，体检 12776 人，控制满意人数 9301 人；筛查出的高危人群数 4802 人。

【严重精神障碍患者管理】 2021 年，医疗集团登记在册严重精神障碍患者 1987 人，实际管理 1810 人，规范管理率为 91%。

【老年人健康管理】 2021 年，医疗集团已登记老年人 45963 人，应体检 32174 人，实际体检和评估 34022 人。

【预防接种】 2021 年，医疗集团应建预防接种证儿童人数 28765 人，实建预防接种证儿童 28717 人，建证率 99.86%。国家免疫规划疫苗应接种 64354 针，实际接种 59574 针，接种率 92.57%。

【乡镇发热诊室设立】 2021 年，刘胡兰镇中心卫生院、下曲镇中心卫生院按规范要求建设 2 个发热诊室；12 个乡镇卫生院均设为新型冠状病毒肺炎疫情监测哨点。

医　院

文水县人民医院

【概况】 2021 年，文水县人民医院（以下简称县医院）总资产 21715 万元；总收入 22226 万元，其中财政补助收入 4089 万元，业务收入 18074 万元，其他收入 63 万；门诊急诊人次 265539 人，门诊收入 7778.9 万元；住院收入 10238.1 万元。

【控费监管】 2021 年，县医院加强控费监管力度，全面规范诊疗行为。加强药占比考核、耗材比等考核，落实耗材带量采购、药品集中采购。开展经济管理年活动，规范“三重一大”。医保继续打包付费政策，配备医保监管智能监控系统，实时监管，完成“贯标”前期匹配工作。全年收住城镇职工 992 人次，平均补偿比例 81.6%；收住城乡居民 11591 人次，平均补偿比例 61.88%；收住生育、工伤、意外、异地患者 1742 人次。

【服务基层群众】 2021 年，县医院各科室深入基层医院，采取“健康体检＋结对帮扶＋政策支援”服务模式，推进分级诊疗、对口支援，优质资源下沉服务基层群众。本院 13 个临床科室副主任医师下沉到本县 12 个乡镇卫生院和文水县苍儿会旅游开发区卫生院为辖区提供诊疗技术服务和协助卫生院为 60 岁以上老年人开展健康体检服务；12 个科室的 34 位医务人员在基层开展免费义诊咨询讲座 16 次，上门健康服务 120 人，集中服务 1258 人。新增家庭医生签约服务团队 16 个，全县共组建家庭医生签约团队 94 个 652 人，提供中医识别的家庭医生签约服务团队 62 个。全县常住人口数 439513 人，全县 12 个乡镇卫生院签约 366350 人。

【便民服务】 2021 年，县医院推进预约诊疗，方便老幼等特殊人群就诊。开通网上预约挂号，自助机挂号收费，自助机取报告单等系统；开通微信、支付宝在线支付，投入使用自助挂号缴费一体机 6 台、检验自助取单机 3 台，支付宝线上申请核酸检测查看结果等功能，可自行网上打印电子发票或窗口持证件打印发票；增设免费使用轮椅、一次性纸杯、老花镜、针线盒、老幼专座、温馨提示等多项便民服务设施；创建“老年友善医院”，为老年人就诊提供更优质更安全的服务。

【健康教育】 2021 年，县医院开展院外义诊宣传活动 5 次，院内义诊宣传 9 次，健康大讲堂 2 次，院内设健康宣传栏 2 个（每月 1 期，按时更新），临床各科室在病区开展健康教育小讲座 60 次。

【示范卫生院创建】 2021 年，县医院重点帮扶开栅镇中心卫生院、北张乡卫生院、南庄镇卫生院创建示范卫生院已达到基本标准；刘胡兰镇中心卫生院达到推荐标准。通过现场观摩、座谈交流、典型发言等形式，总结和借鉴西城乡卫生院、刘胡兰镇中心卫生院创建经验，重点将开栅镇中心卫生院、下曲镇中心卫生院、南庄镇中心卫生院创建成示范卫生院。全县有西城乡卫生院、开栅镇中心卫生院、北张乡卫生院、南庄镇卫生院、刘胡兰镇中心卫生院达到基本标准。

【培训】 2021 年，县医院各临床科室科内培训 49 次 1467 人次，组织培训 13 次 1726 人次，培训实习生 39 人，接受见习生 21 人，村医培训 7836 人次，录制钉钉视频

55 个。护理人员外出长期进修 7 人，短期进修 16 人；医疗医技人员长期进修 21 人，短期进修 66 人。

【专科联盟】 2021 年，县医院新增区域医疗中心血液专科联盟、神经系统疾病临床医学研究中心、山西省人民医院联合县域医疗机构合作共建卒中中心、区域医疗中心神经内科联盟、区域医疗中心急诊联盟、区域医疗中心疼痛专科联盟、山西省肾脏疾病专科联盟成员单位 7 个专科联盟，共建 37 个专科联盟，提升服务能力和学科建设。

【学科建设】 2021 年，县医院通过外出学习、配置设备、引进人才、技术帮扶开展新技术新项目，成功开展下腔静脉滤器植入术，完成 44 例；开展冠脉造影术，完成 175 例；开展药物涂层支架置入术，完成 8 例；开展支架植入 9 例，外周血管介入 177 例；开展动态磁敏感对比增强灌注成像，完成 3 例；开展腹腔镜联合胆道镜保胆取石术，完成 4 例。

【常态化疫情防控】 2021 年，县医院在省、市、县专家帮助和指导下，成功救治文水县炭疽疫病患者及群众的健康监测。建立健全常态化疫情防控院感巡查制度，定期不定期巡查，规范基层卫生院医疗器械消毒、灭菌、环境物表消毒、县医院发热门诊建设等。健全完善新冠疫情常态化医院感染防控 12 个流程，杜绝安全隐患。对 18 个重点部门进行针对性培训，举行 5 次疫情应急主题演练。设立固定疫苗接种点 23 个，培训预防接种资格人员 386 人。全年收到新冠疫苗 615140 针次，接种第一剂 308007 人，接种第二剂 275237 人，接种第三剂 31893 人。

文水县中医院

【概况】 2021 年，文水县中医院（以下简称中医院）业务收入 958 万元，门诊 26591 人次，住院 358 人次，手术 137 人次，健康体检 17062 人次，平均住院日 13.3 天，床位使用率 27.8%。开展新冠肺炎疫情防控，预检分诊 29943 人次；在新冠肺炎预防接种点进行异常反应应急演练；开展新冠疫苗接种 52180 剂次；给汽车站司乘人员核酸采样 548 人次。

【医学观察】 2021 年 7 月 28 日始，中医院在文都酒店隔离点对收住 87 人集中医学观察。8 月 28 日，全部解除医学观察，隔离点关闭。11 月 23 日，再次对收住 87 人集中医学观察。

【业务培训】 2021 年，中医院为进一步提升专业技术人员的知识储备和诊疗能力，组织全院职工进行自管项目培训 19 次，护理业务学习 12 次，中医基础学习 12 次，老年人护理及相关知识培训 5 次；进行三基学习、操作培训和考核；组织院感知识培训 12 次，应急演练 3 次；派出 12 名医护人员赴上级医院进修学习规培；组织相关人员去孝义市中医院考察学习。

【药物管理】 2021 年，中医院按时按要求完成带量采购，保障基本用药；建立药品质量巡查管理台账，加强精麻药品及合理用药管理，落实处方点评制度，每月随机抽查一定数量的处方进行审核，对不合理用药者进行约谈。加强药械不良反应不良事件监测，及时上报。

【科室管理】 2021 年，中医院针灸科开展艾灸、熏蒸项目，购置艾灸排烟系统、督灸脐灸模具及方形腹部灸箱、关节灸箱等设备。增设老年病房，健全完善相关辅助设施，优化老年就医流程，张贴提示标识，通过了老年友善医疗机构验收。

【完善医院信息】 2021 年，中医院安装医学影像系统、合理用药系统、抗菌药管理系统、电子票据系统、医保智能监控系统，完成监测平台数据更新上报等；完成公立医院绩效考核能力提升、病历上传软件升级改造及医保系统更新。

【医保政策落实】 2021年年初，中医院与县医保中心签署定点医疗机构服务协议书；每月进行医保例会，发现问题及时整改；组织全院医务人员学习《医疗保障资金使用监管条例》，确保医保政策贯彻落实，更好规范医疗服务，提高服务质量。5月，配置智能检测系统。9月，完成贯标前期的三目对码。

基层医疗卫生服务

文水县凤城镇卫生院

【基本医疗】 2021年，文水县凤城镇卫生院（以下简称凤城镇卫生院）门诊接诊80851人次，门诊收入2616338.86元；住院33人次，住院收入26803.48元；“两病”接诊病人75人次，补偿金额7451.49元；慢性病接诊病人31人次，补偿金额2570.83元；医院业务收入2653142.34元。

【居民健康档案】 2021年，凤城镇辖区非农业应管理人数42573人，建档人数38603人。动态档案26992份，动态使用率69.92%。

【健康教育】 2021年，凤城镇卫生院发放各类健康教育宣传资料27种23972余份。利用多媒体播放健康教育资料8种，播放时间1488小时。制作健康教育专栏2个，更换12期。开展健康咨询活动13次，参与人数4190人次。举办健康教育讲座12次，参与人数557人。开展个体化健康教育累计13516人次。

【预防接种】 2021年，凤城镇卫生院建立预防接种22698人次，接种基础疫苗6304剂。接种手足口、水痘3064人次，接种狂犬疫苗21400人次，接种新冠疫苗40105人次。

【儿童健康管理】 2021年，凤城镇卫生院登记0岁～6岁儿童2698人，管理2456人。辖区内新生儿出生248人，儿童访视221人。

【孕产妇健康管理】 2021年，凤城镇卫生院登记孕产妇291例，建册291例，产后访视274例。

【老年人健康管理】 2021年，凤城镇65岁及以上老年人常住居民4251人，接受健康管理3101人，体检3101人。

【高血压患者健康管理】 2021年，凤城镇卫生院登记高血压患者3652人，规范管理3289人。

【II型糖尿病患者健康管理】 2021年，凤城镇卫生院登记糖尿病患者1263人，规范管理1136人。

【严重精神障碍患者管理】 2021年，凤城镇卫生院管理严重精神障碍患者90人，规范管理76人。

【肺结核患者健康管理】 2021年，凤城镇辖区同期内经上级定点医疗机构确诊并通知基层医疗卫生机构管理的肺结核患者10人，已管理肺结核患者10人。同期辖区内已完成治疗的肺结核患者7人，按照要求规则服药的肺结核患者7人。

【中医药健康管理】 2021年，凤城镇辖区内65岁及以上常住居民4251人，中医药健康管理服务居民2964例。辖区内0至36个月儿童1462人，接受中医药健康管理服务的儿童1126人。

【免费提供基本避孕药具】 2021年，凤城镇卫生院发放避孕套11350只，外用避孕膜50张，外用避孕栓40枚，口服避孕药20盒，重点服务对象定期随访45次。

【健康素养促进行动】 2021年，凤城镇卫生院发放叶酸1641板600人，其中孕前84人服用，孕早期477人服用，高危人群39人。艾梅乙总检测940人，其中孕早期850人，孕中期37人，孕晚期23人，乙肝4人。产前筛查298人，其中宫颈癌筛查200人，阳性25人；乳腺癌筛查90人，阳性18人。阳性结果者已跟踪随访。

【家庭医生签约服务】 2021年，凤城镇卫生院在辖区内设置11个社区服务点，服务人口42573人，签约人数26421人。

文水县开栅镇中心卫生院

【基本医疗】 2021年，文水县开栅镇中心卫生院（以下简称开栅镇中心卫生院）收治病人4018例，其中门诊治疗3991例，住院治疗27例。业务收入252776.65元，其中门诊收入222152.37元，住院收入30624.28元。

【预防接种】 2021年，开栅镇新生儿出生145人，建卡145人。基础疫苗接种3895针次，系统录入3895针次。

【妇幼保健】 2021年，开栅镇中心卫生院孕产妇建册147人，产后访视156人。产筛检查130人，艾梅乙检测160人。儿童建册数147人。

【健康教育】 2021年，开栅镇中心卫生院开展健康教育讲座66次，参加人次1283人次。开展咨询9次1036余人次。每天在本卫生院大厅循环播放，公益广告、公民健康素养、艾滋病等传染病防治、高血压病防治健康讲座、糖尿病预防与治疗、小儿肺炎的防治、孕妇饮食与营养等健康知识，每次播放6个小时以上，共播放482次，播放时长1327小时。发放健康教育宣传资料13种23568余份，开展个体化指导5333余人次，健康教育宣传栏更换66次，12个宣传内容。

【慢病管理】 2021年，开栅镇中心卫生院规范管理高血压患者2813人，规范管理糖尿病患者845人。

【中医药管理】 2021年，开栅镇中心卫生院中医药管理老年人2725人，健康检查、咨询、指导及健康体检2022人次。老年人中医药健康服务1886人，0岁至3岁儿童中医药管理625人。

【结核病管理】 2021年，开栅镇中心卫生院接到上级通知结核病管理的患者5名，在管5例，培训4次，督导考核4次。

【居民健康档案】 2021年，开栅镇中心卫生院服务人口30918人，建立居民健康档案27934人，电子档案录入27934人。

【家庭医生签约服务】 2021年，开栅镇中心卫生院家庭医生签约25137人次，重点人群签约8613人。

【严重精神障碍患者管理】 2021年，开栅镇中心卫生院管理严重精神障碍患者149人，规范管理119人，非在管15人，死亡15人，健康体检57人。

文水县刘胡兰镇中心卫生院

【基本医疗】 2021年，文水县刘胡兰镇中心卫生院（以下简称刘胡兰镇中心卫生院）门诊就诊4262人次，总收入29.7万余元，药品收入5.4万余元。住院41人次，总收入4.1万余元，药品收入1.3万余元。

【居民健康档案】 2021年，刘胡兰镇常住人口 30713 人，建居民健康档案 29699 人，电子档案 29699 人，档案中有动态记录档案 22080 人。

【预防接种】 2021 年，刘胡兰镇中心卫生院为辖区内 0 岁至 6 岁儿童，建立预防接种证和预防接种卡等儿童预防接种档案。全年建证建卡 224 人，并对适龄儿童进行国家免疫规划疫苗接种 5136 针次。

【儿童健康管理服务】 2021 年，刘胡兰镇中心卫生院为辖区内活产数 263 人，按照规范要求接受 1 次及以上访视的新生儿 257 人。辖区内 0 岁至 6 岁儿童 2199 人，管理儿童 2003 人。

【孕产妇健康管理】 2021 年，刘胡兰镇中心卫生院为孕产妇 13 周前建册 232 人，产后访视人数 232 人。

【老年人管理】 2021 年，刘胡兰镇中心卫生院给老年人建立健康档案，为全镇年满 65 岁及以上的老年人 2306 人免费体检，并有针对性地健康指导和健康评价。

【高血压及糖尿病患者管理】 2021 年，刘胡兰镇中心卫生院建立 35 岁以上人群首诊测血压制度，合理安排并及时进行随访和一年一度的体检。全年管理高血压患者 2900 人，规范管理人数 2716 人，最近 1 次随访血压达标人数 2047 人；管理糖尿病患者 1064 人，规范管理人数 1048 人，最近 1 次随访空腹血糖达标人数 660 人，并将随访信息录入电子管理系统。

【严重精神障碍患者管理】 2021 年，刘胡兰镇中心卫生院登记严重精神障碍患者 133 人，规范管理 123 人。对已登记确诊的严重精神患者规范管理，每年面对面随访 4 次，对在管患者在患者病情许可的情况下征得监护人和本人同意后，每年健康体检 1 次。

【肺结核患者管理】 2021 年，刘胡兰镇中心卫生院经上级定点医疗机构确诊并通知基层医疗机构管理的肺结核患者 2 人，管理肺结核患者 2 人，按照要求服药的肺结核患者 2 人。

【中医药服务】 2021 年，刘胡兰镇辖区内老年人 3255 人，中医药管理 2439 人。0 月至 36 月儿童 920 人，中医药管理 907 人。

【家庭医生签约服务】 2021 年，刘胡兰镇中心卫生院家庭医生签约服务 26965 人，慢性病管理 3969 人，年检服务 1907 人，慢病新增建档 216 人，两病制证管理 2012 人。

文水县南安镇卫生院

【基本医疗】 2021 年，文水县南安镇卫生院（以下简称南安镇卫生院）门诊诊疗 4999 人次，住院治疗 68 人次。业务收入 318957.83 元。

【居民健康档案】 2021 年，南安镇卫生院建立居民纸质健康档案 17316 份，电子档案 17316 份。新建和更新居民健康纸质档案 2975 份，动态记录档案 7353 人，接诊记录单 4507 份。

【高血压患者管理】 2021 年，南安镇卫生院登记高血压患者 2246 人，已管理高血压患者 2025 人，健康管理 2025 人，高血压患者规范管理 2014 人，体检 2014 人。随访 8059 人次，跟访 2731 人次。

【糖尿病患者管理】 2021 年，南安镇卫生院登记糖尿病患者 797 人，管理糖尿病患者 697 人，健康管理 697 人，规范管理 692 人，体检 692 人。随访 2772 人次，跟访 1150 人次。

【严重精神障碍患者健康管理】 2021 年，南安镇卫生院管理严重精神障碍患者 93

人，在管 91 人。

【预防接种管理】 2021 年，南安镇卫生院给辖区内 0 岁至 6 岁儿童常规疫苗接种 5464 针次。

【老年人健康管理】 2021 年，南安镇卫生院对老年人健康管理 1402 人，老年人免费体检 1402 人，健康评估 1402 人。

【中医药服务】 2021 年，南安镇卫生院老年人中医药健康管理登记 1302 人，中医药健康管理儿童 361 人，随访 645 次。

【结核病管理】 2021 年，南安镇卫生院接到上级推送结核确诊病人 5 人，结案 3 名，按期随访 2 名。

【儿童健康管理】 2021 年，南安镇卫生院辖区内新出生儿童 86 人，新生儿访视 79 人。3 岁以下管理 380 人，系统管理 343 人。7 岁以下儿童保健管理 927 人，系统管理 835 人，体弱儿管理 19 人，6 个月内母乳喂养 79 人。

【孕产妇管理】 2021 年，南安镇卫生院辖区内早孕建卡 78 人，系统管理 78 人，接受孕前检查 78 人，在孕前接受 5 次以上随访 78 人，产后访视 78 人，产后 42 天访视 78 人。

文水县下曲镇中心卫生院

【健康档案管理】 2021 年，文水县下曲镇中心卫生院（以下简称下曲镇中心卫生院）建立健康档案 27546 份，有动态记录的档案份数 19384 人。

【儿童健康管理】 2021 年，下曲镇中心卫生院新生儿 210 人，按照规范要求接受 1 次及以上随访的 0 岁至 6 岁儿童 1866 人。

【孕产妇健康管理】 2021 年，下曲镇中心卫生院对辖区内孕 13 周之前建册并进行第 1 次产前检查的孕产妇 200 人，孕产妇出院后 28 天内接受过产后访视的人数 189 人。

【严重精神障碍患者管理】 2021 年，下曲镇中心卫生院对辖区内诊断明确的重性精神疾病患者 146 人，进行规范管理，对严重精神障碍患者 98 人年度体检。

【肺结核患者健康管理】 2021 年，下曲镇中心卫生院接受上级定点医疗机构确诊并通知的肺结核患者 3 人，按照规定进行管理。

【家庭医生签约服务】 2021 年，下曲镇中心卫生院组建家庭医生服务团队 4 个，辖区内常住人口签约 26369 人，0 岁至 6 岁儿童签约 1866 人，65 岁以上老年人签约 3455 人，孕产妇签约 177 人，在管高血压签约 3412 人，糖尿病签约 1305 人，肺结核签约 3 人，严重精神障碍签约 146 人，建档立卡贫困人口签约 123 人。

文水县孝义镇卫生院

【基本医疗】 2021 年，文水县孝义镇卫生院（以下简称孝义镇卫生院）门诊接诊 312 人，门诊、住院收入 8396.54 元。

【健康档案管理】 2021 年，孝义镇卫生院健康档案管理 27032 人，电子档案建档 27032 份，有动态记录档案 3705 份，新建档案 362 份。

【老年人健康管理】 2021 年，孝义镇卫生院辖区内接受老年人健康管理登记 3397 人，管理 3397 人，开展体检 2523 人。

【高血压患者健康管理】 2021 年，孝义镇卫生院登记高血压患者 3511 人，管理 3431 人，随访 12047 人次。

【糖尿病患者健康管理】 2021 年，孝义镇卫生院登记糖尿病患者 957 人，管理 918 人，随访 3252 人次。

【中医药健康管理】 2021年，孝义镇有65岁以上老年人3397人，中医药健康管理2210人；0岁至3岁儿童766人，中医药健康管理644人。

【孕产妇健康管理】 2021年，孝义镇卫生院新建册孕产妇健康管理163人，产后7天访视153人次，产后42天访视145人次。产前筛查153人，艾滋病、梅毒、乙肝各检测163人，叶酸发放297盒。宫颈癌检测317人，乳腺癌筛查219人。

【儿童健康管理】 2021年，孝义镇卫生院新生儿建册171份，0岁至6岁儿童2039人，管理1490人。

【预防接种管理】 2021年，孝义镇卫生院对辖区内新生儿200人建证建卡，接种5073针次，新冠疫苗接种32773针次。辖区管理2226人，查验534人。

【肺结核患者健康管理】 2021年，孝义镇卫生院肺结核健康管理5人，结案2人，在管3人。

【严重精神障碍患者健康管理】 2021年，孝义镇卫生院确诊登记严重精神障碍患者135人，在管116人，非在管6人，随访4次，体检34人。

【家庭医生签约服务】 2021年，孝义镇卫生院家庭医生签约服务团队8个，家庭医生签约26631人。

文水县南庄镇中心卫生院

【居民健康管理】 2021年，文水县南庄镇中心卫生院（以下简称南庄镇中心卫生院）建立城乡居民健康档案22135份，建档率100%；对65岁以上1515名老年人定期健康检查，为1551名老年人进行中医体质辨识和健康指导；对筛查出的高血压2530人、Ⅱ型糖尿病777人、严重精神障碍100人实行规范管理；对确诊的3名肺结核患者规范管理并指导服药。乡村两级发放宣传资料23种37160余份；开展健康咨询活动9次，受益人数900余人；开展健康知识讲座69次，受益人数达1389人。

【疫苗接种】 2021年，南庄镇中心卫生院给7岁以下儿童建卡1656人，建卡率达到100%。全镇疫苗运转12次，建卡176人。乙肝疫苗应种370针，实种348针。卡介苗应种185针次，实种183针次。脊灰疫苗应种640针次，实种604针次。百白破疫苗应种690针次，实种648针次。含麻疫苗应种450针次，实种422针次。乙脑应种370针次，实种350针次。流脑疫苗应种760针次，实种716针次。甲肝疫苗应种192针次，实种181针次。传染病报告1例，结核病管理3例，完成治疗1例。

【孕产妇系统管理】 2021年，南庄镇中心卫生院孕产妇173人，产妇173人，建册167人，建册率94.89%，活产176人，产检167人，产访167人，孕早检159人。高危孕产妇筛查31人，管理31人，管理率100%。

【儿童系统管理】 2021年，南庄镇中心卫生院辖区内7岁以下儿童1523人，其中0岁至24月龄儿童614人，7岁以下儿童体检人数1384人，受检率90.8%。

【药品管理】 2021年，南庄镇中心卫生院严格落实和实施国家基本药物制度，实行药品零差率售药，执行规范集中采购、统一配送的基本药物采购机制，全年集中采购药品187674.51元，其中基本药物187674.51元。

【家庭签约服务】 2021年，南庄镇中心卫生院辖区内常住人口21857人，家庭签约17930人。

【基本医疗】 2021年，南庄镇中心卫生院普通门诊人次和双向转诊人次 677 人，门诊收入 38780.9 元，住院人次 0 人，收入 0 元，日间治疗 8 人，收入 6093.74 元，全年医疗收入 44874.64 元。

文水县西城乡卫生院

【居民健康档案】 2021 年，文水县西城乡卫生院（以下简称西城乡卫生院）新建居民健康档案 330 份，纸质档案 27120 份，电子档案 27120 份，更新档案 4048 份，接诊记录单 1899 人次，有动态记录档案 15096 份。

【老年人健康管理】 2021 年，西城乡有老年人 2966 人，应体检 2076 人，体检 2080 人。

【疫苗接种】 2021 年，西城乡有 0 岁至 6 岁儿童 1584 人，建档 1584 人，疫苗接种 3360 人次。

【严重精神障碍患者健康管理】 2021 年，西城乡卫生院登记确诊严重精神障碍患者 124 人，在管 100 人，非在管 2 人，规范化管理 100 人，体检 21 人。

【儿童健康管理】 2021 年，西城乡卫生院管理 0 岁至 6 岁儿童 1769 人，0 岁至 3 岁儿童体检 1381 人次，学校体检 677 人。体检中发现贫血儿童 52 人次，已纳入体弱儿管理，按时随访。

【孕产妇管理】 2021 年，西城乡卫生院孕产妇建册管理 128 人，16 周至 20 周检查 128 人，21 周至 24 周检查 125 人次，28 周至 32 周检查 126 人次，36 周至 40 周检查 121 人次；唐氏筛查 125 人；艾梅乙检查 130 人；叶酸发放 217 人 347 盒；宫颈癌筛查 306 人；乳腺癌筛查 275 人。

【中医药管理】 2021 年，西城乡有 65 岁以上老年人 2966 人，中医药管理 2314 人。0 月至 36 月儿童 814 人，中医药指导 739 人。

文水县南武乡卫生院

【医疗业务】 2021 年，文水县南武乡卫生院（以下简称南武乡卫生院）门诊治疗 1872 人次，住院治疗 3 人次。业务收入 477384.08 元。

【居民健康档案】 2021 年，南武乡卫生院共建居民健康档案 23552 份，电子档案 223445 份。

【老年人健康管理】 2021 年，南武乡卫生院为辖区内年满 65 岁及以上老年人 1643 人，免费体检 1 次。

【严重精神障碍患者管理】 2021 年，南武乡卫生院登记严重精神障碍患者 93 人，规范管理 88 人。对在管患者在患者病情许可的情况下征得监护人和本人同意后，每年健康体检 1 次，共为严重精神障碍患者 23 人免费体检。

【孕产妇健康管理】 2021 年，南武乡卫生院为 167 人孕产妇建册，产后访视人数 140 人。

【儿童健康管理】 2021 年，南武乡卫生院管理 0 岁至 6 岁儿童 1377 人。

【预防接种】 2021 年，南武乡卫生院为辖区内 0 岁至 6 岁儿童建立预防接种证和预防接种卡等儿童预防接种档案。对辖区内国家免疫规划疫苗接种 2939 针次，新冠疫苗接种 23218 针次。

【中医药服务】 2021 年，南武乡卫生院为辖区内 65 岁及以上老年人提供中医药健康管理服务 1 次，中医药管理 1734 人。在儿童 6、12、18、24、30、36 月龄时分别对儿童家长进行儿童中医药健康指导，中医药管理儿童 482 人。

【肺结核患者管理】 2021 年，南武乡卫生院已管理的肺结核患者5人，按照要求规则服药的肺结核患者5人，完成治疗的肺结核患者5人。

文水县北张乡卫生院

【基本医疗】 2021年，文水县北张乡卫生院（以下简称北张乡卫生院）门诊接诊3644人次，住院病人230人，医疗收入41.2万元。

【居民健康档案管理】 2021年，北张乡卫生院建立居民健康档案25399份。

【预防接种】 2021年，北张乡卫生院为适龄儿童建立预防接种证140人次，免费接种国家免疫规划疫苗，一类疫苗接种3338人次。

【0岁至6岁儿童健康管理】 2021年，北张乡卫生院新生儿入访视133人。6岁以下儿童保健管理1563人，健康管理1344人。

【孕产妇健康管理】 2021年，北张乡卫生院新建母子手册133份，产后访视133人。

【老年人健康管理】 2021年，北张乡卫生院对65周岁及以上老年人健康管理，免费为老年人规范体检2082人。

【严重精神障碍患者管理】 2021年，北张乡卫生院对辖区内确诊的严重精神障碍患者118人随访管理，体检1次。

【肺结核患者健康管理】 2021年，北张乡卫生院对确诊的肺结核患者3人健康管理。

【中医药健康管理】 2021年，北张乡卫生院对辖区内65岁及以上老年人提供中医药健康管理服务1次，服务2220人次。对6、12、18、24、30、36月龄儿童，对儿童家长进行儿童中医药健康指导，服务838人次。

【家庭医生签约服务】 2021年，北张乡卫生院家庭医生签约服务26656人。

文水县西槽头乡卫生院

【基本公共卫生服务】 2021年，文水县西槽头乡卫生院（以下简称西槽头乡卫生院）完成居民健康档案16381份，其中电子档案16187份。65岁及以上老年人系统管理1739份，0岁至6岁儿童系统管理1063人，孕产妇系统管理127人。慢性病患者中高血压患者管理2120人，糖尿病患者管理571人。登记严重精神障碍患者管理80人。

【预防接种】 2021年，西槽头乡卫生院为适龄儿童免费接种8类11种疫苗880人2445人次。

【儿童健康管理】 2021年，西槽头乡卫生院完善0岁至6岁儿童健康档案保健手册，开展新生儿访视及儿童保健系统管理1063人。

【孕产妇健康管理】 2021年，西槽头乡卫生院按照《国家基本公共卫生服务规范》要求，对孕产妇定期体检，营养指导等服务，孕产妇健康管理127人。

【严重精神障碍患者管理】 2021年，西槽头乡卫生院对辖区内严重精神障碍患者登记管理80人。

【中医药健康管理】 2021年，西槽头乡卫生院接受中药健康管理老年人1726人，儿童551人。

【家庭医生签约服务】 2021年，西槽头乡卫生院对辖区内签约服务17140人，其中重点人群签约服务4600人。

文水县马西乡卫生院

【基本医疗】 2021年，文水县马西乡卫生院（以下简称马西乡卫生院）业务收入

313.8万元，诊疗828人次。其中，门诊诊疗625人次，门诊收入4.8457万元；住院诊疗203人次，住院收入308.9645万元。

【居民健康档案】 2021年，马西乡卫生院共建纸质档案12597份，公共卫生网电子档案12597份，新建居民健康档案281份，动态档案9863份，接诊记录2733人。

【预防接种】 2021年，马西乡卫生院登记接种儿童77人，儿童卡介苗应种77人，实种77人；脊灰疫苗应种72人，实种72人；百白破疫苗应种68人，实种68人；乙肝疫苗应种77人，实种77人；麻风疫苗应种50人，实种50人；乙脑应种50，实种50人；流脑应种62人，实种62人。

【孕产妇健康管理】 2021年，马西乡卫生院给孕产妇早孕建册85人，艾梅乙检查84人，高危孕产妇6人，产筛83人，接受5次及以上产前随访64人，产后访视74人，产后42天访视71人，新生儿访视74人。

【儿童健康管理】 2021年，马西乡卫生院应管理0岁至6岁儿童704人，体检671人，托幼儿童体检278人。

【老年人健康管理】 2021年，马西乡卫生院健康管理65岁及以上老年人1427人，体检1299人，老年人生活方式和健康状况评估1299人。

【严重精神障碍患者健康管理】 2021年，马西乡辖区内检出严重精神障碍患者61人，全部登记建档，其中在管49人，死亡7人，失访3人，非在管3人。对严重精神障碍患者随访4次，随访49人241人次，体检33人。

【肺结核患者健康管理】 2021年，马西乡卫生院健康管理肺结核患者3例，病原学检查阴性3例，结案2例。

【中医药健康管理】 2021年，马西乡卫生院对辖区内65岁及以上老年人1344人进行中医药健康服务。对适龄儿童265人提供中医药健康服务527次。

文水县苍儿会旅游开发区卫生院

【健康档案管理】 2021年，文水县苍儿会旅游开发区卫生院（以下简称苍儿会旅游开发区卫生院）建立纸质城乡居民健康档案3401份，电子健康档案3401份，更新维护档案629份，动态档案1190份，接诊记录单累计455人次。

【儿童健康管理】 2021年，苍儿会旅游开发区卫生院对儿童健康管理83人。

【孕产妇健康管理】 2021年，苍儿会旅游开发区卫生院对辖区内孕产妇健康管理7人，活产7人，产前检查28人，产后访视7人。

【老年人健康管理】 2021年，苍儿会旅游开发区卫生院对65岁及以上的老年人健康管理530人，体检303人。

【严重精神障碍患者管理】 2021年，苍儿会旅游开发区卫生院登记在册确诊严重精神障碍患者19人，在管17人，随访66人次。

【中医药健康管理】 2021年，苍儿会旅游开发区卫生院中医药健康管理65岁及以上老年人530人，中医药体质辨识180人。0岁至3岁儿童中医药健康管理25人，随访22人次。

专业公共卫生服务

疾病预防控制

【疾控专题培训】 2021年，文水县疾病预防控制中心（以下简称疾控中心）选派各科、室业员骨干参加上级各项业务培训190余人次。对县医疗集团及所属各乡镇卫生院（分院）、中医院、民营医院等基本公共卫生服务相关人员每季度组织业务培训20余次，500余人次。每季度开展业务督导1次，每半年开展绩效考核1次。对新冠疫苗接种相关人员开展专题培训12次784人次；对各接种单位开展IPV（脊髓灰质炎灭活疫苗）疫苗安全性监测专题培训3次99人次；对医疗集团各成员单位的艾滋病防治工作人员及全县各中学健康教育负责老师进行艾滋病防治知识培训50余人次。

【组建流行病学调查溯源队伍】　2021年，疾控中心组建由疾控中心、县医疗集团、县公安局、县工信局、各乡镇抽调人员组成的61人流调溯源队伍1支，组织专题培训2次；组建由疾控中心、乡镇卫生院抽调人员组成的32人消杀队伍1支，组织专题培训2次；组织中心流调、消杀、检验3支专业队伍持续开展“疾控大培训”活动，累计培训300余人次；选派1名人员参加山西省疾控机构骨干人才一线人员现场流行病学项目培训。

【提升应急能力】　2021年，疾控中心新制订应急预案4个，修订专项预案5个。每月进行常规传染病及突发事件公共卫生风险评估，针对春节、学校、旅游等定期开展专题风险评估，对接到的新冠协查函流调结果根据需要随时开展分析研判，全年共提交风险评估报告23期，其中常规12期，新冠专题6期，其他专题5期。组织中心PCR（聚合酶链式反应）实验室生物安全应急演练1次，流调专业队现场流调桌面推演2次，全县流调溯源队现场流调实操演练1次；参加县卫体局组织的新冠肺炎全员核酸检测演练1次；参加吕梁市疾控中心组织的“全市卫生应急桌面推演暨技能比赛”，获集体二等奖。通过《突发公共卫生事件信息管理系统》报告皮肤炭疽疫情1起。

【常态化疫情防控】　2021年，文水县坚持“外防输入，内防反弹”，坚持常态化科学精准防控。持续派专人驻大秦铁路股份有限公司太原车务段文水站、汽车站对返文、入文人员排查管控。对全县冷链食品、农贸市场、超市、屠宰加工场所、养老院、医疗机构、隔离点等重点场所及重点人群进行新冠病毒采样监测，共监测92次，采集标本1945份，及时检测。其中，新冠病毒采样监测食品135份，监测食品包装297份，监测环境525份，监测从业人员515份，监测密切接触者及次密接者473份，检测结果均为阴性。处理协查函68份。流调追踪隔离管控密接13人次，次密接192人次，重点风险人员50人次，一般接触者51人次。对6名居家隔离人员入户指导，对所涉环境进行终末消毒，消毒面积3000余平方米。启动多点触发预警机制，密切关注预警信息，提高健康管理员警觉性，处理预警2条。对各级各类医疗机构、快递站、各乡镇、村委、卫生所、企业等进行农村疫情防控工作督导70余次；对50余所学校、幼儿园及校外培训机构进行春秋两季开学复学验收；对征兵体检、会场、高考、中考、会考考场、宾馆等重点场所进行疫情防控指导。抽调7名专业人员为县疫情防控督导组成员，赴各个乡镇督查新冠疫苗接种与疫情防控。对新冠疫苗接种点现场督导79次，全力提升疫苗接种能力。利用“美篇”“微信”等新媒体及发放宣传手册、宣传画、横幅等多样化方式深入普及疫苗的安全性和接种的必要性，引导群众积极接种、主动接种、及早接种。冷链运转新冠疫苗78次，下发新冠疫苗620430剂次，报损25剂次，累计接种612158剂次，报告疑似预防接种异常反应56例。

【免疫规划】 2021年，疾控中心加强疫苗冷链监测及全程可追溯管理，每月规范冷链运转。全年建证2794份，建证率100%；免疫规划疫苗应种71788针次，实种67897针次。开展狂犬疫苗、乙肝疫苗、水痘疫苗、EV71（预防婴幼儿手足口病的肠道病毒71型灭活疫苗）等非免疫规划疫苗接种，报告处置AEFI（疑似预防接种异常反应）68例。筛选350名2月至3月龄儿童入组开展IPV（脊髓灰质炎灭活疫苗）疫苗安全性监测，将资料审核并双人录入数据库。

【传染病网络运行】 2021年，文水县医疗机构传染病网络正常运行率100%，及时报告率99.41%，及时审核率100%，对37名直报用户进行备案。全年按报告地区发病数671例，按现住址发病数1293例，每月进行疫情分析；收到传染病预警信号20条，覆盖5个病种，及时响应率100%。

【艾滋病防治】 2021年，文水县累计报告存活艾滋病感染者及病人91例，本年新增11例，本地筛查确诊2例，死亡1例，接受治疗84例。自愿咨询检测400名，全县范围内扩大检测30191人，高危人群行为干预583人次，干预检测212人。

【结核病防治】 2021年，文水县报告登记活动性肺结核患者65例，筛查密切接触者54人；收到外地报回患者78例，需追踪到位67例，实追踪到位66例；处理学校结核病预警8次。

【慢性病管理】 2021年，文水县高血压患者管理44094人，Ⅱ型糖尿病患者管理13762人，65岁及以上老年人参加健康管理34027人，在册严重精神障碍患者管理1687人。

【卫生监测】 2021年，文水县开展AFP（急性弛缓性麻痹病例）、麻疹病例主动监测36次，随访AFP病例1例，流调15岁以下乙肝1例、百日咳1例、伤寒1例、猩红热1例、出血热1例。报告手足口病31例，流调并采样送检31例；报告布病病例52例，其中慢性病人3例，疑似病人1例，管理48例。对山西大象农牧集团有限公司职业暴露人群采集血清标本250份、环境标本120份送检。开展职业暴露人群血清流行病学监测问卷150份录入系统，每月对该公司进行环境消毒督导。全县报告食源性疾病病例133例，其中县医院91例，中医院报告8例，县乡村一体化医疗机构报告32例，民营医院报告2例，均及时准确审核。对62个水源性高碘地区建制村开展水碘监测，抽取5个村作为病情与碘营养监测点；对200名儿童进行身高、体重测量及甲状腺B超检查，共采集儿童盐样、尿样各200份，孕妇盐样、尿样各7份，水样98份。结合本县碘缺乏病防治工作实际，选取5个监测点，对常住人口中8岁至10岁儿童、孕妇进行盐碘、尿碘监测。采集儿童尿样200份、盐样200份，孕妇尿样100份、盐样100份，进行检测分析。对本县农村、城区、学校共45个监测点开展枯水期、丰水期水质卫生监测，共采集检测水样90份，其中城区枯水期、丰水期合格率100%，农村枯水期水质总体合格率43.6%，丰水期水质总体合格率48.7%。对章多水厂、南环城管网、东西大街管网、北环城管网的末梢及2次供水6户水龙头水质进行监测，水质全部符合《生活饮用水卫生标准》（GB5749－2006）。对全县

19个重点行业和1个采矿业开展职业病危害因素监测，监测率100%；对有职业健康体检资质的3家医院进行督促，及时审核个案卡1523张；调查县人民医院放射诊疗设备9台，职业体检29人，对其进行现场培训；开通职业健康指标常规监测网报系统，并对监测数据进行审核上报整理归档。组织全县238所中小学校开展视力筛查。开展爱国卫生运动，加强虫媒病监测，为及时掌握病媒生物密度、种类、分布及和孳生情况，制定《病媒生物监测实施方案》，筛选南安镇、西城乡、下曲镇、孝义镇、马西乡5个监测点20个布点，捕获老鼠5只、成蚊2835只，为病媒生物防制提供科学合理依据；疟疾血检224人份，完成率100.5%，复核23份，复核率100%。

体　育

【体育场地】　2021年，文水县有体育场地面积45.5万平方米，人均场地面积1.08平方米。有各种运动场地455个，其中全民健身路径111个，篮球场73个，乒乓球场地24个，羽毛球场20个等，有社会体育指导员200余人。

【社会足球场】　2021年，文水县有社会足球场4块，5人制1块，文水县新华南路小型运动场，位于文水县旧老干部活动中心；7人制2块，文水县文峪河滨河体育公园足球场位于文水县桑村桥东岸，文水县公安局警体训练场；11人制1块，文水县新华南路小型运动场，位于山西徐特立高级职业中学。

【社会体育协会】　2021年，文水县有长跑协会、武术协会、篮球协会、游泳协会、乒乓球协会、羽毛球协会、广场舞协会等15个群众性单项体育协会及3个体育俱乐部。

【武术】　2021年，文水县在疫情防控常态下，为适应新形势，采取网上与网下相结合，居家与室外相结合，集中与分散相结合，传统武术与全民健身相结合等举措，开展抗疫防控、健身健康。疫情期间，全县各武术活动站点，根据自己的不同特点，拍摄武术视频，在网上推广，开展武术在家活动，让群众足不出户，参与互动，全民在家健身。创新思路，网上培训，网上比赛。在网上推广武术理论与技艺研讨活动，互相交换武学心得，交流武术技艺，收集整理文水武术历史资料、武术掌故等。太极拳协会有30余个辅导站，推广文水的太极拳运动。

【体育比赛】　2021年元宵节，文水武术协会组织文水县春秋大刀研究会、文水县武术健身指导站、文水县太极拳研究会辅导站，在文水滨河文化生态园举行扭秧歌与武术表演活动，300余人参加。5月1日，由县卫体局主办，文水老年体协、文水武术协会、文水太极拳协会联合承办，在本县老干局广场举办“庆五一太极拳大型展演活动”，25个代表队，500余名中老年健身爱好者，展示25场表演，有太极拳、太极剑、太极腾球、太极推手、春秋大刀、柔力球等。5月7日，市政广场太极拳辅导站在西山凤凰公园展演太极拳，50人参加。6月2日，在孝子渠村开展乡村文化武术活动，左家拳弟子表演了左家拳。10月1日，县卫体局、县武术协会、县老干局，在本县老干局广场联合举办“庆祝建党100周年暨国庆武术展”，全县21个代表队，300余名队员，表演30场，表演了吕梁市非物质文化遗产少林战拳、新午太极拳、春秋大刀、武当五行拳、少林小洪拳、左家小叉拳、左家六合枪等。

文化　文物　旅游　融媒体　艺术

文　化

【概述】　2021 年，文水县文化和旅游局（以下简称文旅局）完善基层综合性文化服务中心建设，开展各类文化惠民工程，推进各类项目建设，启动全域旅游示范县创建，开发文化旅游市场，做好非遗传承保护，严格文化市场执法，推进文旅事业发展。

【基层综合性文化服务中心建设】　2021 年，文旅局通过实地查看、现场询问，对 12 个乡镇综合文化站，158 个基层综合性文化服务中心活动室建设情况，文化活动组织开展及拨付资金使用情况等内容分阶段、分批次进行检查。与各个乡镇签订整改责任书，在每个乡镇打造 1 个至 2 个重点村，提升基层综合性文化服务中心建设的标准，推进乡村记忆工程建设。

【文化惠民工程】　2021 年 5 月 24 日，文旅局在文水滨河文化生态园举办"文化三晋乐万家"鼓王争霸赛，15 支锣鼓队 600 余名队员参加比赛。10 月 1 日，在文水滨河文化生态园举行"讴歌华诞　礼赞祖国"——文化惠民文艺演出。以政府采购的形式完成戏曲、歌舞演出 50 场。培育乡村文艺小分队 27 支，挖掘乡土文化能人艺人 26 人，培养乡村文化带头人 27 人。开展群众文化惠民工程专题培训。开展群众文化活动 890 余场。聚焦群众反映集中的共性需求和存在的普遍性问题，制订领导班子成员"民生实事计划"，提出文化惠民工程等 8 条民生实事内容。领导班子"民生实事计划""为民办实事清单"已全部完成。

【非遗传承保护】　2021 年 10 月 2 日，文旅局在文水滨河文化生态园，举办主题为"记忆・传承"的非物质文化遗产展演活动。遵照"保护为主、抢救第一、合理利用、传承发展"的方针，开展非遗传承保护，拍摄宣传片，制作宣传资料，举办形式多样的非遗传承活动，引导群众参与保护、传承非物质文化遗产。完善管理制度，开展调查、记录，加强抢救性记录保存工作。扶持传承人开展授徒传艺、教学、交流活动。推进非遗进校园，打造山西徐特立高级职业中学、文水县马西小学、文水县东南街幼儿园学府分园 3 所非遗传习教育基地。

【红色文化遗址】　2021 年，文旅局联合文水县退役军人事务局、中共文水县委党史研究室，组建专业调查队伍，开展前期业务培训。通过调查走访、资料收集、实地勘察，对核定的 29 处革命遗址进行梳理，结合保存现状、历史价值、史料收集等情况，对 12 处红色文化遗址进行调查、测绘、航拍。

【文化市场执法】　2021 年，文旅局开展执法检查专项行动 20 余次，出动执法人员 300 余人次，检查文化经营单位 100 余家次，立案14起，结案14起。开展文化市场专项整顿，以规范文化市场秩序为抓手，深化文、旅、文物市场综合执法改革，强化执法队伍的专业化、信息化、规范化建设，加强安全执法自查自纠。常态化抓好娱乐场所、图书馆、文化馆等疫情防控。开展"扫黄打非"专项行动，联合文水县检察院，加大对《中华人民共和国未成年人保护法》的宣传。全面排查校园周边文化市场环境。推进文化、旅游市场安全隐患排查，对20余家无证或证照不全的KTV断电关停。

文 物

【文物保护】 2021年5月，文水县博物馆加挂文水县文物保护中心标牌，成立文水县文物保护志愿者协会。文旅局对362处不可移动文物竖立文物标志碑和标志牌，对有条件的文保单位安装消防和安防设施。对谢家寨关帝庙、东岩寺遗址等修缮保护。

旅 游

【旅游示范县创建】 2021年，文水县完成《文水县全域旅游发展规划》编制，以县政府名义上报吕梁市文化旅游局等待组织评审。文旅局出台"游山西、读历史、品吕梁、看文水"行动方案，以文促旅、以旅彰文，深化文旅融合，全面宣传推介文水旅游。完成3个市级乡村旅游示范村、1个黄河人家申报认定工作。

【重点旅游项目】 2021年，文旅局推进刘胡兰纪念馆红色教育基地、武则天纪念馆及苍儿会生态文化旅游景区和世泰湖生态旅游2个3A级景区等重点项目的实施，完成《文水世泰湖休闲旅游景区总体规划》，协助完成山西雪恩农牧集团有限公司与文水苍儿会文化旅游发展有限公司的权利义务转让协议。督促县域内苍儿会生态文化旅游景区和世泰湖生态旅游景区的15个厕所提质升级，完成12个。

景 区

刘胡兰纪念馆

【概况】 2021年，刘胡兰纪念馆创新服务方式，做好刘胡兰精神的宣传以及日常接待。11月25日，被山西省保密局确定为"山西省红色保密教育示范基地"。

【宣传】 2021年5月18日，刘胡兰纪念馆选派讲解员参加山西省文化和旅游厅举办的"山西省'百名红色讲解员讲百年党史'宣讲活动启动仪式及首场宣讲活动"。5月至10月期间，推荐刘胡兰烈士家属参加全省英烈英模家属宣讲团集中宣讲活动。6月3日，选派讲解员参加山西省退役军人事务厅举办的"致敬国家丰碑——全省英烈讲解员大赛"活动。6月28日，开展"党课开讲啦"主题党课讲座。9月2日，在第8批在韩中国人民志愿军烈士遗骸归国当天录制"诵读《谁是最可爱的人》"，被"胡兰党建"官方公众号转载。11月26日，参加吕梁市英烈讲解员大赛。发出约稿和采访稿9篇。配合新华社、人民日报、中央电视台、山西电视台、山西交通广播等新闻媒体采访拍摄22次。协助全国妇联、新华社、湖南广电芒果TV拍摄完成大型融媒体项目百集纪录片《党的女儿》之一《刘胡兰》专题片，在《山西日报》客户端、山西联通客户端直播2次。配合山西省文物局拍摄刘胡兰短视频，提供追寻先烈足迹短视频、革命文物微视频、红色文化遗址调查表、纪念馆展览、建设情况等资料。为中共山西省委党史研究院报送藏品名录。与山西省警察学院、山西传媒学院等5个集体签署共建教育基地协议。

【接待服务】 2021年，刘胡兰纪念馆接待社会各界群众28万余人次，其中党史学习教育活动1982余批次，免费讲解1950次，青少年7万余人次。接待厅级以上领导10批次。

【便民服务】 2021年，刘胡兰纪念馆以“学雷锋志愿服务站”为纽带，健全完善服务设施机制，免费为游客提供轮椅、拐杖、担架、雨伞等器械及一般医疗用品、氧气袋、缝补针线、开水、党旗、誓词等物品。邀请天龙救援队志愿者共同参与，应对参观人流变化。七一前夕，组织中北大学、太原工业大学等在校学生参与馆内志愿服务。

武则天纪念馆

【接待服务】 2021年，武则天纪念馆（以下简称则天馆）接待游客1.7万人次，年收入33万元。把保护文物作为工作重点，加大对现有文物的保护力度，推进“我为群众办实事”活动，完善旅游设施。

【文物保护】 2021年3月初，则天馆将原先乐楼门口1对石狮与底座配套后重新安放于办公区，并定制大型玻璃框架用于保护。

苍儿会生态文化旅游景区

【概况】 2021年，苍儿会生态文化旅游景区位于文水县苍儿会西部山区，北邻交城县，南接汾阳市，西联离石区，东依文水县城，总面积360平方公里，两道川52条主沟，东西长38公里。属温带大陆性季风气候，气候宜人，风光秀美，空气达到国家空气质量等级一级，是天然的空调氧吧。水质达到矿泉水标准，常年平均气温在5℃至11℃。景区全境森林植被资源丰富，野生动物70余种，野生药材100余种，野生食用菜20余种，野生干鲜果30余种。是国家AAA级旅游景区，被国家农业农村部、国家旅游局确定为全国休闲农业示范点。

【接待服务】 2021年，山西苍儿会文化旅游发展有限公司接待游客4.74万人次，门票收入191.6万元，营业收入476.9万元。

【景点】 2021年，苍儿会生态文化旅游景区建成运营的项目有休闲体育公园、棒槌山、东岩寺、武皇湖等景点，以及房车露营营地、拓展营地、烧烤营地、草坪广场、星空饮吧等。配套的服务设施有苍儿会康养度假酒店，酒店有套房、标间等各类客房150余间，总床位数260余张，可同时容纳300余人的会议中心和餐饮中心。

电　视

【概况】 2021年4月27日，根据《中共文水县委机构编制委员会关于印发〈文水县深化事业单位改革实施方案〉的通知》《中共吕梁市委机构编制委员会办公室关于核定文水县事业单位科级领导职数的通知》，制订《文水县融媒体中心职能配置、内设机构和人员编制规定》，文水县融媒体中心（以下简称融媒体中心）是县政府直属事业单位，正科级建制，加挂文水县广播电视台牌子，归口县委宣传部领导。内设机构有党建股、办公室、总编股、采编股、新媒体股、运营股、综合专题股、综艺股、电台管理股、技术股。

【重点宣传报道】　2021年，融媒体中心完成庆祝中国共产党成立100周年专题活动、中共文水县委十三届十六次全体会议暨县委经济工作会议、中国共产党文水县第十四次代表大会、文水县第十七届人民代表大会第一次会议、政协第十届文水县委员会第一次会议等重大会议的宣传报道，完成县乡换届、护林防火、中博会、农博会等重大活动的新闻报道，完成元旦、春节、元宵节、五一、七一、国庆等重点时期的新闻报道。

【媒体宣传】　2021年，融媒体中心在国家、省、市台发稿276条，其中在中央电视台发稿2条，山西省台发稿25条，吕梁市台发稿249条。广播、电视等传统媒体方面共制作发布新闻2350余条，制作、播出专题节目49期。新媒体方面，智慧文水手机APP制作、发布图文、视频信息6400余条，总访问突破1035万人次；今日头条发布信息210余条，获赞12万人次；智荟文水APP制作发布图文、视频信息300余条，注册用户3万余户；文水宣传微信公众号发布信息2.4万余条，分享转载30余万次、阅读量超过40万次，累计关注人数达到1.2余人；其他新媒体平台共发布信息4600余条。

文艺创作

【文学创作】　2021年1月27日，文联组织编写的《文水地域文化丛书》全4册，由山西出版传媒集团·北岳文艺出版社出版发行，包含宋建英撰著的文学评论集《大陵文踪寻踏录》、韩维义主编的《文水人的对联》、刘耀昌主编的《文水婚丧礼俗》、赵忠主编的《我们少儿时的玩具和游戏》。该丛书为16开本，总字数500千字，印数1000册。3月9日，本县文艺工作者一行18人赴文水县人民武装部刘胡兰英雄民兵班开展文艺创作采风活动。4月17至19日，组织文学、美术、摄影、诗词协（学）会40名创作骨干，赴刘胡兰纪念馆、孙谦纪念馆等处参观学习考察。10月14日，在文水县老干部活动中心举办的2021年庆祝九九重阳节文艺展演中，由文水县老干部艺术协会76名退休干部用半年时间排练的《长征组歌》首次上演。

图书管理

【概况】　2021年，文水县图书馆（以下简称图书馆）围绕2021年度工作目标，加强文化传承和社会服务力，在疫情防控常态化形势下，发挥图书馆公共文化阵地作用，拓展全民阅读的广度和深度，开展各种图书阅读宣传、推广活动。

【阅读宣传推广】　2021年，图书馆开展“赏春意　品书香　暖万家”春节主题系列活动。为丰富青少年假期生活，开展“阅读分享　共迎新春——好书推荐”线上活动，分享者以音频形式，介绍自己心中的1本书；开展“国图公开课”系列讲座、迎新春文化展“辛丑话牛”古籍资源《读史集联》；推出“书香沁新年，悦读越有福”新春阅读喜乐会，开展“智力大比拼”中国传统文化挑战赛和“晒晒你的新年故事”图文征集活动。

举办“迎新春　阅见美好”线上活动。开展以“阅百年历程，传精神力量”为主题的4·23世界读书日系列活动。清明小长假期间，在世泰湖湿地公园举办“奋斗百年路　启航新征程”红色经典进景区活动，书籍展以庆祝中国共产党成立100周年——习近平系列图书展、“传承红色基因，阅读红色经典”——连环画图书展两部分展示；经典诵读现场分为“全民阅读·学党史”“传承红色·赞英雄”“春风十里·读中国”；“书香文水　来参与，扫码看书　享文化”文化惠民活动中，通过发放“百城共读，扫码看书”“悦读悦听悦览，码上同行”“清明森林防火安全知识宣传”等宣传资料，将包含在线阅览地址二维码的电子图书信息推送到读者身边。4月8日，在文水县丽彬文化园红色传承基地开展“游山西·读历史”线下讲座《刘胡兰精神与初心、使命》。22日，开展《改天换地，奠基兴国大业》讲座。23日，赴山西永泰颐和养老院开展“与党携手、共赏夕阳”送文化，赠送流动杂志30册，为老年人送去温暖与爱心。26日，在文水县西城小学，开展“红心向党学四史，奋发有为谱新篇”主题教育活动，举办《开足马力向前冲》讲座，赠送100余册图书。27日，在文水县开栅小学，开展“童心向党，薪火相传”党史学习教育进校园活动。“全民读书月”期间，赴文凤社区，开展“让阅读走进生活”主题活动，为居民现场办理读者证、推广文水县移动图书馆的操作及其功能。5月1日，先后赴武则天纪念馆、天后岛、世泰湖湿地公园，开展“百年党史”主题展览活动。举办“话峥嵘岁月　迎光辉未来”——庆祝中国共产党成立100周年图片展览活动，《1921—2021党的光辉历程》《中国共产党简史》《永远跟党走》《党史学习教育动员大会精神》等宣传挂图展览。推出《红色故事绘——连环画里的中国共产党100周年》专题线上阅读服务，每日在微信公众平台以及微博上推荐党史上的今天发生的故事。开展《党史故事100讲》，以党的发展历程为顺序，以党的重大事件为线索，以不同时期的典型事例、历史人物、精彩故事为主干，全景式回顾党的伟大历程和辉煌成就。开展学党史，寻访文水红色记忆系列。推出《英雄在我身边，胡兰陪我长大》线上音频展。助推全民阅读深入开展，赴学校、机关、农村，推广阅读图片展览26块。开展图书捐赠爱心志愿活动，发起捐赠图书倡议。

乡　　镇

凤城镇

【概述】　文水县凤城镇（以下简称凤城镇）位于文水县中部，东临西城乡，东南与南武乡接壤，南与孝义镇、北张乡相连，西南与马西乡相邻，西北与开栅镇毗邻。辖区占地面积149.54平方公里，耕地面积4006.67公顷。下辖东街村、西街村、南街村、北街村、私评村、南关村、土堂村、北关村、堡子村、韩村、冀周村、岳村、南峪口村、章多村、南徐村、龙泉村、桑村、沟口村、宜儿村、武午村、方圆村、大城南村、东旧城村、西旧城村、旧城庄村、里洪村26个建制村，11个社区。镇机关驻文水县城狄青街。

2021年，凤城镇有中学1所，在校学生227人；小学9所，在校学生2774人；幼儿园15所，在校学生1623人。

【基层党建】　2021年，凤城镇完成乡镇、26个建制村、11个社区换届选举。成立11个社区党委，66个小区党支部，317个单元党小组，划分115个网格，形成社区网格化管理体系。夯实“两日”活动成效，规范发展党员，以提升农村、社区党群服务工作为重点，对标一流找差距、补短板，推动全镇农村、社区、机关、企业党组织建设全面提升。严明政治纪律和政治规矩，抓常抓细抓实政治监督，开展“不作为、慢作为、乱作为、工作纪律涣散”问题专项整治，查处纠正“四风”问题，推进全面从严治党各项要求落到实处。全年处分党员23人，其中警告7人，严重警告8人，留察1人，开除党籍6人，诫勉谈话2人次。开展“我为群众办实事”实践活动。推进党史学习教育，突出学党史、悟思想、办实事、开新局，注重融入日常、抓在经常。

【乡村振兴】　2021年，凤城镇开展脱贫攻坚问题整改“回头看”，针对省委督导组反馈的问题，列出问题清单，逐一落实销号。筹措资金对后周自然村12套集中安置房统一装修，拆除旧房200余处。整改通报、自查问题1000余处，拆除交通沿线违建设施6处，拆除大型广告牌80余处；村庄街巷清理小广告500余处，拆除违建21处，乱搭乱建180余处，清理乱堆乱放1200余处，清理杂草8000余处，清理积存建筑垃圾和生活垃圾20余万吨。规范土地管理秩序，拆除违章建筑22处，要求办理手续1处。开展“大棚房”问题专项清理整治“回头看”，全面排查2019年涉及本镇的6个问题及县下发的52个图斑，拆除建筑面积500余平方米。

【救助兜底】　2021年，凤城镇有日间照料中心7个，幸福小院5个。申报私评养老中心、龙泉日间照料中心，旧城庄村、南峪口村、章多村、沟口村、东街村幸福小院建设。救助农村低保 980 户 1349 人，困难残疾人 447 人，重度残疾护理补贴 1027 人。救助城市低保 331 户 553 人，困难残疾人 251 人，重度残疾护理补贴 226 人。有特困户 299 户，救助孤儿 5 人，事实无人抚养儿童 12 人。临时救助 128 人次，救济 77 人次。

【社会事务】 2021 年，凤城镇全面加强防范电信网络诈骗宣传，进村入户发放宣传资料 4 万余份，签订承诺书 9 万余份。开展安全生产大排查、大整治、大检查、大警示活动，地毯式排查 4700 余户，发现整改隐患 1500 余条。接待来访群众 150 余人次，办结网上信访案件 145 件，办理 12345 热线工单 350 余件。

【护林防火】 2021 年，凤城镇在森林防火特险期落实封山禁火措施，设置卡口 27 个，清明节期间增设卡口 10 余个，开展宣传、引导、巡查、设卡蹲守等，落实包村庄、包地段、包山头、包坟头、包路口、包重点人员等看护。

【防汛抗灾】 2021 年，凤城镇对涉及的 7 个村 20 余处滑坡，采取封路等应急措施，摸排房屋 1065 户，发现并处置隐患 177 处（其中房屋倒塌 10 余处），转移撤离安置 33 户 42 人次，修缮重建房屋 58 户。

【清理农村合同】 2021 年，凤城镇实行“乡主导、村主体”的工作体制，逐村摸清底数，分类清理规范，划分 5 个工作片区，26 个工作小组进驻各村，收集机动地合同 2310 份，重新签订 2081 份。

开栅镇

【概述】 文水县开栅镇（以下简称开栅镇）位于文水县北部，东部、北部与交城县毗邻，西部、南部与凤城镇相接。辖区占地面积 376.86 平方公里，耕地面积 2431.59 公顷。下辖开栅村、文倚村、武陵村、宋家庄村、樊家庄村、北徐村、中舍村、北峪口村、苍儿会村、上王家村、崖底村 11 个建制村。镇机关驻开栅村，距县城 10 公里。

2021 年，开栅镇有中学 1 所，在校学生 572 人；小学 6 所，在校学生 981 人；幼儿园 5 所，在校学生 390 人。

【禽畜养殖】 2021 年，开栅镇开展畜禽养殖建档立卡，全镇有养殖户 283 户（其中养牛 25 户，羊 52 户，猪 36 户，肉鸡 5 户，蛋鸡 35 户）。开展畜牧大数据信息采集，52 户规模养殖户全部注册畜牧信息采集 APP。督促牛羊养殖户开展消杀工作，防治牲畜炭疽疫病，免费发放各类消毒液 946 瓶。免费为牛羊接种炭疽疫苗，累计接种牛 795 头，羊 7444 只。

【农业农村】 2021 年，开栅镇完成 2018 年、2019 年地力补贴清算，发放惠农资金 148037.84 元。发放实际种粮农民一次性补贴资金 53833.13 元。开展农业大数据信息采集，8 个村设立信息采集员，每月上报农业生产数据。开展大棚房问题专项清理整治“回头看”，摸排农用设施地图斑 41 处。发现整改问题厕所 84 处。

【脱贫攻坚】 2021 年 8 月 16 日，开栅镇召开驻村工作对接会，选派 7 名工作队队长和 21 名工作队队员，赴各村了解村情、贫困户等情况，确保巩固脱贫攻坚成果同乡村振兴有效衔接。开展防止返贫风险排查，纳入监测对象 3 户 6 人。开展雨露计划审查，对贫困人口中符合政策的办理审查手续，不符合条件的予以剔除，全镇有 2 人享受雨露计划资助。

【河长制】 2021年，开栅镇全面深化“河长制”，做好河流“清四乱”工作，清理河道岸线的垃圾4016吨，整治河道退水渠污泥杂物33吨，修缮水毁堤防，疏通河道3处，美化绿化河岸线2处。

【防汛救灾】 2021年，开栅镇落实抢险救援队伍和物资装备，每个建制村各组建30人的应急抢险队伍，镇机关组建30人的应急排。对各村防汛物资储备情况排查登记，保证关键时刻能够有效调用。十一期间，遭遇强降雨，启动重大灾害应急预案，转移群众28户47人，灾后修缮重建16户（其中脱贫户1户，边缘户1户，五保户4户，低保户2户，一般户8户）。

【合同清理】 2021年，开栅镇9个村完成合同清零。规范合同701份（其中机动地签订合同383份，发包土地1130亩，收回机动地面积1722亩；建设用地合同签订87份，发包726亩，收回建设用地47亩；改变用途机动地签订合同10份，发包226亩），未规范合同5份（涉及机动地33亩，建设用地109亩）。年收承包费1068857元，收回拖欠承包费577553元。

【社会民生】 2021年，开栅镇严格审核低保，做到应保尽保，全镇有534户773人享受低保。有81名开栅中学考生被文水中学录取。网上信访系统办结案件16件，全部按时间节点完成。开通电子医保卡21785人。14个换热站正常运营，正常集中供热4294户。

【基层党建】 2021年，开栅镇新发展党员19名。完善乡镇“五办一站两中心”设置。设立61个党小组，63个村民小组，党小组任网格员，成立村务监督委员会、妇联、民兵、治安调解等配套组织244个。对11个村党支部活动阵地开展“回头看”，对“六个一”（便民服务室、党员活动室、文体室、图书阅览室、矛盾纠纷室、党员远程教育室）、“一徽一标三牌”、国旗等外观标识牌、相关配套设施规范提升。举行“光荣在党50年”纪念章颁发仪式，为148位符合条件的老党员，颁发“光荣在党50年”纪念章。以“庆祝建党100周年”为主题，在全镇各基层党支部中开展“党课开讲啦”活动。举行中国共产党成立100周年暨“七一”表彰大会，以重温1次入党誓词、集体过1次政治生日、颁发1枚纪念章、表彰1批优秀党员、讲好1次党课、开展1次“为民办实事”志愿服务活动、观看1系列红色视频、开展1次走访慰问活动、举办1次文艺汇演活动、共唱1首红歌“十个一”喜迎七一，礼赞百年庆华诞。

刘胡兰镇

【概述】 文水县刘胡兰镇（以下简称刘胡兰镇）位于文水县境东部，北临南安镇、南庄镇，西与西城乡、南武乡毗邻，西南与下曲镇接壤，东隔汾河与祁县相望。辖区占地面积80.87平方公里，耕地面积5219.30公顷。下辖刘胡兰村、北贤村、东堡村、云周村、城子村、索家堡村、保贤村、保贤庄村、贯家堡村、邢家堡村、南胡村、王家堡村、赵村、大象村、上曲村、上段村、水寨村、门世村、伯鱼村、段城村、新堡村、炮守堡村22个建制村。镇机关驻刘胡兰村，距县城17公里。

2021年，刘胡兰镇有中学1所，在校学生265人；小学12所，在校学生1464人；幼儿园14所，在校学生767人。

【生态保护】 2021年，刘胡兰镇推进汾河百公里中游示范区建设，清理河道内树木41136株。开展汾河沿线120米范围内养殖场搬迁，搬迁并拆除7户。拆除取缔“散乱污”企业3家。

【合同清理】 2021年，刘胡兰镇对6份镇级资源型资产发包（租赁）合同进行清查，形成规范合同2334份，收回拖欠承包费96399元，清理后全镇各村年收金额3469830元。

【行政执法】 2021年，刘胡兰镇对卫星拍摄的73宗违法占地下发限期拆除通知书，拆除122.63亩。对全镇倒卖砂土的违法行为、安全生产隐患和“散乱污”企业进行大排查，检查各类企业50余家。对保贤村小作坊、已取缔的牲畜屠宰场等私屠滥宰易发区、多发区进行排查，私屠滥宰户自行拆除设备5户，强制拆除私屠滥宰户设备23户，查获违规肉品6000余斤，私屠滥宰窝点1处，违规肉品1车。

【社会事务】 2021年，刘胡兰镇完成镇村换届工作。建设消防站所，提升应急能力，镇专职消防队共演练重点单位6家，排查单位4家，出动抢险救援3次，出动灭火救援2次，成功营救被困群众2人，直接挽救群众财产2万余元。全面摸清受灾情况，排查危房450间，安全转移群众72户138人，灾后重建51户。接收社情民意154件，信访案件16件，全部按时办理。入户发放《防范非法集资宣传手册》10036份，《防范电信网络诈骗宣传手册》96871份。完成春浇任务46684亩。临时救济120人，发放救助金额5.43万元；临时救助26人，发放救助金额2.6万元。建成幸福小院15间，老年人日间照料中心1间。修缮新崖底村道路、修建大象村下水管网、修建大象村休闲公园、刘胡兰村故居广场改造、上段村和保贤村美丽宜居示范村建设等。

【基层党建】 2021年，刘胡兰镇组织全体党员干部集中学习33次。为210名老党员颁发“光荣在党50年”纪念章。

南安镇

【概述】 文水县南安镇（以下简称南安镇）位于文水县境东北部，北临交城县、清徐县，南连刘胡兰镇，西与南庄镇接壤，东与清徐县毗邻、与祁县隔汾河相望。辖区占地面积64.99平方公里，耕地面积1730.15公顷。下辖南安村、北安庄村、西北安村、东北安村、榆林村、北胡村、谢家寨村、孟家庄村、北白村、小南安村、南白村、西韩村、蔚家堡村、西南社村、阎家堡村、西社村、杨乐堡村、高车村、东郭村共19个建制村。镇机关驻南安村，距县城30公里。

2021年，南安镇有中学1所，在校学生330人；小学7所，在校学生1339人；幼儿园9所，在校学生721人。

【基层党建】 2021年，南安镇召开专题会议研究重大事项20余次，党委理论学习中心组集中学习35次，坚持每周三党委例会制度。将孙谦故居确定为镇党史学习教育基地。

【综治】 2021年，南安镇依托西韩村、杨乐堡村2个全国文明村，开展“文明家庭”“星级文明户”等评选活动。开展防范网络诈骗和非法集资宣传，成立包村干部任组长，村“两委”班子成员、包村民警等为成员的工作组，采取现场发放宣传单（册）、主题宣讲、图版展示、广播、微信群等方式，签订承诺书12017份，发放宣传资料2万余份；

对外出人员采用电话、网络、邮寄等形式告知宣传，提升村民防骗意识。

【酒业】 2021年，南安镇坚持培育壮大龙头企业，支持酒都杏花乡牛栏山基地、宗酒酒业新建项目建设。针对高车村酒企数量多但规模小的情况，引导位置相邻、产品相近的企业整合联合发展。升级改造技术装备，实现安全生产、清洁生产。建设智能配制系统，加快白酒产品创新。提升品牌效应，开展产品研发、品牌宣传。以白酒酿造为核心，完善上下游生产链，不断扩大高粱种植面积，支持包装材料生产、酒类经销企业发展。完善循环链，延伸酒精酿醋、酒糟喂牛等支链，推动酿酒产业与物流业、旅游业的融合，促进由生产型向服务型经济转型。推动文水县白酒产业园建设，引导企业聚集发展。强化行业协会作用，实施品牌聚集。

【养殖业】 2021年，南安镇疏治结合，合理规划养殖布局，促进肉牛养殖规范发展。以杨乐堡村、蔚家堡村为示范，编制完成村庄规划，划定村级养殖区。完成汾河沿线杨乐堡村、西社村、高车村的畜禽养殖园区规划和选址。村党支部领办合作社，整合个体养殖户，推动小散养殖向规模养殖发展。引进牛肉深加工企业，丰富产业结构，提高养殖附加值，逐步形成现代标准化肉牛养殖体系。建立肉牛养殖准入标准，合理控制养殖增速。开展违规占用耕地养殖场拆除，恢复耕种条件。打击畜禽粪污乱堆乱排现象，整治人畜不分离情况。引进山西盖恰智能科技有限公司先进技术，对畜禽粪便进行集中处理和资源化利用。

【梨果业】 2021年，南安镇聘请行业专家，科学编制梨果产业发展规划，打造高标准规范化梨果种植基地，引导6万亩梨果种植户高质量发展。发挥专业技术人员能力，指导种植户淘汰老化果树，更新果木品种。利用现代科技，科学防治病虫害，做好霜冻、回寒天气预警，提高优质果率。以昌盛源、雪莱等企业为龙头，发展壮大梨果包装、物流仓储、木炭加工、果汁生产等下游企业。利用网络技术，依托电商平台，提高梨果网上销售额。培育休闲观光、梨果采摘等体验式经济，丰富梨果产业发展内核。

【土地管理】 2021年，南安镇出台《南安镇打击非法新建畜禽养殖场和农村乱占耕地建房巡查和处置办法（试行）》，明确乡、村干部工作职责和责任追究，健全完善日常巡查制度。推进土地卫片执法，拆除卫星拍摄地违法占地17宗52.37亩。拆除卫片外的违法用地20家81亩，清运煤矸石、水泥块等5300立方米。开展大棚房整治“回头看”工作，对全镇设施农业用地进行拉网式排查，排查南安镇设施农用地图斑共170宗。

【环境卫生】 2021年，南安镇结合“六乱”整治，推动环卫一体化。整治高速沿线垃圾问题，改善高速沿线环境卫生。投入180余万元，完成马段线南安段3万余平方米拆除违建和硬化美化。排查整治镇域内“散乱污”企业3户，对排查出的“散乱污”企业分类实施“两断三清”。依法取缔中央环保督察组接收群众举报反馈的企业1户。完成10村10个居民小区的天然气入区前期工作，带动平房户增设改造取暖设施加快天然气入户进度。开展汾河沿线村排污整治，配合县环保局完成沿汾河的西社村、杨乐堡村、高车村3个村集中污水处理厂建设。

【社会保障】 2021年，南安镇为6283名60周岁以上领取人员发放基本养老金730余万元；4569名65周岁以上领取人员发放补充养老金90余万元，为全部待遇领取人员完成“民生山西”APP认证，对1961年出生的到龄人员进行生存认证和待遇核定和启领手续。在山西省社保资金专项审计工作中，追缴死亡冒领人员违规领取待遇2人1190元，退休人员违规重复领取1人9200余元。通过微信、支付宝等多种终端缴费方式办理收缴工作，共收缴21581人次569700余元。完成山西省人社系统清理整顿，全镇共涉及1199人。对全面两孩政策调整前的独生子女家庭和农村计划生育双女家庭，继续实行现行各项奖励扶助制度和优惠政策，享受奖励扶助独生子女家庭403户，新增特殊伤残家庭2户，享受国家奖励扶助85人，中考加分5户。孕前优生免费检查161对，免费婚检159对。对全镇特困人员审核认证，按照每人6900元标准，为206名特困对象发放生活补助。办理县级临时救助62人次，镇级救助20人次。对全镇低保户358户450人，做到应保尽保，应退尽退。对全镇困难残疾人、重度残疾人进行审核和动态管理，293名重度残疾人，161名困难残疾人全部享受重度残疾补贴和护理残疾补贴。更新残疾人数据库，新办、更换残疾证346人次。联合上海云柔日化有限公司慰问18周岁以下儿童34名，免费发放洗衣液20余箱。建档立卡贫困户实现残疾人辅助器具全覆盖。

【民生事务】 2021年，南安镇发放2020年自然作物救灾款44.5万元。申报2021年受冻灾农作物32704亩。夏季干旱受灾15000余亩。秋季涝灾受灾人员1.35余万人，经济损失1000余万元。完成危房改造任务12户。发放水泵16台，雨衣、雨鞋各100套，组织各村排内涝。以小南安村为中心，开展“四进”活动，书写标语20余条，安装宣传栏6处，安装路灯宣传道旗50个，铺设村内主街道及环村柏油路2公里，重新铺设自来水主管道1000米，入户管道9000米，修建检查井21个，新打深井2眼。申请资金100余万元，新建成包含活动室、电教设施、图书室、文化活动广场等一体化村级综合性服务中心。配合县民政局完成2020年度孟家庄村、榆林村、西南社村、西韩村、蔚家堡村、闫家堡村幸福小院改造验收。西社村、北胡村的日间照料中心，小南安村、谢家寨村、南白村、北安庄村的幸福小院，已完成选址开工。完成19个村公益性公墓建设规划摸底。

下曲镇

【概述】 文水县下曲镇（以下简称下曲镇）位于文水县境东南，北临刘胡兰镇、南武乡，南连西槽头乡、平遥县，西与北张乡接壤，东与刘胡兰镇毗邻、与平遥县隔汾河相望。辖区占地面积94.50平方公里，耕地面积7378.85公顷。下辖下曲村、下曲庄村、寄谷庄村、永乐村、石永村、忠义村、青高村、田家堡村、梁家堡村、朱家堡村、南贤村、南齐村、北齐村、杜村村、北辛店村、南辛店村、石家堡村、徐家镇村18个建制村。镇机关驻下曲村，距县城18公里。

2021年，下曲镇有中学2所，在校学生760人；小学13所，在校学生1299人；幼儿园12所，在校学生824人。

【基层党建】 2021年，下曲镇以党史学习教育活动为抓手，全面加强干部队伍建设。镇党委中心组专题学习30余次，意识形态专题研判4次。各支部开展集体学习180余次，专题学习160次，专题研讨84次。开展各类专项工作、专题学习培训310人次。镇机关支部联合辖区卫生院支部、派出所支部赴康家堡村开展“奋斗百年路 启航新征程”主题活动。开展支部书记党史宣讲、包村干部宣讲习近平总书记在建党100周年大会上的重要讲话40余次。开展“我为群众办实事”实践活动，支部项目数确定99件，完成81件。完成县乡换届工作。按照“党建＋业务”考核办法和相关政策规定，实行“考勤＋测评”程序。完成各季度考核结果申报，并建立工作台账。落实党风廉政建设责任，与各支部、各办（站、中心）签订《党的工作暨党风廉政建设责任书》，制定《下曲镇党建工作职责清单》《下曲镇党风廉洁建设暨岗位风险排查与防范清单》，查摆岗位风险点11个，提出防范措施23项。

【脱贫攻坚】 2021年，下曲镇做好巩固拓展脱贫攻坚成果同乡村振兴有效衔接。依托南贤村集体经济合作社蔬菜园，利用上级拨付60万元衔接资金，新建无土栽培蔬菜温室大棚1个，生姜无土栽培拱棚9个，新增劳动岗位100余个，按照奖补资金8%的比例，每年可抽调48000元资金对返贫风险较大的脱贫户和监测对象进行救助。以现有社会保障体系为基础，利用民政、扶贫、教育、人力资源和社会保障、住房和城乡建设、医疗保障等政府部门现有数据平台，加强数据比对和信息共享，重点聚焦有大病重病、重度残疾、一户多残等群体，不定期进行防返贫监测，对风险消除的监测对象进行风险消除后监测，新增1户突发严重困难户。对新轮换11支工作队进行业务培训，为乡村振兴办公室充实2名工作人员。

【合同清理】 2021年8月起，下曲镇开展清理规范农村集体经济合同工作。通过实地查看地块性质，与当事人面对面沟通，认定事实，规范合同。已有14个村完成合同清理工作，发包收入260余万元。

【卫计】 2021年，下曲镇办理独生子女证23个，生育服务证明330份。发放独生子女奖712户42.47万元，双女户1户3000元，60岁以上奖56人53760元。计划生育情况审核，中考加分10人，教师表彰16人，入党人员16人，与公安、妇幼部门核对本年度新婚、出生、死亡及奖励扶助年审信息。对17所卫生室进行改造，并通过验收。

【民生事务】 2021年，下曲镇申报危房改造56户，施工改造27户，全部验收。完成50户灾后重建修缮工作。落实自建房“四办法一标准”，向各村宣传审批建房流程。特困救助359人（脱贫人口16人），低保救助299户431人（脱贫人口26户44人）。为697名残疾人发放残疾人护理补贴，落实雨露计划1人次，落实本科生资助1人次，为本科生争取慈善总会扶持1人次。按照每人625元的标准，为42名寄宿初中生发放补助共计26250元。按照每人500元的标准，落实113名幼儿上半年补助。为因夏旱秋涝受灾的农户群众发放棉被247条，棉衣100套，白面100袋，食用油100桶等。

孝义镇

【概述】 文水县孝义镇（以下简称孝义镇）位于文水县城南部，北临凤城镇，南连西槽头乡、汾阳市冀村镇，西与马西乡接壤，东与北张乡毗邻。307国道、太汾高速、太中银铁路穿镇而过，具有独特的交通优势。辖区占地面积38.95平方公里，耕地面积2394.79公顷。下辖孝义村、马东村、马村、桥头村、乐村、东夏祠村、西夏祠村、北夏祠村、上贤村、南武度村、北武度村、平陶村12个建制村。镇机关驻孝义村，距县城6公里。

2021年，孝义镇有中学1所，在校学生115人；小学8所，在校学生780人；幼儿园9所，在校学生462人。

【基层党建】 2021年，孝义镇启动运行“五办一站两中心”，明确各办公室人员及职责。依托现有办公场所条件，对所辖12个建制村的党群服务中心全面提档升级。加强人民调解员调解品牌队伍建设，以村为单位划分12个网格，44个微网格，选聘17名网格员，701名网格辅助员，在矛盾纠纷多元调处、信访稳定、禁种铲毒、防范电信网络诈骗等方面发挥作用。

【脱贫攻坚】 2021年，孝义镇对2016年至2020年171户353人脱贫人口落实“四个不摘”要求，采取多项举措，提升贫困退出后续动力，确保脱贫户退出成果稳定。制定《孝义镇健全防返贫动态监测和帮扶机制的实施方案》，做好建档立卡户及一般农户监测机制。结合每月自然增减和“进村六查、入户六问”工作，组织各村4支队伍走访排查，重点关注一般农户、脱贫户因家庭人口增加或减少导致收入波动，对脱贫户进行每月1次收入测算，结合民政、教育、医保、住建、人社等部门信息平台和数据资源，对边缘易致贫户、脱贫监测户两类人群分级分类开展监测预警和针对性帮扶，对已纳入的1户3人监测户，采取动态帮扶措施，动态清零。

【合同清理】 2021年，孝义镇开展农村集体经济合同工作，制定实施方案，成立专项工作组，按照“县主抓、乡主导、村主体”三级负责制，针对进度慢的个别村，由镇纪委进行集体约谈。摸排合同876份，移交司法处理9份，已规范合同845份，收缴承包费2612213元。

【农村经济】 2021年，孝义镇引导农村经济长效发展，以“支部＋合作社＋农户”模式，建设农家乐果树采摘园。上贤村来年丰种植专业合作社打造120余亩阳光玫瑰葡萄园种植项目，收益达200余万元。

【土地执法】 2021年，孝义镇根据下发图斑，入户下发限期拆除违建通知52份，恢复耕地面积100余亩。坚决拆除违法建筑，严厉打击新的乱占耕地行为，县乡联合执法13次。

【民生事务】 2021年，孝义镇推进农村集中供热工程，22个换热站正常运转，正常供热5521户。完成东夏祠村控碱强排和战备渠道加固改造工程。完成马村41户169人失地养老保险补贴。依托美丽乡村建设项目，改善孝义村排水管网并铺油硬化，对乐村2400余米道路提质改造。危房改造21户，全部验收，灾后重建68户。

【环境卫生】 2021年，孝义镇开展农村人居环境“六乱”整治，张贴门前六包责任制牌500余个，发放宣传资料5000份，出动机械160次，清理整治“六乱”210处，清理积存垃圾9480吨，硬化307国道北夏祠段7000平方米。对307国道北夏祠段道路两侧6779平方米进行硬化。实施城乡环卫一体化，建立相应保洁机制，各村保洁员上岗。

南庄镇

【概述】 文水县南庄镇（以下简称南庄镇）位于文水县东北部，东与南安镇毗邻，南与刘胡兰镇相接，西与西城乡接壤，北临交城县。辖区占地面积39.30平方公里，耕地面积 2081.90 公顷。下辖南庄村、横沟村、温云村、温云营村、吴村、韩弓村、信贤村、洪义村、汾曲村、麻家堡村共 10 个建制村。镇机关驻南庄村，距县城 25 公里。

2021 年，南庄镇有中学 1 所，在校学生 78 人；小学 3 所，在校学生 363 人；幼儿园 8 所，在校学生 378 人。

【基层党建】 2021 年 1 月 13 日，南庄镇完成村“两委”换届选举及下属机构配备。规范提升村级党组织活动阵地建设，各村全部健全配齐便民服务室、党员活动室、文体室、图书阅览室、矛盾纠纷调解室、党员现代教育中心。

【合同清理】 2021 年 8 月 15 日，南庄镇召开镇村两级农村合同清理工作动员推进会，成立合同清理领导小组。规范重新发包 2345.54 亩机动地，其中用于种植用地 2194.97 亩，改变土地用途 69.37 亩，建设用地 81.2 亩。收回机动地承包费 734693 元。

西城乡

【概述】 文水县西城乡（以下简称西城乡）位于文水县境东北部，距县城 15 公里，东与南庄镇交界，西与凤城镇为邻，南与刘胡兰镇、南武乡接壤，北与交城县毗连。国土面积 33.78 平方公里，耕地 3.4 万亩。下辖西城村、杭城村、东城村、武良村、东石侯村、新庄村、新立村 7 个建制村。乡机关驻西城村。

2021 年，西城乡有中学 1 所，在校学生 495 人；小学 6 所，在校学生 1234 人；幼儿园 6 所，在校学生 531 人。

【基层党建】 2021 年 3 月 18 日，西城乡抓住“乡村振兴关键在人才”这一理念，成立西城乡人才党支部，组织各村开展西城乡人才库建设，对西城乡籍政、商、科研院所、优秀大学毕业生信息进行登记。全年集中学习 8 次，专题研讨 9 次。组织全体机关人员、支部党员赴刘胡兰纪念馆进行集中宣誓、传唱红歌活动，在西城村组织群众观看主题纪录片，在各村主干道醒目处粉刷 14 条学党史标语，在各中小学校园内开展党史知识问答活动。开展“我为群众办实事”实践活动，征集项目 38 件，完成 33 件。完善配套综合便民服务中心大厅，制订并挂贴各办公室门牌及楼道文化版面，对各办公室及大厅配齐电脑、桌柜等办公用品。落实“一徽一标一杆三牌”和“六有”“六上墙”，各村建成完善党群服务中心。

【合同清理】 2021 年，西城乡排查原有机动地面积 2394.63 亩，图斑显示机动地面积 3884.96 亩，剔除面积 590.74 亩，实际查出机动地面积 3045.78 亩，找到合同 953 份，形成调查报告 953 份，规范合同 885 份，收回土地承包费 1577031 元。

【脱贫攻坚】 2021 年，西城乡制定脱贫攻坚问题整改方案，多次召开驻村工作队专题会议，对防返贫监测、信息采集、脱贫攻坚成果问题排查整改以及灾情统计帮扶等工作进行安排部署，形成 2 周 1 次的例会制度和工作队长考核制度，对驻村工作队常态化考核管理。

【社会民生】 2021 年，西城乡西城村完成 2020 年美丽宜居乡村建设项目，新立村作为 2021 年美丽宜居乡村建设村，全面实施基础设施配套项目。7 个村级卫生室提升改造。配合杭城村污水处理厂管网铺设 3000 余米，新立村 1 期污水管网建设 2000 米。新立村硬化街巷 1800 平方米，污水管道埋设 750 米、雨水管道 220 米。开柳线西城乡武良村段路面铺设完成并投入使用。全乡脱贫户“六个一工程”验收。扩大土地流转面积 800 亩，其中腾达种植专业合作社增加流转 500 亩土地扩大芦笋种植面积，造林合作社增加流转 156 亩土地进行草坪种植。西城村农业灌溉深井项目，打深井 4 眼。新立村、新庄村、西城村、杭城村、东城村、东石侯村通过“一事一议”修缮退水渠。确定因灾受损农房修缮改造对象 74 户（其中受损鉴定 C 级 30 户，D 级 44 户），修缮加固的 30 户全部完工，受灾村民已入住；44 户重建房屋主体竣工。清理磁窑河及其支流饮马河堤岸的建筑垃圾 100 余平方米，生活垃圾 300 余吨，对在河道上栽种树木、农作物的村民下达清理通知书，要求其全部清理。制定巡河制度，各村选派至少 1 名巡河员，各村河长每周巡河不少于 1 次，巡河周每日巡河，禁止在河道内非法排污、挖沙、放牧等。成立以乡两委为核心的乡防汛领导小组，完善防汛工作方案和防汛应急预案。15 万元救灾资金和各类救灾物资分配发放至各村。

南武乡

【概述】 文水县南武乡（以下简称南武乡）位于县境平川中部，北临凤城镇、西城乡，西南连北张乡、东与下曲镇、刘胡兰镇毗邻。全乡占地面积 30.72 平方公里，耕地面积 2139.84 公顷。下辖南武村、西庄村、东庄村、南明阳村、西明阳村、北明阳村、杨家寨村、武家寨村、麻家寨村 9 个建制村。乡机关驻南武村，距县城 7.5 公里。

2021 年，南武乡有中学 1 所，在校学生 181 人；小学 6 所，在校学生 655 人；幼儿园 7 所，在校学生 305 人。

【基层党建】 2021 年，南武乡开展党史专题学习 9 次，针对 4 本党史学习教育指定书目制定每月学习计划，集中学习 19 次，自学 25 次。开展“不作为、慢作为、乱作为、工作纪律涣散”问题专项整治。开展党组织阵地提升，9 个村全部完成外观提升，村级“六个一”功能配备完善，村级各类组织牌全部规范完成。开展“我为群众办实事”实践活动，完成 110 件实事项目，解决群众关心的村内退水、环境卫生治理及受灾房屋修缮等民生实事。

【农田建设】 2021 年，南武乡高标准农田建设涉及 8 个村，计划治理面积 25000 亩，主要建设内容包括修整田间路、修灌水渠、修水井、配套灌溉设施、通电、绿化等，共铺设电缆线 10370 米，配套水泵 61 套，管道工程完成 44610 米，修整田间道路 18432 米，修建机井 30 套，栽树 2000 余株。

【脱贫攻坚】 2021 年，南武乡推进脱贫攻坚与乡村振兴有效衔接，聚焦责任落实、政策落实、工作落实、巩固成效四方面，对乡内脱贫户 133 户 392 人脱贫攻坚成果各项工作开展“回头看”。开展防止返贫动态监测和帮扶。

【耕地保护】 2021 年，南武乡加大耕地保护相关政策的宣传力度，对违法占地的处罚案例经常性通报。对辖区企业用地需求进行摸底，协助引导企业正规用地。

【美丽乡村建设】 2021 年，南武乡南武村、东庄村被确定为美丽乡村建设村。南武村种植柳树、国槐、松树、冬青 1200 余株，绿化道路 2000 余米，安装路灯 120 余盏，美化墙面 1000 余平方米，整理残垣断壁 100 余米。东庄村清理垃圾 10 余处 2600 余平方米，整理残垣断壁800余米，清理沟渠1000余米，种植国槐、松树、冬青800余株，完成村级活动场所2000余平方米装修，建立文化活动广场1处，设立文化墙10处。

【农村合同清理】 2021年，南武乡成立合同清理工作领导组和4个专门工作小组，乡村两级挂牌专项办公室，摸清各村经济组织的底数。全乡机动地规范合同941份4293亩，收回承包费1096533元；建设用地规范合同110份1177亩，收回租赁费1183179元。已规范合同年度收回2317356元，合同增收金额1570800元。收回拖欠承包费441458元，收取管理费13份171444元。

【网格化管理】 2021年，南武乡依托村合理划分基本网格单元，统筹网格内党建、社会保障、综合治理、应急管理、社会救助等工作，推进全科网格化服务管理标准化建设。按照“网格长—网格员—微网格长—联络员—群众”五级架构模式，组建网格服务团队。共设置9个网格，配齐网格长9名，专职网格员11名。全年，网格员上报各类信息1200余条，排查化解矛盾纠纷181件，开展疫情防控宣传1000余次，参与合同清理入户摸底工作810人次，为群众代办服务120件。

北张乡

【概述】 文水县北张乡（以下简称北张乡）位于文水县中南部，东与下曲镇毗邻，南连西槽头乡，西与孝义镇接壤，北临凤城镇、南武乡。全乡占地面积41.28平方公里，耕地面积2875.38公顷。下辖北张村、南张村、上河头村、武村、东宜亭村、西宜亭村、北武涝村、南武涝村、苏家堡村、郑家庄村10个建制村。乡机关驻北张村，距县城10公里。

2021年，北张乡有中学1所，在校学生687人；小学7所，在校学生798人；幼儿园7所，在校学生311人。

【农业】 2021年，北张乡粮食播种面积39930亩，其中冬小麦播种面积146亩，玉米播种面积34792亩，高粱播种面积15亩，马铃薯种植面积3998亩，甘薯种植面积979亩。全年经济作物种植面积5528.8亩，其中蔬菜5464.6亩、瓜果64亩。

【农村合同清理】 2021年6月28日，北张乡作为全县试点，率先开展农村合同清理。对涉及机动地、建设用地、集体资产的808份合同，按照“三查两处”要求提级清理。有3个村作为全县合同清理工作典型，整理典型案例上报县合同清理工作领导组，相关经验被县委组织部、县法院公众号刊发，全县推广。截至10月中旬，通过清理，全乡共新增机动地承包收入27万余元，新增建设用地租赁收入91万余元。

【乡村振兴】 2021年，北张乡对44户107人脱贫户常态化跟进帮扶，每月开展三类户动态监测，办理脱贫户小额贷款2例10万元，对生活存在一定困难的群众，采取民政救助等方式缓解群众生产生活压力。对因雨涝灾害受灾的8户23人脱贫户收支情况进行精准研判，落实帮扶措施。完成吕梁山护工培训44人。对损毁超过50%的55970米环村路、进出村主干道进行摸排上报，列入乡村振兴人居环境道路整治项目。修建党员连心亭3处。

【土地管理】 2021年，北张乡组织乡镇农业站、土地所18名工作人员，分3组，对县自然资源局下发的42块图斑开展摸排，未发现“大棚房”有关问题。加强对建筑市场的规范管理，成立工作专班，建立巡查制度和工作群，每周一二三开展巡查，摸排问题线索，查处违法开工建设25起，下达责令整改通知25家，实施断电整改措施8家。组织开展农村建筑工匠培训。

【环保】 2021年，北张乡督促9家企业办理环保管理“三同时”手续，要求企业加强对环保监测人员的培训，持证上岗。

【民生事务】 2021年，北张乡有序推进农村集中供热项目，各村换热站全部建设完工。对文峪河北张段进行生态治理，围绕西宜亭村和北张村打造休闲观光场所。

西槽头乡

【概述】 文水县西槽头乡（以下简称西槽头乡）位于文水县城西南端，东临平遥县杜家庄乡，东北与下曲镇、北张乡相连，西南与汾阳市冀村镇毗邻，西北与孝义镇相接，南与平遥县宁固镇为邻。辖区东西最大距离5.8千米，南北最大距离8.2千米，总面积为30.94平方公里，耕地面积2315.07公顷。下辖西槽头村、裴会村、百金堡村、阎家社村、狄家社村、王家社村、尹家社村7个建制村。乡机关驻西槽头村，距县城15公里。

2021年，西槽头乡有中学1所，在校学生185人；小学6所，在校学生384人；幼儿园3所，在校学生180人。

【乡村振兴】 2021年，西槽头乡开展农村合同清理工作，全乡不规范合同有503份，已规范合同500份，增加集体收入1348944元。加强农民职业技术培训，组织38人参加“吕梁山护工”培训。开展“六乱整治”，拆除废弃建筑、断壁残垣31处，清理乱堆乱放、乱搭乱建等196处，清理各类垃圾3216.5吨，清理农业生产废弃物158吨。推进“美丽乡村”建设，百金堡村累计投入500余万元进行美丽宜居乡村建设项目，西槽头村列入2021年美丽乡村项目建设名单。开展“散乱污”企业排查整治，整治取缔“散乱污”企业4户。完成7个村阵地提升。开展文明村、文明户、道德模范、“五好家庭”“五好媳妇”评选表彰活动，推广“一个核心、双轮驱动”即以党支部为核心，村精神文明建设和社会事业发展双驱动的工作新机制。

【民生保障】 2021年，西槽头乡完成残疾人生活护理补贴核查和低保复核，有低保户241户377人。提交耕地地力补贴信息等待发放，种粮一次性补贴已全部发放。13个换热站正常运营，累计正常供热1674户。重建修缮受灾房屋29户。对全乡稳定脱贫户、重点监测户和低保户等重点人群城乡居民基本医疗保险实现应保尽保。

【土地执法】 2021年，西槽头乡开展卫片执法工作，涉及违法占地1宗，面积1.2亩，为养殖场附属用房，已办理设施农用地备案。推进大棚房整治“回头看”工作，对全乡设施农用地逐村逐户排查，加大常态化监管。

【基层党建】 2021年，西槽头乡组织党员干部专题党史学习教育10次，中心组学习23次。通过干部领学、参观刘胡兰纪念馆实地践学、在“学习强国”和三晋先锋APP等线上学习平台联学、宣讲团进村宣讲学习、邀请专家授课等方式，促进全面学习。重新修订《西槽头乡党风廉政建设责任清单》，与各村签订党风廉政建设工作责任书。

马西乡

【概述】 文水县马西乡（以下简称马西乡）位于文水县西南部，东临孝义镇，西、南与汾阳市接壤，北与开栅镇、凤城镇为邻。占地面积86.86平方公里，耕地面积1878.93公顷。下辖马西村、穆家寨村、河西村、神堂村、牛家垣村、赤峪村、孝子渠村7个建制村。乡机关驻马西村，距县城10公里。

2021年，马西乡有中学1所，在校学生277人；小学1所，在校学生562人；幼儿园2所，在校学生191人。

【农牧业】 2021年，马西乡农作物种植面积12663.11亩，其中玉米10163.87亩，小麦154.3亩，谷物1579.52亩，薯类286.26亩，豆类475.2亩。粮食产量2759吨。猪年存栏33411头，出栏70256头；牛年存栏3293头，出栏724只；羊年存栏6449只，出栏1615只；蛋鸡年存栏44.8万只，肉鸡年存栏18.9万只。

【合同清理】 2021年，马西乡全面梳理农村集体经济合同，逐图斑逐户逐地块逐合同进行，原有机动地面积3452亩，应有机动地面积3198.58亩，实际查出机动地面积3331亩。合同总数884份，其中书面合同502份，无合同约定496份，已找到合同635份。已规范合同数293份，形成调查报告数413份，不规范合同774份。

【生态环境】 2021年，马西乡组织开展"六乱整治"工作，出动1100余人次，240余车次，机械22台，完成14公里道路两侧杂草和四堆清理，完成新排查发现铁路高速公路新增80余吨的建筑垃圾清理和填埋，取缔违法占道占地13处，完成绿化美化2000平方米的花带种植，各村全面清理街道、街巷、居民区以及河沟的四堆6000余处、生活垃圾230余吨，建筑垃圾190余吨。开展植树造林，栽植各种树木3.2万余株。

【护林防火】 2021年，马西乡完善《马西乡护林防火特险期工作方案》等相关制度，张贴悬挂宣传横幅50余条、道旗150余条、小型宣传标语400余条，发放宣传册2500余份。在全乡26个卡口、4个重点卡口设置护林防火检查站，对进出人员进行登记甚至劝返。本年度实现零火情。

【防返贫动态监测】 2021年，马西乡开展防返贫动态监测排查，组织各村驻村工作队、村主干对脱贫户、易返贫致贫户及一般农户进行全面摸排。按照防返贫动态监测程序，新列入监测对象涉及2个村3户13人。针对各村摸排出的因病造成生活突发严重困难的农户，及时纳入监测对象，从兜底保障、医疗救助等多方面帮扶。

【市场监督】 2021年，马西乡办理营业执照70户，排查并督促无证无照相关企业办理"三小"类证件12户。开展食品生产企业日常检查共4户，出动执法人员18人次，车辆6次。对特种设备使用单位日常监督检查6户，出动执法人员30人次，车辆12次。检查"两品一械"实现相关企业全覆盖，出动执法人员30人次，车辆10次。

【民生事务】 2021年，马西乡开展防范非法集资、电信网络诈骗宣传，以村为单位，成立由乡包村主干为队长的宣传小分队，发放宣传手册2000余份、签订承诺书4000余份等。7个村全部完成低保五保审核评定工作。对孤老人员多次走访，帮助他们解决实际困难。对低保户中的重大疾病人员进行资金救助，累计救助7人次，救助金额3200元。3个村完成幸福小院工程。解决穆家寨村农田灌溉千米管道铺设，对赤峪村饮水管道疏通修理。

【基层党建】 2021年，马西乡党委理论中心组召开专题集中学习会26次，开展党史学习教育研讨交流会6次。7个村全部在村级活动场所主体建筑外部统一悬挂“一徽一标三牌”。对河西村活动阵地提升改造。投入70万余元，新建神堂村幼儿园和神堂村便民服务大厅。开展“我为群众办实事”实践活动，通过走访入户，各支部征集问题31项，已完成24项。健全微体系，打通微循环，将党支部建在网格上，由7个村的党支部书记任网格长，划分党小组，党小组长包联党员，党员包联群众，实现党员群众全覆盖。

附　　录

表 1　　**2021 年文水县领导人名录**

单　位	职　务	姓　名	性别	籍　贯	文化程度	任职时间
中国共产党文水县委员会	县委书记、县委常委	梁宝明	男	岚县	大学本科	—2021.02
中国共产党文水县委员会	县委书记、县委常委	杨　洋	男	长治市平顺县	（博士）研究生	2021.02—
中国共产党文水县委员会	县委副书记、县委常委	王　峰	男	柳林县	研究生	—
中国共产党文水县委员会	县委副书记、县委常委	赵林泉	男	方山县	大学本科	2021.01—2021.12
中国共产党文水县委员会	县委副书记、县委常委	孟兰生	男	孝义市	大学本科	2021.12—
中国共产党文水县委员会	县委常委	张建良	男	中阳县	大学本科	—2021.03
中国共产党文水县委员会	县委常委	刘建树	男	临县	研究生	—
中国共产党文水县委员会	县委常委	文成宝	男	汾阳市	大学本科	—2021.03
中国共产党文水县委员会	县委常委	石新杰	男	文水县刘胡兰镇大象村	研究生	—
中国共产党文水县委员会	县委常委	王永平	男	柳林县	大学本科	—
中国共产党文水县委员会	县委常委	张卫华	男	山东省临清市	大学本科	—
中国共产党文水县委员会	县委常委	赵志昌	男	文水县北张乡南张村	大学本科	—2021.03
中国共产党文水县委员会	县委常委	成　坚	男	离石区	研究生	—
中国共产党文水县委员会	县委常委	薛海燕	女	柳林县	研究生	2021.03—
中国共产党文水县委员会	县委常委	惠　慧	女	石楼县	研究生	2021.04—

续表

单　位	职　务	姓　名	性别	籍　贯	文化程度	任职时间
文水县人民代表大会常务委员会	主任	范发宾	男	文水县下曲镇徐家镇村	研究生	—
文水县人民代表大会常务委员会	副主任	王治国	男	文水县孝义镇乐村	研究生	—2021.04
文水县人民代表大会常务委员会	副主任	任守云	男	文水县下曲镇北齐村	大学本科	—2021.04
文水县人民代表大会常务委员会	副主任	郭志刚	男	文水县西城乡西城村	大学专科	—2021.04
文水县人民代表大会常务委员会	副主任	赵志昌	男	文水县北张乡南张村	大学本科	2021.04—
文水县人民代表大会常务委员会	副主任	李仰青	男	文水县凤城镇北街村	大学本科	2021.04—
文水县人民代表大会常务委员会	副主任	赵一学	男	文水县刘胡兰镇上段村	大学本科	2021.04—
文水县人民代表大会常务委员会	副主任	郭竹朋	男	文水县凤城镇北街村	研究生	—
文水县人民政府	县长	王　峰	男	柳林县	研究生	—
文水县人民政府	常务副县长	赵志昌	男	文水县北张乡南张村	大学本科	—2021.03
文水县人民政府	常务副县长	成　坚	男	离石区	研究生	—
文水县人民政府	副县长	赵一学	男	文水县刘胡兰镇上段村	大学本科	—2021.03
文水县人民政府	副县长	白剑翀	男	临县	大学本科	—2021.03
文水县人民政府	副县长	武英喆	男	交口县	大学本科	—
文水县人民政府	副县长	闫志斌	男	离石区	大学本科	2021.03—
文水县人民政府	副县长	王金钟	男	文水县南庄镇温云营村	大学本科	2021.03—
文水县人民政府	副县长	宋国刚	男	文水县开栅镇开栅村	大学本科	2021.04—

续表

单　位	职　务	姓　名	性别	籍　贯	文化程度	任职时间
文水县人民政府	副县长	张雪娟	女	文水县马西乡马西村	大学本科	2021.04—
中国人民政治协商会议文水县委员会	主席	闫启明	男	文水县北张乡北张村	大学本科	—2021.04
中国人民政治协商会议文水县委员会	主席	文成宝	男	汾阳市	大学本科	2021.04—
中国人民政治协商会议文水县委员会	副主席	李仰青	男	文水县凤城镇北街村	大学本科	—2021.04
中国人民政治协商会议文水县委员会	副主席	王治国	男	文水县孝义镇乐村	研究生	2021.04—
中国人民政治协商会议文水县委员会	副主席	张维元	男	文水县下曲镇南贤村	大学专科	—2021.04
中国人民政治协商会议文水县委员会	副主席	王永昌	男	文水县下曲镇石永村	大学本科	—
中国人民政治协商会议文水县委员会	副主席	宋建英	男	晋中市和顺县	大学本科	—
中国人民政治协商会议文水县委员会	副主席	段效东	男	文水县下曲镇南齐村	大学专科	2021.04—
中国人民政治协商会议文水县委员会	秘书长	蔚成贵	男	文水县开栅镇开栅村	大学本科	—2021.12
中国人民政治协商会议文水县委员会	秘书长	张继勇	男	文水县马西乡马西村	大学本科	2021.12—
中国共产党文水县纪律检查委员会	书记	张建良	男	中阳县	大学本科	—2021.03
中国共产党文水县纪律检查委员会	书记	薛海燕	女	柳林县	硕士研究生	2021.03—
中国共产党文水县纪律检查委员会	副书记	马　飞	男	文水县凤城镇大城南村	大学本科	—

续表

单　位	职　务	姓　名	性别	籍　贯	文化程度	任职时间
中国共产党文水县纪律检查委员会	副书记	徐建岗	男	山东省	大学本科	—
中国共产党文水县纪律检查委员会	常委	任思沛	男	文水县下曲镇石永村	大学专科	—
中国共产党文水县纪律检查委员会	常委	唐　健	男	文水县下曲镇下曲村	大学本科	—
中国共产党文水县纪律检查委员会	常委	冯虎彪	男	文水县凤城镇龙泉村	大学本科	—2021.03
中国共产党文水县纪律检查委员会	常委	吕金华	女	文水县南武乡北明阳村	大学本科	—
中国共产党文水县纪律检查委员会	常委	王海洋	男	柳林县	硕士研究生	2021.03.15—2021.03.28
中国共产党文水县纪律检查委员会	常委	吕　华	男	文水县凤城镇乐村	大学本科	2021.03—
文水县监察委员会	主任	张建良	男	中阳县	大学本科	—2021.03
文水县监察委员会	主任	薛海燕	女	柳林县	硕士研究生	2021.04—
文水县监察委员会	副主任	马　飞	男	文水县凤城镇大城南村	大学本科	—
文水县监察委员会	副主任	徐建岗	男	山东省	大学本科	—
文水县监察委员会	委员	唐　健	男	文水县下曲镇下曲村	大学本科	—
文水县监察委员会	委员	吕　华	男	文水县凤城镇乐村	大学本科	—
文水县监察委员会	委员	韩银芬	女	文水县马西乡马西村	大学本科	—
文水县监察委员会	委员	王海洋	男	柳林县	硕士研究生	2021.07—

续表

单 位	职 务	姓 名	性别	籍 贯	文化程度	任职时间
中国共产党文水县委员会办公室	主任	赵振军	男	文水县凤城镇旧城庄村	研究生	—2021.09
中国共产党文水县委员会办公室	主任	梁文锋	男	文水县下曲镇梁家堡村	大学本科	2021.09—
中国共产党文水县委员会办公室	副主任	朱俊强	男	文水县西城乡东城村	研究生	2021.03—2021.09
中国共产党文水县委员会办公室	副主任、机要局局长	康照峰	男	文水县西城乡西城村	大学本科	—
中国共产党文水县委员会办公室	副主任	王建祥	男	文水县刘胡兰镇保贤村	大学本科	—2021.09
中国共产党文水县委员会办公室	副主任	李 宏	男	文水县凤城镇西街村	大学本科	—2021.03
中国共产党文水县委员会办公室	副主任	韩 宇	男	文水县刘胡兰镇保贤村	大学本科	—2021.09
中国共产党文水县委员会办公室	副主任	段忠民	男	文水县下曲镇青高村	大学专科	2021.09—
中国共产党文水县委员会办公室	副主任	刘建明	男	文水县凤城镇沟口村	大学本科	2021.04—
中国共产党文水县委员会办公室	副主任	韩 鹏	男	文水县南庄镇信贤村	大学本科	2021.12—
中国共产党文水县委员会办公室文水县改革发展研究中心	文水县改革发展研究中心主任	康旭彪	男	文水县凤城镇北街村	大学本科	2021.08—
中国共产党文水县委员会办公室	文水县机要保密网络信息服务中心主任	胡英杰	男	文水县开栅镇文倚村	大学本科	2021.08—
中国共产党文水县委员会组织部	部长	刘建树	男	临县	研究生	—
中国共产党文水县委员会组织部	主持日常工作的副部长	李俊杰	男	文水县南武乡南明阳村	大学本科	—

续表

单　位	职　务	姓　名	性别	籍　贯	文化程度	任职时间
中国共产党文水县委员会组织部	副部长（兼职）	刘小平	男	文水县下曲镇北齐村	大学专科	—2021.12
中国共产党文水县委员会组织部	副部长（兼职）	侯海涛	女	文水县南武乡东庄村	大学本科	—
中国共产党文水县委员会组织部	副部长（兼职）	张建文	男	文水县刘胡兰镇大象村	大学专科	—
中国共产党文水县委员会组织部	副部长	燕晋强	男	文水县凤城镇南街村	大学本科	—
中国共产党文水县委员会组织部	县委非公有制经济组织和社会组织工委书记	石　可	男	文水县刘胡兰镇大象村	大学本科	—2021.03
中国共产党文水县委员会组织部	党建综合服务中心主任	马智勇	男	文水县凤城镇北街村	大学本科	2021.06—
中国共产党文水县委员会组织部	举报与核查中心主任	周　凡	女	河北省武强县	大学本科	2021.06—
中国共产党文水县委员会组织部	党建综合服务中心副主任	韩永亮	男	文水县下曲镇石永村	大学本科	2021.06—
中国共产党文水县委员会组织部	党建综合服务中心副主任	王迎新	女	文水县开栅镇文倚村	大学本科	2021.08—
中国共产党文水县委员会宣传部	部长	石新杰	男	文水县刘胡兰镇大象村	研究生	—
中国共产党文水县委员会宣传部	主持日常工作的副部长	武慧洁	女	文水县凤城镇冀周村	大学本科	—
中国共产党文水县委员会宣传部	副部长	张志军	男	文水县下曲镇南辛店村	大学专科	—2021.05
中国共产党文水县委员会宣传部	副部长	邢俊杰	男	文水县凤城镇韩村	大学本科	2021.05—
中国共产党文水县委员会宣传部	副部长	张文艳	女	文水县凤城镇桑村	大学本科	2021.05—

续表

单　位	职　务	姓　名	性别	籍　贯	文化程度	任职时间
中国共产党文水县委员会宣传部	文水县宣传事业发展中心主任	王　成	男	大同市浑源县	大学本科	2021.08—
中共文水县委统一战线工作部	部长	王永平	男	柳林县	大学本科	—
中共文水县委统一战线工作部	主持日常工作的副部长	石新春	女	文水县刘胡兰镇大象村	大学本科	—
中共文水县委统一战线工作部	副部长、民宗局局长	杨瑞玲	女	方山县	大学专科	—2021.04
中共文水县委统一战线工作部	副部长	高　峰	男	文水县刘胡兰镇伯鱼村	大学本科	—
中共文水县委统一战线工作部	副部长、民宗局局长	吕银强	男	文水县凤城镇西街村	大学本科	2021.05—
中共文水县委机构编制委员会办公室	主任	侯海涛	女	文水县南武乡东庄村	大学本科	—
中共文水县委机构编制委员会办公室	副主任	王俊蕊	女	文水县刘胡兰镇王家堡村	大学本科	—
文水县机关事业单位运行监测中心	中心主任	闫占彪	男	文水县刘胡兰镇门世村	大学本科	2021.08—
中国共产党文水县直属机关工作委员会	书记	张士武	男	文水县南安镇东北安村	大学专科	—2021.04
中国共产党文水县直属机关工作委员会	书记	冯虎彪	男	文水县凤城镇龙泉村	大学本科	2021.04—
中国共产党文水县直属机关工作委员会	副书记	段　云	男	文水县下曲镇南齐村	大学专科	—
中国共产党文水县直属机关工作委员会	县直纪检监察工委书记	张高俊	男	文水县凤城镇南街村	大学本科	—
中国共产党文水县委员会老干部局	局长	张建文	男	文水县刘胡兰镇大象村	大学专科	—

续表

单位	职务	姓名	性别	籍贯	文化程度	任职时间
中国共产党文水县委员会老干部局	副局长	卢雅娟	女	临汾市尧都区	研究生	—
中共文水县委巡察工作办公室	主任	任思沛	男	文水县下曲镇石永村	大学专科	—
中共文水县委巡察工作办公室	副主任	李志强	男	文水县马西乡孝子渠村	大学本科	—
中共文水县委巡察工作办公室	巡察专员	郑超刚	男	文水县南安镇南安村	大学本科	—
中共文水县委巡察工作办公室	巡察专员	郭　彪	男	文水县凤城镇北街村	大学本科	—2021.09
中共文水县委巡察工作办公室	巡察专员	李广义	男	文水县凤城镇龙泉村	大学本科	—
中共文水县委巡察工作办公室	巡察专员	武国安	男	文水县南武乡武家寨村	大学本科	—
中共文水县委巡察工作办公室	巡察专员	于保国	男	文水县马西乡马西村	大学本科	—
中共文水县委巡察工作办公室	巡察专员	梁学丽	女	文水县下曲镇寄谷庄村	大学本科	—
中共文水县委巡察工作办公室	巡察资料中心主任	王志刚	男	文水县下曲镇下曲村	大学专科	2021.06—
中共文水县委党校	校长	刘大鹏	男	方山县	大学本科	—2021.05
中共文水县委党校	校长	刘建树	男	临县	大学本科	2021.05—2021.12
中共文水县委党校	常务副校长	李宏文	男	文水县开栅镇文倚村	大学本科	—2021.06
中共文水县委党校	常务副校长	郭　彪	男	文水县凤城镇北街村	大学本科	2021.09—
中共文水县委党校	副校长	任青松	男	文水县马西乡马西村	大学本科	—

续表

单　位	职　务	姓　名	性别	籍　贯	文化程度	任职时间
中共文水县委党校	副校长	王小兵	男	文水县刘胡兰镇大象村	大学本科	—
中共文水县委党史研究室	主任	岳建明	男	文水县开栅镇宋家庄村	研究生	—
中共文水县委党史研究室	副主任	庞建强	男	文水县孝义镇上贤村	大学本科	—
中共文水县委党史研究室	副主任	张晓蓉	女	交城县	大学本科	—
文水县机关事务服务中心	主任	武振国	男	文水县凤城镇南关村	大学本科	—
文水县机关事务服务中心	副主任	高文明	男	文水县凤城镇南街村	大学本科	—
文水县机关事务服务中心	副主任	高文洲	男	文水县孝义镇马村	大学本科	—
文水县档案馆	馆长	王翠珍	女	文水县刘胡兰镇刘胡兰村	大学本科	—2021.08
文水县档案馆	馆长	郭　强	男	文水县凤城镇南街村	大学本科	2021.08—
文水县档案馆	副馆长	胡向飞	男	文水县南武乡南武村	大学本科	—2021.03
文水县人民代表大会常务委员会	办公室主任	王京强	男	文水县下曲镇青高村	大学本科	—2021.10
文水县人民代表大会常务委员会	办公室主任	韩　宇	男	文水县刘胡兰镇保贤村	大学本科	2021.10—
文水县人民代表大会常务委员会	教科文卫委主任	成安梅	女	文水县凤城镇南峪口村	大学本科	—
文水县人民代表大会常务委员会	财经委主任	张文平	女	文水县南安镇西北安村	大学本科	—
文水县人民代表大会常务委员会	法工委主任	李向前	男	文水县南武乡西庄村	大学本科	—

续表

单　位	职　务	姓　名	性别	籍　贯	文化程度	任职时间
文水县人民代表大会常务委员会	农工委主任	胡铁牛	男	文水县凤城镇大城南村	研究生	—2021.10
文水县人民代表大会常务委员会	农工委主任	翟鹏程	男	文水县孝义镇平陶村	研究生	2021.10—
文水县人民代表大会常务委员会	人事工委主任	武建民	男	文水县马西乡马西村	大学本科	—2021.10
文水县人民代表大会常务委员会	人事工委主任	张士武	男	文水县南安镇东北安村	大学本科	2021.10—
文水县人民代表大会常务委员会	信息中心主任	霍保安	男	文水县下曲镇徐家镇村	大学本科	—2021.04
文水县人民代表大会常务委员会	人大代表服务中心主任	程　也	女	文水县凤城镇私评村	研究生	2021.08—
文水县人民代表大会财政经济委员会	专职副主任	侯良涛	男	文水县西槽头乡尹家社村	大学本科	2021.08—
文水县人民代表大会法制委员会	专职副主任	昝　佩	女	文水县凤城镇堡子村	大学本科	2021.08—
文水县人民政府办公室	主任	段效东	男	文水县下曲镇南齐村	大学本科	—2021.10
文水县人民政府办公室	主任	齐树亮	男	文水县南安镇西社村	大学本科	2021.10—
文水县人民政府办公室	副主任	武志青	女	文水县凤城镇北街村	大学本科	—2021.08
文水县人民政府办公室	副主任	宋国刚	男	文水县开栅镇开栅村	大学本科	2021.03—2021.06
文水县人民政府办公室	副主任	张雪娟	女	文水县马西乡马西村	大学本科	2021.04—2021.06
文水县人民政府办公室	副主任	陈晓玲	女	文水县南安镇高车村	大学本科	2021.08—
文水县人民政府办公室	副主任	张继勇	男	文水县马西乡马西村	大学本科	—2021.12

续表

单　位	职　务	姓　名	性别	籍　贯	文化程度	任职时间
文水县人民政府办公室	副主任	张海诚	男	文水县开栅镇开栅村	大学本科	—2021.11
文水县人民政府办公室	政府信息网络研究中心主任	吴　娜	女	文水县凤城镇东街村	大学本科	2021.08—
文水县人民政府办公室	金融服务中心主任	段中文	男	中阳县	大学本科	2021.08—
文水县人力资源和社会保障局	局长	刘小平	男	文水县下曲镇北齐村	大学专科	—2021.10
文水县人力资源和社会保障局	局长	张玉和	男	文水县下曲镇南辛店村	大学本科	2021.10—
文水县人力资源和社会保障局	副局长	刘铁兵	男	晋中市平遥县	大学本科	—
文水县人力资源和社会保障局	副局长	白永宏	男	文水县南安镇北胡村	大学本科	—
文水县人力资源和社会保障局	社会保险服务中心主任	张向东	男	文水县南庄镇温云营村	大学本科	2021.10—
文水县人力资源和社会保障局	劳动保障监察综合行政执法队副队长	岳晓恩	男	文水县凤城镇岳村	大学本科	2021.10—
文水县人力资源和社会保障局	人才交流中心主任	田树刚	男	交城县	大学本科	—2021.10
文水县人力资源和社会保障局	培训考试中心主任	马丽萍	女	文水县北张乡上河头村	大学本科	—2021.10
文水县民政局	局长	张玉和	男	文水县下曲镇南辛店村	大学本科	—2021.10
文水县民政局	局长	郭宏斌	男	文水县孝义镇东夏祠村	大学专科	2021.10—
文水县民政局	副局长	胡拥海	男	文水县凤城镇北关村	大学专科	—
文水县民政局	副局长	马永川	男	文水县南武乡南武村	大学本科	—

续表

单　位	职　务	姓　名	性别	籍　贯	文化程度	任职时间
文水县应急管理局	局长	宋忠辉	男	文水县开栅镇北徐村	大学本科	—2021.10
文水县应急管理局	局长	朱俊强	男	文水县西城乡东城村	研究生	2021.10—
文水县应急管理局	副局长	杨　霖	女	交城县	大学专科	—
文水县应急管理局	副局长	赵文康	男	文水县北张乡南张村	大学专科	—
文水县应急管理局	防震减灾中心主任	王健春	男	文水县下曲镇永乐村	大学本科	—
文水县应急管理局	应急管理综合行政执法队副队长	张晓强	男	文水县南武乡西庄村	大学专科	2021.10—
文水县应急管理局	应急管理综合行政执法队副队长	张俊强	男	文水县凤城镇桑村	大学本科	2021.10—
文水县应急管理局	防震减灾中心副主任	康玮钰	男	兴县	大学本科	2021.12—
文水县应急管理局	防震减灾中心副主任	李少凯	男	临县	大学本科	2021.12—
文水县行政审批服务管理局	局长	权建强	男	文水县下曲镇南贤村	大学本科	—
文水县行政审批服务管理局	副局长	赵文豪	男	文水县下曲镇石家堡村	大学本科	—
文水县行政审批服务管理局	政府采购中心主任	王建志	男	文水县刘胡兰镇南胡村	大学专科	—
文水县行政审批服务管理局	政务服务中心副主任	周志敏	男	文水县开栅镇武陵村	大学专科	—
文水县行政审批服务管理局	政务服务中心副主任	韩长亮	男	文水县刘胡兰镇保贤村	大学本科	—
文水县信访局	局长	王建祥	男	文水县刘胡兰镇保贤村	大学本科	—2021.10
文水县信访局	局长	段忠民	男	文水县下曲镇青高村	大学本科	2021.10—

续表

单 位	职 务	姓 名	性别	籍 贯	文化程度	任职时间
文水县信访局	副局长	段忠民	男	文水县下曲镇青高村	大学本科	2021.06—2021.10
文水县信访局	副局长	高润才	男	文水县南安镇东北安村	大学本科	—2021.06
文水县信访局	副局长	胡锡冬	男	文水县北张乡苏家堡村	大学本科	2021.10—
文水县信访局	副局长（兼）	王 锐	男	文水县刘胡兰镇大象村	大学本科	—
文水县信访局	信访服务中心主任	陈 娜	女	文水县开栅镇文倚村	大学本科	2021.10—
文水县退役军人事务局	局长	张志峰	男	文水县下曲镇南辛店村	大学本科	—
文水县退役军人事务局	副局长	李阳华	男	文水县南武乡麻家寨村	大学本科	—
文水县退役军人事务局	退役军人服务中心主任	胡文海	男	文水县凤城镇东旧城村	大学本科	2021.10—
中国人民政治协商会议文水县委员会	提案委主任	赵世宙	男	文水县北张乡南张村	大学本科	—2021.04
中国人民政治协商会议文水县委员会	提案委主任	文丽君	女	文水县南庄镇信贤村	研究生	2021.04—
中国人民政治协商会议文水县委员会	经济与资源环境委主任	郝丽娟	女	文水县刘胡兰镇王家堡村	大学本科	—
中国人民政治协商会议文水县委员会	农业和农村委主任	赵宪彬	男	文水县下曲镇青高村	大学本科	—2021.04
中国人民政治协商会议文水县委员会	农业和农村委主任	杨瑞玲	女	方山县	大学专科	2021.04—
中国人民政治协商会议文水县委员会	教科卫体委主任	刘红光	男	临县	大学本科	—2021.12

续表

单 位	职 务	姓 名	性别	籍 贯	文化程度	任职时间
中国人民政治协商会议文水县委员会	教科卫体委主任	武艺斌	男	文水县凤城镇西旧城村	大学本科	2021.12—
中国人民政治协商会议文水县委员会	民族宗教与社会法制委主任	胡超建	男	文水县西城乡东城村	大学专科	—2021.04
中国人民政治协商会议文水县委员会	民族宗教与社会法制委主任	曹小林	男	文水县下曲镇下曲村	大学专科	2021.04—
中国人民政治协商会议文水县委员会	文化文史和学习委主任	和金生	男	文水县刘胡兰镇上曲村	大学专科	—2021.04
中国人民政治协商会议文水县委员会	文化文史和学习委主任	王翠珍	女	文水县刘胡兰镇刘胡兰村	大学本科	2021.04—
中国人民政治协商会议文水县委员会	专职常委	宋丽珍	女	文水县西城乡西城村	大学本科	—
中国人民政治协商会议文水县委员会	社情民意信息中心主任	成 欢	女	文水县南武乡南武村	大学本科	—2021.12
中国人民政治协商会议文水县委员会	社情民意信息中心主任	王建彪	男	文水县西城乡西城村	大学本科	2021.12—
文水县总工会	党组书记	任守云	男	文水县下曲镇北齐村	大学本科	—2021.03
文水县总工会	党组书记	赵一学	男	文水县刘胡兰镇上段村	大学本科	2021.03—
文水县总工会	常务副主席	王智杰	男	文水县孝义镇南武度村	大学本科	—
文水县总工会	副主席	武吉明	男	文水县刘胡兰镇大象村	大学本科	—2021.09
文水县总工会	副主席	郝宏勇	男	晋中市平遥县	大学本科	2021.08—
文水县总工会	副主席	郝卫凤	女	文水县刘胡兰镇上段村	大学本科	2021.09—

续表

单　位	职　务	姓　名	性别	籍　贯	文化程度	任职时间
中国共产主义青年团文水县委员会	书记	刘晋鹏	男	文水县西槽头乡百金堡村	大学本科	—2021.06
中国共产主义青年团文水县委员会	书记	王福栋	男	汾阳市	大学本科	2021.06—
中国共产主义青年团文水县委员会	副书记	王福栋	男	汾阳市	大学本科	—2021.06
中国共产主义青年团文水县委员会	副书记	王金鑫	男	文水县西城乡西城村	大学本科	—
中国共产主义青年团文水县委员会	副书记、少工委副主任	成　锦	男	文水县刘胡兰镇城子村	大学本科	2021.06—
文水县妇女联合会	主席	郗晓娟	女	文水县南安镇杨乐堡村	大学本科	—2021.03
文水县妇女联合会	主席	朱琰卿	女	文水县下曲镇朱家堡村	大学本科	2021.03—
文水县妇女联合会	副主席	王丽妍	女	文水县凤城镇章多村	大学本科	—
文水县科学技术协会	主席	宋晋川	男	文水县开栅镇宋家庄村	大学本科	—
文水县科学技术协会	副主席	侯海花	女	文水县南武乡东庄村	大学本科	2021.05—
文水县文学艺术工作者联合会	主席	崔文彪	男	文水县北张乡南张村	大学本科	—
文水县文学艺术工作者联合会	党组书记	边　鑫	女	文水县刘胡兰镇北贤村	大学本科	—
文水县文学艺术工作者联合会	副主席	崔　雄	男	文水县北张乡东宜亭村	大学本科	—
文水县文学艺术工作者联合会	副主席	冯　颖	女	交城县	大学本科	—

续表

单　位	职　务	姓　名	性别	籍　贯	文化程度	任职时间
文水县残疾人联合会	理事长	梁　娜	女	文水县下曲镇梁家堡村	大学本科	—
文水县残疾人联合会	副理事长	段晓钢	男	文水县下曲镇南齐村	大学专科	—
文水县工商业联合会	党组书记	高　峰	男	文水县刘胡兰镇伯鱼村	大学本科	—
文水县工商业联合会	专职副主席	郭德贵	男	文水县南安镇谢家寨村	大学专科	—
中共文水县委政法委员会	书记	文成宝	男	汾阳市	大学本科	—2021.05
中共文水县委政法委员会	书记	惠　慧	女	石楼县	研究生	2021.05—
中共文水县委政法委员会	副书记	高建纲	男	文水县凤城镇南关村	大学本科	—
中共文水县委政法委员会	副书记	吴晓斌	男	文水县凤城镇北街村	大学本科	—
中共文水县委政法委员会社会综合治理服务中心	中心主任	孟晓鹏	男	文水县凤城镇方圆村	大学本科	2021.08—
中共文水县委政法委员会文水县法学会	专职副会长	梁文娟	女	文水县凤城镇武午村	研究生	2021.08—
文水县公安局	局长	白剑翀	男		大学本科	—2021.03
文水县公安局	局长	闫志斌	男		大学本科	2021.03—
文水县公安局	党委副书记、政委	张鹏飞	男		大学本科	—
文水县公安局	党委副书记、交警大队大队长	张延民	男		大学本科	—
文水县公安局	党委副书记	梁锁宁	男		大学本科	—
文水县公安局	党委副书记	熊彦彬	男		大学本科	—2021.06
文水县公安局	副局长	李希英	男		大学本科	—
文水县公安局	副局长	孟宪强	男		大学本科	—
文水县公安局	副局长	刘　辉	男		大学本科	—

续表

单　位	职　务	姓　名	性别	籍　贯	文化程度	任职时间
文水县公安局	副局长	贺明俊	男		大学本科	—
文水县公安局交通警察大队	大队长	张延民	男		大学本科	—
文水县公安局交通警察大队	教导员	武文军	男		大学专科	—
文水县公安局交通警察大队	党总支副书记	郭　隽	男		大学本科	—
文水县公安局交通警察大队	副大队长	胡永明	男		研究生	—
文水县公安局交通警察大队	副大队长	吴海涛	男		大学本科	—
文水县人民检察院	检察长	王宝和	男	汾阳市	大学本科	—2021.03
文水县人民检察院	检察长	吴志锋	女	离石区	大学本科	2021.04—
文水县人民检察院	主持日常工作的副检察长	柳　飞	男	大同市阳高县	研究生	2021.07—
文水县人民检察院	副检察长	岳新刚	男	文水县南安镇东郭村	大学本科	—
文水县人民检察院	副检察长	杨明生	男	文水县刘胡兰镇北贤村	研究生	—
文水县人民法院	院长	李进昱	男	临县	大学本科	—2021.03
文水县人民法院	院长	曹宪强	男	交城县	研究生	2021.04—
文水县人民法院	副院长	韩志明	男	文水县南安镇杨乐堡村	大学本科	—2021.07
文水县人民法院	副院长	王　盛	男	交城县	研究生	2021.08—
文水县人民法院	副院长	马利梅	女	文水县下曲镇永乐村	大学本科	—
文水县人民法院	副院长	王志刚	男	文水县北张乡武村	大学本科	—
文水县人民法院	副院长	任慧慧	女	孝义市	研究生	2021.06—
文水县司法局	局长	杜少杰	男	文水县开栅镇北峪口村	大学专科	—
文水县司法局	副局长	梁玉维	男	文水县凤城镇东旧城村	大学本科	—2021.08

续表

单　位	职　务	姓　名	性别	籍　贯	文化程度	任职时间
文水县司法局	副局长	段忠民	男	文水县下曲镇青高村	大学专科	—2021.06
文水县司法局	副局长	孟　洋	男	文水县南庄镇信贤村	大学本科	2021.08—
文水县司法局	副局长	赵建权	男	文水县凤城镇里洪村	大学本科	2021.08—
文水县工业和信息化局	党组书记	齐树亮	男	文水县南安镇西社村	大学本科	—2021.11
文水县工业和信息化局	局长	张雪娟	女	文水县马西乡马西村	大学本科	—2021.04
文水县工业和信息化局	局长	梁志峰	男	文水县下曲镇徐家镇村	大学本科	2021.11—
文水县工业和信息化局	副局长	侯中治	男	文水县南武乡东庄村	大学本科	—2021.06
文水县财政局	局长	段拉银	男	文水县南庄镇信贤村	大学本科	—
文水县财政局	副局长	李延萍	女	文水县南武乡西明阳村	大学本科	—2021.04
文水县财政局	副局长	王小壮	男	文水县凤城镇南徐村	大学本科	—
文水县财政局	副局长	史改萍	女	晋中市平遥县	大学本科	2021.08—
文水县财政预算服务中心	中心主任	刘卫东	男	文水县北张乡上河头村	大学专科	2021.08—
国家税务总局文水县税务局	局长	王桂刚	男	汾阳市	（硕士）研究生	—
国家税务总局文水县税务局	副局长	穆晓斌	男	文水县凤城镇东街村	大学本科	—

续表

单 位	职 务	姓 名	性别	籍 贯	文化程度	任职时间
国家税务总局文水县税务局	副局长	张春庆	男	文水县刘胡兰镇门世村	大学本科	—
国家税务总局文水县税务局	副局长	于慧宏	女	文水县孝义镇马村	大学本科	—
国家税务总局文水县税务局	副局长	蔚建元	男	文水县西城乡武良村	大学本科	—
国家税务总局文水县税务局	纪检组组长	贾乃应	男	兴县	大学本科	—2021.11
国家税务总局文水县税务局	纪检组组长	刘志伟	男	交口县	大学本科	2021.11—
国家税务总局文水县税务局	第一税务分局局长	王建生	男	文水县西城乡西城村	大学本科	2021.11—
国家税务总局文水县税务局	凤城税务分局局长	张士壮	男	文水县南安镇西北安村	大学本科	2021.11—
国家税务总局文水县税务局	胡兰税务分局局长	胡二明	男	文水县凤城镇北关村	大学专科	2021.11—
国家税务总局文水县税务局	孝义税务分局局长	张志清	男	文水县刘胡兰镇新堡村	大学专科	2021.11—
国家税务总局文水县税务局	北张税务分局局长	邢学工	男	文水县刘胡兰镇门世村	大学本科	2021.11—
文水县审计局	局长	李燕刚	男	文水县开栅镇文倚村	大学本科	—
文水县审计局	副局长	苏安生	男	文水县凤城镇南街村	大学专科	—
文水县审计局	副局长	郑德武	男	文水县南安镇南安村	大学本科	—
文水县市场监督管理局	局长	王卫泽	男	文水县南庄镇汾曲村	大学本科	—2021.10
文水县市场监督管理局	局长	宋忠辉	男	文水县开栅镇北徐村	大学本科	2021.10—

续表

单　位	职　务	姓　名	性别	籍　贯	文化程度	任职时间
文水县市场监督管理局	副局长	李志强	男	文水县刘胡兰镇水寨村	大学本科	—
文水县市场监督管理局	副局长	薛鹏飞	男	文水县南武乡北明阳村	大学本科	—
文水县市场监督管理局	副局长	武　学	男	文水县西城乡东石侯村	大学本科	—
文水县市场监督管理局	副局长	杨文刚	男	文水县北张乡北张村	大学本科	—
文水县能源局	局长	文栋梁	男	文水县南武乡麻家寨村	大学本科	—
文水县能源局	副局长	梁春林	男	文水县西城乡东城村	大学专科	—
文水县统计局	局长	梁文锋	男	文水县下曲镇梁家堡村	大学本科	—2021.10
文水县统计局	局长	闫志俊	女	交城县	大学本科	2021.10—
文水县统计局	副局长	闫志俊	女	交城县	大学本科	—2021.09
文水县综合检验检测中心	负责人	李海云	女	文水县北张乡北武涝村	大学本科	—2021.11
文水县综合检验检测中心	主任	张海诚	男	文水县开栅镇开栅村	大学本科	2021.11—
文水县综合检验检测中心	副主任	张瑜珺	男	文水县开栅镇武陵村	大学本科	—
文水县中小企业服务中心	副主任（主持工作）	席雪涛	男	文水县北张乡武村	大学专科	—
文水县中小企业服务中心	副主任	石青岩	男	文水县凤城镇东旧城村	大学专科	—
文水县发展和改革局	党组副书记（主持工作）	程延军	男	文水县凤城镇南街村	大学本科	2021.02—2021.04

续表

单　位	职　务	姓　名	性别	籍　贯	文化程度	任职时间
文水县发展和改革局	局长	贺泽炜	男	朔州市应县	硕士研究生	2021.04—
文水县发展和改革局	副局长（主持工作）	李海亮	男	文水县南武乡西庄村	大学专科	—2021.08
文水县发展和改革局	副局长	李志勇	男	晋中市祁县	大学本科	—2021.08
文水县发展和改革局	副局长	郭志勇	男	晋中市平遥县	大学本科	2021.08—
文水县发展和改革局	副局长	胡艳斌	男	文水县南庄镇温云村	大学专科	2021.08—
文水县经济发展服务中心	主任	文燕军	男	文水县南庄镇信贤村	大学本科	2021.08—
文水县重点项目服务中心	负责人	梁文锋	男	文水县下曲镇梁家堡村	大学本科	—2021.06
文水县项目推进中心	主任	侯中治	男	文水县南武乡东庄村	大学本科	2021.06—
山西文水经济开发区管理委员会	主任	刘大鹏	男	方山县	大学本科	—
山西文水经济开发区管理委员会	常务副主任	苏德寰	男	文水县西槽头乡王家社村	大学本科	—
山西文水经济开发区管理委员会	副主任	桑志民	男	文水县北张乡北张村	大学本科	—
山西文水经济开发区管理委员会	党委书记	郭　熔	男	文水县西城乡东石侯村	大学本科	2021.08—
山西文水经济开发区管理委员会纪工委	书记	裴利强	男	文水县南庄镇信贤村	大学本科	2021.09—
山西文水经济开发区管理委员会党政办公室	主任	王启富	男	文水县凤城镇西街村	大学本科	—
山西文水经济开发区管理委员会党政办公室	副主任	石　泉	男	文水县刘胡兰镇大象村	大学本科	2021.02—

续表

单　位	职　务	姓　名	性别	籍　贯	文化程度	任职时间
山西文水经济开发区管理委员会人才资源和财务管理部	副部长（主持工作）	雷　鹏	男	晋中市平遥县	大学本科	—
山西文水经济开发区管理委员会人才资源和财务管理部	副部长	李　凯	男	文水县刘胡兰镇云周村	大学本科	2021.02—
山西文水经济开发区管理委员会投资合作部	副部长（主持工作）	王慧文	男	文水县凤城镇岳村	大学本科	—
山西文水经济开发区管理委员会投资合作部	副部长	李锡联	男	文水县南武乡西庄村	大学本科	—
山西文水经济开发区管理委员会经济运行和综合执法部	副部长（主持工作）	安彦军	男	文水县南安镇西韩村	大学本科	—
山西文水经济开发区管理委员会经济运行和综合执法部	副部长	姚建忠	男	文水县西城乡杭城村	大学本科	—
山西文水经济开发区管理委员会规划和建设管理部	副部长（主持工作）	宁晓东	男	文水县凤城镇南街村	大学本科	—
山西文水经济开发区管理委员会规划和建设管理部	副部长	任圆圆	男	文水县马西乡神堂村	大学本科	2021.02—
山西文水经济开发区管理委员会行政审批服务局	局长	赵文贤	男	文水县凤城镇堡子村	大学专科	—
山西文水经济开发区管理委员会行政审批服务局	副局长	王　成	男	文水县凤城镇私评村	大学本科	—
文水县农业农村局	局长	田怀利	男	文水县北张乡郑家庄村	研究生	—2021.10
文水县农业农村局	局长	马振辉	男	文水县刘胡兰镇刘胡兰村	大学本科	2021.10—
文水县农业农村局	副局长	李永进	男	文水县北张乡南武涝村	大学专科	—
文水县农业农村局	副局长	刘文斌	男	文水县下曲镇南贤村	大学本科	—2021.12

续表

单 位	职 务	姓 名	性别	籍 贯	文化程度	任职时间
文水县农业农村局	副局长	李旭晶	女	文水县南武乡麻家寨村	大学本科	2021.12—
文水县林业局	局长	梁鲜美	女	文水县下曲镇梁家堡村	大学本科	—2021.03
文水县林业局	局长	王建祥	男	文水县刘胡兰镇保贤村	大学本科	2021.10—
文水县林业局	副局长	王启威	男	文水县开栅镇苍儿会村	大学本科	2021.03—
文水县农村经济服务中心	主任	闫光亮	男	文水县孝义镇上贤村	大学专科	—2021.06
文水县农村经济服务中心	副主任	赵金莲	女	文水县孝义镇南武度村	大学本科	—2021.08
文水县农村经济服务中心	副主任	严丽桃	女	文水县凤城镇西街村	大学本科	—2021.08
文水县现代农业发展服务中心	主任	石学东	男	文水县刘胡兰镇大象村	大学本科	2021.06—
文水县现代农业发展服务中心	副主任	严丽桃	女	文水县凤城镇西街村	大学本科	2021.08—
文水县现代农业发展服务中心	副主任	李丽强	男	文水县北张乡南武涝村	大学本科	2021.08—
文水县扶贫服务中心	主任	韩全生	男	文水县凤城镇北街村	大学专科	—2021.04
文水县扶贫服务中心	副主任	刘建明	男	文水县凤城镇沟口村	大学本科	—2021.06
文水县乡村振兴中心	主任	刘红光	男	临县	大学本科	2021.08—
文水县乡村振兴中心	副主任	王爱国	男	文水县西城乡西城村	大学本科	2021.06—
文水县水利局	局长	杨卫东	男	文水县西槽头乡闫家社村	大学本科	—

续表

单　位	职　务	姓　名	性别	籍　贯	文化程度	任职时间
文水县水利局	副局长	成建安	男	文水县凤城镇南峪口村	大学专科	—2021.05
文水县水利局	副局长	高润才	男	文水县南安镇东北安村	大学专科	2021.06—
文水县水利局	副局长	郭彤兵	男	文水县凤城镇北街村	大学本科	—
文水县水利发展中心	主任	张耀光	男	文水县南安镇南安村	大学本科	2021.10—
吕梁市生态环境局文水分局	局长	吴晨劲	男	文水县下曲镇南贤村	大学本科	—
吕梁市生态环境局文水分局	副局长	李晋忠	男	文水县南庄镇南庄村	大学专科	—
吕梁市生态环境局文水分局	副局长	王德强	男	文水县凤城镇西街村	大学专科	—
文水县住房和城乡建设管理局	局长	李志英	男	文水县凤城镇北街村	大学本科	—2021.04
文水县住房和城乡建设管理局	副局长（主持工作）	程延军	男	文水县凤城镇南街村	大学本科	2021.10—
文水县住房和城乡建设管理局	副局长	严建杰	男	文水县南武乡南武村	大学本科	—2021.08
文水县住房和城乡建设管理局	副局长	潘永国	男	文水县下曲镇下曲村	大学本科	—
文水县住房和城乡建设管理局	副局长	孟志伟	男	文水县凤城镇方圆村	大学专科	2021.08—
文水县自然资源局	局长	刘德志	男	文水县北张乡南武涝村	大学本科	—
文水县自然资源局	副局长	王笑春	女	文水县北张乡北张村	大学专科	—2021.09

续表

单 位	职 务	姓 名	性别	籍 贯	文化程度	任职时间
文水县自然资源局	副局长	刘前茅	男	临汾市洪洞县	大学本科	2021.12—
文水县自然资源服务中心	中心主任	韩铁轮	男	运城市平陆县	大学本科	2021.12—
文水县自然资源综合行政执法队	队长	刘德志	男	文水县北张乡南武涝村	大学本科	2021.09—
文水县自然资源综合行政执法队	副队长	梁文德	男	文水县凤城镇方圆村	大学本科	2021.09—
山西国金电力有限公司	董事长、总经理	颉 钰	男	晋中市祁县	大学本科	—
山西国金电力有限公司	工会主席	车 伟	男	柳林县	大学本科	2021.12—
山西国金电力有限公司	副总经理	郑东锋	男	石楼县	大学本科	—
山西国金电力有限公司	总工程师	翟小俊	男	文水县下曲镇南齐村	大学本科	2021.12—
山西国金电力有限公司	副总经理	张泽铭	男	临汾市洪洞县	大学本科	2021.12.—
山西国金电力有限公司	副总经理	苗彦其	男	河北省邯郸市	大学本科	2021.04—
山西国金电力有限公司	副总经理	祁月兵	男	大同市	大学专科	2021.12—
国网文水县供电公司	总经理	王振斌	男	太原市清徐县	大学本科	—
国网文水县供电公司	副总经理	鱼 明	男	运城市盐湖区	研究生	—
国网文水县供电公司	副总经理	高 峰	男	临县	大学本科	—
国网文水县供电公司	副总经理	宋德凯	男	文水县开栅镇北峪口村	大学本科	—
国网文水县供电公司	副总经理	赵志东	男	文水县北张乡南张村	大学本科	—
国网文水县供电公司	副总经理	梁 威	男	交城县	大学本科	—
文水县商务局	局长	翟平武	男	文水县下曲镇南齐村	大学本科	—2021.10
文水县商务局	局长	王京强	男	文水县下曲镇青高村	大学本科	2021.10—
文水县商务局	副局长	武艺斌	男	文水县南武乡西旧城村	大学本科	—2021.12

续表

单　位	职　务	姓　名	性别	籍　贯	文化程度	任职时间
文水县供销合作社联合社	党组书记	闫爱红	女	文水县北张乡北张村	大学本科	—
文水县供销合作社联合社	主任	赵　忠	男	文水县下曲镇下曲村	大学专科	—2021.08
文水县供销合作社联合社	主任	吉　瑾	男	柳林县	大学本科	2021.08—
文水县供销合作社联合社	副主任	张新林	男	汾阳市	大学专科	—
文水县交通运输局	局长	霍永贵	男	文水县刘胡兰镇大象村	大学专科	—2021.10
文水县交通运输局	局长	赵振军	男	文水县凤城镇旧城庄村	大学本科	2021.10—
文水县交通运输局	副局长	姚学刚	男	文水县南安镇杨乐堡村	大学本科	—
文水县交通运输局	副局长	吕根大	男	文水县凤城镇章多村	大学专科	—
山西省文水公路管理段	段长	武安英	男	文水县孝义镇孝义村	大学本科	—
山西省文水公路管理段	党支部书记	宁万里	男	文水县下曲镇下曲村	大学本科	—
山西省文水公路管理段	副段长兼纪检委员	宁小强	男	文水县下曲镇下曲村	大学专科	—
山西省文水公路管理段	副段长	侯向东	男	文水县南武乡东庄村	大学本科	—
山西省文水公路管理段	副段长	王国强	男	文水县凤城镇西街村	大学本科	—
山西省文水公路管理段	副段长	吴晓华	女	文水县凤城镇北街村	大学本科	—
中国银行保险监督管理委员会吕梁监管分局文水监管组	组长	李　莉	女	汾阳市	大学本科	—

续表

单　位	职　务	姓　名	性别	籍　贯	文化程度	任职时间
文水县金融工作领导组办公室	主任	宋振洋	男	文水县开栅镇宋家庄村	大学本科	—2021.08
文水县金融服务中心	主任	段中文	男	中阳县	大学本科	2021.08—
中国人民银行文水县支行	行长	刘　道	男	文水县南安镇东郭村	大学本科	—
中国人民银行文水县支行	副行长	李晓冰	男	晋中市榆次区	大学本科	—2021.06
中国人民银行文水县支行	副行长	侯胜旺	男	晋中市平遥县	大学本科	—
中国人民银行文水县支行	副行长	崔永峰	男	临汾市汾西县	大学本科	2021.06—
中国人民银行文水县支行	纪检组长	刘子文	男	兴县	大学本科	—2021.06
中国人民银行文水县支行	纪检组长	渠巧芳	女	文水县刘胡兰镇段城村	大学本科	2021.06—
中国工商银行股份有限公司文水支行	行长	周永文	男	文水县开栅镇武陵村	大学本科	—2021.09
中国工商银行股份有限公司文水支行	行长	贾志军	男	汾阳市	大学本科	2021.09—
中国工商银行股份有限公司文水支行	副行长	周向明	男	文水县凤城镇东街村	大学本科	—
中国工商银行股份有限公司文水支行	副行长	郑建国	男	文水县凤城镇南街村	大学本科	—
中国工商银行股份有限公司文水支行	副行长	张　弘	男	文水县凤城镇南街村	大学本科	—
中国建设银行股份有限公司文水支行	行长	罗振海	男	太原市清徐县	大学本科	—2021.11
中国建设银行股份有限公司文水支行	行长	李程广	男	文水县南武乡西庄村	大学本科	2021.11—
中国建设银行股份有限公司文水支行	副行长、营销主管	王晋中	男	文水县下曲镇寄谷庄村	大学专科	—
中国建设银行股份有限公司文水支行	营运主管	陈　亮	男	交城县	大学本科	—

续表

单　位	职　务	姓　名	性别	籍　贯	文化程度	任职时间
中国建设银行股份有限公司文水支行	中级客户经理	薛　南	男	文水县凤城镇北街村	大学专科	—
中国农业银行股份有限公司文水县支行	行长	侯俊峰	男	晋中市平遥县	大学本科	—
中国农业银行股份有限公司文水县支行	副行长	弓　文	男	晋中市左权县	大学本科	—
中国农业银行股份有限公司文水县支行	纪检书记	李洪飚	男	汾阳市	大学本科	—
中国农业银行股份有限公司文水县支行	副行长	王建宇	男	文水县凤城镇南峪口村	大学专科	—
中国农业银行股份有限公司文水县支行	副行长	成　敏	女	文水县凤城镇西街村	大学本科	2021.11—
中国农业发展银行文水县支行	行长	白瑞文	男	兴县	大学本科	—
中国农业发展银行文水县支行	副行长	王润民	男	孝义市	大学专科	—2021.07
中国农业发展银行文水县支行	副行长	胡永亮	男	文水县凤城镇东旧城村	大学本科	2021.07—
中国农业发展银行文水县支行	副行长	董春牛	男	太原市清徐县	大学专科	2021.07—
中信银行股份有限公司文水支行	行长	高　明	男	柳林县	大学本科	—2021.07
中信银行股份有限公司文水支行	行长	贺正龙	男	孝义市	大学本科	2021.07—
中信银行股份有限公司文水支行	副行长	李媛媛	女	文水县开栅镇北峪口村	大学本科	2021.07—
中信银行股份有限公司文水支行	副行长	闫安圣	男	文水县凤城镇南街村	大学本科	2021.11—

续表

单　位	职　务	姓　名	性别	籍　贯	文化程度	任职时间
中国邮政储蓄银行股份有限公司文水县支行	行长	高晓刚	男	文水县下曲镇石家堡村	大学本科	—
中国邮政储蓄银行股份有限公司文水县支行	副行长	宋立群	男	交城县	大学本科	2021.05—
文水县农村信用合作联社	理事长	王瑾明	男	文水县西槽头乡裴会村	大学本科	—
文水县农村信用合作联社	主任	侯同林	男	孝义市	大学本科	—
文水县农村信用合作联社	监事长	侯忠勇	男	孝义市	大学本科	—
文水县农村信用合作联社	副主任	王志强	男	文水县刘胡兰镇上段村	大学本科	—
文水县农村信用合作联社	副主任	薛绳明	男	离石区	大学本科	—
文水县润都村镇银行有限责任公司	董事长	吉　泽	男	临汾市	大学专科	—
文水县润都村镇银行有限责任公司	行长	郭铁梅	女	汾阳市	大学专科	—2021.05
文水县润都村镇银行有限责任公司	行长	王　玮	男	忻州市五台县	研究生	2021.05—
文水县润都村镇银行有限责任公司	监事	王烽力	女	临汾市	大学本科	—
文水县润都村镇银行有限责任公司	副行长	张建兵	男	文水县开栅镇开栅村	大学本科	—
文水县润都村镇银行有限责任公司	副行长	宁兰生	男	文水县西城乡西城村	大学专科	—
文水县润都村镇银行有限责任公司	副行长	王　玮	男	忻州市五台县	研究生	—2021.05
文水县气象局	局长	李灵生	男	晋中市灵石县	大学本科	—
文水县气象局	副局长	孔德志	男	汾阳市	大学专科	—
文水县气象局	副局长	杨国栋	男	文水县凤城镇南关村	大学本科	—

续表

单 位	职 务	姓 名	性别	籍 贯	文化程度	任职时间
文水县气象台	台长	王文娟	女	汾阳市	大学本科	2021.12—
文水县教育科技局	局长	王金钟	男	文水县南庄镇温云营村	大学本科	—2021.06
文水县教育科技局	局长	邢长明	男	文水县下曲镇杜村村	大学本科	2021.06—
文水县教育科技局	副局长	闫治全	男	文水县北张乡北张村	大学本科	—
文水县教育科技局	副局长	杜成森	男	文水县孝义镇马村	大学本科	—2021.06
文水县教育科技局	副局长	武 瑜	男	文水县凤城镇西街村	大学专科	—
文水县招生考试管理中心	主任	宁黎明	男	文水县凤城镇南街村	大学专科	—2021.09
文水县招生考试管理中心	主任	王耐强	男	文水县南安镇西社村	大学本科	2021.10—
文水县教学研究室	主任	田德强	男	文水县开栅镇开栅村	大学本科	2021.10—
山西省文水中学校	书记	刘秉兴	男	文水县凤城镇北街村	大学本科	—
山西省文水中学校	校长	刘秉兴	男	文水县凤城镇北街村	大学本科	—2021.06
山西省文水中学校	校长	潘永胜	男	文水县下曲镇南齐村	大学本科	2021.06—
山西省文水中学校	副书记、副校长	武振强	男	文水县刘胡兰镇赵村	大学本科	—
山西省文水中学校	副书记	高寿鹏	男	文水县南安镇东北安村	大学本科	—
山西省文水中学校	副校长	潘永胜	男	文水县下曲镇南齐村	大学本科	—2021.06

续表

单　位	职　务	姓　名	性别	籍　贯	文化程度	任职时间
山西省文水中学校	副校长	李　沁	男	文水县南武乡武家寨村	大学本科	—
山西省文水中学校	副校长	闫丽娟	女	文水县北张乡北张村	大学本科	—
山西省文水中学校	副校长	高华元	男	汾阳市	大学本科	—2021.06
山西省刘胡兰中学校	书记、校长	成更生	男	文水县凤城镇桑村	大学本科	—2021.06
山西省刘胡兰中学校	书记、校长	李宏文	男	文水县开栅镇文倚村	大学本科	2021.06—
山西省刘胡兰中学校	副校长	靳运红	男	运城市	大学本科	—
山西省刘胡兰中学校	副书记	闫文良	男	文水县下曲镇永乐村	大学本科	—
文水县第二高级中学	校长	邢长明	男	文水县下曲镇杜村村	大学本科	—2021.06
文水县第二高级中学	校长	高华元	男	汾阳市	大学本科	2021.06—
文水县第二高级中学	副校长	高华元	男	汾阳市	大学本科	—2021.06
文水县第二高级中学	副校长	杨海潮	男	运城市闻喜县	大学本科	—
山西徐特立高级职业中学	校长	王　峰	男	柳林县	研究生	—2021.06
山西徐特立高级职业中学	支部书记、校长	杜成森	男	文水县孝义镇马村	大学本科	2021.06—
山西徐特立高级职业中学	常务副校长	贾桂香	女	文水县下曲镇徐家镇村	大学本科	—2021.06
山西徐特立高级职业中学	支部书记	肖铁锁	男	文水县南安镇西韩村	大学本科	—2021.06
山西徐特立高级职业中学	副校长	肖铁锁	男	文水县南安镇西韩村	大学本科	2021.06—
山西徐特立高级职业中学	副校长	陈世文	男	河北省邢台市	大学本科	—
山西徐特立高级职业中学	副校长	武海滨	男	文水县西城乡东石侯村	大学本科	—

续表

单　位	职　务	姓　名	性别	籍　贯	文化程度	任职时间
山西徐特立高级职业中学	支部副书记	李　赟	男	文水县凤城镇东旧城村	大学本科	—
文水县卫生健康和体育局	局长	张国强	男	文水县孝义镇上贤村	大学专科	—
文水县卫生健康和体育局	副局长	欧晋明	男	四川省广元市	大学专科	—
文水县卫生健康和体育局	副局长	刘峰景	女	文水县西城乡西城村	大学本科	—
文水县医疗保障局	局长	王志刚	男	文水县马西乡马西村	大学本科	—
文水县医疗保障局	副局长	武青玲	女	交城县	大学专科	—
文水县医疗保障局医保中心	医保中心主任	武元平	男	文水县南安镇南白村	大学本科	—
文水县医疗集团	党委书记	李　涛	男	文水县孝义镇北武度村	大学本科	—
文水县医疗集团	党委副书记、副院长	郝永跃	男	文水县刘胡兰镇门世村	大学专科	—
文水县医疗集团	副院长	胡志勇	男	文水县凤城镇东旧城村	大学本科	—
文水县医疗集团	副院长	张志刚	男	文水县凤城镇东旧城村	大学本科	—
文水县医疗集团	副院长	张志坚	男	文水县凤城镇南徐村	大学本科	—
文水县人民医院	党总支书记	李　涛	男	文水县孝义镇北武度村	大学本科	—
文水县人民医院	党总支副书记	阴山栋	男	文水县西城乡西城村	大学专科	—
文水县人民医院	副院长	张志坚	男	文水县凤城镇南徐村	大学本科	—

续表

单　位	职　务	姓　名	性别	籍　贯	文化程度	任职时间
文水县人民医院	副院长	韩丽蓉	女	文水县刘胡兰镇保贤村	大学本科	—
文水县中医院	书记、院长	张金旺	男	文水县凤城镇桑村	大学本科	—
文水县中医院	副书记	郭四安	男	文水县凤城镇宜儿村	大学专科	—
文水县中医院	副院长	任锡祥	男	文水县下曲镇南齐村	大学本科	—
文水县中医院	副院长	李学攀	男	文水县刘胡兰镇上段村	大学本科	—
文水县疾病预防控制中心	主任	邸雅琴	女	文水县凤城镇北街村	大学本科	—
文水县疾病预防控制中心	副主任	郭广佳	男	文水县孝义镇东夏祠村	大学本科	—
文水县疾病预防控制中心	副主任	闫国荣	男	离石区	大学本科	—
文水县文化和旅游局	党组副书记	马振辉	男	文水县刘胡兰镇刘胡兰村	大学本科	2021.02—2021.10
文水县文化和旅游局	局长	田怀利	男	文水县北张乡郑家庄村	研究生	2021.10—
文水县文化和旅游局	副局长	王文剑	男	文水县下曲镇青高村	大学本科	—
文水县融媒体中心	主任	邢俊杰	男	文水县开栅镇北徐村	大学本科	—2021.06
文水县融媒体中心	主任	王晓光	男	文水县南安镇北胡村	大学本科	2021.06—
文水县融媒体中心	总编	李慧明	男	文水县凤城镇南关村	大学本科	—2021.06

续表

单　位	职　务	姓　名	性别	籍　贯	文化程度	任职时间
文水县融媒体中心	副主任	梁国强	男	文水县下曲镇梁家堡村	大学专科	—
文水县融媒体中心	副主任	韩志斌	男	文水县凤城镇韩村	大学专科	—
文水县凤城镇	党委书记	武永强	男	文水县刘胡兰镇上曲村	大学本科	—
文水县凤城镇	党委副书记、镇长	宋国刚	男	文水县开栅镇开栅村	大学本科	—2021.03
文水县凤城镇	党委副书记、镇长	石金栋	男	文水县下曲镇石家堡村	大学本科	2021.03—
文水县凤城镇	党委副书记	周大忠	男	文水县开栅镇北峪口村	大学本科	—2021.03
文水县凤城镇	挂职党委副书记、居民办事处书记、主任	张风亮	男	文水县南武乡东庄村	大学专科	—2021.03
文水县凤城镇	党委副书记、政法委员、政协联络组长	郝永红	男	临县	大学本科	2021.03—
文水县凤城镇	人大主席	马永丰	男	文水县凤城镇南关村	大学本科	—2021.03
文水县凤城镇	人大主席	韩海斌	男	文水县开栅镇北徐村	大学专科	2021.03—
文水县凤城镇	纪委书记	文建平	男	文水县南庄镇信贤村	大学专科	—2021.03
文水县凤城镇	党委委员、宣传委员、统战委员	吴变灵	女	文水县开栅镇北徐村	大学本科	2021.03—
文水县凤城镇	党委委员、副镇长	张建珍	女	文水县凤城镇南徐村	大学本科	—
文水县凤城镇	组织委员	韩海兵	男	文水县开栅镇北徐村	大学专科	—2021.03

续表

单 位	职 务	姓 名	性别	籍 贯	文化程度	任职时间
文水县凤城镇	党委委员、纪委书记	曹冠雄	男	文水县刘胡兰镇大象村	大学本科	2021.03—
文水县凤城镇	党委组织委员	武文娟	女	文水县孝义镇平陶村	大学本科	2021.03—
文水县凤城镇	武装部长	闫俊平	男	文水县西城乡新立村	大学专科	—2021.03
文水县凤城镇	党委委员、武装部长、工会主席	曹 伟	男	临县	大学本科	2021.03—
文水县凤城镇	副镇长	武文娟	女	文水县孝义镇平陶村	大学本科	—2021.03
文水县凤城镇	副镇长	张丙煌	男	临县	大学本科	2021.03—
文水县凤城镇	党委委员	韩晓刚	男	文水县北张乡北张村	大学专科	—2021.03
文水县开栅镇	党委副书记、镇长	李 彪	男	文水县北张乡北武涝村	大学本科	—2021.03
文水县凤城镇	党委委员	张俊斌	男	文水县开栅镇开栅村	大学专科	2021.03—
文水县凤城镇	副镇长	许晖弘	男	中阳县	大学本科	2021.03—
文水县凤城镇	党群服务中心主任	王国云	男	柳林县	大学本科	2021.02—
文水县凤城镇	综合便民服务中心主任	宋三岗	男	文水县凤城镇武午村	大学专科	2021.02—
文水县凤城镇	退役军人服务站站长	张占魁	男	文水县南安镇东北安村	大学专科	2021.09—
文水县开栅镇	党委书记	李 彪	男	文水县北张乡北武涝村	大学本科	2021.03—
文水县开栅镇	党委副书记、镇长	李 彪	男	文水县北张乡北武涝村	大学本科	—2021.03
文水县开栅镇	党委副书记、镇长	车澄宇	男	太原市清徐县	大学本科	2021.03—

续表

单　位	职　务	姓　名	性别	籍　贯	文化程度	任职时间
文水县开栅镇	党委委员、人大主席	王启威	男	文水县开栅镇苍儿会村	大学本科	—2021.03
文水县开栅镇	人大主席	张建福	男	文水县西槽头乡百金堡村	大学本科	2021.03—
文水县开栅镇	党委委员、纪委书记	郝永红	男	临县	大学本科	—2021.03
文水县开栅镇	党委委员、纪委书记	张曾光	男	文水县西槽头乡裴会村	大学本科	2021.03—
文水县开栅镇	党委委员、组织委员	李锁康	男	文水县刘胡兰镇大象村	大学专科	—2021.03
文水县开栅镇	党委委员、组织委员	郝星宇	女	文水县刘胡兰镇上段村	研究生	2021.03—
文水县开栅镇	党委委员、武装部长	张建福	男	文水县西槽头乡百金堡村	大学本科	—2021.03
文水县开栅镇	党委委员、武装部长	高志伟	男	文水县下曲镇石家堡村	大学专科	2021.03—
文水县开栅镇	党委委员、副镇长	李英慧	女	文水县北张乡上河头村	大学本科	—2021.03
文水县开栅镇	党委委员、副镇长	朱强娥	女	文水县西城乡东城村	大学本科	—2021.03
文水县开栅镇	党委委员、副镇长	马宇鹏	男	文水县南庄镇吴村	大学本科	—2021.03
文水县开栅镇	党委副书记	马志平	男	文水县下曲镇朱家堡村	大学专科	2021.03—
文水县开栅镇	党委委员	郝小慧	女	临县	研究生	2021.03—
文水县开栅镇	党委委员	赵奋跃	男	文水县刘胡兰镇上段村	大学本科	2021.03—2021.06
文水县开栅镇	党委委员	彭志国	男	晋中市平遥县	大学本科	2021.06—
文水县开栅镇	党委委员、副镇长	张超彬	男	文水县南安镇东北安村	大学本科	2021.03—

续表

单 位	职 务	姓 名	性别	籍 贯	文化程度	任职时间
文水县开栅镇	副镇长	闫 倩	女	文水县北张乡北张村	大学本科	2021.03—
文水县开栅镇	副镇长	吴志国	男	文水县凤城镇冀周村	大学本科	2021.03—
文水县开栅镇	综合便民服务中心主任	郭 坚	男	文水县刘胡兰镇保贤庄村	大学本科	2021.03—
文水县开栅镇	退役军人服务站站长	张志宇	男	文水县开栅镇宋家庄村	大学本科	2021.09—
文水县开栅镇	党群服务中心主任	武海良	男	文水县刘胡兰镇贯家堡村	大学本科	2021.02—
文水县刘胡兰镇	党委书记	闫东晓	男	文水县孝义镇上贤村村	大学本科	—
文水县刘胡兰镇	党委副书记、镇长	杨延鹏	男	文水县开栅镇苍儿会村	大学本科	—
文水县刘胡兰镇	人大主席	王 娟	女	文水县西城乡西城村	大学本科	—2021.03
文水县刘胡兰镇	党委副书记	张宇宏	男	文水县南庄镇南庄村	大学本科	—2021.03
文水县刘胡兰镇	党委副书记	李建岗	男	文水县孝义镇西夏祠村	大学本科	2021.03—
文水县刘胡兰镇	组织委员	阴慧凡	女	文水县北张乡东宜亭村	大学本科	—2021.03
文水县刘胡兰镇	组织委员	马 君	男	文水县南武乡南武村	大学本科	2021.03—
文水县刘胡兰镇	纪委书记	韩文辉	男	文水县下曲镇石永村	大学本科	2021.03—
文水县刘胡兰镇	党委委员、武装部长	贺福明	男	文水县下曲镇北辛店村	大学专科	—2021.03

续表

单　位	职　务	姓　名	性别	籍　贯	文化程度	任职时间
文水县刘胡兰镇	党委委员、武装部长	张俊彪	男	文水县凤城镇武午村	大学本科	2021.03—
文水县刘胡兰镇	党委委员	双应钰	男	文水县孝义镇东夏祠村	大学本科	2021.03—2021.06
文水县刘胡兰镇	党委委员	翟晓峰	男	文水县南武乡东庄村	大学本科	2021.06—2021.11
文水县刘胡兰镇	党委委员	宋振洋	男	文水县开栅镇宋家庄村	大学本科	2021.11—
文水县刘胡兰镇	党委委员、副镇长	贺福明	男	文水县下曲镇北辛店村	大学专科	2021.03—
文水县刘胡兰镇	党委委员	王凤成	男	文水县凤城镇南街村	大学本科	—2021.03
文水县刘胡兰镇	党委委员	成丽俐	女	文水县孝义镇孝义村	大学本科	2021.03—
文水县刘胡兰镇	党委委员、副镇长	曹文乐	男	文水县下曲镇下曲庄村	大学本科	—2021.03
文水县刘胡兰镇	副镇长	成宇靖	男	文水县刘胡兰镇大象村	大学本科	—2021.03
文水县刘胡兰镇	副镇长	刘常福	男	文水县北张乡郑家庄村	大学本科	2021.03—
文水县刘胡兰镇	副镇长	赵　启	女	交城县	大学本科	2021.03—
文水县刘胡兰镇	党群服务中心主任	高彦云	男	柳林县	大学本科	2021.02—
文水县刘胡兰镇	综合便民服务中心主任	张晋峰	男	文水县南庄镇南庄村	大学本科	2021.03—
文水县刘胡兰镇	退役军人服务站站长	牛学科	男	晋城市高平市	大学本科	2021.09—
文水县南安镇	党委书记	朱俊强	男	文水县西城乡东城村	研究生	—2021.03
文水县南安镇	党委书记	霍海亮	男	文水县南武乡东庄村	大学本科	2021.03—

续表

单　位	职　务	姓　名	性别	籍　贯	文化程度	任职时间
文水县南安镇	党委副书记、镇长	霍海亮	男	文水县南武乡东庄村	大学本科	—2021.03
文水县南安镇	党委副书记、镇长	王昌盛	男	文水县凤城镇北街村	大学本科	2021.03—
文水县南安镇	党委副书记	范志文	男	文水县孝义镇马村	中专	—2021.03
文水县南安镇	党委副书记	石　可	男	文水县刘胡兰镇大象村	大学本科	2021.03—
文水县南安镇	人大主席	李　琴	女	文水县孝义镇北武度村	大学本科	—2021.03
文水县南安镇	纪检书记	王昌盛	男	文水县凤城镇北街村	大学本科	—2021.03
文水县南安镇	纪委书记	梁义帅	男	文水县刘胡兰镇刘胡兰村	大学本科	2021.03—
文水县南安镇	组织委员	张俊彪	男	文水县凤城镇武午村	大学本科	—2021.03
文水县南安镇	组织委员	吕志芳	女	文水县凤城镇方圆村	大学本科	2021.03—
文水县南安镇	党委委员、副镇长	武　倩	女	文水县南庄镇信贤村	大学专科	2021.03—
文水县南安镇	副镇长	张增光	男	文水县下曲镇南辛店村	大学专科	—2021.03
文水县南安镇	副镇长	唐娇凤	女	文水县下曲镇下曲村	大学本科	—2021.03
文水县南安镇	党委委员、副镇长	岳继军	男	文水县南安镇西社村	大学专科	—2021.03
文水县南安镇	武装部长	王思凯	男	文水县南庄镇南庄村	大学本科	2021.03—

续表

单　位	职　务	姓　名	性别	籍　贯	文化程度	任职时间
文水县南安镇	党委委员	胡瑞龙	男	文水县凤城镇东旧城村	大学本科	2021.03—
文水县南安镇	党委委员	杨　旺	男	文水县刘胡兰镇北贤村	大学专科	2021.03—
文水县南安镇	副镇长	王向彪	男	文水县下曲镇青高村	大学本科	2021.03—
文水县南安镇	副镇长	成瑜杰	男	文水县凤城镇桑村	大学本科	2021.03—
文水县南安镇	综合便民服务中心主任	周维东	男	文水县凤城镇西街村	大学专科	2021.02—
文水县南安镇	退役军人服务站站长	王思凯	男	文水县南庄镇南庄村	大学本科	2021.09—
文水县南安镇	党群服务中心主任	张新华	女	文水县南庄镇吴村	大学本科	2021.09—
文水县下曲镇	党委书记	陈松杰	男	文水县南安镇西社村	研究生	—
文水县下曲镇	党委副书记、镇长	张　琰	男	文水县南武乡东庄村	研究生	—
文水县下曲镇	党委副书记	郝　宇	男	柳林县	大学本科	—
文水县下曲镇	人大主席	王建智	男	文水县开栅镇文倚村	大学本科	—2021.03
文水县下曲镇	纪委书记	赵鹏强	男	文水县北张乡南张村	大学本科	—2021.03
文水县下曲镇	党委委员、纪委书记	冉明明	男	石楼县	研究生	2021.03—
文水县下曲镇	组织委员	吕锦霞	女	文水县凤城镇沟口村	大学本科	—2021.03
文水县下曲镇	党委组织委员	闫飞飞	男	中阳县	大学本科	2021.03—
文水县下曲镇	武装部长	杨　旺	男	文水县刘胡兰镇北贤村	大学专科	—2021.03

续表

单 位	职 务	姓 名	性别	籍 贯	文化程度	任职时间
文水县下曲镇	党委委员、武装部长、工会主席、退役军人服务站站长	孙彩娇	女	文水县孝义镇孝义村	大学本科	2021.03—
文水县下曲镇	党委委员	成丽红	女	文水县南庄镇信贤村	大学本科	—2021.03
文水县下曲镇	党委委员、宣传委员、统战委员	马俊艳	女	文水县北张乡郑家庄村	大学本科	2021.03—
文水县下曲镇	党委委员、副镇长	李树海	男	文水县马西乡孝子渠村	大学专科	—2021.03
文水县下曲镇	党委委员、副镇长	吴变灵	女	文水县开栅镇北徐村	大学本科	—2021.03
文水县下曲镇	党委委员、副镇长	马志平	男	文水县下曲镇朱家堡村	大学本科	—2021.03
文水县下曲镇	党委委员、副镇长	权海旺	男	文水县下曲镇南贤村	大学本科	2021.03—
文水县下曲镇	党委委员	郭海忠	男	文水县马西乡孝子渠村	大学本科	2021.03—2021.06
文水县下曲镇	党委委员	郭文军	男	文水县南庄镇温云村	大学本科	2021.06—
文水县下曲镇	副镇长	钱丽琴	女	文水县孝义镇桥头村	大学本科	2021.03—
文水县下曲镇	副镇长	胡瑞峰	男	临汾市汾西县	大学本科	2021.03—
文水县下曲镇	退役军人服务站站长	孙彩娇	女	文水县孝义镇孝义村	大学本科	2021.09—
文水县下曲镇	党群服务中心主任	张建安	男	文水县南安镇北白村	大学本科	2021.02—
文水县下曲镇	综合便民服务中心主任	胡晓满	男	文水县凤城镇北关村	大学本科	2021.09—

续表

单　位	职　务	姓　名	性别	籍　贯	文化程度	任职时间
文水县孝义镇	党委书记	李　君	男	文水县北张乡北武涝村	大学本科	—
文水县孝义镇	党委副书记、镇长	梁义文	男	文水县刘胡兰镇刘胡兰村	大学本科	—2021.03
文水县孝义镇	党委副书记、镇长	李岩龙	男	文水县南武乡西庄村	大学本科	2021.03—
文水县孝义镇	党委副书记	郝爱华	女	文水县刘胡兰镇门世村	大学专科	—2021.03
文水县孝义镇	党委副书记	白　震	男	文水县刘胡兰镇刘胡兰村	大学本科	2021.03—
文水县孝义镇	人大主席	刘贵明	男	文水县南庄镇温云村	大学专科	—2021.03
文水县孝义镇	人大主席	李景茂	男	文水县下曲镇石永村	大学本科	2021.03—
文水县孝义镇	纪委书记	翟小明	男	文水县下曲镇南齐村	大学专科	—2021.03
文水县孝义镇	纪委书记	孟　洋	男	文水县北张乡西宜亭村	大学本科	2021.03—
文水县孝义镇	组织委员	曹冠雄	男	文水县刘胡兰镇大象村	大学本科	—2021.03
文水县孝义镇	组织委员	石晶华	女	文水县刘胡兰镇大象村	大学本科	2021.03—
文水县孝义镇	武装部长	张进君	男	文水县南安镇东北安村	大学本科	—
文水县孝义镇	党委委员	郭文军	男	文水县南庄镇温云村	大学本科	2021.03—2021.06
文水县孝义镇	党委委员	张超彬	男	文水县南安镇东北安村	大学本科	—2021.03

续表

单　位	职　务	姓　名	性别	籍　贯	文化程度	任职时间
文水县孝义镇	党委委员	刘永强	男	文水县南庄镇温云村	大学本科	2021.03—
文水县孝义镇	党委委员、副镇长	韩永为	男	文水县刘胡兰镇城子村	大学本科	—
文水县孝义镇	副镇长	李景茂	男	文水县下曲镇石永村	大学专科	—2021.03
文水县孝义镇	副镇长	石晶华	女	文水县刘胡兰镇大象村	大学本科	—2021.03
文水县孝义镇	副镇长	王文变	女	文水县孝义镇乐村	大学本科	2021.03—
文水县孝义镇	副镇长	李仙明	男	汾阳市	大学本科	2021.03—
文水县孝义镇	综合便民服务中心主任	胡　将	男	文水县开栅镇文倚村	大学本科	2021.02—
文水县孝义镇	党群服务中心主任	任殊瑶	女	文水县凤城镇私评村	大学本科	2021.09—
文水县孝义镇	退役军人服务站站长	张进君	男	文水县南安镇东北安村	大学本科	2021.09—
文水县南庄镇	党委书记	李建环	男	文水县西城乡武良村	大学本科	—
文水县南庄镇	党委副书记、镇长	付小强	男	文水县凤城镇章多村	大学本科	—
文水县南庄镇	党委副书记	王志平	女	文水县凤城镇龙泉村	研究生	2021.03—
文水县南庄镇	人大主席	贾瑞芝	男	文水县凤城镇冀周村	大学本科	—2021.03
文水县南庄镇	人大主席	翟晓彬	女	文水县马西乡马西村	大学本科	2021.04—
文水县南庄镇	纪委书记	段建勋	男	文水县下曲镇南齐村	大学本科	—2021.03

续表

单　位	职　务	姓　名	性别	籍　贯	文化程度	任职时间
文水县南庄镇	纪委书记	李凯敏	男	文水县凤城镇冀周村	大学本科	2021.05—
文水县南庄镇	组织委员	李岩龙	男	文水县南武乡西庄村	大学专科	—2021.03
文水县南庄镇	组织委员	孟晓宇	男	文水县凤城镇方圆村	大学本科	2021.06—
文水县南庄镇	武装部长	李耀龙	男	文水县凤城镇岳村	大学本科	—2021.03
文水县南庄镇	武装部长	胡建洋	男	朔州市右玉县	研究生	2021.07—
文水县南庄镇	党委委员	郝星宇	女	文水县刘胡兰镇上段村	大学本科	—2021.03
文水县南庄镇	党委委员	成丽红	女	文水县南庄镇信贤村	大学本科	2021.08—
文水县南庄镇	党委委员、副镇长	王志平	女	文水县凤城镇龙泉村	大学本科	—2021.03
文水县南庄镇	党委委员、副镇长	刘常福	男	文水县北张乡郑家庄村	大学本科	—2021.03
文水县南庄镇	党委委员、副镇长	兰慧娇	女	文水县凤城镇武午村	大学本科	2021.03—
文水县南庄镇	党委委员	梁进艺	男	文水县下曲镇北辛店村	大学专科	2021.03—2021.06
文水县南庄镇	党委委员	刘选明	男	文水县刘胡兰镇门世村	大学专科	2021.06—
文水县南庄镇	副镇长	吉　瑾	男	柳林县	大学本科	2021.03—2021.08
文水县南庄镇	副镇长	文　帅	男	临县	大学本科	2021.03—
文水县南庄镇	副镇长	徐康杰	男	长治市长子县	大学本科	2021.09—
文水县南庄镇	退役军人服务站站长	胡建泽	男	朔州市右玉县	研究生	2021.09—

续表

单　位	职　务	姓　名	性别	籍　贯	文化程度	任职时间
文水县南庄镇	综合便民服务中心主任	李小军	男	临县	大学本科	2021.02—
文水县南庄镇	党群服务中心主任	石振军	男	文水县南庄镇横沟村	大学本科	2021.09—
文水县西城乡	党委书记	郭宏斌	男	文水县孝义镇东夏祠村	大学专科	—2021.03
文水县西城乡	党委书记	郭毅谋	男	文水县马西乡马西村	大学本科	2021.03—
文水县西城乡	党委副书记、乡长	郭毅谋	男	文水县马西乡马西村	大学本科	—2021.03
文水县西城乡	党委副书记、乡长	李　宏	男	文水县凤城镇西街村	大学本科	2021.03—
文水县西城乡	党委副书记	李怀永	男	文水县西城乡武良村	大学本科	—2021.03
文水县西城乡	党委副书记	张　佳	女	文水县刘胡兰镇刘胡兰村	大学本科	2021.03—
文水县西城乡	人大主席	郭志勇	男	晋中市平遥县	大学本科	—2021.03
文水县西城乡	人大主席	赵鹏强	男	文水县北张乡南张村	大学本科	2021.03—
文水县西城乡	党委委员、纪委书记	梁晓明	男	文水县凤城镇武午村	大学专科	—2021.03
文水县西城乡	纪委书记	安振刚	男	文水县南武乡东庄村	大学本科	2021.03—
文水县西城乡	党委委员、组宣委员	郭　静	女	文水县凤城镇宜儿村	大学本科	—2021.03
文水县西城乡	组织委员	李耀龙	男	文水县凤城镇岳村	研究生	2021.03—
文水县西城乡	党委委员、武装部长	郭文鹏	男	文水县凤城镇桑村	大学本科	—2021.03

续表

单　位	职　务	姓　名	性别	籍　贯	文化程度	任职时间
文水县西城乡	武装部长	曹文乐	男	文水县下曲镇下曲庄村	大学本科	2021.03—
文水县西城乡	党委委员	庞强厚	男	文水县孝义镇马村	大学专科	2021.03—2021.06
文水县西城乡	党委委员、副乡长	郭　震	男	文水县南庄镇横沟村	大学专科	—2021.03
文水县西城乡	党委委员、副乡长	张曾光	男	文水县西槽头乡裴会村	大学本科	—2021.03
文水县西城乡	党委委员、副乡长	岳继军	男	文水县南安镇西社村	大学专科	2021.03—
文水县西城乡	副乡长	李彩红	女	文水县南武乡东庄村	大学本科	—2021.03
文水县西城乡	党委委员	郭玲香	女	文水县凤城镇北街村	大学专科	—
文水县西城乡	副乡长	王治国	男	文水县凤城镇龙泉村	大学本科	2021.03—
文水县西城乡	副乡长	武　杰	男	交城县	大学本科	2021.03—
文水县西城乡	综合便民服务中心主任	韩雅男	女	文水县下曲镇田家堡村	大学本科	2021.03—
文水县西城乡	党群服务中心主任	王丽英	女	文水县西城乡西城村	大学本科	2021.09—
文水县西城乡	退役军人服务站站长	曹文乐	男	文水县下曲镇下曲庄村	大学本科	2021.09—
文水县南武乡	党委书记	武建国	男	文水县西城乡东城村	大学本科	2021.03—
文水县南武乡	党委副书记、乡长	武建国	男	文水县西城乡东城村	大学本科	—2021.03
文水县南武乡	党委副书记、乡长	张　晔	男	文水县南庄镇南庄村	大学本科	2021.03—

续表

单　位	职　务	姓　名	性别	籍　贯	文化程度	任职时间
文水县南武乡	人大主席	郝艳红	女	文水县南安镇北胡村	大学本科	—2021.03
文水县南武乡	人大主席	胡晓娟	女	文水县西城乡东城村	大学本科	2021.03—
文水县南武乡	党委副书记	梁学华	男	文水西城乡东城村	大学本科	—2021.03
文水县南武乡	党委副书记	石建兵	男	文水县下曲镇石家堡村	大学本科	2021.03—
文水县南武乡	纪委书记	武　涛	男	文水县下曲镇徐家镇村	大学本科	—2021.03
文水县南武乡	纪委书记	文　强	男	文水县凤城镇南关村	大学本科	2021.03—
文水县南武乡	组织委员	白　震	男	文水县刘胡兰镇刘胡兰村	大学本科	—2021.03
文水县南武乡	组织委员	梁丽娟	女	文水县凤城镇武午村	大学专科	2021.03—
文水县南武乡	副乡长	刘永强	男	文水县南庄镇温云村	大学本科	—2021.03
文水县南武乡	副乡长	郭文丽	女	交城县	大学本科	—2021.03
文水县南武乡	副乡长	桑文生	男	晋中市平遥县	大学专科	—2021.03
文水县南武乡	副乡长	任洁琼	女	文水县凤城镇西街村	大学本科	2021.03—
文水县南武乡	党委委员	武政伟	女	文水县凤城镇西街村	大学本科	—
文水县南武乡	武装部长	谷　帅	男	长治市	大学本科	2021.03—
文水县南武乡	党委委员	刘先明	男	文水县刘胡兰镇门世村	大学本科	2021.03—2021.06
文水县南武乡	党委委员	郭　明	男	文水县南庄镇横沟村	大学专科	2021.06—

续表

单　位	职　务	姓　名	性别	籍　贯	文化程度	任职时间
文水县南武乡	副乡长	李　胡	男	文水县凤城镇东旧城村	大学本科	2021.03—
文水县南武乡	副乡长	成宇靖	男	文水县刘胡兰镇大象村	大学本科	2021.03—
文水县南武乡	党群服务中心主任	石全明	男	文水县刘胡兰镇刘胡兰村	大学本科	2021.02—
文水县南武乡	综合便民服务中心主任	贺　飙	男	兴县	大学本科	2021.09—
文水县南武乡	退役军人服务站站长	谷　帅	男	长治市	大学本科	2021.09—
文水县北张乡	党委书记	肖　锋	男	文水县南安镇西韩村	大学本科	—2021.03
文水县北张乡	党委书记	梁义文	男	文水县刘胡兰镇刘胡兰村	大学本科	2021.03—
文水县北张乡	党委副书记、乡长	张丽丽	女	文水县凤城镇桑村	大学本科	—
文水县北张乡	党委副书记	李培林	男	文水县刘胡兰镇刘胡兰村	中专	—2021.03
文水县北张乡	党委副书记	梁振文	男	文水县马西乡马西村	大学本科	2021.03—
文水县北张乡	人大主席	车澄宇	男	太原市清徐县	大学本科	—2021.03
文水县北张乡	人大主席	郝艳红	女	文水县南安镇北胡村	大学本科	2021.03—
文水县北张乡	纪委书记	朱琰卿	女	文水县下曲镇朱家堡村	大学本科	—2021.03
文水县北张乡	党委委员、纪委书记	王　闯	男	文水县凤城镇土堂村	大学本科	2021.03—
文水县北张乡	组织委员	张　佳	女	文水县刘胡兰镇刘胡兰村	大学本科	—2021.03

续表

单　位	职　务	姓　名	性别	籍　贯	文化程度	任职时间
文水县北张乡	组织委员	武金晓	女	文水县下曲镇徐家镇村	大学本科	2021.03—
文水县北张乡	武装部长	文　强	男	文水县凤城镇南关村	大学专科	—2021.03
文水县北张乡	党委委员、武装部长	郭文鹏	男	文水县凤城镇桑村	大学本科	2021.03—
文水县北张乡	党委委员	彭志国	男	晋中市平遥县	大学本科	2021.03—2021.06
文水县北张乡	党委委员	庞强厚	男	文水县孝义镇马村	大学专科	2021.06—
文水县北张乡	党委委员	李　强	男	文水县南武乡西庄村	大学本科	—2021.03
文水县北张乡	党委委员	郭宇鹏	男	文水县凤城镇堡子村	大学本科	2021.03—
文水县北张乡	党委委员、副乡长	李学浩	男	文水县凤城镇岳村	研究生	2021.03—
文水县北张乡	副乡长	梁霄鹏	男	文水县下曲镇梁家堡村	大学本科	—2021.03
文水县北张乡	副乡长	胡耀波	女	文水县刘胡兰镇城子村	大学本科	—2021.03
文水县北张乡	副乡长	景　洋	男	文水县开栅镇开栅村	大学本科	—2021.03
文水县北张乡	副乡长	苏忠豪	男	孝义市	大学本科	2021.03—
文水县北张乡	副乡长	张　博	男	文水县南安镇西北安村	大学本科	2021.03—
文水县北张乡	综合便民服务中心主任	许向亮	男	文水县凤城镇北街村	大学本科	2021.02—
文水县北张乡	党群服务中心主任	吴利锋	男	柳林县	大学本科	2021.09—

续表

单　位	职　务	姓　名	性别	籍　贯	文化程度	任职时间
文水县北张乡	退役军人服务站站长	郭文鹏	男	文水县凤城镇桑村	大学本科	2021.09—
文水县西槽头乡	党委书记	梁大广	男	文水县刘胡兰镇保贤村	大学本科	2021.03—
文水县西槽头乡	党委副书记、乡长	梁大广	男	文水县刘胡兰镇保贤村	大学本科	—2021.03
文水县西槽头乡	党委副书记、乡长	吕锦霞	女	文水县凤城镇沟口村	大学本科	2021.03—
文水县西槽头乡	党委委员、人大主席	成华丽	女	文水县南庄镇南庄村	大学专科	—2021.03
文水县西槽头乡	党委副书记	成志维	男	文水县凤城镇北关村	大学专科	—2021.03
文水县西槽头乡	党委副书记	武　涛	男	文水县下曲镇徐家镇村	大学本科	2021.03—
文水县西槽头乡	纪委书记	李建岗	男	文水县孝义镇西夏祠村	大学本科	—2021.03
文水县西槽头乡	纪委书记	张　媛	女	太原市清徐县	大学本科	2021.03—
文水县西槽头乡	组织委员	安振刚	男	文水县南武乡东庄村	大学本科	—2021.03
文水县西槽头乡	组织委员	景　洋	男	文水县开栅镇开栅村	大学本科	2021.03—
文水县西槽头乡	党委委员、副乡长	梁海霞	女	文水县凤城镇方圆村	大学本科	—2021.03
文水县西槽头乡	党委委员、副乡长	翟晓彬	女	文水县马西乡马西村	大学专科	—2021.03
文水县西槽头乡	副乡长	吉　瑾	男	柳林县	大学本科	—2021.03
文水县西槽头乡	武装部长	郭宇鹏	男	文水县凤城镇堡子村	大学本科	—2021.03

续表

单　位	职　务	姓　名	性别	籍　贯	文化程度	任职时间
文水县西槽头乡	武装部长	梁霄鹏	男	文水县北张乡郑家庄村	大学本科	2021.03—
文水县西槽头乡	党委委员	麻俊峰	男	文水县南武乡麻家寨村	大学本科	2021.03—
文水县西槽头乡	副乡长	李　伟	男	离石区	大学本科	2021.03—
文水县西槽头乡	副乡长	张宏飞	男	汾阳市	大学本科	2021.03—
文水县西槽头乡	党群服务中心主任	李中相	男	文水县凤城镇冀周村	大学本科	2021.03—
文水县西槽头乡	综合便民服务中心主任	魏　壮	男	文水县南庄镇麻家堡村	大学本科	2021.10—
文水县西槽头乡	退役军人服务站站长	梁霄鹏	男	文水县北张乡郑家庄村	大学本科	2021.09—
文水县马西乡	党委书记	韩学彬	男	文水县西槽头乡狄家社村	大学本科	—
文水县马西乡	党委副书记、乡长	石金栋	男	文水县下曲镇石家堡村	大学本科	—2021.03
文水县马西乡	党委副书记、乡长	任文静	女	孝义市	研究生	2021.03—
文水县马西乡	党委副书记	胡晓娟	女	文水县西城乡东城村	大学本科	—2021.03
文水县马西乡	党委副书记	胡向飞	男	文水县南武乡南武村	大学本科	2021.03—
文水县马西乡	人大主席	梁晋级	男	文水县刘胡兰镇保贤村	大学本科	—2021.03
文水县马西乡	人大主席	张艳红	女	临县	大学本科	2021.03—
文水县马西乡	纪委书记	王夏鹏	男	汾阳市	大学本科	—2021.03
文水县马西乡	党委委员、纪委书记	张鹏振	男	文水县凤城镇南关村	大学本科	2021.03—
文水县马西乡	武装部长	石建兵	男	文水县下曲镇石家堡村	大学本科	—2021.03

续表

单　位	职　务	姓　名	性别	籍　贯	文化程度	任职时间
文水县马西乡	党委委员、武装部长	高海龙	男	离石区	大学本科	2021.03—
文水县马西乡	组织委员	张艳红	女	临县	大学本科	—2021.03
文水县马西乡	党委委员、组织委员	温晓婕	女	文水县凤城镇西旧城村	大学本科	2021.03—
文水县马西乡	副乡长	吴志国	男	文水县凤城镇冀周村	大学本科	—2021.03
文水县马西乡	党委委员、统战委员、副乡长	王宋军	男	长治市平顺县	大学本科	2021.03—
文水县马西乡	党委委员	刘拉根	男	文水县南庄镇温云村	大学专科	2021.03—2021.06
文水县马西乡	党委委员	梁进艺	男	文水县下曲镇北辛店村	大学专科	2021.06—
文水县马西乡	副乡长	韩金燕	女	汾阳市	大学本科	2021.03—
文水县马西乡	综合便民服务中心主任	李文强	男	文水下曲镇石永村	大学本科	2021.02—
文水县马西乡	党群服务中心主任	胡晓鑫	男	交城县	大学本科	2021.09—
文水县马西乡	退役军人服务站站长	高海龙	男	离石区	大学本科	2021.09—

表 2　　**2021 年文水县单位获国家级表彰统计表**

获奖单位	获奖名称	授奖单位	获奖时间
文水县农业农村局行政执法队	全国农业综合行政执法示范窗口	农业农村部	2021.05
中共文水县委党史研究室（文水县地方志研究室）	三等年鉴	中国地方志指导小组、中国地方志学会	2021.12.31

表 3　　**2021 年文水县单位获省级表彰统计表**

获奖单位	获奖名称	授奖单位	获奖时间
文水县农业农村局动物卫生监督所	山西省重大动物疫病防控工作先进集体	山西省农业农村厅	2021.02
文水县刘胡兰镇人民政府	山西省第七次全国人口普查成绩突出集体	山西省统计局	2021.09

续表

获奖单位	获奖名称	授奖单位	获奖时间
文水县人民法院	《文水县人民法院之歌》被评为第六届平安山西“三微”比赛三等奖	中共山西省委政法委员会	2021.12
文水县人民法院	山西省法院先进集体	山西省高级人民法院、山西省人力资源和社会保障厅	2021.12

表4　**2021年文水县单位获市级表彰统计表**

获奖单位	获奖名称	授奖单位	获奖时间
中国共产党文水县委员会宣传部支部委员会	全市先进基层党组织	中共吕梁市委	2021.06
文水县财政局	全市先进基层党组织	中共吕梁市委	2021.06
山西省文水中学校	全市先进基层党组织	中共吕梁市委	2021.06
文水县北张乡党委	2020年度“五个好”乡镇党委	中共吕梁市委	2021.06

表5　**2021年文水县个人获省级表彰统计表**

获奖人单位	获奖人	获奖名称	授奖单位	获奖时间
文水县孝义镇	张进君	优秀专武干部	山西省军区	2021.01
文水县农业农村局	张卫国	山西省农业和农村工作先进个人	山西省人力资源和社会保障厅 山西省农业农村厅	2021.03
文水县公安局	许　斌	全省公安机关“七一”期间表彰奖励通报表扬成绩突出党员民警	山西省公安厅	2021.07
文水县凤城镇	田素萍	山西省第七次人口普查成绩突出个人	山西省第七次全国人口普查领导小组办公室　山西省统计局	2021.09
文水县孝义镇	武承刚	山西省百佳基层农技推广员	中共山西省委农村工作领导小组办公室、山西省农业农村厅	2021.09
文水县第二高级中学	陈朝阳	山西省中学生篮球锦标赛“优秀教练员”	山西省教育厅、山西省体育局	2021.11

表 6　　**2021 年文水县个人获市级表彰统计表**

获奖人单位	获奖人	获奖名称	授奖单位	获奖时间
文水县孝义镇	张进君	五星专武干部	吕梁市军分区	2021.01
中国共产党文水县委员会办公室	武德艳	全市优秀党务工作者	中共吕梁市委	2021.06
文水县人民法院	李小花	全市优秀党务工作者	中共吕梁市委	2021.06
文水县刘胡兰镇	赵　炎	全市优秀党务工作者	中共吕梁市委	2021.06
文水县南庄镇人民政府	褚小雨	优秀党务工作者	中共吕梁市委	2021.06
文水县孝义镇	张进君	全市优秀共产党员	中共吕梁市委	2021.07

表 7　　**晋能清洁能源科技股份公司专利统计表**

序号	发明名称	申请号/专利号	申请日	第一权人	授权日	授权类型	专利类型	申请人
1	多工位全自动硅片装片机	2011101677364	20110621	晋能清洁能源科技股份公司	20150109	已授权	发明专利	牛进毅、王莉、王彩云、孙晓波、苗泽志、苗俊芳、胡文平、梁丽娟、李云峰
2	分段压花光伏焊带及光伏焊带分段压花装置	201520076868X	20150204	晋能清洁能源科技股份公司	20150902	已授权	实用新型	郭晗
3	一种太阳能晶硅电池漏电检测分析仪	2015200806770	20150204	晋能清洁能源科技股份公司	20150902	已授权	实用新型	韩健鹏
4	自动串焊机焊带浸泡烘干装置	201520080693X	20150204	晋能清洁能源科技股份公司	20150624	已授权	实用新型	郝俊彪
5	硅片表面微颗粒清除装置	2015200812822	20150204	晋能清洁能源科技股份公司	20150902	已授权	实用新型	姚剑
6	倒角边框组件	2015201738592	20150326	晋能清洁能源科技股份公司	20150902	已授权	实用新型	燕建明
7	TT 串焊机互联条清理工具	2015201738836	20150326	晋能清洁能源科技股份公司	20150902	已授权	实用新型	李广，王继皓
8	自动测试工装	2015201755210	20150326	晋能清洁能源科技股份公司	20150902	已授权	实用新型	张登科

续表

序号	发明名称	申请号/专利号	申请日	第一权人	授权日	授权类型	专利类型	申请人
9	光伏组件包装结构	2015206657229	20150831	晋能清洁能源科技股份公司	20160113	已授权	实用新型	燕建明，田树全，郑静，张良，要小丹，范振英
10	自动串焊机焊带清理装置	2015206658556	20150831	晋能清洁能源科技股份公司	20160113	已授权	实用新型	郝俊彪
11	双玻组件合盖工装	2015206661972	20150831	晋能清洁能源科技股份公司	20160113	已授权	实用新型	郭晗，田树全，殷晋杰，张瑜，任晋贤
12	太阳能光伏组件安规测试顶针	2015206666482	20150831	晋能清洁能源科技股份公司	20160113	已授权	实用新型	宁立强，敬渊，张永峰，段腾飞，王顺利
13	边框打胶机枪头结构	2015206713341	20150901	晋能清洁能源科技股份公司	20160113	已授权	实用新型	张登科
14	一种管式 POCl3 扩散方阻自动调整方法	2015107189061	20151029	晋能清洁能源科技股份公司	20171215	已授权	发明专利	姚剑，韩晓辉，王广为，邱江南，翟颖晗
15	电池串安装结构	2015208461152	20151029	晋能清洁能源科技股份公司	20160427	已授权	实用新型	郑静，田树全，燕建明，张良，要小丹，范振英、姚伟
16	双玻组件汇流条安装结构	2015208462831	20151029	晋能清洁能源科技股份公司	20160427	已授权	实用新型	殷晋杰，田树全，郭晗，任晋贤
17	光伏组件汇流条折弯工装	2015208463374	20151029	晋能清洁能源科技股份公司	20160427	已授权	实用新型	张瑜，田树全，殷晋杰，郭晗，张瑜，任晋贤
18	分体式接线盒光伏组件 EL 测试辅助工装	2015208670919	20151103	晋能清洁能源科技股份公司	20160427	已授权	实用新型	郭晗，田树全，殷晋杰，张瑜，任晋贤
19	双玻组件内部封装材料交联度的取样方法	2015109452812	20151216	晋能清洁能源科技股份公司	20190122	已授权	发明专利	任晋贤，田树全，殷晋杰，张瑜，郭晗
20	PERC 晶体硅太阳能电池生产中的碱抛光方法	2015109454593	20151216	晋能清洁能源科技股份公司	20180119	已授权	发明专利	黄金，李高非，王继磊，付少剑，张娟，白炎辉

续表

序号	发明名称	申请号/专利号	申请日	第一权人	授权日	授权类型	专利类型	申请人
21	太阳能电池双玻组件引出线穿出夹具	2015210531986	20151216	晋能清洁能源科技股份公司	20160525	已授权	实用新型	张瑜，田树全，殷晋杰，郭晗，任晋贤
22	复合电极 IBC 电池	2015210539884	20151216	晋能清洁能源科技股份公司	20160525	已授权	实用新型	李高非，王继磊，付少剑，黄金，张娟，白炎辉
23	双玻组件层压平台及双玻组件层压方法	2016101864255	20160329	晋能光伏技术有限责任公司	20180119	已授权	发明专利	张瑜，田树全，殷晋杰，郭晗，任晋贤
24	有机气体排风管道	2016202493120	20160329	晋能清洁能源科技股份公司	20160928	已授权	实用新型	吴群峰，郝自强
25	光伏组件生产线 EVA 料卷快速换料装置	2016203300708	20160419	晋能清洁能源科技股份公司	20161214	已授权	实用新型	燕建明，田树全，郑静，要小丹，张良，范振英
26	设备兼容的晶硅电池刻蚀方法和 PERC 电池酸抛光方法	2016103380622	20160519	晋能清洁能源科技股份公司	20171215	已授权	发明专利	张娟，李高非，王继磊，付少剑，黄金，白炎辉
27	一种背钝化太阳能电池的激光开槽结构	2016103472215	20160524	晋能清洁能源科技股份公司	20190222	已授权	发明专利	黄金，李高非，王继磊，付少剑，张娟，白炎辉
28	自动流水线削边机刀具	2016205325150	20160602	晋能清洁能源科技股份公司	20161228	已授权	实用新型	刘江江，敬渊，张永峰，段腾飞、宁立强，王顺利
29	双玻组件载荷测试工装	2016207895252	20160725	晋能清洁能源科技股份公司	20171215	已授权	实用新型	任晋贤，田树全，殷晋杰，张瑜，郭晗
30	拉力测试裁切刀具	2016208147278	20160729	晋能清洁能源科技股份公司	20170315	已授权	实用新型	范振英，田树全，张良，姚伟，燕建明，要小丹
31	光伏组件叠层模板	2016208147297	20160729	晋能清洁能源科技股份公司	20171215	已授权	实用新型	张瑜，田树全，殷晋杰，郭晗，任晋贤

续表

序号	发明名称	申请号/专利号	申请日	第一权人	授权日	授权类型	专利类型	申请人
32	一种硅片背面抛光方法	2016106408189	20160805	晋能清洁能源科技股份公司	20171215	已授权	发明专利	高勇，顾冠义
33	一种自动化换料装置	2016208458633	20160805	晋能清洁能源科技股份公司	20171215	已授权	实用新型	燕建明，田树全，郑静，要小丹，张良，范振英
34	一种背钝化太阳能电池的激光脉冲方法	2016106836285	20160817	晋能清洁能源科技股份公司	20180216	已授权	发明专利	黄金，李高非，王继磊，付少剑，张娟，白炎辉
35	一种IBC电池的电极测试装置	2016210273705	20160831	晋能清洁能源科技股份公司	20170329	已授权	实用新型	李高非，王继磊，付少剑，黄金，张娟，白炎辉
36	斜口针头辅助安装装置	2017202543105	20170316	晋能清洁能源科技股份公司	20171208	已授权	实用新型	刘江江，敬渊，张永峰，宁立强，王顺利
37	光伏接线盒连接器断开装置	2017202966114	20170324	晋能清洁能源科技股份公司	20171208	已授权	实用新型	燕建明，田树全，郑静，要小丹，张良，范振英
38	光伏EL测试仪清晰度检验装置	2017202996482	20170327	晋能清洁能源科技股份公司	20171208	已授权	实用新型	张登科
39	焊带主栅电池片	2017202997447	20170327	晋能清洁能源科技股份公司	20171208	已授权	实用新型	姚剑
40	自动分档包装生产线	2017204408019	20170425	晋能清洁能源科技股份公司	20180216	已授权	实用新型	李培超，敬渊，张永峰，段腾飞，宁立强，岳鹏
41	PERC电池抗光衰设备的散热结构	2017204420839	20170425	晋能清洁能源科技股份公司	20180724	已授权	实用新型	黄金，李高非，王继磊，张娟，白炎辉，鲍少娟，易治凯
42	无主栅电池效率测试装置	2017205894692	20170525	晋能清洁能源科技股份公司	20180119	已授权	实用新型	赵冉
43	一种高效PERC电池结构	2017205894705	20170525	晋能清洁能源科技股份公司	20180119	已授权	实用新型	黄金，李高非，王继磊，张娟，白炎辉，鲍少娟，牛慧芳，易治凯

续表

序号	发明名称	申请号/专利号	申请日	第一权人	授权日	授权类型	专利类型	申请人
44	光伏 60/72 组件通用叠层模板	2017217040895	20171211	晋能光伏技术有限责任公司	20181009	已授权	实用新型	任中彪，田树全，殷晋杰，郭晗，任晋贤，张登科
45	一种高效晶硅/非晶硅异质结电池结构	2017217041012	20171211	晋能光伏技术有限责任公司	20180720	已授权	实用新型	黄金，李高非，王继磊，易治凯，王广为，白焱辉，鲍少娟，张娟
46	一种高效晶硅非晶硅异质结电池结构	2017217057082	20171211	晋能光伏技术有限责任公司	20180720	已授权	实用新型	白焱辉，李高非，王继磊，易治凯，黄金，张娟
47	一种单片电池快速焊接装置	2017217757535	20171219	晋能光伏技术有限责任公司	20180907	已授权	实用新型	姚伟，田树全，郑静，燕建明，范振英，要小丹
48	接线盒定位工装	2017217760326	20171219	晋能光伏技术有限责任公司	20181009	已授权	实用新型	张登科，田树全，殷晋杰，任晋贤，郭晗，任中彪，吴佳磊，任彪，
49	一种适用于高效光伏组件的 IV 测试装置	2017217760330	20171219	晋能光伏技术有限责任公司	20180720	已授权	实用新型	郭晗，田树全，殷晋杰，任晋贤，张登科，任中彪，任彪，吴佳磊
50	一种焊接机压网高度测量量具	2017217767772	20171219	晋能光伏技术有限责任公司	20180720	已授权	实用新型	李培超
51	光伏接线盒防感应雷击装置	2017217795147	20171219	晋能光伏技术有限责任公司	20181207	已授权	实用新型	姚伟，田树全，郑静，张良，范振英，燕建明，要小丹
52	一种反光膜电池串贴膜返修工装	2017217799260	20171219	晋能光伏技术有限责任公司	20180720	已授权	实用新型	郑静，田树全，姚伟，燕建明，范振英，要小丹

续表

序号	发明名称	申请号/专利号	申请日	第一权人	授权日	授权类型	专利类型	申请人
53	一种太阳能组件削边机刀架	2017217807591	20171219	晋能光伏技术有限责任公司	20180720	已授权	实用新型	闫云庆，李鹏，曹亮，刘强
54	一种可快速安装的拼接式光伏组件	2018204858602	20180408	晋能光伏技术有限责任公司	20181207	已授权	实用新型	郭晗，田树全，殷晋杰，任中彪，任晋贤，张登科
55	一种用于光伏组件静态机械载荷夹块测试装置	2018204851321	20180408	晋能清洁能源科技股份公司	20190215	已授权	实用新型	马建伟，薛小玲，白宏斌，孟夺标，卫艳府
56	材料测试夹紧装置	2018205493140	20180418	晋能清洁能源科技股份公司	20190104	已授权	实用新型	李伟，卫艳府，胡耀霆，范欣娜
57	材料拉力机夹具装置	2018205494868	20180418	晋能清洁能源科技股份公司	20190104	已授权	实用新型	李伟，卫艳府，胡耀霆，范欣娜
58	背板接头自动识别装置	2018205493155	20180418	晋能清洁能源科技股份公司	20190322	已授权	实用新型	李广
59	一种光伏组件安装结构	2018205493136	20180418	晋能清洁能源科技股份公司	20190304	已授权	实用新型	燕建明，田树全，郑静，要小丹，姚伟，范振英
60	一种能够提高镀膜均匀性的石墨载具	2018206817664	20180509	晋能清洁能源科技股份公司	20190104	已授权	实用新型	韩晓辉，秦积海
61	一种用于异质结电池镀膜载体及膜层表面异物的清洁装置	2018206997614	20180511	晋能光伏技术有限责任公司	20190104	已授权	实用新型	黄金，李高非，王继磊，王文、张永前、崔宁、鲍少娟，张娟、安建军
62	一种用于晶硅电池片二次印刷五主栅正电极网版	2018206995125	20180511	晋能清洁能源科技股份公司	20190104	已授权	实用新型	张伟，崔宁，白荣杰，陈鸿，徐国栋，李叶
63	互联条尾料检测辅助装置	201820699217X	20180511	晋能清洁能源科技股份公司	20190322	已授权	实用新型	郑旭斌
64	一种高效双面光伏组件结构	2018217399775	20181025	晋能光伏技术有限责任公司	20190712	已授权	实用新型	郭晗，殷晋杰，任晋贤

续表

序号	发明名称	申请号/专利号	申请日	第一权人	授权日	授权类型	专利类型	申请人
65	一种叠层模板	2018217400166	20181025	晋能光伏技术有限责任公司	20190712	已授权	实用新型	殷晋杰，任晋贤、郭晗
66	一种晶硅太阳电池四分段背电极结构	2018217399385	20181025	晋能清洁能源科技股份公司	20190724	已授权	实用新型	白荣杰、廖继成，闻震利，明伟辉，韩健鹏，张伟，陈鸿，穆晓超，徐国栋
67	一种异质结高效太阳能电池金属堆叠结构	2018218383863	20181108	晋能光伏技术有限责任公司	20191115	已授权	实用新型	崔宁、黄金、王继磊、鲍少娟
68	一种用于双面发电组件的安装结构	2018219783933	20181128	晋能光伏技术有限责任公司	20191213	已授权	实用新型	任晋贤、李高非、殷晋杰、郭晗
69	一种用于生产异质结太阳能电池镀膜的 PECVD 设备	2019202614701	20190301	晋能光伏技术有限责任公司	20191213	已授权	实用新型	白焱辉、李高非、王继磊、张娟、黄金、高勇、鲍少娟、崔宁、贾慧君、王嘉超
70	一种异质结太阳能电池设备的加热装置	2019210188941	20190703	晋能光伏技术有限责任公司	20200310	已授权	实用新型	黄金、李高非、王继磊、杨骥、白焱辉、张娟、高勇、任法渊
71	光伏串焊机底板冷却装置	2019217435742	20191017	晋能清洁能源科技股份公司	20200811	已授权	实用新型	郝俊彪、贾慧君、王康民
72	一种光伏组件绝缘条及用于绝缘与汇流条的预定位结构	2019217363829	20191016	晋能清洁能源科技股份公司	20201027	已授权	实用新型	李广、赵明、赵新娟、贾慧君、王嘉超
73	一种宽幅缠绕膜敷设工装	2019217363246	20191016	晋能清洁能源科技股份公司	20201023	已授权	实用新型	李广、赵新娟、刘学飞、李文敏、贾慧君

续表

序号	发明名称	申请号/专利号	申请日	第一权人	授权日	授权类型	专利类型	申请人
74	一种多功能的排版间距测量工装	2019217442178	20191017	晋能光伏技术有限责任公司	20200811	已授权	实用新型	任彪、薛晓伟、代志灵、任忠彪、赵同乐、弓丰源、罗会鹏、杨文豹、吴佳磊、贾慧君
75	一种高品质光伏晶硅电池片的制备方法	2019109842351	20191016	晋能光伏技术有限责任公司	20211022	已授权	发明专利	张冬冬、王苗、袁团、李浩、卢二飞、宋小刚、韩勇、郭峰、贾慧君
76	一种焊带弧形折弯装置	2019217339406	20191016	晋能光伏技术有限责任公司	20200811	已授权	实用新型	郝俊彪、贾慧君、王康民
77	一种清理串焊机皮带的工具	2019217339529	20191016	晋能光伏技术有限责任公司	20200811	已授权	实用新型	代志灵、弓丰源、任彪、赵同乐、薛晓伟、任中彪、罗会鹏、杨文豹、吴佳磊、贾慧君
78	一种清理串焊机丝网工具	2019217382976	20191017	晋能光伏技术有限责任公司	20200811	已授权	实用新型	弓丰源、代志灵、任彪、赵同乐、薛晓伟、任中彪、罗会鹏、杨文豹、吴佳磊、贾慧君
79	一种管式 PECVD 炉管防尘结构	2019216467638	20190930	晋能光伏技术有限责任公司	20200811	已授权	实用新型	黄金、李高非、王继磊、白焱辉、张娟、杨骥、高勇、贾慧君
80	一种高转化效率的异质结电池	2019221065714	20191129	晋能光伏技术有限责任公司	20200811	已授权	实用新型	黄金、李高非、王继磊、高勇、郑静、贾慧君、刘学飞、李文敏
81	一种检查串焊机虚焊工具	2019220811905	20191130	晋能光伏技术有限责任公司	20200811	已授权	实用新型	弓丰源、代志灵、任彪、赵同乐、薛晓伟、任中彪、罗会鹏、杨文豹、吴佳磊、贾慧君

续表

序号	发明名称	申请号/专利号	申请日	第一权人	授权日	授权类型	专利类型	申请人
82	一种晶硅/非晶硅异质结电池	2019221065061	20191130	晋能光伏技术有限责任公司	20200811	已授权	实用新型	黄金、李高非、王继磊、杨骥、张娟、白焱辉、贾慧君、刘学飞、李文敏
83	一种改善组件虚焊的四分段背电极背电场网版及其应用	2019110719644	20191105	晋能清洁能源科技股份公司	20210824	已授权	发明专利	郭海志、贾慧君
84	一种背钝化激光开槽导电结构	2019221132600	20191202	晋能光伏技术有限责任公司	20200728	已授权	实用新型	田甲、王苗、郝鹏飞、常骞、吴越领、王兆波、刘振芳
85	一种适用于双面组件的高密度封装结构	2019221622262	20191206	晋能光伏技术有限责任公司	20200728	已授权	实用新型	李高非、郑静、姚伟
86	一种光伏 SE 电池及其制备方法	2019113977169	20191231	晋能光伏技术有限责任公司	20211116	已授权	发明专利	王成、王苗、秦积海、贺稷泽、武建园、秦大威、薛少强、贾慧君
87	一种适用于异质结电池非晶硅沉积的 PECVD 载板结构	202020357825X	20200320	晋能光伏技术有限责任公司	20210409	已授权	实用新型	白焱辉、王继磊、黄金、张娟、李高非、贾慧君、王嘉超
88	一种光伏组件的固定装置	2020206912878	20200430	晋能光伏技术有限责任公司	20201215	已授权	实用新型	刘洋，郑静，燕建明，姚伟，张杰令，许立群
89	一种新型异质结电池	2020207241387	20200507	晋能光伏技术有限责任公司	20201215	已授权	实用新型	王继磊，张娟，贾慧君
90	一种 P/N 型电池片双层联用双面组件	2020103567391	20200429	晋能清洁能源科技股份公司	/	已授权	发明专利	刘畅，郑静，燕建明，姚伟，张杰令，许立群

续表

序号	发明名称	申请号/专利号	申请日	第一权人	授权日	授权类型	专利类型	申请人
91	一种光伏接线盒	2020207055966	20200501	晋能清洁能源科技股份公司	20201208	已授权	实用新型	张杰令，郑静，燕建明，姚伟，许立群，刘洋
92	一种横向多层共挤胶膜及其裁切组装结构和封装方法	2020103652873	20200501	晋能清洁能源科技股份公司	/	已授权	发明专利	郑静，燕建明，许立群，周浩，刘洋，张杰令，赵志浩，刘畅，范振英，范亚利，姚伟，宇文亚楠
93	一种用于双玻太阳能组件的可伸缩层压框	2020207055932	20200501	晋能清洁能源科技股份公司	20201208	已授权	实用新型	周浩，张杰令、许立群、郭树旺、赵志浩
94	一种硅基异质结太阳能电池	2020210333257	20200608	晋能光伏技术有限责任公司	20210824	已授权	实用新型	王继磊，鲍少娟，贾慧君，白焱辉，杨骥，冯乐，黄金，张娟，高勇
95	一种太阳能电池	2020211254197	20200617	晋能光伏技术有限责任公司	20210409	已授权	实用新型	鲍少娟，王继磊，贾慧君，杨骥，黄金，张娟，白焱辉，高勇
96	具有二维导电材料阵列嵌入式透明电极薄膜的太阳电池	2016103005434	20160509	中国科学院上海高等研究院	20200630	已授权	发明专利	陈小源、邓昌凯、鲁林峰、李东栋、方小红、王亮兴、刘东方、杨立友
97	一种高附着性的镀膜膜层及用于TCO镀膜的可回收假片	2020212535855	20200630	晋能光伏技术有限责任公司	20210212	已授权	实用新型	鲍少娟、王继磊、贾慧君、黄金、高勇、白焱辉、张娟
98	一种太阳能电池印刷网版	2020218771669	20200901	晋能光伏技术有限责任公司	20210219	已授权	实用新型	崔宁、杨立友、贾慧君、冯强、张伟、王裕、李文敏、刘学飞、和青青

续表

序号	发明名称	申请号/专利号	申请日	第一权人	授权日	授权类型	专利类型	申请人
99	一种可调节刀片深度的刮具	2020219142221	20200904	晋能光伏技术有限责任公司	20210525	已授权	实用新型	杨文豹、李文敏、和青青、刘学飞
100	一种主栅电极及包含其的异质结太阳能电池	2020219301482	20200907	晋能光伏技术有限责任公司	20210409	已授权	实用新型	鲍少娟、杨立友、王继磊、黄金、白焱辉、贾慧君、杨骥、任法渊
101	一种用于镀膜腔室的防尘机构	2020219440235	20200908	晋能光伏技术有限责任公司	20210525	已授权	实用新型	鲍少娟、王继磊、李永乐、黄金、杨立友、贾慧君
102	多主栅焊接背面底板凹槽结构及多主栅焊接机及其焊接模组	2020226109459	20201112	晋能光伏技术有限责任公司	20211008	已授权	实用新型	任法渊、黄金、王继磊、白炎辉、鲍少娟、冯乐、杨骥、杨文亮、师海峰、杜凯
103	一种太阳能电池的正面栅线网版	2020226112095	20201112	晋能清洁能源科技股份公司	20210622	已授权	实用新型	穆晓超、王路路、陈鸿、李叶、高跃宇、褚君凯、李文敏、和青青、刘学飞
104	一种可改善焊带和电池片虚焊的电池片输送结构	2020226115110	20201112	晋能清洁能源科技股份公司	20210824	已授权	实用新型	王继浩、李景龙、李文敏、刘学飞、和青青
105	一种改善串焊机虚焊的结构	2020226136761	20201112	晋能清洁能源科技股份公司	20210910	已授权	实用新型	王锦钰、李景龙、王继浩、姚安、史亚栋、李文敏
106	一种可改善焊带和电池片虚焊的高温布结构	2020226142137	20201112	晋能清洁能源科技股份公司	20210622	已授权	实用新型	王继浩、李景龙、李文敏、和青青、刘学飞
107	一种层压机上的高温布清洁装置	2020229612172	20201209	晋能光伏技术有限责任公司	20211022	已授权	实用新型	史亚栋、李景龙、王继浩、王锦钰、姚安、李锦飞
108	一种新型边框护角	202023217982X	20201228	晋能光伏技术有限责任公司	20211022	已授权	实用新型	杨文豹

续表

序号	发明名称	申请号/专利号	申请日	第一权人	授权日	授权类型	专利类型	申请人
109	一种串焊机焊头清洁工具	202023219323X	20201228	晋能光伏技术有限责任公司	20211008	已授权	实用新型	杨明国、郝俊彪、杨文豹、任中彪
110	改善串焊机9BB半片双面PERC电池片虚焊的结构	2020232815717	20201230	晋能光伏技术有限责任公司	20211022	已授权	实用新型	任中彪、杨明国、郝俊彪、杨文豹
111	一种用于露白检测的新型CDD平台	2020233388818	20201231	晋能清洁能源科技股份公司	20211022	已授权	实用新型	李景龙、张登科、王继浩、王锦钰、姚安、史亚栋、杨明国、白皎
112	背檀条结构及双面发电太阳电池装置	2018114343522	20181128	中国科学院上海高等研究院	20210122	已授权	发明专利	李东栋、李敬业、殷晋杰、殷敏、李高非、杨立友、陈小源、鲁林峰、方小红
113	透明导电复合薄膜及其制备方法	2018104687285	20180516	中国科学院上海高等研究院	20210514	已授权	发明专利	鲁林峰、张驰、陈小源、李东栋、杨立友、李高非、王继磊
114	一种镀膜载体	2021211761105	20210528	晋能光伏技术有限责任公司	20220107	已授权	实用新型	黄金、王继磊、杨立友、白焱辉、鲍少娟、杨骥、李莎、贾慧君、郭磊、孔青青
115	一种消除串间距的玻璃及应用其的光伏组件	2021212967675	20210610	晋能清洁能源科技股份公司	20220107	已授权	实用新型	郭树旺、赵明、刘洋、张杰令
116	一种光伏组件焊接前电池片的排布结构	2021213028852	20210610	晋能清洁能源科技股份公司	20220107	已授权	实用新型	刘洋、赵明、郭树旺、张杰令、许立群
117	一种用于多主栅太阳能电池局部缺陷检测的探针排结构	2021214126710	20210624	晋能光伏技术有限责任公司	20220208	已授权	实用新型	田甲、张伟、崔宁、郝鹏飞、徐国栋、王裕、褚君凯、贾慧君

续表

序号	发明名称	申请号/专利号	申请日	第一权人	授权日	授权类型	专利类型	申请人
118	一种可检测导槽内多焊带的串焊机	2021214146930	20210624	晋能清洁能源科技股份公司	20220218	已授权	实用新型	吴壮杰、刘冲、王继浩、史亚栋、王锦钰、姚安、李锦飞、贾慧君
119	一种双面 SE 电池	2021214976024	20210702	晋能光伏技术有限责任公司	20220208	已授权	实用新型	王成、张伟、郭海志、孙长红、武建园、薛少强、李巧玮
120	一种 HJT 电池丝网及其印刷方法	2021112382789	20211025	晋能清洁能源科技股份公司	20220125	已授权	发明专利	任法渊、杨立友、黄金、王继磊、鲍少娟、白炎辉、杨骥、杨文亮、贾慧君
121	一种适用于大尺寸规格异质结电池的载体装置	2021224776289	20211015	晋能清洁能源科技股份公司	/	已授权	实用新型	黄金、王继磊、杨立友、鲍少娟、白焱辉、郭磊、杨骥、师海峰、贾慧君
122	太阳能电池在镀膜生产中提升非晶硅表面洁净度的方法	2021113239203	20211110	晋能清洁能源科技股份公司	20220125	已授权	发明专利	张娟、黄金、杨立友、王继磊、鲍少娟、任法渊、李莎、贾慧君、师海峰、杨骥
123	一种分步印刷网版	2021230822797	20211210	晋能清洁能源科技股份公司	/	已授权	实用新型	任法渊、鲍少娟、王继磊、黄金、杨骥、杨文亮、师海峰、李莎、贾慧君
124	适用于异质结电池非晶硅沉积的载板	2021230677384	20211209	晋能光伏技术有限责任公司	/	已授权	实用新型	师海峰、白焱辉、王继磊、黄金、鲍少娟、冀杨洲、高英杰、贾慧君

续表

序号	发明名称	申请号/专利号	申请日	第一权人	授权日	授权类型	专利类型	申请人
125	夹层网格玻璃	2021230457153	20211207	晋能光伏技术有限责任公司	20220503	已授权	实用新型	许立群，刘洋，张杰令，郭树旺，赵志浩
126	一种光伏组件	2021230367922	20211207	晋能光伏技术有限责任公司	/	已授权	实用新型	赵志浩、赵明、张杰令、刘洋、许立群、郭树旺、石震天
127	一种裁切高温布小块的辅助器	2021230823094	20211210	晋能光伏技术有限责任公司	/	已授权	实用新型	弓丰源、杨文豹、赵明
128	一种改善小牛串焊机露白和偏焊的压具	2021230795323	20211209	晋能光伏技术有限责任公司	20220503	已授权	实用新型	杨明国、赵明、李文敏
129	用于太阳能电池丝网印刷的防压片系统	2021231396829	20211215	晋能光伏技术有限责任公司	20220429	已授权	实用新型	高英杰、师海峰、白焱辉、黄金、冀杨洲，李莎、贾慧君
130	一种改善小牛串焊机背面虚焊的模组顶针及模组顶针组件	2021231236730	20211214	晋能光伏技术有限责任公司	20220503	已授权	实用新型	赵同乐、杨文豹、赵明
131	一种新型的圆焊带焊接工具	2021231439627	20211215	晋能光伏技术有限责任公司	20220429	已授权	实用新型	任彪、赵明、任彭霞
132	可伸缩定位式光伏组件均匀性测试工装	2021231258956	20211214	晋能清洁能源科技股份公司	/	已授权	实用新型	张国帅、姚安、王继浩、任彭霞
133	太阳能硅片生产用表面吹除装置	2021231613746	20211216	晋能清洁能源科技股份公司	20220429	已授权	实用新型	王继磊、黄金、郭磊、王强强、贾慧君
134	硅片生产用真空箱	2021231642772	20211216	晋能光伏技术有限责任公司	/	已授权	实用新型	王明明、郭磊、牛志楠、王强强、黄金、白焱辉、贾慧君
135	一种多层减反膜结构	2021231642490	20211216	晋能光伏技术有限责任公司	/	已授权	实用新型	李宏、秦积海、张伟、王菲、李云鹤、任彭霞

续表

序号	发明名称	申请号/专利号	申请日	第一权人	授权日	授权类型	专利类型	申请人
136	一种反向验证安规测试仪有效性的失效组件	2021231555223	20211216	晋能光伏技术有限责任公司	/	已授权	实用新型	杨文豹、赵明、弓丰源、赵同乐
137	光伏组件的封装装置	2021232816517	20211224	晋能清洁能源科技股份公司	/	已授权	实用新型	张杰令、赵明、刘洋、许立群、郭树旺、赵志浩
138	一种去除中间盒体的半片光伏组件	2021232816428	20211224	晋能清洁能源科技股份公司	20220429	已授权	实用新型	张杰令、赵明、刘洋、许立群、和青青
139	防焊座流歪的回传装置	2021232350818	20211222	晋能清洁能源科技股份公司	20220429	已授权	实用新型	聂峰、王继浩、王锦钰、姚安、史亚栋、李锦飞
140	提升异质结电池效率的载板结构、组件及异质结电池	2021233142583	20211228	晋能清洁能源科技股份公司	/	已授权	实用新型	杨骥、鲁林峰、黄金、李东栋、杨立友、王继磊、贾慧君
141	光伏组件焊接用助焊剂池	2021233142511	20211228	晋能清洁能源科技股份公司	/	已授权	实用新型	刘冲、王继浩、王锦钰、史亚栋、姚安、李锦飞
142	层压机电加热温控系统	2021233387792	20211229	晋能清洁能源科技股份公司	/	已授权	实用新型	王继浩、王锦钰、姚安、史亚栋、李锦飞

表 8　**吕梁野山坡食品有限公司专利统计表**

序号	发明名称	申请号/专利号	申请日	第一权人	授权日	授权类型	专利类型	申请人
1	一种沙棘原浆桶清洗装置	8365813/ZL201820208975.7	2018 年 2 月 7 日	吕梁野山坡食品有限责任公司	2019.01.15	已授权	实用新型	田树刚、刘智明、王维东
2	一种果蔬粉碎机	8558975/ZL201820630749.8	2018 年 4 月 28 日	吕梁野山坡食品有限责任公司	2019.03.05	已授权	实用新型	方小玲

索　引

说明：

1. 本索引按主题词第一个字的汉语拼音字母顺序排列，主题词后面的数字表示所在页码。
2. 本索引主题词主要选自本年鉴正文部分。

K

L

M

N

Q

R

S

T

W

X

Y

Z

《文水年鉴（2022）》提供资料人名单

弓艳萍　于庆军　马建国　马竟淇　马甜甜　王　鹏　王一博　王子春
王小芮　王肖虎　王金旺　王效忠　王健春　王福栋　王增禄　王恩渊
文秀平　文燕军　白新竹　冯嘉琪　宁亮斌　付有旺　石　晶　田建秀
朱欣瑶　吕金强　刘　廷　刘　雁　刘　琳　刘崇英　刘慧敏　刘春苗
刘晓刚　刘晓晶　刘智利　米建旺　乔　怡　乔丽静　任丽华　任群英
任晓玲　师凯凯　闫志淼　闫志新　宋心辉　吴志鑫　苏雪姣　张　舟
张　丽　张　悦　张　晖　张文竹　张生辉　张丽珠　张丽娟　张秀丽
张晓强　张新丽　张潇阳　张丽蓉　张海明　张艳红　李　帅　李　倩
李永辉　李志忠　李沁颖　李俊生　李彩云　李卓君　李之龙　李如岗
李洪涌　李文龙　李玲玉　杜　伟　杜　佼　束冬梅　陈　甜　陈孙燕
陈艳新　陈殊俊　周　庆　周　涛　孟　琼　孟　笑　孟晓宇　孟婉燕
武希平　武晓敏　武永鹏　武美晶　郑凯杰　侯世良　侯安文　侯金婷
侯梦娇　侯良涛　胡艳雯　姚改青　姚宝强　贺　茜　贺　静　赵　婷
赵　强　赵　鑫　赵宇亮　赵丽华　赵志东　赵嘉钰　赵爱东　赵子文
赵宇骄　郝翔腾　郝旺兴　郝少杰　郝丽琴　要　斌　唐　明　贾　康
贾瑞艳　郭　艳　郭　钰　郭宝梅　郭晓龙　郭雅静　郭文爱　高　扬
诸小雨　崔航宇　常晨敏　常丽娜　曹雅仙　黄媛媛　康海霞　梁　杰
梁　燕　梁文宏　梁俊艳　梁建华　梅　晔　彭振国　温　舒　温培俊
程永刚　韩艳琴　翟晓婷　翟晓锦　樊　壮　薛　梅　穆文静　戴小峰